NATIONAL GEOGRAPHIC TRAVELER

KOLUMBIEN

NATIONAL GEOGRAPHIC TRAVELER

KOLUMBIEN

Christopher P. Baker

INHALT

Seite 2–3: Pferdekutsche im kolonial geprägten Cartagena
Links: Tänzerinnen in bunten Kostümen beim kolumbianischen Karneval

RÜCKSICHTSVOLL REISEN

Umsichtige Urlauber brechen voller Neugierde auf und kehren reich an Erfahrungen nach Hause zurück. Wer dabei rücksichtsvoll reist, kann seinen Teil zum Schutz der Tierwelt, zur Bewahrung historischer Stätten und zur Bereicherung der Kultur vor Ort beitragen. Und er wird selbst reich beschenkt mit unvergesslichen Erlebnissen.

Möchten nicht auch Sie verantwortungsbewusst und rücksichtsvoll reisen? Dann sollten Sie folgende Hinweise beachten:

- Vergessen Sie nie, dass Ihre Anwesenheit einen Einfluss auf die Orte ausübt, die Sie besuchen.
- Verwenden Sie Ihre Zeit und Ihr Geld auf eine Weise, die dazu beiträgt, den ursprünglichen Charakter eines Ortes zu bewahren. (Auf diesem Weg lernen Sie ein Land auch sehr viel besser kennen.)
- Entwickeln Sie ein Gespür für die ganz besondere Natur und das kulturelle Erbe Ihres Urlaubslandes.
- Respektieren Sie die heimischen Bräuche und Traditionen.
- Zeigen Sie den Einheimischen ruhig, wie sehr Sie das, was den besonderen Reiz ihres Landes ausmacht, zu schätzen wissen: die Natur und die Landschaft, Musik, typische Gerichte, historische Dörfer oder Bauwerke.
- Scheuen Sie sich nicht, mit Ihrem Geldbeutel Einfluss zu nehmen: Unterstützen Sie solche Einrichtungen oder Personen, die sich um die Bewahrung des Typischen und Althergebrachten bemühen. Entscheiden Sie sich für Läden, Restaurants oder Reiseanbieter, denen an der Bewahrung ihrer Heimat gelegen ist. Und meiden Sie Geschäfte, die den Charakter eines Ortes negativ beeinflussen.
- Wer auf diese Weise reist, hat mehr von seinem Urlaub, und er kann sicher sein, dass er seinen Teil zum Erhalt und zur Verbesserung eines Ortes oder einer Landschaft beigetragen hat.

Diese Art des Reisens gilt als zeitgemäße Form eines sanften, auf Nachhaltigkeit bedachten Tourismus; NATIONAL GEOGRAPHIC verwendet dafür auch den Begriff des „Geo-Tourismus". Gemeint ist damit ein Tourismus, der den Charakter eines Ortes nicht aus den Augen verliert. Weitere Informationen zum Thema gibt es im National Geographic's Center for Sustainable Destinations unter *www.nationalgeographic.com/travel/sustainable.*

NATIONAL GEOGRAPHIC TRAVELER

KOLUMBIEN

ÜBER DEN AUTOR & FOTOGRAFEN

Nach dem Studium der Geographie an der University of London und der Iberoamerikanistik an der University of Liverpool ließ sich **Christopher P. Baker** in Kalifornien nieder und begann eine Karriere als Reiseschriftsteller, Fotograf und Dozent. Er hat sechs Bücher über Kuba geschrieben, darunter für National Geographic „Mi Moto Fidel: Mit dem Motorrad durch Kuba" sowie einen National Geographic Traveler-Reiseführer. Außerdem hat Baker National Geographic Traveler-Reiseführer über Costa Rica, die Dominikanische Republik und Panama sowie mehr als ein Dutzend Reiseführer für andere Verlage verfasst. Baker hat vor der National Geographic Society über Kuba gesprochen (was live auf dem National Geographic Channel übertragen wurde) und gastierte auch schon bei ABC, CBS und Fox TV sowie in der „Today Show" der NBC und im National Public Radio. Er begleitet die National Geographic Expeditions-Touren „Costa Rica & Panama Canal" und „Cuba: Discover Its People and Culture". Seine Webadresse lautet *www.christopherbaker.com*.

Die Reise planen

Wer Kolumbien besucht, findet in diesem einen Land die Highlights des gesamten südamerikanischen Kontinents vereint, darunter vor allem den Regenwald des Amazonas und die Andengipfel. Es ist ein atemberaubend schönes Land mit einer unglaublichen Artenvielfalt und einer lebendigen Kultur. Dazu kommen die vielseitigen Städte Bogotá, Cali, Medellín und Cartagena.

Unterwegs in Kolumbien

Mit einer Fläche von 1,14 Millionen Quadratkilometern ist Kolumbien rund dreimal so groß wie Deutschland. Das Inlandsflugnetz ist gut ausgebaut und besonders praktisch für Reisen in entlegene Städte und die Amazonasregion. Es konkurrieren rund zehn Fluglinien (siehe Reiseinformationen S. 262), die zusammen das ganze Land abdecken. Die Flüge sind jedoch nicht billig.

Viele Reiseveranstalter bieten organisierte Gruppenreisen. Zwischen den meisten Städten verkehren komfortable Busse (siehe Reiseinformationen S. 263); *colectivos* (Sammelbusse oder Pickups) und *chivas* (zu offenen Bussen umgebaute Lkw) steuern abgelegenere Orte an. Größere Städte besitzen ein gutes Bus- und Taxinetz; einen besonders guten Ruf genießen die Metro und MetroCable von Medellín.

Es ist auch möglich, Kolumbien mit dem Mietwagen (siehe Reiseinformationen S. 262) zu bereisen. Noch vor zehn Jahren galten viele Hauptfernstraßen als gefährlich, heute werden sie von der Armee bewacht. Die wichtigen Landstraßen und *autopistas* (Autobahnen) sind asphaltiert, viele Straßen sind jedoch extrem kurvenreich und anfällig für Erdrutsche. Auf vielen Straßen wird eine Maut erhoben. Von Norden nach Süden führen zwei wichtige Fernstraßen. Eine verbindet Cartagena mit Medellín und Cali und verläuft dann weiter nach Ecuador. Von Bogotá führt eine

Bronzestatue von Simón Bolívar, Popayán

Straße durch das Tal des Río Magdalena Richtung Norden nach Santa Marta und Richtung Süden nach San Agustín. Eine reizvollere Strecke führt über die Ostkordillere. Für abgelegene Gebiete wie die Llanos benötigt man ein Allradfahrzeug, jedoch sollte man sich nicht zu weit von den Touristenpfaden wegbewegen und sich vorher immer nach der Lage erkundigen!

NICHT VERSÄUMEN

Museo del Oro in Bogotá 71

Wildwasser-Rafting in San Gil 111–112

Koloniale Straßenzüge in Cartagena 127–133

Karneval in Barranquilla 144

Entspannen an den Stränden des Tayrona-Nationalparks 151

Das historische Ambiente von Popayán 203–204

Tauchen vor der Isla de San Andrés 238

Aras im Amazonasgebiet 258–259

In einer Woche

Angesichts der großen Entfernungen ist es schwierig, in kurzer Zeit viele Teile des Landes zu sehen. Dann plant man am besten einen Wochentrip um Bogotá oder Cartagena herum. Beide Städte werden von Europa aus direkt angeflogen.

In **Bogotá** könnte man am **ersten Tag** die Plaza Bolívar und die Candelaria erkunden. Am **zweiten Tag** geht es weiter durch die Candelaria mit dem Museo Botero, das dem wichtigsten Künstler des Landes gewidmet ist, und dem Parque Santander mit dem weltweit wichtigsten Museum für präkolumbisches Gold. Am **dritten Tag** geht es per Seilbahn auf den Cerro de Monserrate mit umwerfenden Ausblicken auf die Stadt. Am Fuß des Bergs ist die Quinta de Bolívar sehenswert. Den Nachmittag verbringt man am Parque de la Independencia mit dem Museo de Arte Moderno und dem Museo Nacional. Freitagabends und am Wochenende kann man mit dem Lift hinauf auf die Torre Colpatria fahren. Für die Erkundung des nördlicheren Cundinamarca und Boyacá an den folgenden Tagen mietet man ein Auto oder nimmt an einer Tour teil. Am **vierten Tag** besichtigt man die Salzkathedrale von Zipaquirá (50 km nördlich). Über die kurvige Bergstraße geht es dann über Chiquinquirá nach Villa de Leyva. Am **fünften Tag** erkundet man die Sträßchen des Orts. Am **sechsten Tag** geht es über Tunja und die Laguna de Cacique Guatavita zurück nach Bogotá. Den **siebten Tag** verbringt man entspannt im Parque Metropolitano Simón Bolívar.

Informationen für Reisende

Proexport Colombia, die staatliche Fremdenverkehrsbehörde, betreibt eine gute Website *(www.colombia.travel)* und hat für die deutschsprachigen Länder eine Vertretung in Frankfurt: *Fürstenberger Straße 223, 60323 Frankfurt, Tel. 069/1302-3832.* Das **Instituto Distrital de Turismo** in **Bogotá** *(www.bogotaturismo.gov.co)* unterhält Informationskioske in der ganzen Stadt; ähnliche Einrichtungen finden Touristen auch in anderen Städten Kolumbiens.

Die **Nationalparkverwaltung** *(Cra. 10 #20-30, Bogotá, Tel. 1/353-2400, www.parquesnacionales.gov.co)* hält viele Infos auf ihrer exzellenten Website bereit.

Sicher reisen

Kolumbien-Reisende sollten sich streng an folgende Sicherheitsregeln halten:

- **Nicht in armen Vierteln herumlaufen, besonders nicht in *tugurios* (Slums).**
- **Sich dezent kleiden, auf Uhr und Schmuck verzichten, Kamera verdecken.**
- **Geld und Wertsachen in einem Geldgürtel am Körper tragen.**
- **Taschen quer über die Schulter hängen.**
- **Nur Funktaxis benutzen.**
- **Nur Geldautomaten von Banken nutzen.**
- **Nie von Fremden Speisen oder Getränke annehmen – sie könnten mit *burundanga*, einem Betäubungsmittel versetzt sein.**
- **Nicht zu weit von den touristischen Pfaden abweichen. Die meisten größeren Straßen sind inzwischen sicher. Paramilitärs und bewaffnete Rebellengruppen haben sich in abgelegene Gebiete zurückgezogen – jedoch operieren in den Städten kriminelle Elemente. In den Grenzgebieten zu Ecuador, Venezuela und Panama sind Guerillagruppen aktiv.**
- **Sich bei der Botschaft in Bogotá anmelden.**

In **Cartagena** beginnt man mit einer Kutschfahrt durch die Altstadt. Der restliche **erste** und der **zweite Tag** ist für die Erkundung der Plätze und Museen reserviert. Zeit sollte auch sein für eine Taxifahrt oder Tour zum Castillo de San Felipe de Barajas und Cerro de la Popa. Nach einem Essen an der Plaza de San Diego bietet sich ein Partybus *(chiva rumbera)* für eine Abendtour an. Den **dritten Tag** füllt eine Bootstour zu den Islas del Rosario. Am **vierten Tag** geht es per Bus oder Taxi zum Volcán de Lodo El Totumo für ein Bad im heißen Schlamm, dann weiter die Küste entlang nach Barranquilla und zum Nationalpark Tayrona. Den **fünften Tag** verbringt man am Strand, den **sechsten** im Park inklusive Klettertour zur präkolumbischen Stätte El Pueblito. Am **siebten Tag** geht es zurück nach Cartagena.

Reisezeit

In Kolumbien herrscht ein äquatoriales Klima; daher sind die saisonalen Schwankungen minimal. Temperaturunterschiede ergeben sich jedoch durch die Höhenlage, die von Meeresspiegelniveau bis 5775 Meter reicht. Die Höhen bis 900 Meter nennen die Kolumbianer heißes Land *(tierra caliente)*, zwischen 900 und 2000 Meter gemäßigtes Land *(tierra templada)*, zwischen 2000 und 3500 Meter kaltes Land *(tierra fría)*, darüber liegt das gefrorene Land *(tierra helada)*. In den Küstenstädten und in Leticia herrschen je nach Monat Tagesdurchschnittstemperaturen von 23 bis 32 Grad. Bogotá hat das ganze Jahr über eine Durchschnittstemperatur von um die 20 Grad (tags) bzw. 7 Grad (nachts).

Grundsätzlich kennt Kolumbien zwei Jahreszeiten: den trockenen *verano* (Sommer, zur Winterzeit der Nordhalbkugel) und den feuchten *invierno* (Winter, zur Sommerzeit der Nordhalbkugel). In der Andenregion gibt es gewöhnlich eine längere Trockenzeit (Dez–März) und eine kürzere (Juli–Aug). Im Amazonasgebiet herrscht ein immerfeuchtes Klima. Dezember bis März ist Hauptsaison in den Küstenorten; dann steigen die Preise genauso wie während der Semana Santa (Karwoche) bzw. im Juni und Juli. In den trockeneren Zeiten finden Festivals statt.

Im Gebiet des Parque Nacional Natural Tayrona liegen einige der schönsten Strände Kolumbiens

Mit mehr Zeit

Wer zwei Wochen im Land bleiben möchte, kann mit einem anderthalbstündigen Flug zwischen Bogotá und Cartagena beide oben vorgeschlagenen Routen kombinieren.

In einer **dritten Woche** könnte man sich auf die Bergstädte in Santander konzentrieren: Abenteuerlustige steuern San Gil und den Nationalpark El Cocuy an. Medellín ist eine tolle Basis zur Erkundung der Westkordillere. Zu den Highlights hier zählt die Zona Cafetera. Die Region Quibdó im Südosten sowie Antioquia warten mit Kolonialstädten auf. 560 Kilometer weiter südlich erkundet man drei Tage lang das Valle de Cauca, das Kolonialjuwel Popayán und das nahe Silvia. Auf der zehnstündigen Rückfahrt über San Agustín nach Bogotá kommt man an präkolumbischen Statuen und der Tatacoa-Wüste vorbei.

Wer noch mehr Zeit hat, könnte zum Taucherparadies San Andrés mit seiner afrokaribischen Kultur fliegen. Wer auch noch das Amazonasgebiet erkunden möchte, muss mindestens **einen Monat** in Kolumbien einplanen. Man fliegt nach Leticia und begibt sich am nächsten Tag per Boot zum Nationalpark Amacayacu mit seinen Tieren und seiner indigenen Kultur.

Geld

Die Landeswährung ist der Peso ($ oder COP); US-Dollar werden nur selten angenommen. Es gibt jede Menge Möglichkeiten zum Geldwechseln, jedoch sollte man kein Geld auf der Straße tauschen. Die Wechselkurse schwanken stark.

Die meisten Banken haben Geldautomaten, an denen man mit europäischen Karten Geld abheben kann. Reiseschecks einzulösen ist schwierig. Kreditkarten werden verbreitet angenommen.

Am besten hat man immer kleine Peso-Scheine dabei. Große Scheine zu wechseln, ist öfter problematisch.

Geschichte & Kultur

Santuario de las Lajas, eine neugotische Kirche im südlichen Kolumbien

Kolumbien heute

Kolumbien ist ein südamerikanischer Gigant, der langsam, aber sicher sein Potenzial entfaltet. Das tropische Land lockt nicht nur mit zahlreichen Naturwundern, sondern auch mit beschaulichen Dörfern und pulsierenden Städten – längst boomt hier der Tourismus.

Die Besucherzahlen Kolumbiens steigen seit 2010 jährlich um etwa 10 Prozent. Und die Kreuzfahrtschiffe sind nach Cartagena zurückgekehrt, wo man in den Festungen noch immer das Klirren von Entermessern und das Donnern der Kanonen zu vernehmen meint. Dieses karibische Juwel mit seinen Kirchen, Klöstern und alten Häusern in sanften tropischen

Tanzvergnügen in den kolumbianischen Partybussen, den *chivas rumberas*

Farben – in Guavengrün, Papayagelb, Orangerot – steht gleichermaßen für die hoffnungsvolle Zukunft und die malerischen Aspekte von Kolumbiens Vergangenheit. Auf den Plätzen von Villa de Leyva, Popayán und der Hauptstadt Bogotá hallen noch immer die Stiefel der Konquistadoren wider. Und die Landstraßen Kolumbiens sind von winzigen bunten Kolonialdörfern gesäumt. Hier sind die Traditionen tief verankert: Frauen nähen spitzenbesetzte *polleras* (Röcke), und die Männer tragen *sombreros aguadeños* und *vueltiaos* (Strohhüte aus Aguado beziehungsweise dem unteren Magdalenabecken). Cali, Medellín und Bogotá sind moderne Metropolen mit glitzernden Hochhäusern, Hotels und trendigen Nachtclubs, in denen von Mitternacht bis zum Morgengrauen heißer Salsa getanzt wird.

Auf den Plätzen von Villa de Leyva, Popayán und Bogotá hallen noch immer die Stiefel der spanischen Konquistadoren wider.

Die sich hartnäckig haltende Vorstellung von einem im Chaos versinkenden Land hat sich dank einer zehn Jahre währenden Befriedungskampagne nun überlebt, wenngleich weiter krasse soziale Gegensätze herrschen und Kolumbien noch immer jede Menge Probleme mit Drogen und Guerilleros hat. Prinzipiell sollte man bei der Erkundung der Städte und abgelegeneren Gebiete Vorsicht walten lassen, und dennoch: Touristen erfahren vom Drogenkrieg meist nur aus der Zeitung. Davon abgesehen ist Kolumbien ein spannendes, vielfältiges und freundliches Reiseziel.

Land der Gegensätze

Geographisch ist Kolumbien ein Dreibund aus Küstenebene, Hochgebirge und Dschungel. Von den Anden ergießen sich Flüsse ins Amazonasbecken und in die Pazifikküste des Chocó – die riesigen Regenwälder sind die Heimat von Jaguaren, Affen, Pfeilgiftfröschen und unzähligen weiteren Tieren. Das zentrale Hochland von Antioquia ist gesäumt von glänzenden Kaffeebüschen. Die Halbinsel Guajira an der nördlichen Karibikküste hingegen ist eine staubige Landschaft voller Kakteen, Heimat von Flamingos und dem freundlichen Volk der Wayúu. Der strandgesäumte Karibikarchipel San Andrés y Providencia lockt nicht nur mit seinen Korallenriffen und von türkisfarbenem Wasser umspülten Inselchen, sondern auch mit einer englischsprachigen afrokaribischen Kultur.

Das Erbe der Ureinwohner Kolumbiens ist extrem vielfältig. Präkolumbische Steinstatuen und uralte

Städte ragen noch immer aus dem Dschungel. Das wunderbare Museo del Oro in Bogotá glänzt mit einer atemberaubenden Sammlung von Goldrelikten. Und auch heute noch existieren indigene Völker, von den nomadischen Nukak des tiefsten Amazonasgebiets bis zu den Guambianos der Anden, deren Frauen sich so prachtvoll bunt kleiden.

Auch Naturliebhaber kommen auf ihre Kosten: So gibt es hier mehr Vogelarten als sonst wo auf der Welt. Wanderer ergötzen sich an den schneebedeckten Gipfeln der Nationalparks El Cocuy und Los Nevados. Sowohl in der Karibischen See als auch im Pazifik bieten sich überall Gelegenheiten zum Tauchen, und auch sonst gibt es alle möglichen Freizeitangebote vom Paragliding bis zum Wildwasser-Rafting. San Gil in Santander ist die Extremsporthauptstadt Südamerikas und besonders bekannt für seine wahnsinnigen Rafting-Flüsse. Suesca bei Bogotá und El Cocuy hingegen gelten als Felsklettermekkas. Im ganzen Land gibt es Möglichkeiten zum Reiten, besonders auf den Rinderranchresorts der Llanos. Und man kann seine Abenteuertour sogar mit Walbeobachtungen vor Bahía Solano und der Isla Gorgona krönen. Auch an Land lassen sich überall Tiere beobachten, z. B. Süßwasserdelfine im Amazonasgebiet.

Das erschwingliche Reiseziel verfügt über eine überraschend gut entwickelte touristische Infrastruktur. Das herausgeputzte Cartagena beeindruckt hinter alten Fassaden mit stilvollen Boutiquehotels und schicken Restaurants. Und die kulinarische Szene des Landes ist Grund genug für einen Besuch. Dazu kommen noch Musik und Tanz, beides unwiderstehlich ansteckend. Eine Nachmittagssiesta ist eine kluge Vorbereitung für das notorisch ausgedehnte kolumbianische Nachtleben mit scharfen *vallenato*-Rhythmen und höllisch schneller Salsa. Ein Blick auf den Kalender verrät eine pausenlose Abfolge bunter Feste, die ihren Höhepunkt finden beim wilden Karneval von Barranquilla und dem Concurso Nacional de Belleza, wenn die gesamte Nation die Krönung der Miss Colombia in Cartagena feiert.

Kolumbien: Fakten

Fläche: 1 138 914 km²
Einwohner: 47,7 Mio. (2014 geschätzt)
Alphabetisierungsquote: 93,5 Prozent
Lebenserwartung: 74 Jahre
Staatsform: Präsidialrepublik
Unabhängigkeit: 20. Juli 1810
Hauptstadt: Bogotá
Höchster Berg: Pico Cristóbal Colón 5775 m
Währung: Kolumbianischer Peso (COP)
Bruttoinlandsprodukt (BIP): 553 Mrd. US-Dollar (2014 geschätzt)
BIP pro Kopf: 11 600 US-Dollar
Bevölkerung unterhalb der Armutsgrenze: ca. 34 Prozent (2012)
Sprache: Spanisch plus 65 indigene Sprachen
Religion: 90 Prozent katholisch
Zeit: MEZ minus 6 Std.

Demografie

Wenn jemals ein Land ein Schmelztiegel war, dann Kolumbien – die Bevölkerungszahl liegt bei 47,7 Millionen, in Lateinamerika haben nur

Bullen werden im ländlichen Kolumbien auch heute noch als Arbeitstiere eingesetzt

Brasilien und Mexiko mehr Einwohner –, denn im *sancocho* (traditioneller Fleisch- und Gemüseeintopf) kommen alle möglichen Ethnien zusammen: Guambiano-Indianer mit aufwendigen Trachten, kaum bekleidete Emberá-Wounaan-Indianer, weiß gewandete Arhuaco, Afrokariben und reinblütige Nachfahren von Spaniern.

Die spanischen Kolonialisten, die auf der Suche nach Gold ins Land kamen, trafen auf unterschiedlichste blühende indigene Kulturen. Viele dieser Stämme fielen recht schnell europäischen Krankheiten und der Skrupellosigkeit der Konquistadoren des 16. Jahrhunderts zum Opfer; heute gibt es noch rund 80 reinrassige Ureinwohner-Völker. Die Mischung aus indianischem und spanischem Blut brachte die Mestizen hervor, die heute etwa 58 Prozent der Bevölkerung ausmachen. Die afrikanischen Sklaven, die vom 16. bis 18. Jahrhundert nach Kolumbien verschleppt wurden, trugen ihren Teil zum Gesamtgemisch bei. Schwarze machen heute 18 Prozent der Bevölkerung aus.

Im 19. Jahrhundert kamen dann noch verschiedenste Europäer hinzu und besiedelten zusammen mit Libanesen vor allem die Karibikküste (die kolumbianische Popdiva Shakira aus Barranquilla hat libanesische Wurzeln). Deutsche ließen sich in Santander nieder. Chinesen wurden ins Land geholt, um beim Bau der Panama Railroad und später verschiedener anderer Eisenbahnstrecken und Straßen mitzuwirken. Litauer, Kroaten, Polen und Engländer kamen während des Zweiten Weltkrieges und des Kalten Krieges. In den vergangenen Jahren sind vermehrt Nordamerikaner und Europäer ins Land gekommen, um in der Sonne ihren Ruhestand zu genießen.

Im Gegensatz zu den meisten anderen Andenländern ist Kolumbien hochgradig verstädtert: Rund 77 Prozent der Bevölkerung leben in Städten. Cali und Medellín haben mehr als zwei Millionen Einwohner, Bogotá 7,7 Millionen.

Nationalbewusstsein: Die weißen Kolumbianer, zugleich stolze Latinos, halten an ihrem spanischen Erbe fest. Die Kolonisten zwangen der indigenen Bevölkerung und den afrikanischen Sklaven ihr Gesellschaftssystem und ihre Werte auf. Das unwegsame Terrain und eine sehr heterogene Bevölkerung führten zu regional stark ausgeprägten Kulturen und Lebensstilen, sodass es außerhalb der weißen Elite nur ein begrenztes Nationalbewusstsein gibt. Die Afrokariben von San Andrés und Providencia z. B. – Kolumbien erwarb die Inseln am Ende der Kolonialzeit von Großbritannien – sind evangelisch, sprechen Englisch und wehren sich dagegen, als Kolumbianer zu gelten. Man sagt, dass die Regionalkulturen nur zu Wahlen, zu Sportereignissen und zur Miss-Colombia-Wahl zusammenfinden.

Mit der Unabhängigkeit wurde der koloniale Status quo zementiert. Anhaltendes politisches Chaos, fehlende Straßen- und Eisenbahnnetze und eine langsame Entwicklung anderer Infrastrukturbereiche hemmten das Wirtschaftswachstum und die Herausbildung einer lebensfähigen Mittelschicht, deren

ERLEBNIS: Freiwilligenarbeit

Nichts bleibt von einer Reise so sehr in Erinnerung wie das Bewusstsein, etwas zum Wohlergehen des Reiselandes beigetragen zu haben. Den Menschen direkt Geld zukommen zu lassen, indem man etwa einheimische Guides anheuert, ist eine Art zu helfen. Man kann sich aber auch in Projekten engagieren und dort seine Fertigkeiten einbringen. So hilft man nicht nur den Einheimischen, sondern lernt auch selbst etwas über das Land. Hier einige wichtige Organisationen, die für Kolumbien Freiwillige suchen:

Fundación ProAves *(Cra. 20 #36-61, Bogotá, Tel. 57-1/340-3229, www.eco-volunteer.com)*, die wichtigste Umwelt-NGO Kolumbiens, bietet in ihren Naturreservaten ein Freiwilligenprogramm, das besonders auf den Schutz endemischer Vogelarten ausgerichtet ist. Die Projekte reichen von Agroforstwirtschaft und Wiederaufforstung bis zur Verwaltung und Pflege der Reservate.

Hands Up Holidays *(61 Parkstead Rd., London SW15 5AN, England, Tel. 0207/193-1062 in Großbritannien, www.handsupholidays.com)* baut bei einer 14-tägigen Kolumbienreise fünf Tage Freiwilligenarbeit ein. Die Freiwilligen helfen bei der Entwicklung von gastgewerblichen, Computer- und Marketing-Fertigkeiten bei ehemaligen Kokabauern.

Let's Go Volunteer *(Calle 85 #19A-25, Bogotá, Tel. 57-310-884-8041, www.letsgovolunteer.info)* verbindet Freiwilligenprogramme in unterprivilegierten Gemeinschaften mit Spanischunterricht in Ibagué. Man arbeitet z. B. in Obdachlosenasylen oder Umweltprojekten.

United Planet *(11 Arlington St., Boston, MA 02116, Tel. 617/267-7763, www.unitedplanet.org/deutsch)* sucht Freiwillige für längere Programme in der Arbeit mit behinderten und unterprivilegierten Kindern in Kolumbien. Gesucht werden z. B. Leute, die EDV, Sprachen, Musik oder Sport unterrichten können.

Entstehen ein recht junges Phänomen ist. Die kolumbianische Gesellschaft ist weiterhin stark nach Klasse und Hautfarbe gegliedert. Weiß zu sein gilt als erstrebenswert (genauso wie der kultivierte Dialekt von Bogotá), und es existiert eine inoffizielle soziale Hackordnung, die eng an den sozioökonomischen Status angelehnt ist: Bauern, Ureinwohner und Schwarze sehen sich auch heute noch mit Diskriminierung konfrontiert. Eine Ausnahme bildet das Departamento Antioquia mit seiner Tradition der Rassenmischung: Hier zählt wirtschaftlicher Erfolg mehr als die Volkszugehörigkeit.

Der überwiegende Teil der Landbevölkerung führt ein einfaches Leben; im Hochland wird unter anderem Kaffee angebaut, im Tiefland, besonders in den Llanos, wo der Alltag an das Leben der Cowboys erinnert, werden Rinder gezüchtet. Die ländliche Gesellschaft ist immer noch streng hierarchisch gegliedert und stark von spanischen Traditionen beeinflusst; in der Stadt ist dies nicht so ausgeprägt, wenngleich in Wirtschaft und Politik Familienabstammung, vermeintlicher sozialer Status und persönliche Beziehungen – *palanca* („Hebel") genannt – extrem wichtig sind. Überall stößt man auf elitäre weiße Seilschaften, die *roscas;* Blutsverwandtschaften öffnen fast überall in Politik und Wirtschaft Türen.

Die Geschlechterrollen sind durch die Traditionen bestimmt: Der *machismo* (der Mann als sexueller Eroberer, Haushaltsvorstand und Verteidiger der Familienehre) und der *marianismo* (die Verehrung weiblicher „Tugenden" wie Reinheit, Gehorsam und das Vertrauen auf den Mann) sind besonders in ländlichen Gegenden tief verankert. In den Städten haben die jüngeren Leute damit begonnen, diese traditionellen Fesseln abzulegen. Frauen der Mittel- und Oberschicht nehmen in der Gesellschaft mittlerweile wichtige Positionen ein. 90 Prozent aller Kolumbianer bezeichnen sich als strenggläubige Katholiken, und in vielen ländlichen Gemeinden ist der Priester die wichtigste Autoritätsfigur.

Kolumbianischer Slang

Die Kolumbianer haben ihren eigenen regionalen Slang und ihre eigenen Ausdrücke. Hier ein paar Beispiele:

A papaya dada, papaya partida **Eine Papaya gegeben, eine Papaya genommen. Wenn man Leuten die Chance gibt, einem etwas abzunehmen, werden sie das auch tun.**

El parche **Ort, an dem was los ist**

Ese plan pega **Das hört sich toll an**

¡Qué chevere! **Wie cool oder toll!**

¡Suerte! **Viel Glück! Je nach Intonation auch „Fahr zur Hölle!"**

Traqueto **Reicher Drogenhändler**

¿Vientos o maletas? **Wie geht's? Wörtlich „Winde oder Koffer", ein Wortspiel mit *bien o mal* (gut oder schlecht).**

Lebensstandard: Bei der Lebenserwartung liegt Kolumbien im weltweiten Vergleich mit durchschnittlich 73 Jahren im Mittelfeld; die Kindersterblichkeit ist dreimal so hoch wie in den USA. Etwa die Hälfte der Bevölkerung ist über das staatliche Gesundheitswesen versorgt; weitere 30 Prozent sind über andere staatliche Einrichtungen oder privat versichert. Ein Fünftel der Kolumbianer hat keinen Zugang zu medizinischer Versorgung. Dabei bestehen gewaltige regionale Unterschiede. Offiziell sind nur 6,5 Prozent der Bevölkerung Analphabeten – erheblich weniger als noch vor zehn Jahren.

Auf der Primarschulebene herrscht in Kolumbien Schulpflicht, und der Unterricht ist kostenlos. In den meisten Departamentos gibt es auch kostenlose öffentliche Sekundarschulen, jedoch nicht im ganzen Land – ein gewaltiges Problem und eine große Herausforderung für die Politik.

Das kolumbianische Pro-Kopf-Einkommen liegt bei etwa 10 000 US-Dollar, jedoch klafft die Einkommensschere gewaltig – und immer weiter – auseinander. Über ein Drittel der Bevölkerung lebt offiziell unterhalb der Armutsgrenze, neun Prozent leben in extremer Armut, wovon überproportional viele Afro-Kolumbianer, indigene Gruppen, Binnenflüchtlinge und ländliche Gemeinden

Die Wayúu auf der Halbinsel Guajira leben noch gänzlich traditionell

betroffen sind. Obwohl Kolumbien über eine stattliche Mittelschicht verfügt, ist die Armut im gesamten Land nicht zu übersehen, besonders in den städtischen Slums mit ihrer Arbeitslosigkeit und Kriminalität. Der größte Teil der überwiegend weißen Elite des Landes lebt abgeschottet in Luxushochhäusern in Bogotá und Medellín und hat keinerlei Kontakt zu den verarmten Massen in ihren baufälligen Hütten ohne Strom, fließendes Wasser und Kanalisation. In fast jeder Stadt gibt es Slums *(comunas)* oder *barrios de invasión*, „besetzte Viertel", die von Menschen bewohnt werden (rund 3,3 Millionen landesweit), die vor bewaffneten Konflikten geflohen sind.

Das extreme Ungleichgewicht bei der Landverteilung (fünf Prozent der Landbesitzer besitzen 70 Prozent des Ackerlandes) verschärft die Armut auf dem Land – eine der Ursachen der soziopolitischen Gewalt in Kolumbien.

Präsident Juan Manuel Santos hat versprochen, hier Abhilfe zu schaffen und den Millionen von Bauern das Land zurückzugeben, das ihnen von rechtsgerichteten paramilitärischen Einheiten, linken Guerillas und Drogenhändlern weggenommen wurde.

Indigene Völker heute: In Kolumbien sind 87 indigene Gruppen ansässig – das sind insgesamt 1,4 Millionen Menschen und 3,4 Prozent der Gesamtbevölkerung. Die meisten leben in halb autonomen *resguardos indígenas* (indigenen Reservaten), in denen ihnen das Recht auf Selbstverwaltung garantiert ist. Zwar machen die 788 *resguardos indígenas* des Landes eine Fläche von 31 Millionen Hektar und somit fast einem Drittel der Landesfläche aus, jedoch eignet sich nur ein Zehntel für die Landwirtschaft. Analphabetismus und Schulabbruch sind hier weitverbreitet. Weitere rund 445 000 Ureinwohner leben außerhalb der *resguardos*. Ihr kollektives Anrecht auf das Land, auf dem sie leben, ist nicht gesetzlich verankert.

Indigene Gruppen findet man zwar überall im Land, sie konzentrieren sich jedoch an den Rändern Kolumbiens und in den Hochanden, vor allem in den Departamentos Amazonas, Cauca, Guainía, La Guajira, Nariño, Vaupés und Vichada – hier sind jeweils mindestens 50 Prozent der Bewohner Indigene. Die 64 Sprachen der kolumbianischen Ureinwohner verteilen sich auf 13 Sprachfamilien. Die Stammesgruppen reichen von den Baro mit nur 900 Angehörigen bis zu den 144 000 Personen starken Wayúu.

Laut der Nationalen Organisation der Indigenen (ONIC) sind mindestens 32 Gruppen vom Aussterben bedroht. Obwohl Gesetze verabschiedet wurden, die ihr Erbe schützen sollen, ist das Land der Ureinwohner durch das Vordringen mächtiger Öl-, Bergbau- und Forstunternehmen gefährdet. Der Kampf um das Land und seine Ressourcen hat die indigenen Gruppen zudem in bewaffnete Konflikte hineingezogen. Laut ONIC sind seit 1998 mehr als 2000 Ureinwohner ermordet worden. Die Mitglieder des Stammes der Emberá z. B. leben unter ständiger Bedrohung durch die FARC (siehe Kasten S. 30) und die paramilitärische Gruppe der Águilas Negras (Schwarze Adler). Nur wenige indigene Gruppen waren bisher nicht von willkürlichen Morden und der Zwangsrekrutierung durch bewaffnete Gruppen betroffen.

Gleichzeitig wird durch die Besprühung der Kokasträucher mit Herbiziden durch die Regierung das Land verseucht, was weiter dazu beiträgt, dass indigene Gruppen von ihrem altangestammten Land vertrieben und traditionelle Lebensweisen zerstört werden. Angehörige indigener Völker stellen sieben Prozent der vier Millionen innerkolumbianischen Flüchtlinge. Die Awá aus

Kulturelle Fettnäpfchen

- **Männer sollten in Städten keine Shorts tragen – das gilt als unschicklich.**
- **Die kolumbianische Kultur nicht beleidigen! Die Kolumbianer sind stolz auf ihr Land.**
- **Sich immer ordentlich und gepflegt in der Öffentlichkeit zeigen. Die Kolumbianer mögen Sauberkeit.**
- **Frauen darf man ruhig *piropos*, werbende Komplimente, machen. Solange diese nicht vulgär sind, freuen sich kolumbianische Frauen darüber.**
- **Sich nicht herablassend über Drogenbarone wie Pablo Escobar äußern, der vielen Kolumbianern als Held gilt.**

Nariño im Südwesten des Landes haben besonders stark gelitten und stellen den größten Anteil an Vertriebenen.

Die meisten Gruppen stecken in einer Armutsfalle. Viele indigene Gemeinschaften praktizieren eine zerstörerische Brandrodungslandwirtschaft, andere arbeiten als Wanderarbeiter auf Kaffee- und anderen Plantagen. Sie leiden unter Mangelernährung und sind insgesamt politisch machtlos und daher oft misstrauisch gegenüber Fremden. Tausende Ureinwohner kämpfen in den Städten ums Überleben, herausgerissen aus ihren Gemeinschaften und anfällig für Drogen, Prostitution und Ausbeutung.

Staat & Politik

Laut Verfassung von 1991 ist Kolumbien eine demokratische Republik, die von einem direkt gewählten Präsidenten und einem Ministerkabinett regiert wird. Die Amtszeit der Präsidenten ist auf zwei aufeinanderfolgende vierjährige Amtszeiten begrenzt. Die gesetzgebende Gewalt liegt beim Congreso (Kongress), der aus dem Senado (Senat), dessen 102 Mitglieder direkt gewählt werden, und der Camara de Representantes (Repräsentantenhaus), dessen 166 Sitze nach dem Verhältniswahlrecht verteilt werden, besteht. Die Legislaturperiode dauert jeweils vier Jahre, Sitz des Parlaments ist der klassizistische Capitolio Nacional in Bogotá. Wählen dürfen alle Bürger ab 18 Jahren.

Kolumbien ist in 32 *departamentos* untergliedert, dazu kommt der *distrito capital* (Bogotá). An der Spitze der Departamentos stehen ein gewählter Gouverneur und eine Regionalversammlung. Im Kongress sind fünf Sitze für Vertreter indigener Gruppen reserviert. Ihre Reservate werden von halb autonomen *cabildos* verwaltet, indigenen Behörden, die neben den staatlichen Behörden bestehen.

Juan Manuel Santos

Juan Manuel Santos, am 7. August 2010 als Präsident Kolumbiens vereidigt, stammt aus einer Politikerdynastie. Sein Großonkel, Eduardo Santos, war von 1938 bis 1942 Präsident; sein Cousin diente von 2002 bis 2010 als Vizepräsident, und seiner Familie gehörte bis 2007 die wichtigste Zeitung des Landes, *El Tiempo*. Santos, der über mehrere Universitätsabschlüsse verfügt, unter anderem von Harvard, hatte zuvor verschiedene Ministerposten inne, z. B. war er Verteidigungsminister (2006–2009) unter Präsident Álvaro Uribe. Im März 2008 war er verantwortlich für den umstrittenen Angriff der Armee auf ein FARC-Lager in Ecuador; im Juli 2008 managte er die Rettung von Ingrid Betancourt und 14 weiteren Geiseln.

Parteien & Probleme: Seit der Unabhängigkeit des Landes von Spanien wechselte die Macht fast anderthalb Jahrhunderte zwischen den Konservativen und den Liberalen. Erstere unterstützten Simón Bolívar und seine Forderung nach einer starken Zentralregierung in enger Anlehnung an die katholische Kirche; die Liberalen folgten Bolívars Rivalen Francisco de Paula Santander und strebten einen dezentralen säkularen Staat an. Diese fortwährende Rivalität löste zwei Bürgerkriege aus.

Heute gibt es in Kolumbien fünf größere politische Parteien und mehr als ein Dutzend kleinere, die im Kongress vertreten sind und das gesamte politische

Der beliebte, 2010 ins Amt gewählte Präsident Juan Manuel Santos begrüßt Anhänger

Spektrum abdecken. Trotz der gewalttätigen Auseinandersetzungen in den letzten hundert Jahren gilt das Land heute als stabile Demokratie. Präsident Álvaro Uribe, 2002 als unabhängiger Liberaler gewählt, brach mit dem Zweiparteiensystem, das seit 1958 existiert hatte; seine Regierungskoalition bestand aus drei größeren Parteien. Seine zweite Amtszeit beendete er 2010 mit nie da gewesenen Zustimmungswerten. Auf Uribe folgte sein Verteidigungsminister Juan Manuel Santos von der Liberalen Partei, der 69 Prozent der Stimmen erhielt.

Weiterhin gibt es in der Regierung Korruption. Zahllose Parlamentsabgeordnete sind schon wegen ihrer Verbindungen zu paramilitärischen Drogenhändlern angeklagt worden. In den vergangenen Jahren haben die Autodefensas Unidas de Colombia (AUC, Vereinigte Selbstverteidigungskräfte Kolumbiens), eine rechtsgerichtete Dachorganisation paramilitärischer Gruppen, die Teile des Landes kontrollierten, zwar offiziell die Waffen niedergelegt, sich aber bewaffneten Banditengruppen angeschlossen. Und viele korrupte Politiker und Behörden waschen Drogengelder, während sich die Drogenkriminalität in blutigen Schlachten und diskreter Bestechung abwechselt.

Jedoch versprach Präsident Juan Manuel Santos, Uribes Kampf gegen die Korruption fortzusetzen und dem Morden und den Menschenrechtsverletzungen seitens der kolumbianischen Sicherheitskräfte ein Ende zu bereiten. Sein erstes Amtsjahr zeichnete sich durch vermehrte FARC-Angriffe aus, darauf folgte ein Jahr mit erfolgreichen Gegenschlägen; Höhepunkt war die Tötung des FARC-Anführers Guillermo León Sáenz. Kolumbien verfügt über eine Armee und eine stark bewaffnete Polizei mit zusammen rund 250 000 Mann, welche sechs Prozent des Budgets verschlingen. Es besteht Wehrpflicht. ■

Kolumbien damals

Obwohl Christoph Kolumbus (1451–1506) das nach ihm benannte Land niemals betrat, folgten seiner Entdeckung Amerikas zahlreiche Konquistadoren auf der Suche nach dem sagenumwobenen El Dorado. Nachdem Spanien sich die Kontrolle über das Land gesichert hatte, begann die 500-jährige Geschichte blutiger Aufstände. Nach der Unabhängigkeit 1810 folgten 150 Jahre lang Chaos und Bürgerkriege.

Die ersten Kolumbianer

Menschen kamen wohl schon vor etwa 12 000 Jahren ins heutige Kolumbien. Mehr als zwei Millionen Menschen sollen zur Zeit der spanischen Eroberung in der Region gelebt haben. Die durch große Entfernungen und unwegsames Terrain voneinander getrennten verschiedenen Völker entwickelten eigene Sprachen und Kulturformen; so gab es nomadische Jäger und Sammler wie auch hierarchisch gegliederte landwirtschaftliche Stammesfürstentümer.

In der Region gibt es zahlreiche archäologische Fundstätten. Es sind jedoch keine großen Pyramiden und nur wenige größere Städte entdeckt worden, zudem sind die meisten Stätten weniger als 2000 Jahre alt. Eine Ausnahme bildet Teyuna, heute besser bekannt als Ciudad Perdida (Verlorene Stadt), gegründet etwa 800 n. Chr. hoch oben in der Sierra Nevada de Santa Marta von den nordkolumbianischen Tayrona.

Die Ureinwohner schlossen sich nie wie die Inka oder Maya zu Reichen zusammen.

Die Ureinwohner schlossen sich nie wie die Inka in Peru oder die Maya in Mesoamerika zu Reichen zusammen. Dennoch entwickelten die Muisca in der Ostkordillere eine der komplexesten soziopolitischen Kulturen Amerikas.

Die Muisca: Die Muisca umfassten zwei Stammesverbände, genannt *cacicazgos:* Hunza im Norden um das heutige Tunja und das größere, mächtigere Bacatá mit der Hauptstadt im heutigen Bogotá. Jedem Stamm stand ein *cacique* (Kazike, Häuptling) vor. Man lebte in Rundhütten mit Zuckerrohrwänden und Palmblattdächern.

Die Muisca, die wie die Tayrona Chibcha sprachen, waren geschickte Weber, bauten aber auch raffinierte Bewässerungssysteme und trieben Handel mit benachbarten Regionen. Wichtige Güter waren Salz, Smaragde und Gold. Sie waren außerdem die Meister unter den präkolumbischen Goldschmieden und fertigten Tierfigurinen und Körperschmuck wie Armreife und Brustplatten, die ausschließlich den *caciques* vorbehalten waren. Nach ihrem Tod wurden die *caciques* zusammen mit ihren Ehefrauen, Dienern und Besitztümern bestattet. Unter den fantastischen Goldobjekten der Muisca im Museo del Oro in Bogotá befindet sich die „Balsa Muisca", ein 19 Zentimeter langes Floß mit einem Kaziken und zwölf Dienern, die eine Initiationszeremonie vollführen.

Kolumbien ist außerdem gespickt mit riesigen Steinstatuen, die mit finsterer Miene vor uralten Gräbern Wache halten. Die größten Ansammlungen – aus der Zeit zwischen 500 und 1300 n. Chr. – befinden sich im Parque Arqueológico de San Agustín im Departamento Huila und im Parque Arqueológico Nacional Tierradentro bei Popayán. Über den geheimnisvollen Stamm, der die Statuen und die Hypogäen schuf, ist nur wenig bekannt. Kurz vor der spanischen Invasion wurden die Chibcha-Völker des östlichen Tieflands durch kriegerische Kariben verdrängt.

Die 19 Zentimeter lange präkolumbische „Balsa Muisca" ist im Museo del Oro (Goldmuseum) in Bogotá zu sehen

Ankunft der Spanier

Die karibischen Kulturen erlebten als erste die Brutalität der spanischen Konquistadoren. Der erste Europäer, der Kolumbien erreichte, war der Entdecker Juan de la Cosa (1460–1509), der 1499 am Cabo de la Vela an der Spitze der Halbinsel Guajira anlandete. In den nächsten beiden Jahren erkundete de la Cosa zusammen mit Rodrigo de Bastidas (1460–1527) und Vasco Núñez de Balboa (1475–1519) die Karibikküste.

Francisco Pizarro (1475–1541)

Zerstörung der einheimischen Kultur: Die Ankunft der Spanier bedeutete den Niedergang für die indigenen Völker der Region, die die Neuankömmlinge in ihrem feinsten Goldornat begrüßten. Die spanischen Konquistadoren befanden sich nicht auf heiliger Mission: Sie wurden getrieben durch die Gier nach Reichtum und verbreiteten ihre Kultur mit Muskete und Entermesser. So begann die lange, blutige Kolonialgeschichte des Landes. Als Juan de la Cosa 1509 in der Nähe des heutigen Cartagena landete, um als Gouverneur Besitz von Nueva Andalucía (dem Gebiet zwischen den Golfen von Urabá und Maracaibo) zu ergreifen, leisteten die Einheimischen erbitterten Widerstand. De la Cosa wurde durch Giftpfeile getötet; angeblich überlebten nur Alonso de Ojeda und ein weiterer Mann.

Am 25. September 1513 erblickte Balboa nach der Überquerung der Landenge von Panama als erster Europäer den Pazifik – in voller Rüstung watete Balboa ins Meer (das er Mar del Sur, Südsee, nannte), um es für Spanien in Besitz zu nehmen. Durch diese wegweisende Entdeckung erhielt Panama eine zentrale Bedeutung für die Eroberung der am Pazifik gelegenen Gebiete. Die neu gegründeten Städte Santa Marta (1525) und Cartagena de Indias (1533) waren von großer strategischer Bedeutung für die schnelle Kolonisierung des Landesinneren von Kolumbien über die Flüsse Cauca und Magdalena. Die folgenden Jahrzehnte waren geprägt durch brutale Tyrannei und Ausbeutung. Ganze indigene Gemeinschaften wurden abgeschlachtet, andere wurden als Sklaven gehalten für den Abbau von Gold in Bergen und Dschungeln. Ganze Stämme gingen unter der unerträglichen Mühsal der Zwangsarbeit zugrunde. Europäische Krankheiten wie Pocken, Masern und Tuberkulose beschleunigten ihr Sterben. Viele Gruppen kämpften lang und hart gegen die Spanier, zogen sich jedoch langsam in die dichten Wälder der Berge und Küstenebenen zurück.

Die Kolonialzeit

Nach der Eroberung Perus durch Francisco Pizarro (1475–1541) im Jahr 1532 füllten die geplünderten Reichtümer der Inka langsam die Tresore von Panama-Stadt und Cartagena. 1536 erkundete Gonzalo Jiménez de Quesada (1496–1579) das Tal des Río Magdalena und betrat das Land der

Muisca. Die Spanier nutzten die Rivalität zwischen Hunza und Bacatá und unterwarfen die Muisca recht schnell. Am 6. August 1538 wurde Santa Fé de Bacatá gegründet, das heutige Bogotá. Geschichten von den Initiationsfeiern der Muisca in Guatavita, bei denen gewaltige Mengen Gold in den See geworfen wurden, verdichteten sich bald zur Legende von El Dorado. Die zwanghafte Suche nach der sagenhaften versteckten Stadt aus Gold führte in der gesamten Region zu einer beschleunigten Kolonisierung. Nikolaus Federmann (1505–46) erkundete von Venezuela aus die östlichen Ebenen und die Ostkordillere, während Sebastián de Belalcázar (1479–1551) von Peru nach Norden vordrang und den Grundstein für die Städte Popayán und Santiago de Cali (das heutige Cali) legte.

1550 wurde Bogotá zum Sitz der Real Audiencia, die über den Nuevo Reino de Granada (das Neue Königreich Granada) herrschte, wozu die heutigen Länder Kolumbien, Ecuador, Panama und Venezuela gehörten. Obwohl recht abgelegen, entwickelte sich die Stadt zu einem der wichtigsten Zentren spanischer Kolonialmacht. Gleichzeitig wurde Cartagena zum bedeutendsten Umschlaghafen für die Ausplünderung der Muisca und Inka. Unvorstellbare Mengen an Silber, Gold und Smaragden wurden per Schiff und Maultier nach Norden und weiter nach Spanien transportiert.

Die riesigen Reichtümer erweckten das Interesse von Piraten. Der englische Sklavenhändler und spätere Pirat Sir Francis Drake (1540–96) plünderte 1586 Cartagena. Danach wurde die Stadt befestigt. Die Spanier entwickelten außerdem ein Flottensystem zum Schutz ihrer Goldschiffe.

Schatzrouten

Zwischen 1566 und 1790 kamen zweimal im Jahr nach einer zehnwöchigen Überfahrt von Spanien Schatzflotten *(flotas de indias)* in Cartagena an. Dutzende Galeonen mit Proviant, Gütern und Einwanderern teilten sich in Cartagena in zwei Flotten, eine segelte nach Portobelo, die andere nach Veracruz. Gleichzeitig unterrichteten Kuriere die Agenten des Königs von der bevorstehenden Ankunft der Flotten. Ganze Armeen von Geistlichen und königlichen Buchhaltern versammelten sich, dazu Soldaten, die das in den Straßen aufgetürmte Gold und Silber bewachten. Händler veranstalteten riesige Märkte. Die Schiffe kehrten über Havanna nach Spanien zurück, geschützt von der Kriegsmarine. Weit mehr Schiffe gingen in Stürmen unter als durch Piratenangriffe.

Die Keimzellen späterer Konflikte: 1717 wurde der Nuevo Reino de Granada durch den Virreinato de Nueva Granada (Vizekönigreich Neugranada) mit größerem Territorium ersetzt. Jedoch genossen die untergeordneten politischen Instanzen aufgrund der schwierigen Kommunikation in dem riesigen Gebiet eine De-facto-Unabhängigkeit; die Rivalitäten zwischen diesen Untergebieten führten zu regionaler Zersplitterung und häufigen gewalttätigen Auseinandersetzungen. Die Besetzung Spaniens durch Napoleon Bonaparte (1769–1821) im Jahr 1808 führte 1810 zur Unabhängigkeitserklärung von Städten und Regionen im gesamten Vizekönigreich. Die Zeit der Kämpfe zwischen Föderalisten, Zentristen und Royalisten wurde bekannt als „Patria Boba" (dummes Vaterland).

Ein Relief zeigt das Treffen von Abgeordnetem beim Kongress der Vereinten Provinzen

1811 verwandelte sich die Provinz Bogotá in den Staat Cundinamarca, der dem spanischen Thron ergeben war. Abgeordnete der rivalisierenden Regionen versammelten sich zum Kongress der Vereinten Provinzen, offiziell Juntas de Gobiernos Provinciales genannt. Die von ihnen vorgeschlagene Konföderation wurde von Bogotá abgelehnt. Unabhängigkeitserklärungen seitens verschiedener Provinzen führten 1812 und 1814 zu Bürgerkriegen. Die tot geborene Nation war zu zersplittert, um Widerstand zu leisten, als spanische Truppen 1815 landeten und Neugranada schnell zurückeroberten.

Unabhängigkeit

An die Spitze der Unabhängigkeitsbewegung stellten sich danach die Venezolaner Simón Bolívar (1783–1830) und Francisco de Paula Santander (1792–1840). Nach der Zurückeroberung von Caracas 1814 führte Bolívar, der jetzt El Libertador (der Befreier) genannt wurde, die Truppen der Vereinten Provinzen an. Sein Feldzug kulminierte am 7. August 1819 in der Schlacht am Puente de Boyacá, danach konnte Bolívar wichtige Siege in Ecuador und Venezuela verbuchen. Am 7. September 1821 wurde er zum Präsidenten von Gran Colombia ernannt, Santander wurde Vizepräsident. Doch nationale Strömungen und Streitigkeiten führten zum Scheitern der Einheitsbestrebungen Bolívars. Gran Colombia löste sich 1830 auf, und Bolívar trat von seinen politischen Ämtern zurück.

Danach erklärte Panama seine Unabhängigkeit, wurde jedoch vom benachbarten Kolumbien, das jetzt Nueva Granada hieß, zurück in die Union gezwungen. Panama wurde eine der vielen Provinzen Kolumbiens, wogegen es sich wiederholt wehrte. Venezuela, Peru und Ecuador bildeten ihre eigenen republikanischen Regierungen. Kolumbien und Peru führten einen kurzen Territorialkrieg, und im Land selbst tobten eine Reihe von Aufständen. Schließlich löste sich die Republik 1858 auf und wurde kurzzeitig durch eine Konföderation souveräner Provinzen ersetzt. Ein Bürgerkrieg führte 1863 zu einem weiteren Versuch, die verschiedenen Fraktionen zu den Estados Unidos de Colombia (Vereinigten Staaten von Kolumbien) zu vereinen. Der von Zwistigkeiten geprägte Staat nahm schließlich 1886 seinen heutigen Namen Republik Kolumbien an.

Krieg der Tausend Tage: Dominiert wurde die Ära von der von Bolívar gegründeten Konservativen Partei, die in Kooperation mit der katholischen Kirche eine starke Zentralregierung anstrebte, und der Liberalen Partei, gegründet von Santander, die eine säkulare, dezentrale Regierung favorisierte. 1899 führte die bittere Rivalität zwischen den beiden Parteien zum Krieg der Tausend Tage (1899–1902), der Schätzungen zufolge 100 000 Menschenleben forderte und mit einem Sieg der Konservativen endete.

An die Spitze der Unabhängigkeitsbewegung stellten sich die Venezolaner Bolívar und Santander.

Für die aufstrebende Seemacht USA war unterdessen eine Abkürzung zwischen den Ozeanen extrem wichtig geworden, folglich fiel der Entschluss, einen Kanal zu bauen. Als das geschwächte Kolumbien sich weigerte, den US-amerikanischen Vorgaben zu einem Kanalabkommen zuzustimmen, wirkten die USA auf eine Loslösung Panamas von Kolumbien hin. Am 3. November 1903 erklärte Panama seine Unabhängigkeit. Die Vereinigten Staaten erkannten die abtrünnige Republik sofort an. Am 4. Mai 1904 gingen die französischen Besitztümer in Panama an die USA über und die US-Flagge wurde gehisst – es war der Beginn einer langen Feindschaft zwischen einem verschnupften Kolumbien und den USA.

Das 20. Jahrhundert

Die Konservativen blieben bis 1930 an der Regierung; dann wurden sie von den Liberalen abgelöst. Armut und soziale Probleme plagten das Land weiter, während das bescheidene Wirtschaftswachstum nur der kleinen weißen Elite zugutekam. 1948 kandidierte der charismatische Anführer der Liberalen, Jorge Eliécer Gaitán (1903–48), für das Amt des Präsidenten. Am 9. April 1948 wurde er in Bogotá ermordet, woraufhin in der Stadt Chaos und Gewalt ausbrachen. Der Palacio de Justicia, der historische San-Carlos-Palast und Dutzende Schulen, Kirchen und andere wichtige Gebäude gingen in Flammen auf, mehr als 3000 Menschen kamen an diesem schicksalhaften Tag, dem sogenannten Bogotazo, zu Tode.

La Violencia: Chaos herrschte bald auch in Cali, Medellín und dem gesamten Land. Es folgte eine zehnjährige Zeit der Gewalt, La Violencia: Bäuerliche Guerilla-, Selbstverteidigungsgruppen und den Parteien nahestehende Todesschwadronen *(bandoleros)* folterten, mordeten und vergewaltigten. Das Ausmaß der Gewalt war beispiellos; mehr als 300 000 Menschen starben, Millionen flohen vom Land in die vergleichsweise sicheren Städte.

1953 stürzte die Armee unter General Gustavo Rojas Pinilla (1953–57) die autoritäre konservative Regierung unter Laureano Gómez, um der Gewalt ein Ende zu bereiten, die aber noch bis 1958 anhielt. Rojas repressive Maßnahmen gegenüber den *bandoleros* waren zwar erfolgreich, doch wurde er am 10. Mai 1957 von anderen Militärkräften entmachtet, und die zivile Herrschaft wurde schließlich wiederhergestellt. Konservative und Liberale einigten sich auf eine 15-jährige Zweiparteienkoalition, den Frente Nacional (Nationale Front), bei der die Präsidentschaft alle vier Jahre zwischen den Parteien wechseln sollte.

Aufstieg der Guerillabewegungen: Die Nationale Front versuchte, die drängenden sozialen Probleme anzugehen. Bemühungen um landwirtschaftliche und ökonomische Reformen wurden nach der kubanischen Revolution von 1959 verstärkt. Die Vereinigten Staaten starteten aus Furcht vor kommunistischen Umstürzen in Südamerika ein gewaltiges wirtschaftliches Hilfsprogramm, zudem wurden Reformen beim Landbesitz gefordert. Jedoch waren die Interessen der Konservativen zu tief verwurzelt, sodass die Probleme weiter schwelten. In den folgenden zwei Jahrzehnten verlagerten die verschiedenen Regierungen ihre – vergeblichen – Bemühungen darauf, die linksgerichteten Aufstände auf dem Land zu unterdrücken, die das soziale, ökonomische und politische System infrage stellten; die Ursachen wurden jedoch nicht angegangen.

Das Vorbild Fidel Castros in Kuba war ausschlaggebend dafür, dass die Gewalt auf dem Land radikalere Formen annahm. 1959 markierte die Gründung des

ABC der Extremisten

AUC (Autodefensas Unidas de Colombia). Die 1997 gebildeten Vereinigten Selbstverteidigungsgruppen Kolumbiens sind rechtsgerichtete paramilitärische Verbände, die von Drogenkartellen und reichen Landbesitzern finanziert werden. Sie haben sich formell aufgelöst, aber einzelne Gruppen existieren weiter.

ELN (Ejército de Liberación Nacional). Die linksgerichtete Nationale Befreiungsarmee hat die kubanische Revolution zum Vorbild. Die Zahl der Mitglieder ist von 4000 auf weniger als 2000 gefallen. Liefert sich oft Kämpfe mit der FARC, zuletzt gab es aber einen Waffenstillstand.

FARC (Fuerzas Armadas Revolucionarias de Colombia). Die 1964 gegründeten Revolutionären Streitkräfte Kolumbiens waren die größte Rebellengruppe. Sie kontrollierten große Teile des Landes und verdienten jährlich Millionen Dollar durch die Besteuerung des Kokainhandels in ihrem Gebiet. Ihr Anführer wurde im Oktober 2011 getötet. Die Zahl ihrer Mitglieder ist auf 8000 bis 10 000 gesunken.

M-19 (Movimiento 19 de Abril). Die Bewegung 19. April legte 1990 die Waffen nieder. Heute ist sie eine legale politische Partei.

revolutionären Movimiento Obrero Estudiantil Campesino (Arbeiter-, Studenten-, Bauernbewegung, MOEC) den Beginn der kommunistischen Guerillaaufstände. Drei Jahre später schloss sich der MOEC dem Ejército de Liberación Nacional (Nationale Befreiungsarmee, ELN) an, einer in Kuba ausgebildeten marxistischen Guerillatruppe. Andere bäuerliche Guerillagruppen aus der Zeit der Violencia hatten in abgelegenen Bergtälern in Marquetalia und Sumapaz unabhängige kommunistische Enklaven gegründet. 1964 griff die kolumbianische Armee diese Guerillabasen an. Aus diesen Kämpfen entstand eine neue Gruppe, die marxistischen Fuerzas Armadas Revolucionarias de Colombia (die Revolutionären Streitkräfte Kolumbiens, FARC), die sich schnell eine Vormachtstellung verschafften.

Die Nationale Front versuchte, die drängenden sozialen Probleme anzugehen.

1974 führten Betrugsvorwürfe bei der letzten Präsidentschaftswahl der Nationalen Front zur Gründung einer nationalistischen städtischen Guerillagruppe, des Movimiento 19 de Abril (Bewegung 19. April, M-19). Während ELN und FARC anfänglich nur begrenzte Angriffe auf dem Land starteten, unternahm der M-19 eine Serie von kühnen Anschlägen in Bogotá. Am 27. Februar 1980 z. B. stürmte er während einer Cocktailparty die Botschaft der Dominikanischen Republik und nahm 14 Botschafter als Geiseln, darunter den Botschafter der USA.

Drogenkartelle: In den 1970er Jahren entstand eine weitere Geißel, als aus kolumbianischen Haschischschmugglern Kokainhändler wurden. Die gewaltigen Gewinne führten zu einem enormen Anstieg der kolumbianischen Kokaproduktion. In den 1980er Jahren hatten sich mächtige kriminelle Kartelle etabliert, angeführt von rücksichtslosen Bossen mit Sitz in Cali und Medellín. Der wichtigste davon war Pablo Escobar (1949–93), der milliardenschwere Kopf des Medellín-Kartells. 1982 wurde er sogar in den Kongress gewählt, nachdem er sich erfolgreich ein Robin-Hood-Image aufgebaut hatte, indem er Millionen an die Armen verteilte. Der Druck seitens der USA, Escobar und andere Drogenbosse auszuliefern, führte zu einer Einschüchterungswelle und Mordserie. Das Medellín-Kartell ermordete Hunderte Journalisten, Richter, Polizisten und Politiker, darunter Justizminister Rodrigo Lara Bonilla (1946–84). Tausende andere wurden nach der Maxime *plata o plomo* (Silber oder Blei) gefügig gemacht. Anfang der 1980er Jahre hatten die Kartelle das Land praktisch unter Kontrolle.

Auch die FARC verwandelten sich langsam in eine militarisierte Drogenterrororganisation. Durch Entführungen, Erpressungen und die Kontrolle der Kokainproduktion in abgelegenen ländlichen Gebieten wurde die Organisation reich und war 1982 mächtig genug, um groß angelegte Angriffe auf kolumbianische Truppen auszuüben und größere Städte einzukesseln. Die linksgerichteten Gruppen legten sich auch mit den Drogenkartellen an. Als der M-19 1981 die Schwester des Mitbegründers des Medellín-Kartells, Jorge Luis Ochoa, kidnappte, gründete das Kartell die Todesschwadron Muerte a Secuestradores (Tod den Kidnappern) – einen Vorläufer der zahlreichen rechten paramilitärischen

Gruppen, die bald entstanden, um die Interessen reicher Landbesitzer und Unternehmer zu schützen.

Verhandlungen mit den Rebellen: Die konservative Regierung (1982–86) von Belisario Betancur Cuartas (*1923) führte Verhandlungen mit dem M-19 und den FARC; daraufhin wurde die Unión Patriótica (Patriotische Union) gegründet, damit die Linksextremisten an der Regierung teilhaben konnten. Teile der kolumbianischen Sicherheitskräfte weigerten sich jedoch, den Waffenstillstand einzuhalten, viele Parteimitglieder wurden von Rechten ermordet. Als Antwort darauf erstürmten 35 Guerilleros des M-19 am 6. November 1985 den Justizpalast in Bogotá und nahmen 300 Rechtsanwälte und Richter als Geiseln. Elf der 21 Richter des Obersten Gerichtshofs waren unter den mehr als hundert Personen, die bei den Kämpfen umkamen. Kurz darauf legte der M-19 die Waffen nieder, die Anführer wurden begnadigt; der M-19 wurde zu einer gewaltfreien politischen Partei. Das Friedensabkommen mit den FARC scheiterte.

Präsident Uribe wird dafür gerühmt, aus einem Guerilla- und Drogenstaat eine stabile Demokratie geformt zu haben.

Die Ermordung des Präsidentschaftskandidaten Luis Carlos Galán (1943–89) durch Pablo Escobars Killer und der Bombenanschlag 1989 auf den Avianca-Flug 203 zwecks Ermordung des Präsidentschaftskandidaten César Gaviria Trujillo führten schließlich zu einem erneuten verschärften Vorgehen gegen die Drogenbosse. Escobar wurde Milde zugesichert, 1991 stellte er sich und wurde in einem luxuriösen Privatgefängnis inhaftiert, von dem aus er sein Imperium weiter lenkte. Im Glauben, dass die Regierung ihn ausliefern wolle, floh er, wurde gestellt und am 2. Dezember 1993 getötet. Die durch das Ende von Escobars Imperium entstandene Lücke füllte das bestens organisierte Cali-Kartell. Bis zu seiner Zerschlagung 1995 erfreute es sich guter Beziehungen zu Schlüsselfiguren in der Regierung und im Bankenwesen.

Das neue Millennium

An der Wende zum 21. Jahrhundert drohte Kolumbien zu einem gescheiterten Staat zu werden. Die FARC kontrollierten ein Gebiet von der Größe Frankreichs, verfügten über 16 000 bewaffnete Kämpfer und begannen, Politiker und Soldaten zu kidnappen. Ein umstrittenes US-Hilfspaket in Höhe von 1,3 Milliarden Dollar zur Bekämpfung des Drogenhandels und der Ausmerzung des Kokaanbaus stärkte die rechten Todesschwadronen, die von Sympathisanten in der Armee unterstützt wurden. Die aus

Drogengeldern finanzierten paramilitärischen Gruppen schlossen sich zu den Autodefensas Unidas de Colombia (AUC) zusammen.

2002 startete der neue Präsident Álvaro Uribe (*1952), ein unabhängiger Kandidat der Liberalen die Kampagne Plan Patriota zur Zerschlagung von AUC, ELN und FARC. Die Guerillas wurden aus der Umgebung von Bogotá vertrieben, weite Teile des Landes wurden zurückerobert und die meisten paramilitärischen Verbände aufgelöst. Am 2. Juli 2008 wurden die ehemalige Präsidentschaftskandidatin Ingrid Betancourt (*1961) und 14 weitere Geiseln von der kolumbianischen Armee befreit – Betancourt hatte sich sechs Jahre lang in der Gewalt der Entführer befunden. Uribe wird dafür gerühmt, aus einem Guerilla- und Drogenstaat eine stabile Demokratie geformt zu haben. Er bekämpfte die Korruption und stockte die Sozialausgaben auf. Sein Nachfolger Juan Manuel Santos verpflichtete sich, Uribes Weg fortzuführen. 2011 erließ er das „Gesetz der Opfer" zur Entschädigung von Opfern der Gewalt. ■

Parade der kolumbianischen Armee in Pamplona zum Unabhängigkeitstag

Essen & Trinken

Kolumbien ist schon seit Langem ein kultureller Schmelztiegel, und das spiegelt sich auch in der Restaurantszene des Landes wider. Überall gibt es chinesische Restaurants, südamerikanische *parrilladas* (Steakhäuser) und Pizzerien. In Bogotá, Cali und Medellín, die es kulinarisch gesehen mit Großstädten in anderen Ländern durchaus aufnehmen können, findet man jede Menge hippe Restaurants mit Fusionsküche. Und die Regionalküchen nutzen indigene und bäuerliche Traditionen.

Auf dem Markt La Galería in Cali wird traditionelle kolumbianische Blutwurst serviert

In der kolumbianischen Küche verschmelzen indigene, spanische und afrikanische Einflüsse zur köstlichen *comida criolla* (kreolische Küche). Als typischstes kolumbianisches Gericht gilt *bandeja paisa*, eine herzhafte Speise aus Antioquia aus Fleisch, schwarzen Bohnen, Reis, Spiegeleiern, Kochbananen und Avocados.

Die Kolumbianer sind große Fleischesser und ersetzen grünes Gemüse gern durch Stärke. Beliebt sind Schweinebraten und *patacón con puerco*, Schwein mit Kochbananen. Beliebt sind auch *pollo asado* (Brathähnchen) und *bistec* (Steak). In einer *fritanga* werden Grillfleisch und Innereien mit *arepas* (Maisfladen) serviert. In den Llanos wird viel Grillfleisch gegessen. Ein weiterer Favorit ist *arroz con pollo* (Reis mit Huhn), das oft zum Frühstück mit Erbsen oder gekochtem Eigelb serviert wird. Öfter gibt es zum Frühstück jedoch *arepas* mit Frischkäse, Grillfleisch und Eiern.

An der Karibik- und Pazifikküste stehen häufig Meeresfrüchte auf dem Speiseplan. Fast jedes Fischrestaurant hat *ceviche* auf der Karte, rohen, mit Zwiebeln und Paprika marinierten Fisch. Die beliebtesten Fische sind *róbalo* (Seebarsch), *dorado* (Goldmakrele) und *pargo* (Meerbrasse). An der Karibikküste werden Hummer, Garnelen und andere Meeresfrüchte gern in speziellen Gewürzen und Kokosmilch geköchelt. Im Hochland sind Forellen eine Spezialität, im Amazonasgebiet Süßwasserfische wie der *amarillo*. Während der Stierkampfsaison (Jan.–Feb.) bieten viele Restaurants als Hommage an das spanische Erbe des Landes Paella und Sangria.

Das Kochen mit Mais spiegelt die indigenen Traditionen, so beim *tamal*, einer mit geschmortem Hühner- oder Schweinefleisch gefüllten Maismehltasche, die in ein Bananenblatt gewickelt und gekocht wird.

Viele Kolumbianer haben eine Schwäche für Süßes wie *arequipe* oder *dulce de leche* aus gekochter und gesüßter Kondensmilch. Milch kommt außerdem bei *arroz con leche* (Süßreis mit Milch, Zucker und Zimt) und *flan* zum Einsatz.

Weitere Gerichte

Ajiaco, eine typische Andensuppe mit Mais, Huhn, Kartoffeln und *guasca* (Franzosenkraut), ist ein örtliches Gericht. Eine andere regionale Spezialität ist *sancocho*, eine Suppe mit Mais, Kassava und je nach Ort anderem Gemüse. Gut sind auch *buñuelos*, runde Käsebratlinge.

Auf den Märkten gibt es tropische Früchte. Sie werden zu *batidos* verarbeitet, geeisten Shakes mit Wasser oder Milch. *Agua de pipa* von einer grünen Kokosnuss ist an heißen Tagen ein perfekter Durstlöscher, genauso wie *suero*, ein süß-saures Joghurtgetränk. Auch prima: ein kühles kolumbianisches Bier (siehe Kasten S. 84).

Getränke

Das Getränk der Arbeiter in den Städten ist *aguardiente*, ein Zuckerrohrschnaps mit Anisgeschmack und bis zu 30 Prozent Alkohol. Die besten Rumsorten des Landes sind leicht und sanft und werden in den Anden oft mit Zucker, Zitrone, *panela* (Vollrohrzucker) und kochendem Wasser zu *canelazo* gemischt.

Berühmt ist der kolumbianische Kaffee. Dabei sind die Kolumbianer selbst keine großen Kaffeetrinker, sondern bevorzugen heiße Schokolade. Kaffee trinken sie entweder schwach nach amerikanischer Art oder stark mit viel Zucker als eine Art Espresso.

ERLEBNIS: Kolumbianischer Kochunterricht

Die Vielfalt kolumbianischer Regionalküchen ist beeindruckend. Zusammen mit der überbordenden Fruchtbarkeit des Landes und der Fantasie der Köche, die globale Einflüsse mit traditionellen kolumbianischen Zutaten verschmelzen, entstehen exotische Speisen, die auch echte Gourmets zufriedenstellen.

Wer mehr als nur Erinnerungen an köstliche *bandeja paisa* und leckeren *sancocho* mit nach Hause nehmen möchte, kann kolumbianisch kochen lernen.

In San Andrés bietet **Lucy Trigidia Chow Robinson** *(Tel. 57-8/513-2233, E-Mail: lucytrgidia@yahoo.com)* Unterricht mit Schwerpunkt auf afrokaribischen Gerichten wie *rondón*, einem Kokosmilcheintopf mit Wurzeln und Fisch oder Fleisch.

In Cartagena findet Kochunterricht im **Hotel Anandá** *(Calle del Cuartel #36-77, Cartagena, Tel. 57-5/664-4452, www.ananda cartagena.com)* statt. Im **Hotel LM** *(Calle de la Mantilla #3-56, Cartagena, Tel. 57-5/664-9100, www.hotel-lm.com)* bietet der Chefkoch Kochunterricht für Gäste.

Formelleren Unterricht (auf Spanisch) bieten die folgenden Gastronomieschulen:

Instituto Superior Mariano Moreno
Calle 127 #7a-47, Bogotá, Tel. 57-1/649-9400, www.ismm.com.co

Gato Dumas Colegio de Cocineros
Cra. 20 # 86-21 Costado Occidental, Bogotá, Tel. 57-1/610-2608, www.gatodumas.com

Verde Oliva Academia de Cocina
Calle 102 #14 A–40, Bogotá, Tel. 57-1/257-7909, www.academiaverdeoliva.com.

Natur & Landschaft

Auf einer Fläche von 1 138 914 Quadratkilometern vereint Kolumbien sehr vielfältige Landschaften. Das Land im Nordwesten Südamerikas beeindruckt seine Besucher mit Korallengärten vor den Küsten, üppigen Regenwäldern und gletschergekrönten Vulkangipfeln. Auf halber Höhe wabert Nebel durch Kaffeeplantagen, und die mächtigen Anden locken mit überwältigend schönen Berglandschaften.

Kolumbien umfasst zwei große Landschaftsräume. Die Osthälfte ist eine riesige und recht flache Erweiterung des Amazonasbeckens. Die Westhälfte wird von den Anden beherrscht, die sich infolge des Aufeinandertreffens dreier tektonischer Platten – der Karibischen, der Nazca- und der Südamerikanischen Platte – in drei Gebirgszüge aufspalten.

Trotz seiner Lage in den Tropen bewirken die extremen Höhenunterschiede in Kolumbien eine Vielzahl von Mikroklimata. Der drückenden Hitze des Tieflands stehen die frische Kühle des Hochlands und die kalten Nächte der Hochanden gegenüber. Grundsätzlich gibt es zwei Jahreszeiten, trocken *(la sequía)* und feucht *(época de lluvia)*, doch es existieren unzählige Variationen der beiden Extreme.

Der drückenden Hitze des Tieflands stehen die frische Kühle des Hochlands und die kalten Nächte der Hochanden gegenüber.

Etwa zwölf Prozent der Landesfläche (136 017 km²) machen die 56 Nationalparks und Reservate aus. Rund um die Inseln vor der Küste gibt es mehrere Meeresschutzgebiete, einige davon umgeben von Korallenriffen.

Kolumbien bemüht sich schon seit Langem um den Umweltschutz. Trotzdem sind in den vergangenen hundert Jahren große Regenwaldgebiete abgeholzt worden, um Platz für Viehzucht und Landwirtschaft zu schaffen. Das Tal des Río Magdalena hat die Hälfte seines Waldbestands verloren, und im Amazonasgebiet weichen Wälder dem Kokaanbau.

Das Karibische Tiefland

Das Karibische Tiefland erstreckt sich vom Golfo de Urabá Richtung Osten bis zur Cordillera Central. Zwischen Küste und Zentralkordillere liegen Seen, und zahllose Flüsse zerschneiden die Ebene. Im Zentrum liegt die Kolonialstadt Mompox. Der Eingang des alten Hafens von Cartagena wird immer noch von Festungen bewacht; die Stadt ist neben Barranquilla und Santa Marta auch heute noch ein wichtiges Handelszentrum.

Viele schöne Strände säumen den Parque Nacional Corales del Rosario y de San Bernardo und den Parque Nacional Natural Tayrona. Die Strände des Tayrona erstrecken sich vor der Kulisse der üppigen Sierra Nevada de

In Kaskaden ergießt sich warmes Wasser bei Pereira in der Westkordillere

Santa Marta, die sich mit dem Pico Cristóbal Colón, dem höchsten Gipfel Kolumbiens, bis auf eine Höhe von 5775 Metern schraubt.

Obwohl vom Meer umgeben, ist dies das Trockengebiet des Landes. Kakteen bestimmen die Landschaft, und an der Nordspitze liegt der Parque Nacional Natural Serranía de Macuira, eine Oase mit Zwergnebelwald. Hier legen Meeresschildkröten an Stränden ihre Eier ab.

Das Andenhochland

Die Anden spalten sich in die Cordillera Occidental, Central und Oriental. In diesen Gebirgsketten liegen die drei wichtigsten Städte des Landes: Bogotá, Cali und Medellín. Die bis zu 2999 Meter hohe Westkordillere wird durch das tiefe, landwirtschaftlich intensiv genutzte Valle de Cauca von der Zentralkordillere getrennt. Weiter oben wächst auf mittlerer Höhe Kaffee. Im Eje Cafetero liegen unterhalb der Vulkane, mit denen die 800 Kilometer langen Zentralkordillere gespickt ist, verschiedene Bergstädte. Zwischen Zentral- und Ostkordillere, die sich fast über die gesamte Länge Kolumbiens erstrecken, macht der 1600 Kilometer lange Río Magdalena einen tiefen Einschnitt. Der höchste Punkt (5330 m) der Ostkordillere liegt im Parque Nacional Natural El Cocuy.

Höhenkrankheit

Wer durch Kolumbien reist, findet sich oft auf größeren Höhen als gewohnt wieder. Je höher man ist, desto weniger Sauerstoff ist in der Luft. Oberhalb von 2500 Metern kann das krank machen. Erste Anzeichen der Höhenkrankheit sind Kopfschmerzen, Schwindel, Lethargie, Übelkeit und Schlafstörungen.

So kann man der potenziell tödlichen Höhenkrankheit vorbeugen:

- **Sich langsam in größere Höhen begeben, damit sich der Körper an die geringere Sauerstoffzufuhr gewöhnen kann.**
- **Viel Wasser und Kokatee trinken; Kaffee und Alkohol meiden.**
- **Mindestens 300 Meter unterhalb der Wanderhöhe nächtigen.**
- **Es langsam angehen lassen und sich nicht verausgaben.**

Das pazifische Tiefland

Westlich der Westkordillere breiten sich die Küstenebenen wie ein großer grüner Teppich aus – eine kaum besiedelte Dschungel- und Sumpflandschaft. Die feuchteste Region Kolumbiens erstreckt sich über 724 Kilometer von Norden nach Süden, ist aber nur höchstens 120 Kilometer breit. In diesem Tieflandgürtel leben drei Prozent der Bewohner Kolumbiens.

Ganz im Norden schmiegt sich an die gezackte Küste des Departamento Chocó das Mittelgebirge Serranía del Baudó. Zahllose Strände säumen die wilde Küste. Die Serranía del Baudó und die Westkordillere umschließen ein großes Tieflandbecken, aus dem sich der Río Atrato Richtung Norden zum Golfo de Urabá windet. Das Netz aus Regenwald, Flüssen und Sümpfen zieht sich nach Norden bis zum Tapón del Darién an der Grenze zu Panama.

Südlich von Buenaventura ist die Küste von den größten Mangrovenwäldern Südamerikas gesäumt. Der Parque Nacional Natural Sanquianga schützt 800 Quadratkilometer Mangroven, Sümpfe und Bambuswälder.

Frailejónes **gedeihen an den bitterkalten Hängen des Parque Nacional Natural El Cocuy**

Die Llanos

Die Llanos (Ebenen) reichen vom Fuß der Ostkordillere als schier endlose Graslandschaft – ein Viertel der Landesfläche – Richtung Osten. Die Region, eine gewaltige untertassenförmige Senke, die sich im Norden nach Venezuela hineinzieht, ist eine riesige Schwemmlandebene des mächtigen Orinoco, der einen Teil der Grenze zwischen den beiden Ländern bildet. Das zumeist baumlose Land ist den nordöstlichen Passatwinden ausgesetzt, die das Land von Dezember bis April ausdörren, worauf von Mai bis November sintflutartige Regenfälle folgen.

Die wenigen Siedlungen konzentrieren sich an den Ausläufern der Anden. Erst vor recht kurzer Zeit entstanden weiter östlich an den zahlreichen Flüssen, die sich träge zum Orinoco schlängeln, verschlafene Viehzüchterorte. Der Ausdruck *llaneros* (Bewohner der Ebene) ist gleichbedeutend mit Cowboys: Die Llanos sind ein Rinderzuchtgebiet mit Millionen von Tieren auf riesigen Ranches. Auch der kommerzielle Ackerbau breitet sich aus; Feuchtgebiete wurden für den Anbau von Reis und anderen Feldfrüchten trockengelegt.

Das Amazonasbecken

Das sehr dünn besiedelte, riesige Amazonasgebiet im Südosten des Landes teilt sich in zwei Zonen. Im Westen zieht sich eine große Hochebene, das *piedemonte,* bis zu den Anden. Die Region ist so gut wie unbewohnt und wird größtenteils von den FARC kontrolliert. Dennoch bieten die Nationalparks Amacayacu und La Paya Einrichtungen für Besucher dieser Feucht- und Waldgebiete.

Östlich des *piedemonte* liegt das eigentliche Amazonasgebiet, wo es fast jeden Tag regnet. In der feuchten Hitze gedeiht eine üppige Vegetation. Gigantische Zedern erreichen eine Höhe von 30 Metern, und Tausende verschiedener Orchideenarten wurden gezählt. Es gibt keine Straßen, nur Flugfelder und Flüsse.

Das Amazonasgebiet beheimatet nicht nur Dutzende indigener Völker, sondern auch eine umwerfend vielfältige Vogel- und Tierwelt. Ein großer Teil des Dschungels steht im Parque Nacional Natural Amacayuca unter Naturschutz. ■

Flora & Fauna

Kolumbien ist ein tropisches Paradies mit einer ungeheuren Artenvielfalt. Die extrem unterschiedlichen Landschaften und Mikroklimata des Landes sind der Nährboden für mehr als ein Dutzend ausgeprägter Ökozonen, von küstennahen Mangrovenwäldern und sumpfigen Feuchtgebieten bis zu Eiswüsten und trockenen Laubwäldern.

Tropisches Treibhaus

Kolumbien zählt zu den artenreichsten Ländern der Erde. Mehr als 55 000 Pflanzenarten gedeihen hier– nur Brasilien hat mehr –, dazu kommt die weltweit höchste Konzentration an endemischen Pflanzen. In einem großen Teil Kolumbiens herrschen ständig hohe Feuchtigkeit

Die tropischen Tieflandregenwälder Kolumbiens sind heiß und feucht

und Temperaturen sowie ganzjährig Sonnenschein. Zusammen mit ergiebigen Regenfällen von mehr als 5000 Millimetern an manchen Orten hat die Hitze ein üppiges Pflanzenwachstum zur Folge.

Reich ist das Land etwa an Orchideenarten: Mehr als 3500 Arten sind bisher identifiziert worden, darunter die *flor de mayo,* deren blaue, rote und gelbe Blütenblätter die Farben der kolumbianischen Flagge zieren. Diese in Feuchtigkeit gedeihenden Pflanzen finden sich in jeder Höhe, vom Meer bis zu den oberen Hängen der Sierra Nevada de Santa Marta. Die meisten Orchideenarten sind Epiphyten, also Pflanzen, die auf anderen Pflanzen wachsen und ihre Feuchtigkeit über schwammähnliche Wurzeln aus der Luft beziehen. Andere Epiphyten sind z. B. Bromelien: Ihre bestachelten Blätter verfügen über Saugschuppen, die Wasser und Nährstoffe aufnehmen.

Kolumbien zählt zu den artenreichsten Ländern der Erde. Mehr als 55 000 Pflanzenarten gedeihen hier – nur Brasilien hat mehr.

Das Land zeigt sich sehr farbenprächtig: orange- und purpurfarbene Engelstrompeten, weiße, rote und rosa Flamingoblumen, fast hundert Arten Helikonien, fleischrote Passionsblumen und *labias ardentes* („brennende Lippen"), die aussehen wie ein Kussmund. Selbst die Trockenwälder des Tieflands tauchen sich in den Wintermonaten in ein Farbenmeer: Dann färben gelbe *cortezas amarillas,* purpurfarbene Palisanderholzbäume und flammenrote Tulpenbäume die Landschaft, bevor sie ihre Blütenblätter abwerfen wie buntes Konfetti.

Mangroven & Feuchtgebiete: Kolumbiens Küste ist Heimat von acht verschiedenen Arten von *manglares* (Mangroven; siehe Kasten S. 42). Diese Salzpflanzen – Landpflanzen, die mit ihren Wurzeln in Salzwasser überleben können – gedeihen im Schwemmboden, der an die Küste gespült wird. Das Mangrovengebiet in Kolumbien ist relativ ausgedehnt und in acht Parks und Reservaten geschützt: Die Wälder erstrecken sich fast 650 Kilometer von Juradó an der Grenze zu Panama am Pazifik entlang bis nach Ecuador.

Die Mangrovenwälder der Pazifikküste erreichen Höhen von 50 Metern – mehr als sonst wo auf der Welt. Die Geflechte aus Stelzwurzeln binden Sedimente aus den langsam fließenden Flüssen und lassen so an der Küste neues Land entstehen. Sie wirken der Gezeitenerosion entgegen und sammeln Nährstoffe für eine vielfältige Tierwelt.

Wasserhyazinthen bedecken die zahllosen sumpfigen Flussarme des Amazonas- und Orinocobeckens.

Feuchtsavannen, Sumpfwälder und Frischwasserbecken erstrecken sich in der nördlichen Überschwemmungsebene des Río Magdalena und ziehen wandernde Küstenvögel an.

Páramo: Baumlose alpine Plateaus, *páramos* (Ödland) genannt, dominieren die windgepeitschten Anden auf einer Höhe zwischen 3000 und 4000 Metern. Diese Bergsavannen zeichnen sich durch ihre vielen endemischen Arten aus: Bis zu zwei Drittel der Horstgräser, Zwergbüsche und Polsterpflanzen, wie sie für diese Vegetationszone typisch sind, kommen nur hier vor. Am bemerkenswertesten sind die *frailejónes* der Gattung *Espeletia,* zum ersten Mal beschrieben 1801 von Alexander von Humboldt. *Frailejónes* prägen die kargen Landschaften zwischen Baum- und Schneegrenze.

Die einst vergletscherten, seenreichen *páramos* sind morastig. Die Pflanzen haben sich an dünne, torfartige Böden, extreme Austrocknung und ultraviolette Strahlung sowie große Temperaturunterschiede angepasst. Viele haben raffinierte Methoden zum Schutz vor Frost entwickelt, wie z. B. schleimige Flüssigkeiten als Temperaturpuffer.

Mangroven

Jede Mangrovenart hat ihre ganz eigene Art entwickelt, Salz loszuwerden – vom Ausscheiden durch die Salzdrüsen der Blätter bis zum Schutz vor Salzaufnahme durch die Wurzeln. Der zähe Schlamm, in dem sie wachsen, ist so dicht, dass er kaum Sauerstoff enthält. Daher haben die meisten Mangroven Luftwurzeln, die Sauerstoff aufnehmen. Schwarze Mangroven bilden Atemwurzeln (Pneumatophore), die wie umgekehrte Nägel aus dem Schlamm nach oben ragen. Die miteinander verflochtenen Wurzeln schützen das Land vor Erosion und lassen zugleich neues Land entstehen, indem sie von den Flüssen ans Meer gespültes Sediment binden.

Mehrere Mangrovenarten produzieren fleischige Sämlinge, die wie Senkbleie aussehen. Nachdem sie auf dem Zweig gekeimt haben, fallen sie wie Pfeile in die Tiefe. Bei Ebbe stecken sie senkrecht im Schlamm und bilden sofort Wurzeln aus. Wenn die Samen ins Wasser fallen, treiben sie aufrecht auf dem Wasser, zum Teil mehrere Hundert Kilometer.

Regenwälder: Regenwälder zählen zu den komplexesten Ökosystemen der Welt. Biologen unterscheiden mindestens 13 verschiedene Arten von Regenwald, vom Tieflanddschungel bis zum Nebelwald auf rund 1200 Meter Höhe, wo auf den Ästen im fast permanenten Nebel Moose und andere Epiphyten gedeihen. Die Unterschiede ergeben sich aus der Höhenlage, der Regenmenge und dem Boden. Daher kann derselbe Breitengrad in Kolumbien an der Pazifikküste durch tropischen immergrünen Regenwald und im Sinú-Tal durch jahreszeitlich trockenen immergrünen Wald geprägt sein. In allen Regenwäldern beträgt die jährliche Niederschlagsmenge mindestens 2500 Millimeter. In den echten

Bunte Blüten zieren die Laubwälder Kolumbiens in der Trockenzeit

Tieflandregenwäldern des Chocó und des Amazonas- und Orinocobeckens fallen unter Umständen bis zu 7500 Millimeter Regen pro Jahr.

Der Tieflandregenwald ist ein vielschichtiges Meer aus Grün, das so dicht ist, dass es auf dem Waldboden kaum Unterwuchs gibt. Die Bäume werden zum Teil mehr als 30 Meter hoch und bilden oben ein großes, dichtes Dach. Einige Arten mit gewaltigen Stämmen wie etwa Mahagonibäume und Kapok- oder Wollbäume stechen noch aus dem Baummeer heraus.

In den heißen, feuchten Tropen wachsen die Pflanzen das ganze Jahr über. Abgefallene Blätter zersetzen sich schnell, wodurch Nährstoffe in den Waldboden gelangen. Auf den dünnen tropischen Böden bilden die großen Bäume weite Wurzeln aus; zugleich sind die Bäume unten dicker, damit sie nicht umkippen.

Nur etwa zehn Prozent des Sonnenlichts erreicht den kühlen, feuchten Waldboden, wo Pflanzen wie der „Sonnenschirm des armen Mannes“ *(sombrilla de pobre)* riesige Blätter ausbildet, um möglichst viel Sonnenlicht aufzufangen. Der Mangel an Licht hemmt das Wachstum, sodass die Sprösslinge vieler Baumkronenarten auf rund drei Meter Höhe das Wachstum einstellen und erst dann explosiv weiterwachsen, wenn ein anderer Baum stirbt.

Kolumbien ist der Lebensraum von fast 1885 Vogel- sowie 471 Säugetier-, 524 Reptilien- und 754 Amphibienarten.

Die tropische Arche

Kolumbien ist der Lebensraum von fast 1885 Vogel- sowie 471 Säugetier-, 524 Reptilien- und 754 Amphibienarten, darunter der *Phyllobates terribilis*, der Schreckliche Pfeilgiftfrosch. Die Insektenarten gehen in die Zehntausende. Der atemberaubende Überfluss rührt her von der bemerkenswerten Vielfalt der Landschaftsformen und Mikroklimata Kolumbiens und von der Lage am Verbindungspunkt zweier Subkontinente.

ERLEBNIS: Vogelbeobachtung vom Feinsten

Kolumbien ist ein Paradies für Vogelfreunde. Das Land ist ein beliebtes Ziel von Tourveranstaltern, die sich auf Vogelbeobachtungen spezialisiert haben, und besitzt ein ausgedehntes Netz an kompetenten Guides. Angesichts der zahlreichen ökologischen Zonen hat man die Qual der Wahl. Idealerweise sollte man mehrere Habitate erkunden, vielleicht montanen Nebelwald, Tieflandregenwald, Mangroven, Küstenfeuchtgebiete und Inseln vor der Küste.

Der Fischertukan mit seinem regenbogenfarbenen Schnabel

Viele Besucher kommen nach Kolumbien, um solch seltene Vögel wie den Perija-Korallenschnabelpapagei, den Gelbohrsittich und die vier Quetzal-Arten zu sehen. Die Küstenfeuchtgebiete locken Millionen Wasservögel an. Flamingos bevölkern die Lagunen von La Guajira. Und die Regenwälder und Berghabitate sind unübertroffen in ihrer Vielfalt: vom Arassari, Ameisenpitta und Andenkondor bis zum Blaulappenhokko, zur Harpyie und zum Bechsteinara.

Die Webseiten der **Fundación ProAves** *(www.proaves.org)* und von **Birding Colombia** *(www.birdingcolombia.com)* sind exzellente Quellen, ebenso die **Asociación Bogotana de Ornitología** *(www.facebook.com/groups/aboaves)*.

Hier einige der besten Vogelbeobachtungsorte:

Die **Reserva Natural de las Aves El Dorado** (siehe S. 150) **und das umliegende Reservat** in der Sierra Nevada de Santa Marta beherbergen auf 900–2600 Meter Höhe mehr als 400 Vogelarten.

Die **Reserva Natural de las Aves El Paujil** (siehe S. 96) wurde 2003 von der Fundación ProAves zum Schutz des stark bedrohten Blaulappenhokko gegründet. Das Wald- und Feuchtlandreservat im Magdalena-Tal schützt außerdem Dutzende anderer endemischer Arten.

Die **Reserva Natural de las Aves Loro Orejiamarillo** (siehe S. 177) im Chocó ist nach dem Gelbohrsittich benannt. Der gefährdete Vogel ist hier häufig zu sehen. Im Reservat sind auch andere endemische Vögel zu Hause wie der Schwarzschnabeltukan.

Das **Santuario de Fauna y Flora Los Flamencos** (siehe S. 157), nur 20 Minuten westlich von Ríohacha, wartet mit Kubaflamingos, Scharlachibissen und Rosalöfflern auf. Landeinwärts besteht das Reservat aus Trockenwald-Buschland, in dem zahlreiche endemische Arten zu Hause sind wie der Rotschwanzguan.

Die folgenden Anbieter sind auf Vogelbeobachtungstouren spezialisiert:

Birding Colombia, Tel. 57/314-415-8574, www.birdingcolombia.com

Colombia Birding, Tel. 57/314-896-3151, www.colombiabirding.com

Fundación ProAves/Eco Turs Colombia, Tel. 57-1/287-6592, www.ecoturs.org

Manakin Nature Tours, Tel. 57-8/747-0163, www.manakinnaturetours.com

Victor Emanuel Nature Tours, Tel. 800-328-8368 (in den USA), www.ventbird.com

Vögel: Kolumbien ist mit seinen etwa 1885 bekannten Vogelarten, von denen 73 nur hier vorkommen, ein wahres Ornithologen-Mekka. Mehrere Hundert Arten sind Zugvögel – Kolumbien ist ein Knotenpunkt für den Vogelzug zwischen Nord- und Südamerika. Die Küsten- und Tieflandfeuchtgebiete des Landes sind besonders reich an ziehenden Küstenvögeln wie Wasserläufern, Schlammtretern und Regenbrachvögeln. Schneesichler, Löffler und Reiher suchen an der Küste nach Nahrung, wo die Mangrovenwälder ideale Nistplätze für Tölpel, Pelikane und Fregattvögel bieten.

Die Wälder hallen wider vom Gekreisch der Papageien. Kolumbien ist die Heimat von über 51 Papageienarten, vom winzigen Brillensperlingspapagei bis zum riesigen Grünflügelara, einer von sieben Ara-Arten des Landes. Im Amazonasbecken sind große Schwärme des Arakanga *(guacamaya roja)* zu sehen.

Tukane mit ihren bananenförmigen Schnäbeln gibt es im ganzen Land, und zwar insgesamt 21 Arten. Ebenso verbreitet sind Kuhreiher, die man oft auf Weiden sieht. Und Quetzals, die smaragdgrünen Juwele des Nebelwaldes, sind hier zahlreicher vertreten als sonstwo in der Region; Kolumbien ist das einzige Land, in dem gleich vier Arten beheimatet sind. In den Tieflandregenwäldern ist die hübsche schwarz-graue Harpyie zu sehen. Sie nistet auf den höchsten Bäumen und hält ihr Adlerauge offen nach Affen und anderen möglichen Snacks. Der Nationalvogel Kolumbiens ist der große Andenkondor, die größte der etwa 77 Greifvogelarten des Landes.

Dazu gibt es Dutzende Arten Tangaren, Trogone und Tauben sowie Glockenvögel, Schirmvögel und Ameisenfänger, die sich von Insekten und Eidechsen ernähren. Auch unbekannte oder für ausgestorben gehaltene Arten tauchen auf, wie 2008 der Fenwick-Ameisenpitta; er lebt im Nebelwald in der Reserva Natural de las Aves Colibrí del Sol in den Anden.

Capybaras (Wasserschweine), die größten Nagetiere der Welt, leben im feuchten Tiefland

Totenkopfäffchen zählen zu den geselligsten der 36 Affenarten Kolumbiens

Säugetiere: Die sechs scheuen Wildkatzenarten Kolumbiens sind überall beheimatet, von der Küste bis zu den höchsten Berghängen, für Besucher aber nur schwer aufzuspüren. Im Dunkel der Wälder schleichen lautlos Jaguare umher. Vier Wildkatzenarten, der Jaguar, der Margay, der Ozelot und die Tigerkatze, haben ein gepunktetes Fell; sie sind allesamt durch Jagd, Abholzung und Wilderei bedroht. Dem Puma und dem wiesel-ähnlichen Jaguarundi geht es mit ihrem einfarbigen Fell etwas besser.

Sehr viel leichter zu entdecken sind die 36 Affenarten des Landes, vom bedrohten Lisztaffen und allesfressenden Weißgesicht-Kapuzineraffen bis zu den großäugigen Nachtaffen und pflanzenfressenden Brüllaffen. Zwei- und Dreifingerfaultiere sind oft schlafend in den Baumkronen anzutreffen. Und in Tümpeln leben die weltgrößten Nagetiere, die Capybaras.

Weitverbreitet ist der waschbärähnliche braune Nasenbär *(pizote)*. Agutis, Gürteltiere und Ameisenbären – vom kleinen faultierähnlichen Zwerg- bis zum zwei Meter langen Großen Ameisenbären – zählen zu den anderen oft anzutreffenden Säugetieren. Der Baird-Tapir bewohnt Tieflandwälder, der Andentapir, sein pelziger Cousin, hat sich an die Kälte in den Hochanden angepasst, genauso wie der pechschwarze Brillenbär. Manatis (Seekühe) bewohnen Küstenlagunen und Flüsse des Amazonasgebietes, wo auch der bedrohte Südamerikanische Fischotter und der rosa Amazonasdelfin zu Hause sind.

Amphibien & Reptilien: Die feuchten, heißen Tropen sind ideal für Amphibien und Reptilien. Schlangen sind überall verbreitet – Kolumbien hat mehr als 240 Arten –, jedoch oft sehr gut getarnt. Eine schaukelnde Liane stellt sich so vielleicht als schillernd grüne Greifschwanz-Lanzenotter heraus. Durch die Marschen des Amazonasgebietes schlängeln sich sechs Meter lange Anakondas. Die meisten Schlangen sind aber eher klein und ernähren sich von kleinen Vögeln, Eidechsen und Nagetieren. Weniger als zehn Prozent sind giftig.

Zur Familie der Vipern gehört die aggressive braune Lanzenotter (hier *mapanare* genannt), die für die meisten tödlichen Schlangenbisse Kolumbiens verantwortlich ist.

Es gibt jede Menge Frösche, darunter den Rotaugenlaubfrosch und die Pfeilgiftfrösche (s. S. 254). Niemand weiß, wie viele Arten noch unentdeckt sind: 2009 fand man bei einer Expedition in die Region Tacarcura 60 neue Amphibienarten, darunter zehn vorher unbekannte Froscharten.

Spitzkrokodile *(cocodrilos)* leben in den Mündungsgebieten an den Küsten, jedoch wird dieses große Reptil noch in den Schatten gestellt vom endemischen Orinokokrokodil, das bis zu fünf Meter lang wird und zu den gefährdetsten Reptilien der Welt zählt. Ihre kleinen Cousins, die Kaimane, werden selten größer als 1,80 Meter. Der baumbewohnende Leguan kommt sowohl in feuchten als auch trockenen Tieflandwäldern vor und kann bis zu knapp einem Meter groß werden. Zu den Dutzenden anderen Echsen zählt der Basilisk, der seinen Beinamen „Jesus-Christus-Echse" seiner Fähigkeit verdankt, auf seinen Hinterbeinen übers Wasser zu laufen.

Meerestiere: In den warmen Küstengewässern, im Pazifik-Golf und weiter draußen in den nährstoffreichen tiefen Gewässern um die Isla Gorgona und Isla de Malpelo wimmelt es von Fischen und Meeressäugern. Buckelwale, Schwert- und Pottwale tummeln sich im Pazifik, wo sie sich paaren und Junge gebären.

Harmlose Mantarochen, Walhaie, Kraken, Krabben und Langusten von Hauskatzengröße – Taucher kommen an Kolumbiens Pazifikküste voll auf ihre Kosten. Auf der Karibikseite bergen die Korallengewässer um den San-Andrés-Archipel und die Islas del Rosario einen wunderbaren Fischreichtum. Fünf Arten von Meeresschildkröten legen ihre Eier an den karibischen und pazifischen Stränden ab.

Fünf Arten von Meeresschildkröten legen ihre Eier an den karibischen und pazifischen Stränden ab.

Insekten: Kolumbien ist unsagbar reich an Insekten. In den Regenwäldern soll es etwa 50 000 Insektenarten pro Hektar geben, von winzigen Milben bis zu 15 Zentimeter großen Riesenbockkäfern. Dazu flattern rund 3500 Schmetterlingsarten durchs Land, darunter die blauschillernden Morphos. ■

Kunst & Kultur

Von afrokaribischen Rhythmen und Latino-Klängen bis zu klassischer Musik – die Kolumbianer sind stolz auf ihre äußerst lebendige Kulturszene. Der kulturelle Nährboden ist so fruchtbar, dass die kolumbianischen Künstler die Welt nicht nur mit ihren ansteckenden Rhythmen in Staunen versetzen. Kolumbien ist auch ein Trendsetter in Sachen Literatur, bildende Künste und Mode.

Die kolumbianische Kultur hat ihre Wurzeln in der Verschmelzung von indigenen, spanischen und afrikanischen Kulturen, was den exotischen Romantizismus erklärt, der an die Romane des Nobelpreisträgers Gabriel García Márquez erinnert. Das nationale Selbstbewusstsein und der lebendige Geist der Künste speisen sich aus der turbulenten Geschichte des Landes, genauer gesagt aus dem Jahrhunderte andauernden kreativen Bemühen nach Überwindung der Gewalt. Die Literatur z. B. findet ihre Themen schon seit Langem in den fortwährenden Kämpfen im Land. Und die Maler und Bildhauer haben Werke geschaffen, die den Träumen und sozialen Spannungen des Landes Ausdruck verleihen.

Die bildenden Künste

Die künstlerische Tradition Kolumbiens basiert auf einer 8000-jährigen Vergangenheit: Damals schmückten die präkolumbischen Völker ihre Töpferwaren mit stilisierten roten, schwarzen und ockerfarbenen Motiven. Kunst ist auch heute noch ein wichtiger Teil des kolumbianischen Alltags. Überall findet man kleine Werkstätten, in denen indigene Stücke mit Szenen einfachen bäuerlichen Lebens oder auch auffallende, manchmal unheimliche moderne Werke verkauft werden. Bogotá, Cali und Medellín besitzen Museen und Galerien von Weltrang, und kein Ort kommt ohne ein provinzielles Pendant aus.

Das nationale Selbstbewusstsein und der lebendige Geist der Künste speisen sich aus der turbulenten Geschichte des Landes.

In der frühen Kolonialzeit entwickelten sich die schönen Künste nur langsam; die meiste Kunst stammte damals aus Spanien. Kolumbianische Künstler fertigten zumeist Arbeiten für die katholische Kirche im Renaissancestil und anderen Stilen der Zeit, hin und wieder mit Elementen der indigenen Kultur versetzt; Kirchen und alte Wohnhäuser in

Boyacá und Cundinamarca weisen Beispiele hierfür in Form von bunten, wenn auch verblassten Wandmalereien auf. Im 17. Jahrhundert entstand ein eigener kreolischer Stil der Barockmalerei, angeführt von Gregorio Vázquez de Arce y Ceballos (1638–1711). Im Laufe der Zeit schwappten dann Realismus, Romantik, Klassizismus und andere europäische Kunststile über den Atlantik und beeinflussten die Arbeiten einheimischer Künstler wie Martín Tovar y Tovar (1827–1902) und Ricardo Acevedo Bernal (1867–1930).

Die Entstehung der Wandmalereibewegung im nachrevolutionären Mexiko wurde zu einer wichtigen Inspirationsquelle für kolumbianische Künstler der 1920er und 1930er Jahre. Künstler wie Pedro Nel Gómez (1899–1984), Santiago Martínez Delgado (1906–54) und Ignacio Gómez Jaramillo (1910–70) begründeten die kolumbianische Wandmalerei, in der mexikanische, klassizistische und Jugendstileinflüsse verschmolzen. Sie hinterließen dem Land auffallende

Im Museo de Arte Moderno in Cartagena ist moderne Kunst ausgestellt

Wandgemälde mit politischen Aussagen wie Gómez' „La República" im Museo de Antioquia in Medellín, Martínez' Wandbild von Simón Bolívar und Francisco de Paula Santander in der elliptischen Kammer des Capitolio Nacional in Bogotá und Gómez' „Die Befreiung der Sklaven und der Aufstand der Kommune", ebenfalls im Capitolio Nacional.

Ihren eigenen Ausdruck fand die kolumbianische Kunst jedoch erst in den 1950er Jahren, als sie unter den Einfluss der europäischen Avantgarde geriet. Kolumbianische Maler adaptierten internationale Stile für einheimische Themen. Der Einfluss von Gauguin und van Gogh ist offenkundig in Pedro Nel Gómez' „Selbstporträt mit Hut" (1941), und seine Bewunderung für Cézanne zeigt sich in seinem Selbstporträt von 1949. Nach der Ermordung von Jorge Eliécer Gaitán 1948 inspirierte das darauf folgende politische Chaos kolumbianische Künstler zu sehr fantasievollen Werken wie den oft aufwühlenden Arbeiten von Alejandro Obregón (1920–92), der als der Vater der modernen kolumbianischen Malerei gilt. Obwohl seine expressionistischen und piktografischen Gemälde oft kolumbianische Landschaften mit Andenkondoren und anderen Wappentieren zeigen, scheute er auch nicht vor der Abbildung politischer Gewalt zurück.

Ihren eigenen Ausdruck fand die kolumbianische Kunst erst in den 1950er Jahren.

Obregón zählt zusammen mit Enrique Grau (1920–2004), Édgar Negret (1920–2012), Ramírez Villamizar (1922–2004) und Fernando Botero Angulo (*1932) zu den fünf Großen der zeitgenössischen kolumbianischen Kunst. Botero ist im Ausland genauso berühmt wie Márquez und Shakira. Er ist bekannt für seine fülligen Figuren, die er jedoch oft als Kritik an Kirchenfürsten und anderen politisch mächtigen Personen versteht. Die wichtigsten Künstler des Landes sind heute auf dem internationalen Kunstmarkt vertreten. Weniger bekannte Künstler wandeln auf dem schmalen Grat zwischen Optimismus und grauer Wirklichkeit: Carlos Uribes (*1964) „Horizonte" z. B. reproduziert Francisco Antonio Canos (1865–1935) pastorale Idylle mit demselben Namen, fügt jedoch ein Militärflugzeug hinzu, das Entlaubungsmittel versprüht.

Die größten Sammlungen kolumbianischer Kunst befinden sich im Museo de Arte Colonial, Museo de Arte Moderno und Museo Botero in Bogotá, im Museo de Antioquia und Museo de Arte Moderno in Medellín sowie im Museo La Tertulia in Cali.

Als bester Fotograf des Landes gilt der Fotojournalist Nereo López Meza (*1924). Eine Auswahl seiner Arbeiten aus sechs Jahrzehnten ist in dem Buch „Nereo: Images From Half a Century" versammelt.

Bildhauerei: Besonders eindrucksvoll sind die Skulpturen von Fernando Botero; seine üppigen nackten Frauen zieren Städte im ganzen Land, und moppelige Bürokraten mit Anzug und Zylinder sitzen auf ebenfalls rundlichen Bronzepferden. Seine witzigen Marmor-, Granit- und Bronzewerke führen eine 2500 Jahre alte Tradition überdimensionierter Skulpturen fort. Um 200 v. Chr. entwickelte eine geheimnisvolle Kultur im heutigen Departamento Huila meisterhafte Steinschneidekünste. Ihre monolithischen Skulpturen – verziert mit menschen- und tierförmigen Motiven – finden sich im Andentiefland um San Agustín.

In der Kolonialzeit beschränkte sich die Bildhauerei auf Arbeiten für die Kirche und Darstellungen öffentlicher Persönlichkeiten. Die vaterländische Kunst erreichte einen Höhepunkt dramatischen Ausdrucks in den Bronzebildnissen von Rodrigo Arenas Betancourt (1919–95). Seine monumentalen Standbilder schmücken fast jede Stadt Kolumbiens, so etwa das knapp zwölf Meter hohe „Monumento a la Raza" (Monument der Rasse) vor dem Centro Administrativo de la Alpujarra in Medellín. Arenas wurde 1987 von FARC-Guerillas gekidnappt und drei Monate lang gefangen gehalten.

Der Bildhauer Hector Lombana (1930–2008) kopierte Arenas' typischen Stil in seinem ernsten „Monumento a la Democracia" in Panama-Stadt; bekannter ist er jedoch für „Los Zapatos Viejos" (Die alten Schuhe), ein beliebtes Wahrzeichen Cartagenas.

Erst Botero hob die Stimmung mit seinen sinnlichen nackten Frauen. Nur wenige sind in seine Fußstapfen getreten: Erotische Darstellungen sind in Kolumbien nicht so beliebt wie in anderen lateinamerikanischen Ländern. Stattdessen wird der Betrachter stets mit den verstörenden Aspekten des kolumbianischen Alltags konfrontiert. In jüngster Zeit hat sich Doris Salcedo (*1958) internationale Anerkennung verschafft mit ihren umstrittenen Installationen, bei denen oft Haushaltsgegenstände in bewegliche und esoterische Denkmäler für Opfer des Drogen- und Bürgerkriegs verwandelt werden.

Moderner, aus Smaragden und Gold gefertigter Schmuck setzt eine 5000 Jahre alte Tradition fort.

Gabriel García Márquez

Gabriel García Márquez ist in Kolumbien ein Nationalheld. Er wurde am 6. März 1927 in Aracataca im Departamento Magdalena geboren. Nach der Aufgabe seines Jurastudiums entwickelte er in Romanen wie „Die Liebe in den Zeiten der Cholera" und „Der Herbst des Patriarchen" den Stil des magischen Realismus. Sein berühmtester Roman, „Hundert Jahre Einsamkeit", erzählt die Geschichte der Familie Buendía ab der Zeit, als sie das fiktive Dorf Macondo gründete, in dem mehrere seiner Romane spielen. 1982 wurde er mit dem Literaturnobelpreis ausgezeichnet. Seine herausragende Stellung ermöglichte ihm, zwischen der kolumbianischen Regierung und den Guerillas von ELN und FARC als Vermittler zu fungieren. Von 1961 bis zu seinem Tod 2014 lebte er in Mexiko.

Literatur

Eine eigene Literaturszene entwickelte sich in Kolumbien erst mit dem Ruf nach Unabhängigkeit. Im 19. Jahrhundert hielt der nationale Gedanke in der Literatur Einzug, besonders in den Werken von Simón Bolívar, der Ungerechtigkeiten anprangerte und die Unabhängigkeit forderte. Mit dem Kampf für die Unabhängigkeit entstand eine spezifische kolumbianische Ausdrucksweise in der sentimentalen Darstellung des bäuerlichen Lebens, der indigenen Kultur und der Wurzeln der kolumbianischen Identität. Autoren wie Tomás Carrasquilla Naranjo (1858–1940) versinnbildlichen den *costumbrista* genannten Literaturstil.

Die harten Jahre des Bürgerkriegs am Ende des 19. Jahrhunderts erwiesen sich als Vorläufer des kolumbianischen *modernismo*, einer Antwort auf die Romantik der *costumbristas*. Die moderne Literatur befreite sich von den alten Zwängen und gebar mit Autoren wie León de Greiff (1895–1976), der sich Themen wie Einsamkeit, Langeweile und Schmerz widmete, den freien Ausdruck. Die 1940er Jahre brachten erneute Unterdrückung nach Kolumbien und generierten eine nihilistische literarische Phase, den Nadaísmo, angeführt von Gonzalo Arango Arias (1931–76). Als in den 1960er und 1970er Jahren in Lateinamerika politisches Chaos herrschte, zeigten junge lateinamerikanische Literaten ihr Können: Carlos Fuentes (Mexiko), Mario Vargas Llosa (Peru) und der Kolumbianer Gabriel García Márquez (1927–2014). Sie rissen die Schranken zwischen dem Alltäglichen und dem Fantastischen nieder und verfassten surrealistische Romane voller endloser Erfahrungs- und Deutungsschichten. Mit García Márquez' Roman „Hundert Jahre Einsamkeit" 1966 etablierte sich dieser Stil als „magischer Realismus".

Seitdem dominierte García Márquez (siehe Kasten S. 51) die Literaturszene Kolumbiens mit seinen Erfolgsromanen wie „Die Liebe in den Zeiten der Cholera" (1985). Daneben bringt das Land aber auch immer wieder weitere talentierte Schriftsteller hervor wie Héctor Abad Faciolince (*1958), am bekanntesten für seinen Roman „Angosta" (2004), eine düstere Schilderung der Gewalt im Land, und sein autobiografisches Buch „El Olvido que Seremos" (2006), in dem er auf die Ermordung seines Vaters durch Paramilitärs 1987 eingeht. Frauen haben in der kolumbianischen Literaturgeschichte bislang keine sonderlich große Rolle gespielt. Eine moderne Ausnahme ist die Journalistin Laura Estrepo (*1950), die mit großem Erfolg wahre Geschichten fiktionalisiert.

Musik spielt eine wichtige Rolle in der Kultur des Landes, und Tanz ist ein bedeutendes Ausdrucksmittel kolumbianischer Sinnlichkeit.

Die Kolumbianer lesen gern, und es herrscht kein Mangel an Buchläden. Jeden Frühling findet in Bogotá eine internationale Buchmesse statt.

Musik, Tanz & Film

Musik spielt eine wichtige Rolle in der Kultur des Landes, und Tanz – vom frühen *pasillo* bis zum heutigen Salsa-Boom und Latinopop – ist seit jeher ein bedeutendes Ausdrucksmittel kolumbianischer Sinnlichkeit. An den Wochenenden tobt in den Clubs der großen Städte die *vida loca* (verrücktes Leben). Trotz der ansteckenden Popularität der modernen Formen pflegen die Kolumbianer auch ihre musikalischen Wurzeln, nämlich die vorwiegend spanischen und afrikanischen, aber auch

Tänzerinnen in traditionellen Kostümen im Parque Nacional del Café

indigene Rhythmen und Klänge, auf deren Verschmelzung die heutige Musik basiert.

Die volksmusikalischen Traditionen Kolumbiens sind alt, echte *música folclórica* wird aber nur noch bei Festivals und auf Konzertbühnen gespielt. Bei der *música típica* werden die Klänge der fünfsaitigen *mejorana*-Gitarre mit *tambores* (afrikanischen Bongos) und präkolumbischen Instrumenten wie Steinnuss-Samenschoten und *churucas* (Kalebassenrasseln) kombiniert. Traditionelle Tänze, in Kolumbien bekannt als *pasillos,* basieren auf dem stilisierten spanischen *paseo,* wobei Männer und Frauen umeinanderkreisen. Der *pasillo* stammt vom europäischen Walzer ab und wurde im 19. Jahrhundert populär. *Música Colombiana* lässt sich am besten beim Festival Nacional del Pasillo Colombiano, das jeden August in Aguadas stattfindet, oder bei einer *fiesta patronal* erleben, die die Städte des Landes veranstalten.

Viele Tänze des karibischen Tieflands entstammen der afrikanischen Kultur, wie etwa der kokette *mapalé,* der in Turbó und im Chocó beliebt ist; das sinnliche Schwingen der Hüften und die schnellen rhythmischen, fast akrobatischen Bewegungen erinnern an die westafrikanischen Wurzeln der Afrokariben. Die *cumbia*, die in der Karibik aus dem äquatorialguineischen *cumbe* entstand, wird von Paaren getanzt, die Trachten tragen. Auf San Andrés und Providencia beeinflussen Calypso, jamaikanischer Reggae und andere Rhythmen der Karibik die Tanzkultur. Und indigene Gemeinschaften im ganzen Land, wie die Awá, Emberá, U'wa und Wayúu, halten stolz an ihren jahrhundertealten Tänzen fest, die zu Trommel-, Klarinetten- und Flötenmusik aufgeführt werden.

Die traditionellen Musikstile haben sich zu Dutzenden Varianten gewandelt. Aus der *cumbia* entstanden *champeta* und *vallenato,* und die *champeta* hat inzwischen ihre eigenen zeitgenössischen Formen entwickelt durch die Adaption von Reggae und in jüngerer Zeit Reggaeton, wie es von Dexter Hamilton und seiner Band BIP gespielt wird. Jede Region verfügt über eigene Tänze, wie den trommel-, *guasá*- und marimbabasierten *currulao* der Pazifikregion Chocó, den mundharmonikabasierten *joropo* der Llanos, voller Wehmut ob Mühsal und betrogener Liebe, und den melancholischen *bambuco* der Andenregionen.

In den 1940er Jahren wurde die *cumbia* vom US-amerikanischen Bigband-Sound wie dem Mambo beeinflusst und entwickelte sich zu einer reiferen Ausprägung. In Kuba entstand in den 1960er und 1970er Jahren ein tanzorientierter Latino-Jazz-Sound mit dem Namen Salsa. Der unglaublich schnelle, fröhliche Salsa schlug in Kolumbien ein wie eine Bombe. Musiker wie Joe Arroyo kreierten eine eigene kolumbianische Form, die in der Stadt Cali blühte, wo am Wochenende in den Clubs immer noch das wilde Leben tobt.

Auch Rock, Punk und Heavy Metal werden in Kolumbien produziert. Vor einiger Zeit machte sich das Land dank Shakira und Juanes einen Namen auf der Latinopop-Szene. Die 1977 in Barranquilla geborene Shakira hatte 1996 ihren Durchbruch mit dem Hitalbum „Pies Descalzos" (nackte Füße). Heute ist die Pop-Diva die erfolgreichste kolumbianische Musikerin aller Zeiten.

ERLEBNIS: Fiestas patronales

In Kolumbien finden jedes Jahr zahllose *fiestas patronales* statt, denn fast jeder Ort feiert seinen Schutzheiligen. Dabei gibt es neben einer Prozession oft sehr weltliche Feste, vielleicht mit Rodeo und *tope* (einer Vorführung von Reitkünsten) oder einem Schönheitswettbewerb. Manchmal gibt es auch ein Feuerwerk, und in den Straßen wird zu *vallenato, cumbia* und anderer traditioneller Musik getanzt. Hier einige wichtige Stadtfeste:

Fiesta Patronal de San Andrés ***(30. Nov., San Andrés y Providencia).*** **Viertägiges Fest mit Festwagenumzügen, Kirchenchören und regionaler Küche. Fällt manchmal mit dem Schönheitswettbewerb Reinado Internacional del Coco zusammen.**

Fiesta Patronal San Francisco de Asís ***(4. Okt., Quibdó, Chocó, www.sanpacho.com).*** **Die afrokaribischen Bewohner feiern 20 Tage lang; eine Figur von Franz von Assisi wird bei Prozessionen durch die Stadt vorangetragen, Bands spielen dazu auf Zimbeln, Trommeln, Tubas und Klarinetten. Höhepunkt am letzten Tag ist eine Statuenprozession, während als Franziskaner verkleidete Einheimische beten.**

Fiestas Patronales de Santa Bárbara ***(4.–8. Okt., Arauca, Los Llanos, www.portalaraucano.com).*** **Die Fiesta beginnt mit einer Huldigung an die hl. Barbara, gefolgt von vier Tagen mit Feuerwerken, Stierkämpfen und dem Schönheitswettbewerb Reinado Llanera.**

Eine Salsaband spielt bei einem Schönheitswettbewerb

Der zweite Botschafter moderner kolumbianischer Musik ist Juanes (1972 geboren als Juan Esteban Aristizábal Vásquez), der klassischen Rock und Pop mit kolumbianischen Rhythmen wie *cumbia* und *vallenato* verbindet. Er genießt im Land hohes Ansehen für seine sozialkritischen Texte und sein humanitäres Engagement für Frieden und Versöhnung.

Im Bereich der klassischen Musik hat sich das Land bisher nicht sonderlich hervorgetan. In Bogotá ist das Orquesta Sinfónica Nacional de Colombia ansässig, und das Orquesta Filarmónica de Bogotá wird für sein vielseitiges Repertoire gelobt, zu dem auch moderne kolumbianische Musikstile zählen. In Medellín gibt es das Orquesta Filarmónica. Die Fundación Batuta setzt auf Gewaltprävention durch klassischen Musikunterricht unterprivilegierter Kinder.

Ein klassisches Ballettensemble hat Kolumbien nicht. Jedoch verbindet das 1960 durch Sonia Osorio (1928–2011) gegründete und von ihrem Sohn Rodrigo Obregón Osorio geleitete Ballet de Colombia modernes Ballett mit *cumbia, mapalé, joropo* und anderen alten kolumbianischen Stilen. Seit 2007 findet in Cali ein internationales Ballettfestival statt.

Kolumbien veranstaltet auch das Iberoamerikanische Theaterfestival, das größte seiner Art in Südamerika. Die kleine kolumbianische Filmindustrie wird seit 2003 staatlich gefördert. In Bogotá und Cartagena finden jedes Jahr Filmfestivals statt; das Festival in Cartagena wurde 1960 ins Leben gerufen und ist das älteste seiner Art in Lateinamerika. ■

2
Teleferico

Eine muntere Hauptstadt in toller Lage mit wildem Nachtleben und Hotels und Restaurants von Weltrang

Bogotá

Der *teleférico* (Seilbahn) fährt hinauf zum Cerro de Monserrate oberhalb von Bogotá

Bogotá

Europäischer Charakter, lateinamerikanische Seele – die 7,8 Millionen Einwohner zählende Hauptstadt Kolumbiens ist eine weltoffene, moderne Metropole. In den vergangenen zwei Jahrzehnten hat sich Bogotá zu einem Reiseziel voller Überraschungen gewandelt. Dank seiner Lage und des internationalen Flughafens ist es zudem das Haupttor zu den Sehenswürdigkeiten des Landes.

Hochhäuser ragen im Viertel Centro Internacional in den Abendhimmel

Die dritthöchstgelegene Metropole der Welt breitet sich im Herzen des Landes auf einem Gebirgsplateau am Rand der grünen Ostkordillere aus. Die meisten touristisch interessanten Viertel befinden sich am Ostrand der Stadt, auch La Candelaria, der historische Kern, 1538 gegründet als Santa Fé de Bacatá.

Bogotá ist in 20 Bezirke mit mehr als 1200 *barrios* (Stadtviertel) untergliedert. Ein großer Teil der Metropole besteht aus einem Wirrwarr von Backstein- und Betonbauten und Vierteln mit sozialem Wohnungsbau. Häuser unterschiedlichster Architekturstile, von Art déco und Moderne bis Neugotik und Neorenaissance, säumen die Straßen. Die Wohnblocks von Los Rosales, die stilvollen Einkaufszentren von Santa Bárbara, die trendigen Restaurants und Boutiquen der Zona Rosa – all dies deutet auf den Wiederaufstieg von Bogotá, eine Hauptstadt, die zeigt, was in Kolumbien cool ist.

Die Vergangenheit der Stadt spiegelt sich im *centro histórico*, der 400 Jahre alten Altstadt, in der Plaza de Bolívar und der Candelaria. Das Kolonialviertel mit seinen Kirchen und Museen ist auch Sitz der Regierung. Weiter nördlich stehen in den Vierteln Chapinero und Chicó Fachwerkbauten im englischen Stil – Spuren der Einwanderer.

Die meisten Hauptsehenswürdigkeiten liegen nah beieinander und sind in zwei oder drei Tagen zu besichtigen. Die Stadt besitzt ein ausgezeichnetes Verkehrsnetz: das mehr als 320 Kilometer lange *ciclorutas*-Radwegenetz und das Busnetz TransMilenio. Bei den Straßen verlaufen *carreras* (abgekürzt *cra.*) in Nord-Süd-Richtung, *calles* in Ost-West-Richtung.

Man sollte sich zwar vom malerischen Äußeren der Candelaria nicht dazu verleiten lassen zu glauben, dass es hier vollkommen sicher ist, doch dank schärferem Durchgreifen hat Bogotá heute die niedrigste Mordrate aller kolumbianischen Großstädte. Beim Erkunden der Stadt sollte man trotzdem den Weg planen – und nie bei Dunkelheit allein herumlaufen.

Nördlich von Bogotá liegt die im 17. Jahrhundert gegründete Stadt Zipaquirá, deren Umgebung eine Domäne von Kletterern und Vogelkundlern ist. Südlich von Bogotá gibt es in der Ostkordillere Wasserfälle und Klettergipfel sowie zwei fantastische Zoos. ■

NICHT VERSÄUMEN

Wachablösung vor dem Präsidentenpalast 65

Ein Bummel durch die Straßen der Candelaria 66–67

Kunst in Übergröße im Museo Botero 69

Präkolumbisches Gold im Museo del Oro 71

Das Museo Nacional 76

Eine abendliche Tour mit einer *chiva rumbera* 78

Ein köstliches Bier in der Bogotá Beer Company 84

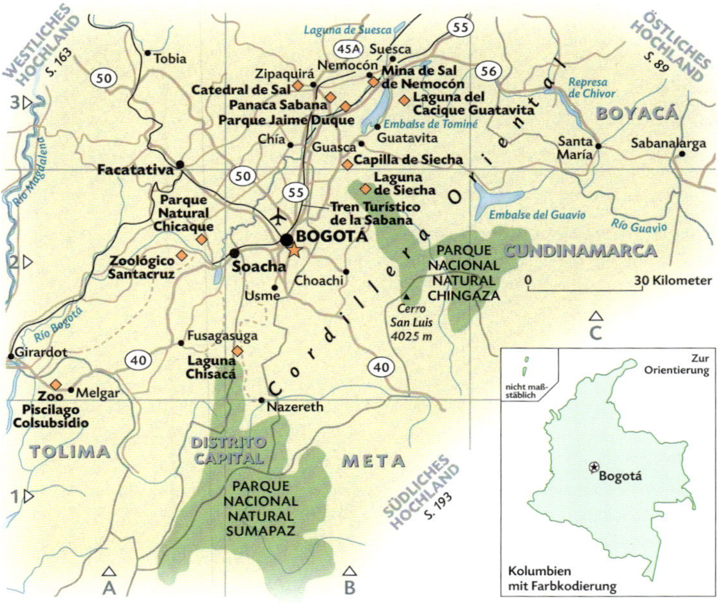

Das alte Bogotá

Das historische Zentrum der Stadt, La Candelaria, steigt sanft zum Fuß des Cerro Monserrate hin an und besteht aus den Vierteln La Catedral, La Concordia und La Merced, die um Kolonialkirchen wuchsen. Die Gebäude sind teils bescheidene Kolonialhäuser, teils stattliche klassizistische Bauten, dazu kommen atemberaubende Art-déco-Architektur und die Moderne der 1950er Jahre.

Fütterung der Tauben auf der Plaza de Bolívar in der Candelaria

Bogotá

Karte S. 59 B2 & hintere Umschlagklappe

Besucherinformation

Instituto Distrital de Turismo, Calle 70 #7-40
57-1/217-0711

Cra. 8 & Calle 9
57-1/283-7115

www.bogotaturismo.gov.co

Die Stadt wächst

Santa Fé de Bogotá wurde am 6. August 1538 vom spanischen Konquistadoren Gonzalo Jiménez de Quesada im Schatten der Anden gegründet. 1550 zog die Real Audiencia de Nueva Grenada, der königliche Hof, hierher. Kirchen und öffentliche Bauten entstanden, und 1572 wurde mit dem Bau der Catedral de Santa Fe begonnen. 1717 wurde Santa Fé Hauptstadt des Vizekönigreichs Neugranada.

Zu Beginn des 19. Jahrhunderts konnte es das kultivierte Santa Fé mit vielen spanischen Städten dieser Größe aufnehmen. Die Stadt stand außerdem an vorderster Front der Unabhängigkeitsbewegung. Nach der Unabhängigkeit wurde sie in Bogotá umbenannt und dazu Hauptstadt

INSIDERTIPP

Regenschirm nicht vergessen! Selbst wenn vormittags die Sonne scheint, kann nachmittags schnell ein Gewitter aufziehen.

JEFF JUNG
NATIONAL GEOGRAPHIC-Autor

von Gran Colombia (Großkolumbien), das einen Großteil des nördlichen Südamerikas ausmachte. Trotz ständiger politischer Kämpfe erhielt Bogotá schöne öffentliche Gebäude, Aquädukte, eine Straßenbahn, Bahnverbindungen zu anderen Städten im Land und 1927 einen Flughafen.

Ein großer Teil des Zentrums von Bogotá wurde während der Unruhen des Bogotazo im April 1948 zerstört, ausgelöst durch die Ermordung des populistischen Präsidentschaftskandidaten Jorge Eliécer Gaitán. Unter dem progressiven Diktator und Präsidenten General Gustavo Rojas Pinilla erfolgte der Wiederaufbau (1953–57).

In den vergangenen Jahrzehnten ist Bogotá zu einer echten Metropole gewachsen und hat sich dank Bürgermeister Antanas Mockus Šivickas (1995–97, 2001–03) als Vorbild städtischer Erneuerung hervorgetan; durch Mockus' Initiativen sank die Mordrate um 72 Prozent und die Zahl der Verkehrstoten um die Hälfte. Mit Mockus' Haushaltsüberschüssen konnte Enrique Peñalosa (1998–2001) das Busnetz TransMilenio finanzieren.

In den letzten zehn Jahren hat sich La Candelaria, das einst zu den verrufensten Bezirken der Stadt zählte, eindrucksvoll erholt. Es erlebt jetzt mit Boutiquehotels, Cafés und Kunstgalerien neben alten Restaurants, in denen traditionelles Essen serviert wird, eine deutliche Aufwertung.

Plaza de Bolívar

Der typische Startpunkt für einen Rundgang ist die Plaza de Bolívar (*hintere Umschlagklappe D1*) am Westrand der Candelaria. Sie wurde 1539 als Plaza Mayor (Hauptplatz) angelegt und für Militärparaden, als Stiefkampfarena und Marktplatz genutzt. Seitdem fungiert sie als wichtigster Treffpunkt der Stadt sowie

Kulturelle Aktivitäten

✉ Amt für Kultur, Erholung & Sport, Cra 8 N. #9-83

☎ 57-1/327-4850

www.culturarecreacionydeporte.gov.co

Trinkgeld

In Kolumbien gibt man Trinkgeld nicht automatisch – damit wird guter Service belohnt. Die meisten Kolumbianer geben nur wenig oder gar kein Trinkgeld, in Restaurants höchstens zehn Prozent. Oft werden auf eine Rechnung zehn Prozent Bedienungsgeld aufgeschlagen; das ist freiwillig und muss nicht bezahlt werden. Auf Touren empfehlen sich für Reiseleiter 3000 Pesos pro Tag, für private Führer 15 000. Zimmermädchen werden oft vergessen; üblich sind 3000 Pesos am Tag. Taxifahrer erwarten kein Trinkgeld und sollten auch keines erhalten, wenn sie aggressiv und respektlos fahren.

Museo de la Independencia
Cra. 7 #11-28
57-1/334-4150
Mo geschl.
$
www.museoscolombianos.gov.co

Catedral de la Inmaculada Concepción
Hintere Umschlagklappe D1
Cra. 7 & Calle 10
57-1/234-9794

Capitolio Nacional
Hintere Umschlagklappe D1
Calle 10 zw. Cra. 7 & 8
57-1/382-4000
Sa & So geschl.

als Sitz der Regierung. Hier erhob sich am 20. Juli 1810 der erste Ruf nach Unabhängigkeit: Der *grito de independencia* erscholl in der Casa del Florero (Vasenhaus) an der Nordostecke der Plaza, als ein kreolischer Händler sich weigerte, einem spanischen Adligen eine Vase zu verkaufen. Das gab den Anlass zu einer Revolte gegen die spanische Herrschaft. Heute ist das Haus als **Museo de la Independencia** der Unabhängigkeitsbewegung gewidmet.

Der Platz erhielt seine heutige Form 1960, als er für den 150. Jahrestag der Unabhängigkeit umgestaltet wurde. In der Mitte steht eine **Bronzestatue von Simón Bolívar** von 1846.

An der Ostseite des Platzes erhebt sich die 1823 fertiggestellte **Catedral de la Inmaculada Concepción**. Sie ist die vierte Kirche an dieser Stelle. Rechts in der Kathedrale enthält eine Kapelle die Gräber von Gonzalo Jiménez de Quesada und von dem Unabhängigkeitshelden Antonio Nariño (1765–1824).

Die 1700 vollendete und nach dem Erdbeben von 1827 restaurierte Seitenkapelle **Capilla del Sagrario** ist reich ausgeschmückt mit einer Gewölbedecke im Mudéjar-Stil und einem Altar aus Ebenholz und Marmor.

Der **Palacio de Justicia** *(hintere Umschlagklappe D1)* nimmt die Nordseite des Platzes ein. Der Vorbau besteht aus zwei Flachdachblöcken, die einen von einer Kuppel gekrönten Pavillon einrahmen. Der Bau von 1998 ersetzte den alten Justizpalast; dieser wurde zerstört, als ihn die Armee im November 1985 stürmte, um Geiseln zu befreien, die von M-19-Guerilleros gefangen gehalten wurden. Der Zugang ist beschränkt.

Auf der anderen Seite der Plaza bilden ionische Säulenreihen den Eingang zum H-förmigen **Capitolio**

ERLEBNIS: Tanzen bis zum Morgengrauen

Bogotá überrascht mit einem unglaublichen Nachtleben. Ob Jazz, Hardrock oder Salsa – es gibt für jeden Geschmack die richtigen Orte. Hier einige der besten:

Centro Cultural Planetario *(Cra. 6 #26-07, Teusquillo, Tel. 57-1/281-4150)*. Im Planetarium finden donnerstags kostenlose Folk-Jazz-Fusion-Konzerte statt.

Radio Berlin *(Cra. 6 #26-57, Zona Rosa, Tel. 57-1/767-6874)*. Einer der coolsten Clubs in Bogotás Szeneviertel Zona Rosa. Bei Electro-Groove und Latino-Rhythmen kann man hier bis 6 Uhr morgens auf zwei Etagen durchtanzen.

El Salto del Ángel *(Cra. 13 #93A-45, Tel. 57-1/654-5454)*. Der beste Laden, um die Nacht durchzufeiern.

Armando Record *(Calle 85 #14-46, Tel. 57-1/691-4125)*. Einer der angesagtesten Clubs der Stadt, der in drei musikalische Themenbereiche gegliedert ist.

Theatron *(Calle 58 #10-34, Tel. 57-1/249-2-92)*. Große und beliebte Schwulendisco mit elektronischer Musik.

Einer der vielen Clubs in Bogotá, die für ein pulsierendes Nachtleben sorgen

Nacional, dem Sitz der Regierung. Da mit dem Bau 1847 begonnen, das Gebäude aber erst 1926 fertiggestellt wurde, finden sich hier verschiedene Stile. Im zentralen Teil, dem Salón Eliptico, tagt der kolumbianische Kongress, in den Seitenteilen der Senat und das Repräsentantenhaus. Bei den freitäglichen Führungen können Besucher das Wandbild von Santiago Martínez Delgado (1906–54) im Salón Elíptico bewundern; es zeigt Bolívar und Francisco de Paula Santander und gilt als das wichtigste kolumbianische Wandbild des 20. Jahrhunderts.

Die Westseite des Platzes nimmt der dreistöckige Palacio Lievano von 1905 mit der **Alcaldía Mayor** (Rathaus) ein. Im Erdgeschoss schützt ein Säulengang vor Sonne und Regen. In der Südwestecke befindet sich eine Touristeninformation. Das Kolonialgebäude mit Balkonfenstern auf der anderen Seite der Calle 10 ist die **Casa de los Comuneros**. Heute residiert in dem Gebäude aus dem frühen 19. Jahrhundert mit seinen Fresken das Amt für Kultur, Erholung und Sport.

Südlich der Plaza

Das Capitolio Nacional ist der nördlichste Teil des Regierungskomplexes, der sich von der Plaza de Bolívar zwischen Carrera 7 und 8 drei Häuserblocks nach Süden zieht. Die Carrera 8 ist von interessanten Gebäuden gesäumt, z. B. der **Iglesia Museo de Santa Clara** von 1674. Hinter der kargen

Alcaldía Mayor
✉ Cra. 8 #10-65
☎ 57-1/381-3000
www.bogota.gov.co

Iglesia Museo de Santa Clara
✉ Cra. 8 & Calle 9
☎ 57-1/337-6762
🕒 Mo geschl.
www.museocolonial.gov.co

Keine Chance für Taschendiebe

Auch in Bogotá suchen Diebe nach leichter Beute. Hier einige Tipps:

- Das Hemd über der Hüfttasche tragen; der Verschluss sollte nicht sichtbar sein.
- Kamera nicht locker über der Schulter tragen, sondern sich um den Hals hängen.
- Smartphone oder iPod zusammen mit Kabeln unter dem Hemd oder T-Shirt tragen.
- Nach Dunkelheit nur gut beleuchtete Straßen benutzen.
- Geld und Dokumente in einem Geldgürtel unter dem Hosen- oder Rockbund tragen.
- Von wichtigen Dokumenten Kopien machen, die Originale im Hotelsafe lassen.
- Portemonnaie mit Reißverschluss verwenden und unter der Kleidung um den Hals tragen.
- Schmuck zu Hause lassen.
- Sich nach Problemvierteln erkundigen und diese meiden.

Museo del Siglo XIX
- Cra. 8 #7-93
- 57-1/281-7505
- So geschl.
- $

Casa de Nariño
- Cra. 8 #7-26
- 57-1/562-9300
- Führungen n. V. (autorisiert von der Casa Militar)

http://wsp.presidencia.gov.co

Templo de San Agustín
- Calle 7 & Cra. 7
- 57-1/209-6011

Fassade und den schweren Türen verbirgt sich eine reiche Innenausstattung. Heute ist die Kirche ein Museum mit einer großen Kunstsammlung ab der frühen Kolonialzeit; am schönsten sind jedoch die Wandbilder und die maurische Decke.

Vom nächsten Häuserblock an der Carrera 8 bietet sich ein Blick auf die Plaza de Armas und das **Observatorio Astronómico**. Der weiße achteckige Turm wurde 1803 als erste Sternwarte des Kontinents errichtet. Er kann nach Voranmeldung beim **Claustro de San Agustín** *(Cra. 8 #7-21, Tel. 57/311-292-5100, E-Mail: museos@unal.edu.co)* besichtigt werden. Das ehemalige Kloster, heute ein Museum mit Wechselausstellungen, befindet sich rechts am Ende des Blocks.

Ein paar Schritte weiter südlich residiert in einem zweistöckigen Haus das **Museo del Siglo XIX** (Museum des 19. Jahrhunderts), das im Stil der Zeit eingerichtet ist.

INSIDERTIPP

Sonntagvormittags sind 112 Kilometer Straßen für Autos gesperrt. Fahrräder verleiht Bogota Bike Tours *(www.bogotabiketours.com)*.

JOHN ROSENTHAL
Autor, National Geographic Traveler Magazine

Zu sehen gibt es z. B. eine Apotheke und eine große Puppensammlung.

Gegenüber liegt die neoklassizistische **Casa de Nariño**, seit 1908 Präsidentenpalast. Lohnenswert sind die kostenlosen einstündigen Führungen, die nach Vereinbarung stattfinden *(E-Mail: visitas@presidencia.gov.co oder toures@presidencia.gov.co)*.

Gegenüber der Südseite des Palasts steht der **Templo de San Agustín**, der sich durch sein elliptisches Dach auszeichnet. Die Kirche gehörte einst zu einem

Augustinerkloster und wartet im Innern mit einer schönen Kanzel, einem barocken vergoldeten Altar und einer Kassettendecke auf.

Biegt man links in die verkehrsberuhigte Carrera 7, erreicht man wieder die weite **Plaza de Armas** mit Blick auf die Casa de Nariño. Hier findet die **Wachablösung** *(Mo–Mi, Fr & So 16 Uhr)* mit mehr als 200 Soldaten statt.

Das Herz der Candelaria

Das Herz der Candelaria zieht sich dann mit seinen geschäftigen Pflasterstraßen entlang der Calle 10 und 11 bergauf.

Calle 10: Unmittelbar südlich der Plaza de Bolívar wird der Blick auf die weiß getünchte manieristische Fassade der **Iglesia de San Ignacio** gelenkt, mit deren Bau die Jesuiten 1610 begannen. Die massiven roten Backsteinpfeiler tragen ein Tonnengewölbe und eine mit einer Himmelsdarstellung ausgeschmückte Kuppel.

Die winzige **Plazoleta de Cuervo** *(hintere Umschlagklappe D1)* gegenüber der Kirche ist nach dem kolumbianischen Sprachforscher Rufino José Cuervo (1844–1911) benannt, dessen Statue hier steht.

(Fortsetzung auf S. 68)

Das kürzlich restaurierte Teatro Colón ist eines der schönsten Gebäude in der Candelaria

Rundgang durch La Candelaria

Bogotá ist eine riesige Stadt. Ein dreistündiger Rundgang führt durch das historische Zentrum und zu den wichtigsten Sehenswürdigkeiten wie Kirchen, Regierungsgebäuden und Museen, unter anderem zum Botero-Museum.

Wandbilder säumen den Callejón de Embudo in der Candelaria von Bogotá

Los geht es an der Touristeninformation (siehe S. 60) an der Südwestecke der **Plaza de Bolívar** ❶ (siehe S. 61ff). Nachdem man einen Blick auf das Capitolio Nacional und die Alcaldía Mayor geworfen hat, geht man die Carrera 8 hinunter zur **Iglesia Museo de Santa Clara** ❷ (siehe S. 63f), einer Kirche aus dem 17. Jahrhundert und heute ein Museum für sakrale Kunst. Weiter geht's nach Westen in die Calle 9 und zum **Museo Histórico de la Policía Nacional** *(Calle 9 #9-27, Tel. 57-1/233-5911, www.policia.gov.co, tägl. 8–17.30 Uhr)*, dem Museum für Polizeigeschichte.

Zurück auf der Carrera 8 liegt links die **Plaza de Armas** ❸, der Paradeplatz, auf dem viermal die Woche die Ablösung der Präsidentenwache stattfindet. Hinter dem achteckigen **Observatorio Astronómico** (siehe S. 64) auf der linken Seite folgt das

NICHT VERSÄUMEN

Casa de Nariño • Iglesia del Carmen • Museo de la Independencia • Biblioteca Luis Ángel Arango • Museo Botero

Museo del Siglo XIX ❹ (siehe S. 64), eine Zeitreise ins 19. Jahrhundert. Ein paar Schritte entfernt liegt der Eingang zur **Casa de Nariño** ❺ (siehe S. 64), dem Präsidentenpalast. Links führt der Weg durch die Calle 7 zum **Templo de San Agustín** (siehe S. 64f) und weiter zum **Archivo General** (Staatsarchiv) auf der rechten Seite; links zeigt in der Carrera 6 das **Museo Arqueológico** ❻ *(Cra. 6 #7-43, Tel. 57-1/243-0465, So geschl.)* Unmengen präkolumbischer Töpferwaren.

Von hier führt die Calle 8 einen Block bergan zur 1938 erbauten neobyzantinisch-neugotischen **Iglesia del Carmen** 7. Dann folgt man der Carrera 4 zwei Blocks nach links zur Calle 10. Dort befindet sich rechter Hand das **Museo Militar** (siehe S. 68). Es geht bergab vorbei am **Teatro Colón, Hotel de la Ópera** und am **Palacio de San Carlos** 8 (siehe S. 68). Im nächsten Block liegen das **Museo de Arte Colonial** (siehe S. 68) und das **Museo de Trajes Regionales** (siehe S. 68). Letzteres umschließt die **Plazoleta de Cuervo** 9 (siehe S. 65). Sehenswert ist die **Iglesia de San Ignacio** (siehe S. 65) gegenüber. An die Jesuitenkirche grenzt das **Colegio San Bartolomé**.

Wieder auf der Plaza de Bolívar sieht man die **Catedral de la Inmaculada Concepción** 10 (siehe S. 62). Das **Museo de la Independencia** (siehe S. 62) erzählt, wie der Ruf nach Unabhängigkeit

- Siehe auch Karte S. 59 & hintere Umschlagklappe
- Plaza de Bolívar
- 3 Stunden
- 3 km
- Plazoleta Chorro de Quevedo

erwuchs. Von hier geht's in die Calle 11 mit dem **Centro Cultural Gabriel García Márquez** (siehe S. 68f), einem modernen Bau des Architekten Rogelio Salmona. Dahinter folgt der **Conjunto Cultural Banco de la República** 11 (siehe S. 69) mit der **Biblioteca Luis Ángel Arango** (Bibliothek, Ausstellung und Konzertsaal), dem **Museo Botero, Museo de Arte del Banco de la República** und der **Casa de Moneda**. Weiter geht's zur Carrera 2 und links in ein Gebiet mit Wohnhäusern der Kolonialzeit und zur **Plazoleta del Chorro de Quevedo** 12 (siehe S. 70), wo Bogotá 1538 gegründet wurde.

Museo de Trajes Regionales
Calle 10 #6-18
57-1/282-6531
So geschl.
$

www.museodetrajes regionales.com

Museo de Arte Colonial
Cra. 6 #9-77
57-1/341-6017
$

www.museocolonial. gov.co

Palacio de San Carlos
Calle 10 #5-51
57-1/381-4000
Sa & So geschl.

Museo Militar
Calle 10 #4-92
57-1/281-2548
Mo geschl.
$

Museo de Bogotá
Cra. 4 #10-18
57-1/352-1865
Mo geschl.
$

Centro Cultural Gabriel García Márquez
Calle 11 #5-60
57-1/283-2200

www.fce.com.co

Im Kolonialhaus hinter dem Platz druckte der Unabhängigkeitskämpfer Antonio Nariño die Erklärung der Menschenrechte, wofür er zehn Jahre Haft erhielt. Heute bildet das Haus einen Teil des **Museo de Trajes Regionales** mit bunten indianischen und regionalen Trachten.

Einen Katzensprung weiter östlich residiert in einem Gebäude aus dem 16. Jahrhundert das **Museo de Arte Colonial**, zugänglich über die Carrera 6. Die umfassende Sammlung von Wandteppichen, Gemälden und Skulpturen ist in Galerien um einen großen Innenhof ausgestellt.

Das **Hotel de la Ópera** im nächsten Block, das aus zwei schönen Kolonialhäusern besteht, grenzt an das kürzlich restaurierte **Teatro Colón** *(Calle 10 #5-32, Tel. 57-1/284-7420)* des italienischen Architekten Pietro Cantini von 1895. Der nüchterne klassizistische **Palacio de San Carlos** gegenüber aus dem 17. Jahrhundert wurde zunächst als Priesterseminar genutzt. 1828 wurde er zum Präsidentenpalast umgewidmet, und im September desselben Jahres wurde hier ein Mordanschlag auf Simón Bolívar verübt, der aber durch ein Fenster flüchten konnte. Heute ist in dem Gebäude das Außenministerium untergebracht. Die opulent eingerichteten Salons können auf Führungen besichtigt werden.

Das stattliche zweigeschossige Kolonialgebäude links hinter der Carrera 5 ist das **Museo Militar**, das Museum der kolumbianischen Armee.

Ab hier steigt die Calle 10 steiler an und führt durch ein Wohngebiet mit Kolonialhäusern. Mit der Geschichte und Kultur der Stadt befasst sich das **Museo de Bogotá**. Hinter der Carrera 3 endet die Straße bei der **Iglesia Egipto** (Ägyptische Kirche), die wegen ihrer Kassettendecke mit einer Darstellung der Flucht Mariens aus Ägypten einen Besuch wert ist.

INSIDERTIPP

Boteros einzige Bedingung bei der Übergabe seiner Werke an das Museo Botero war, dass der Eintritt frei sein sollte – und so ist es auch heute noch.

AARON RETIG
Co-Autor „Colombia Whitewater"

Calle 11: Der Häuserblock östlich der Plaza de Bolívar ist mit seinen kleinen Restaurants und Bäckereien *(pastelerías)* wie dem **Antigua Santafe** (siehe S. 275) sehr reizvoll.

Hinter der Carrera 6 befindet sich das **Centro Cultural Gabriel García Márquez**. Der moderne Kulturkomplex des berühmtesten aller kolumbianischen Architekten,

Präkolumbisches Gold glitzert in der runden Sala de la Ofrenda des Museo del Oro

Rogelio Salmona, umfasst eine Bibliothek, drei Auditorien und einen hervorragenden Buchladen.

Conjunto Cultural Banco de la República: Kein Rundgang durch die Candelaria wäre komplett ohne einen Besuch im Conjunto Cultural Banco de la República *(www.lablaa.org)* eine Straße weiter. Der Komplex umfasst viele der wichtigsten Kultureinrichtungen der Stadt, darunter auf der Nordseite der Straße die **Biblioteca Luis Ángel Arango** *(Calle 11 #4-14, Tel. 57-1/343-1224)*, die größte des Landes.

Gegenüber wird hinter den Eichentüren der **Casa de Moneda** die Geschichte der kolonialen Münzprägung erzählt. Die Sammlung an Gold- und Silbermünzen deckt vier Jahrhunderte ab.

Über den Innenhof erreicht man das **Museo de Arte del Banco de la República** mit kolumbianischer Kunst vom 16. Jahrhundert bis heute. Wechselausstellungen mit zeitgenössischer Kunst etwa von Wilfredo Lam oder Andy Warhol kontrastieren mit sakralen Werken. Sehenswert sind drei Gold- und Silbermonstranzen voller Smaragde und anderer Juwelen. Die unschätzbar wertvollen Werke – das größte hat 1485 Smaragde sowie Amethyste, Diamanten, Perlen, Saphire und Topase – werden in einem speziellen Tresor verwahrt.

Die Galerien gehen in diejenigen des **Museo Botero** über, das den Werken von Fernando Botero gewidmet ist. Er eröffnete das Museum 2000 und schenkte ihm die meisten der 123 Skulpturen,

Casa de Moneda
✉ Calle 11 #4-93
☎ 57-1/343-1316

Museo de Arte del Banco de la República
✉ Calle 11 #4-21
☎ 57-1/343-1316
🕒 Di geschl.

Museo Botero
✉ Calle 11 #4-41
☎ 57-1/343-1212
🕒 Di geschl.

Plazoleta del Chorro de Quevedo
Hintere Umschlagklappe D1
Calle 13 & Cra. 2

Parque Santander
Hintere Umschlagklappe D1
Calle 16 & Cra. 7

Zeichnungen und Gemälde, mit denen die Karriere des wichtigsten lebenden Künstlers des Landes nachgezeichnet wird. In den westlichen Sälen sind Arbeiten von Monet, Picasso, Renoir, Salvador Dalí und anderen Künstlern des 19. und 20. Jahrhunderts ausgestellt.

Die bescheidenen Anfänge Bogotás können an der **Plazoleta del Chorro de Quevedo** zurückverfolgt werden, einem kleinen Platz am Rand der Candelaria. Hier soll Gonzalo Jiménez de Quesada 1538 den Grundstein für das spätere Bogotá gelegt haben. Eine winzige Kirche, die **Ermita de Humilladero** in der Südostecke des Platzes, ist eine Nachbildung einer Kirche, die einst an der Plaza Santander stand. Der Platz ist ein Zentrum der alternativen Straßenkultur der Stadt und lockt Skater, Jongleure und Studenten in die Bars und schrägen Clubs, die die vom Platz wegführenden Gassen säumen. Interessant ist vor allem der **Callejón de Embudo** (Trichtergasse), eine Kopfsteinpflasterstraße mit Graffiti und Wandbildern. (In diesem Teil der Candelaria sollte man sowohl tags als auch nachts vorsichtig sein.)

Avenida Jiménez & Umgebung

Östlich der Plaza de Bolívar weitet sich die Carrera 7 zu einer breiten und geschäftigen Straße voller Straßenhändler. Nach vier Häuserblocks trifft sie auf die Avenida Jiménez, die die Altstadt vom

Eine Skulptur von Fernando Botero im Foyer des Museo Botero

Geschäftszentrum der Stadt trennt. Der Boulevard ist gesäumt von Kirchenbauten, staatlichen Verwaltungs- und Universitätsgebäuden. Hier befindet sich auch der Stolz der Stadt, das Museo del Oro (Goldmuseum). Es gibt noch weitere Sehenswürdigkeiten, die von den Touristen allerdings oft übersehen werden.

Parque Santander: Der quirlige schattige Platz ist nach General Francisco de Paula Santander benannt. Eine Bronzestatue des italienischen Bildhauers Pietro Costa zeigt ihn mit einem Schwert in der einen und der Verfassung in der anderen Hand. Heute ist der Platz von modernen Gebäuden wie der schlanken Torre Avianca im Norden umgeben. Im 23. Stock befindet sich das **Museo de la Esmeralda** (Smaragdmuseum), eine Ausstellungsetage mit glitzernden Smaragden mitsamt Verkaufsraum sowie dem Nachbau einer Mine.

Das **Museo del Oro** auf der Ostseite des Platzes ist allein Grund genug für eine Reise nach Bogotá. Es residiert in einem modernen Gebäude, das für die 34000 bis zu knapp 2500 Jahre alten Stücke umfassende präkolumbische Goldsammlung der Banco de la República errichtet wurde. Das Ganze ist thematisch und nach Regionen geordnet; die Hauptsammlung befindet sich in einem riesigen Tresor. Faszinierend ist besonders die „Balsa Muisca", ein fein gearbeitetes 19 Zentimeter langes Goldfloß. Der Rundgang endet mit einer wunderschönen Goldpräsentation in der runden Sala de la Ofrenda. Audioguides sind kostenlos erhältlich.

Museo de la Esmeralda

- ✉ Edificio Avianca, Calle 16 #6-66, Piso 23
- ☎ 57-1/286-4259
- ⏲ So geschl.

www.museodela esmeralda.com.co

Rogelio Salmona

Rogelio Salmona (1927–2007), der bedeutendste kolumbianische Architekt des 20. Jahrhunderts, bereicherte Bogotá um auffallende Backsteingebäude mit originellen Spiralen, Kurven, Höfen und Kanälen. Der in Paris geborene Salmona kam als Jugendlicher nach Bogotá. Er studierte bei dem französisch-schweizerischen Architekten Le Corbusier und war stark beeinflusst von der islamischen Backsteinarchitektur im spanischen Granada.

Fünf seiner wichtigsten Gebäude:

Centro Cultural Gabriel García Márquez *(Calle 11 #5-60)*
Museo de Arte Moderno *(Calle 24 #6-04)*
Archivo General *(Cra. 6 #6-91)*
Torres del Parque & Plaza de Toros *(Cra. 6 #26-50)*
Biblioteca Pública Virgilio Barco *(Cra. 60 #57-60).*

Im Westen des Platzes steht die **Iglesia de la Veracruz** aus dem 16. Jahrhundert, nach einem Erdbeben 1827 wieder aufgebaut, mit dem Originalaltar im Mudéjar-Stil. Hier sind viele Unabhängigkeitshelden bestattet. Die Kirche ist nur zu den Gottesdiensten geöffnet. Eindrucksvoller ist die **Iglesia de San Francisco de Asis** *(Tel. 57-1/341-2357)* direkt

Museo del Oro

- ✉ Calle 16 #5-41
- ☎ 57-1/343-2222
- ⏲ Mo geschl.
- $ $$, So frei

E-Mail: wmuseo@ banrep.gov.co

www.banrepcultural. org/museo-del-oro

Palacio de San Francisco
Av. Jiménez #7-50
57-1/243-9931

Quinta de Bolívar
Hintere Umschlagklappe D1
Calle 20 #2-91 Este
57-1/336-6410
Mo geschl.
$, So frei
www.quintadebolivar.gov.co/

südlich an der Ecke Avenida Jiménez und Carrera 7. Die 1575 erbaute und nach einem Erdbeben 1785 neu errichtete Kirche ist die älteste der Stadt und verfügt über eine der üppigsten Innenausstattungen im ganzen Land.

INSIDERTIPP

Kolumbien ist unheimlich gastfreundlich; es kann passieren, dass einem Einheimische dafür danken, ihr Land zu besuchen.

ERIC KRACHT
National Geographic Channel

Avenida Jiménez: Der imposante neoklassizistische **Palacio de San Francisco** von 1917 ist heute ein Teil der Universidad del Rosario. Auf der Südseite des Boulevards tummeln sich an der Ecke zur Carrera 7 oft Smaragdhändler.

Die Avenida Jiménez zieht sich zwischen Bürotürmen hindurch an der **Plazoleta del Rosario** *(Av. Jiménez & Cra. 6)* vorbei, wo ein Kunstgewerbemarkt stattfindet und man in einem der Cafés gemütlich einen Kaffee oder ein Bier trinken kann – genauso wie die Studenten von der Rosario-Universität, welche das alte Kloster Claustro de Nuestra Señora del Rosario auf der Südseite des Platzes übernommen hat.

Die Avenida windet sich nach Osten zum **Parque de los Periodistas** an der Carrera 3. Einst trafen sich hier Redner und Intellektuelle, daher der Name „Journalistenplatz". Das runde Sandsteinmonument, den **Templete de Libertador**, schuf 1883 der Florentiner Architekt Pietro Cantini zum 100. Geburtstag Bolívars. Das klassizistische Gebäude nordöstlich ist die **Real Academía de la Lengua**, Sitz der Königlichen Akademie für spanische Sprache.

Hier weitet sich die Avenida zu einem baumgesäumten, autofreien Boulevard, auf dem nur TransMilenio-Busse verkehren. Auf der Ostseite der Avenida erhebt sich die weiße Fassade der **Parroquia Nuestra Señora de las Aguas** von 1644 mit einem dreiteiligen Glockenaufsatz und sieben kleinen Glocken.

Quinta de Bolívar: Von der Kirche windet sich die Avenida Jiménez (die zur Calle 20 wird) rund 400 Meter nach Osten zur Quinta de Bolívar. Das weitläufige Anwesen gehörte bis 1820 José Antonio Portocarrero; dann schenkte es die Regierung von Neugranada aus Dank Simón Bolívar, der es während seiner fünfjährigen Präsidentschaft nutzte. 1830 vermachte er das Haus seinem Freund José Ignacio Paris. Später diente das Anwesen als Mädchenschule, Brauerei, Gerberei und

Nervenklinik. 1922 richtete der Staat hier ein Museum ein. Das Nationaldenkmal wurde in seinen ursprünglichen Zustand zurückversetzt, so wie es zu Bolívars Zeit aussah. Zur Quinta gehört auch die Wohnung von Bolívars Geliebter und politischer Beraterin Manuelita Saenz.

Cerro de Monserrate: Die bewaldeten Berge oberhalb von Bogotá erheben sich zum Cerro Monserrate mit einer weißen Kirche auf 3152 Meter Höhe. 1657 wurde hier oben ein Kartäuserkloster errichtet; die heutige Kirche stammt von 1920. Den Altar schmückt eine Statue aus dem 17. Jahrhundert, die den gefallenen Christus zeigt.

An klaren Tagen hat man einen tollen Blick auf die Stadt und vielleicht auch auf den schneebedeckten Nevado del Tolima im Westen. Daher zählt der Monserrate zu den meistbesuchten Attraktionen der Stadt. Sonntags quälen sich wahre Pilgerströme die mehr als 1000 Stufen hinauf; wer zu Fuß geht, sollte sich einer Gruppe anschließen, da Raubüberfälle keine Seltenheit sind. Ansonsten fährt man mit der Luft- oder Standseilbahn. (Die Straßenbahnstation Cerro Monserrate ist nur 200 Meter östlich von der Quinta de Bolívar, jedoch ist schon von Überfällen berichtet worden – ein Taxi nehmen!)

Richtung Süden blickt man über ein Tal zum **Cerro de Guadalupe** (3317 m), dem höchsten Punkt der Hauptstadt. Auch hier gibt es eine Kapelle sowie eine 15 Meter hohe Marmorstatue der Nuestra Señora de Guadalupe. ■

Zimmer in der Quinta de Bolívar mit Originaleinrichtung

Cerro de Monserrate

- Hintere Umschlagklappe E2
- Cra. 2 Este #21-48, Paseo Bolívar
- 57-1/284-5700
- $$
- Stand- & Luftseilbahnen fahren täglich, die Fahrpläne variieren jedoch.

www.cerromonserrate.com

Außerhalb der Altstadt

Außerhalb des historischen Zentrums konzentrieren sich die Sehenswürdigkeiten entlang eines schmalen Gürtels, der sich an der Carrera 7 nach Norden zieht. Das Centro Internacional wartet mit dem erstklassigen Museo Nacional auf. Weiter nördlich gibt es in den schicken Vierteln Chapinero, Chicó und Usaquén gepflegte Parks, hübsche Häuser sowie einige der angesagtesten Bars, Restaurants und Clubs der Stadt. Der Parque Simón Bolívar im Westen ist der beliebteste Park in Bogotá.

Die Iglesia de Las Nieves von 1922 ist ein schönes Beispiel neobyzantinischer Architektur

Besucherinformation

- Parque de la Independencia, Cra. 7 & Calle 26
- 57-1/284-2664
- So geschl.

- Cra. 13 #26-62
- 57-1/286-2248

Las Nieves

Das pulsierende Geschäfts- und Arbeiterviertel Las Nieves entstand um die **Iglesia de Las Nieves** (*hintere Umschlagklappe D2, Cra. 7 & Calle 20*), eine neobyzantinische Kirche von 1922. Die Bronzestatue gegenüber auf der **Plazoleta de Las Nieves** zeigt den Wissenschaftler und Unabhängigkeitsmärtyrer Francisco José de Caldas (1768–1816).

Das nahe **Teatro Jorge Eliécer Gaitán** (*Cra. 7 #22-47, Tel. 57-1/334-6800, www.teatrojorgeeliecer.gov.co*) im Art-déco-Stil, 1940 als erstes Kino der Stadt eröffnet, ist heute das Stammhaus der Orquesta

Filarmónica de Bogotá und des Chors Santa Fe de Bogotá. Das **Museo Art Déco** *(Calle 21 #5-59, Tel. 57-1/341-1855)* befindet sich in einem Art-déco-Wohnhaus.

Das schönste Beispiel des kolumbianischen Art déco ist die **Biblioteca Nacional**. Das schlichte Gebäude von 1938 verfügt in der Mitte über einen großen sonnendurchfluteten Lesesaal. Westlich hiervon steht das nüchterne Backsteingebäude des **Museo de Arte Moderno**, besser bekannt als MAMBO. In sechs Sälen, geschaffen vom berühmten Architekten Rogelio Salmona, werden neben Werken von Pablo Picasso, Salvador Dalí, Max Ernst und Andy Warhol auch Arbeiten der wichtigsten Künstler Kolumbiens gezeigt.

Das Museum wird überschattet von der **Torre Colpatria** *(Cra 7 #24-89, Tel. 57-1/281-9704, $, Ausweis mitnehmen)*, einem 50-stöckigen, 199 Meter hohen Wolkenkratzer, dem höchsten Gebäude in Kolumbien. Die Aussichtsplattform **Mirador Colpatria** ist freitagabends und an Wochenenden für Besucher geöffnet.

Centro Internacional

Die Torre Colpatria thront über dem Centro Internacional unmittelbar nördlich der Calle 26, einem quirligen Geschäftsviertel mit Hochhäusern aus Glas und Beton. Eine gute Basis für Erkundungen ist das Hotel Crowne Plaza Tequendama. Die **Recoleta de San Diego** *(hintere Umschlagklappe D2, Cra. 7 #26-47, Tel. 57-1/341-2476)* nördlich davon ist eine reizende kleine Kirche, einziges Überbleibsel eines Franziskanerklosters aus dem frühen 17. Jahrhundert. Im Inneren gibt es einen reich verzierten Altar und feine Silberarbeiten zu bewundern.

Gleich gegenüber der Kirche bietet das **Planetario** Himmelsprojektionen auf eine Kuppel mit 25 Meter Durchmesser, die größte in Lateinamerika. Interessant ist die Sonnenuhr auf dem Dach.

Nicht weit entfernt erhebt sich die **Plaza de Toros La Santamaría**, die Stierkampfarena der Stadt, mit der auffallenden Mudéjar-Backsteinarchitektur des spanischen Architekten Santiago Mora.

ERLEBNIS:
Radeln auf den Ciclorutas

Bogotá beeindruckt mit 330 Kilometern *ciclorutas* (Radwege) – mehr als jede andere lateinamerikanische Stadt. Viele folgen, getrennt von den Autospuren, den großen Boulevards, andere führen durch Parks. Die *ciclorutas* wurden zwischen 1998 und 2001 angelegt. An Sonn- und Feiertagen werden für die berühmte Ciclovía außerdem große Avenidas für den Autoverkehr gesperrt und für Radler freigegeben. Bogotá Bike Tours *(Cra. 3 #12-72, La Candelaria, Tel. 57-1/281-9924, www.bogotabiketours.com)* verleiht Fahrräder und bietet geführte Radtouren.

Biblioteca Nacional

- Hintere Umschlagklappe D2
- Calle 24 #5-60
- 57-1/381-6464
- So geschl.

www.bibliotecanacional.gov.co

Museo de Arte Moderno

- Hintere Umschlagklappe D2
- Calle 24 #6-04
- 57-1/286-0466
- Mo geschl.

www.mambogota.com

Planetario

- Hintere Umschlagklappe D2
- Calle 26 #5-93
- 57-1/281-4150
- Mo geschl.

www.idartes.gov.co

Plaza de Toros La Santamaría
- Hintere Umschlagklappe D2
- Cra. 6 #26-50
- 57-1/334-1482
- Ab 2014 wegen Restaurierung geschl.

Museo Nacional
- Hintere Umschlagklappe D2
- Cra. 7 #28-66
- 57-1/381-6470
- Mo geschl.
- $

www.museonacional.gov.co

Cementerio Central
- Hintere Umschlagklappe D2
- Calle 26 zw. Cra. 17 & 20
- 57-1/269-3141 App. 21
- Kostenlose Führungen

Die 1940 fertiggestellte Arena fasst 14500 Zuschauer. Die Stierkampfsaison *(fiesta brava)* fand ursprünglich im Januar und Februar statt. 2012 verbot jedoch der Bürgermeister Gustavo Petro die Stierkämpfe in der Arena. 2013 wurde Petro abgesetzt, doch ob die Stierkämpfe wieder stattfinden werden, ist bislang noch offen.

Ein kurzer Spaziergang die Carrera 7 hinauf führt zum **Museo Nacional** in einem ehemaligen Gefängnis von 1874, El Panóptico. Die 17 Säle des Museums erzählen die Geschichte des Landes anhand zahlreicher Gegenstände wie präkolumbischer Mumien und der Standarte von Francisco Pizarro (1478–1541). Oben gibt es eine exzellente Kunstsammlung, u. a. mit Werken von Fernando Botero. Auch Goldobjekte sind zu sehen.

Das hügelige Wohnviertel unmittelbar östlich ist das Künstlerviertel **La Macarena**. Es ist auch als *zona gastronómica* bekannt und lockt Gourmets in die Restaurants um die Carrera 4 und an der von der Carrera 7 abzweigenden Calle 27B, eine Kopfsteinpflastergasse mit Kolonialhäusern.

Das Centro Internacional zieht sich einen Kilometer nach Norden zum **Parque Nacional Olaya Herrera** *(hintere Umschlagklappe E2, Cra. 7 zw. Calle 35 & 39)*. Der bewaldete Park von 1934 mit vielen Sporteinrichtungen lockt am Wochenende zahlreiche Besucher an. An der Carrera 7 steht ein Monumentalbrunnen zu Ehren des Generals Rafael Uribe Uribe (1859–1914).

Cementerio Central: Die Avenida Eldorado (Calle 26) verbindet das Centro Internacional mit dem internationalen Flughafen von Bogotá (TransMilenio-Busse verkehren von einem Ende zum anderen). Der breite Boulevard führt Richtung Nordwesten am Cementerio Central vorbei, dem Hauptfriedhof der Stadt mit barocken, klassizistischen und modernen Grabmalen.

Hier ruhen die großen Männer der kolumbianischen Geschichte. Der Friedhof wurde 1931 mit drei nach sozialem Status gegliederten Bereichen angelegt. Das toskanische Haupttor führt zum **Globo A** mit den interessantesten Gräbern.

Über die **Zentralallee** gelangt man zur

Der kugelsichere Armani

Miguel Caballero *(www.miguelcaballerousa.com)* bezeichnet sich selbst als den „Armani der kugelsicheren Bekleidung". Er fertigt für Spione, Politiker, Präsidenten und überhaupt alle, die sich schützen müssen, kugelsichere Hemden und Anzüge. Caballero stattet seine stilvolle Kleidung nicht mit dickem, schwerem Kevlar, sondern mit einem speziellen leichten Nylon-Polyester-Gewebe aus, das Schüsse aus einer 9-mm-Pistole oder Uzi aus nächster Nähe abhält. Ein Anzug für 8000 Dollar ist vielleicht nicht gerade billig – außer wenn man ihm sein Leben verdankt.

„VIP-Abteilung", unter anderem mit der Kapelle und einem Kenotaphen für Gonzalo Jiménez de Quesada, Gründer von Bogotá. Links ist das Grab von Francisco de Paula Santander, dem ersten verfassungsmäßigen Präsidenten des Landes.

Rechts liegt das blumengeschmückte Grab von Leo Siegfried Kopp (1858–1927), einem deutsch-jüdischen Philanthropen, der die Brauerei Bavaria gründete.

In der Nähe ist das Grab des kolumbianischen Astronomen Julio Garavito Armero (1865–1920), das abergläubische Besucher anzieht, die sein Grab mit blauen Kerzen und Blumen schmücken – blau wegen der Farbe der 20 000-Peso-Note, auf der sein Konterfei prangt; es soll Reichtum bringen, wenn man hier betet.

Die Ärmsten wurden gewöhnlich in Gewölbereihen im **Globo C** nördlich von Carrera 20 und 22 bestattet. Über der Stätte wurde in den 1990er Jahren der **Parque del Renacimiento** *(hintere Umschlagklappe D2)* angelegt.

Das Grab von Leo Siegfried Kopp auf dem Cementario Central

Parque Metropolitano Simón Bolívar: Der knapp 400 Hektar große Stadtpark im westlichen Bogotá *(hintere Umschlagklappe C4)* ist die größte Grünanlage der Stadt, durchschnitten von Carrera 68 und Calle 63. Hier gibt es Unterhaltungs- und Sporteinrichtungen, in denen mit die größten Festivals der Stadt stattfinden. Ein großer See im Herzen des Parks lockt mit Ruderbooten und Kanus.

Nordwestlich des Parks liegt hinter der Carrera 68 der **Real Jardín Botánico José Celestino Mutis**. Der üppige tropische Garten ist benannt nach José Celestino Mutis (1732–1808), einem spanischen Wissenschaftler, der die erste botanische Expedition in die Neue Welt leitete. Der 1955 angelegte, 20 Hektar große Garten umfasst mehr als 2300 einheimische und exotische Arten, darunter Bromelien und Orchideen,

Real Jardín Botánico José Celestino Mutis

- Hintere Umschlagklappe C4–C5
- Calle 63 #68-95
- 57-1/437-7060
- $

www.jbb.gov.co

Maloka
Hintere Umschlagklappe B4
Cra. 68D #24A-51
57-1/427-2707
$
http://maloka.org

Plaza de Lourdes
Hintere Umschlagklappe D4

Pflanzen aus dem Amazonasgebiet sowie 73 Rosenarten.

Maloka westlich der Avenida El Dorado ist ein interaktives Zentrum, in dem Kindern Wissenschaft, Technologie und Kultur nähergebracht werden. Mehr als 200 vergnügliche Exponate beschäftigen sich in neun Hallen z. B. mit dem Universum, dem Leben, der Artenvielfalt, den Menschen, der Elektrizität und dem Elektromagnetismus.

It's Party Time

Stroboskoplichter flackern. Eine traditionelle *vallenato*-Band spielt Tanzmusik. Und großzügig eingeschenkte Gläser mit kostenlosem Rum und *aguardiente* bringen die Stimmung in der *chiva rumbera* auf Touren. Diese Partybusse verkehren abends auf den Straßen der größeren Städte. Ein zweisprachiger Führer mit Mikrofon leitet die mit kostenlosem Schnaps und Musik aufgepeppte Stadtrundfahrt (manchmal gibt es noch Snacks dazu). Gewöhnlich endet die Rundfahrt bei einem Club, in dem dann weitergefeiert werden kann.

Chivas Tours ***(Calle 100 #49-07, Tel. 57-1/ 481-4444, www.chivastours.com)*** **bietet verschiedene Touren sowie Charterbusse für Gruppen.**

Quinta Camacho
Hintere Umschlagklappe D3–D4
Zw. Cra. 5 & 14 & Calle 68 & 74

Authors Bookstore Café
Calle 70 #5-23
57-1/217-7788
www.facebook.com/authorsbkstore

Chapinero

Der Bezirk Chapinero (zwischen Carrera 7 und 13) nördlich vom Centro Internacional weist einen eher europäischen Charakter auf, unter anderem dank nachgebauter Fachwerkhäuser im englischen Tudorstil. Das pulsierende Herz von Chapinero ist die **Plaza de Lourdes** mit zahlreichen Straßenhändlern und gläubigen Katholiken, die zum Beten in die **Iglesia de Nuestra Señora de Lourdes** kommen. Die neugotische Kirche von 1875, die erst 1937 geweiht wurde, verfügt über eine deutsche Orgel und schöne Buntglasfenster.

Quinta Camacho nordöstlich des Parque de Lourdes zählt zu den angenehmsten Vierteln der Stadt; viele der schicken Backsteinhäuser hier wurden in feine Restaurants verwandelt. Bei Ausländern beliebt ist das **Authors Bookstore Café**, ein toller Buchladen mit Café. In die Kaffeekultur eintauchen kann man auch bestens im **Café Origénes** *(Calle 70 #6-09, Tel. 57/321-452-4282)*.

Ein guter Anlaufpunkt für Freunde des guten Essens ist die sogenannte **Zona G** *(hintere Umschlagklappe D4, Calle 69 & 70 zw. Cra. 4 & 7)* mit edlen Restaurants und Küchen aus aller Welt; das „G" steht übrigens für „Gourmet".

Chicó

Chapinero geht im Norden in den Bezirk Chicó *(zw. Calle 80 & 90 & Cra. 7 & 15)* über, das Zentrum für alles, was trendy und modern ist. Herz des Bezirks ist die **Zona Rosa** *(zw. Cra. 7 & 14 & Calle 80 & 85)* mit den heißesten Clubs der Stadt.

Konkurrenz macht der Zona Rosa inzwischen das Viertel **Parque 93** in Chicó

Norte, das seinen Namen einem schattigen Park verdankt. Das **Museo Parque El Chicó** drei Blocks östlich von Parque 93 zeigt wertvolle Antiquitäten und Kunstwerke, die die letzte Besitzerin der Hacienda aus dem 18. Jahrhundert, Mercedes Sierra de Pérez, der Stadt zusammen mit dem Haus vermachte.

Usaquén

Usaquén, das nördlichste der Touristenviertel, entstand im 18. Jahrhundert als vornehmes Rückzugsgebiet für reiche Bewohner der Stadt. Seitdem ist das ehemalige Dorf von der ausufernden Stadt geschluckt worden. Heute werden die engen Kopfsteinpflastergassen mit ihren reizenden Kolonialhäusern von gläsernen Bürotürmen und Einkaufszentren überragt.

Im Herz des Viertels liegt wie ein Dorfanger der **Parque de Usaquén** mit schattigen Bänken. Die Calle 119 auf der

INSIDERTIPP

Leute beobachten kann man toll in der Zona T und in Parque 93, besonders nach der Arbeit und am Wochenende.

JEFF JUNG
NATIONAL GEOGRAPHIC-Autor

Nordseite des Parks ist von Bars und Bistros gesäumt. Östlich erheben sich die gut erhaltene **Iglesia Santa Bárbara** *(hintere Umschlagklappe F6)*, mit deren Bau 1775 begonnen wurde, und das 1914 hinzugefügte Kloster. An der Carrera 6A auf der Westseite findet sonntags ein quirliger Flohmarkt für Kunst und Kunsthandwerk statt. Diese Fußgängerstraße führt zur **Hacienda Santa Bárbara** *(hintere Umschlagklappe F6)*, einem modernen Einkaufszentrum in einer Hacienda aus dem 19. Jahrhundert. ■

Parque 93

- Hintere Umschlagklappe E5
- Calle 93 zw. Cra. 11A & 13

Museo Parque El Chicó

- Hintere Umschlagklappe E5
- Cra. 7 #93-01
- 57-1/623-1066
- So geschl.

www.museodelchico.com

Parque de Usaquén

- Hintere Umschlagklappe F6
- Cra. 6 & Calle 118

ERLEBNIS: Essen wie die Einheimischen

Herzhaftes Essen zu günstigen Preisen findet man in der Calle 11 in der Candelaria; ein sehr authentisches Lokal hier ist **Antigua Santafe** *(Calle 11 #6-20, Tel. 57-1/566-6948)*. Das urige Lokal füllt sich mittags sehr schnell; eine Alternative ist **La Puerta Falsa** *(Calle 11 #6-50, Tel. 57-1/286-5091)* nebenan.

Arepas (Maisfladen) sind eine kolumbianische Standardspeise. Mit die besten gibt es im bunten **Sr. Casao** *(Cra 19 #138-40, Tel. 57-1/648-3038)* im Viertel Contador im Norden. Die *arepas* werden hier mit Dutzenden verschiedener Füllungen und als *miniarepas* angeboten.

Die nahe **Plaza de Andres** *(Calle 81 #11-94, Tel. 57-1/863-7880)* im zweiten Stock des Einkaufszentrums El Retiro ist eine Art Disneyland der Gastrohallen vom Schöpfer des Andrés DC (siehe S. 80). Hier gibt es Kaffee, Backwaren und Feinkost, Sandwiches und Hamburger, Meeresfrüchte und Fleisch vom Grill sowie Reisgerichte, von Ceviche bis Paella.

Umgebung von Bogotá

Außerhalb von Bogotá lohnen mehrere Orte und ländliche Gebiete einen Abstecher: Chía mit dem einzigartigen Restaurant Andrés DC, die nahe Kolonialstadt Zipaquirá mit ihrer faszinierenden unterirdischen Salzkathedrale, die Laguna de Guatavita, angebliche Quelle der Legende von El Dorado, und die drei Nationalparks im Süden, die Vogelfreunden und Wanderern einen Eindruck von den Anden vermitteln.

Die unterirdische, zehn Hektar große Catedral de Sal wurde in eine Salzmine gehauen

Chía
Karte S. 59 B3

Zipaquirá
Karte S. 59 B3

Die Autopista Norte (Avenida Caracas) führt vom Zentrum Bogotás Richtung Norden nach **Chía**. Chía ist bekannt für den **Puente del Común**, eine Bogenbrücke von 1792, und legendär wegen des einzigartigen Steakhauses **Andrés Carne de Res** (siehe S. 275). Mit mehr als 700 Angestellten und Platz für 3000 Personen ist der riesige, exzentrische Kitschtempel eine Mischung aus Restaurant, Club und Zirkus. Das klassische kolumbianische Essen ist göttlich, jedoch machen erst die ansteckende Partylaune, die verrückte Einrichtung und die närrische Unterhaltung das Ganze zu einem echten Erlebnis.

Nördlich von Bogotá

Zipaquirá: Die Kolonialstadt 18 Kilometer nördlich von Chía und 50 Kilometer nördlich von Bogotá wurde 1600

INSIDERTIPP

Im Restaurant FunZipa *(Calle 1 #9-99)* bei den Salzminen von Zipaquirá werden die Kartoffeln direkt in den Salzöfen gekocht.

JOHN ROSENTHAL
Autor, National Geographic Traveler Magazine

gegründet. Der historische Stadtkern ist fast vollständig erhalten. Der nüchterne Hauptplatz, die **Plaza de los Comuneros**, ist von schönen Gebäuden umgeben. Am eindrucksvollsten ist der **Palacio Municipal** *(Cra. 7 #4-11)*, das 1929 im Stil des französischen Klassizismus errichtete Rathaus. Wochentags können Besucher im Inneren Gemälde von Simón Bolívar bewundern.

An der über dem Platz thronenden **Catedral Diocesana** mit ihrer bemerkenswerten Innenausstattung wurde 111 Jahre gebaut; 1916 wurde sie schließlich geweiht. Die kürzlich umgestaltete **Plaza de la Independencia** einen Block nördlich ist von kleinen Bars und Restaurants gesäumt und abends, wenn Salsa und Merengue erklingen, bestens besucht.

Zipaquirá war ein Bollwerk der präkolumbischen Muisca. Das **Museo Arqueológico** ist gefüllt mit ihren Keramiken und Steinschnitzereien, darunter Werkzeuge für den Salzabbau in den Stollen im Berghang hinter dem Museum.

Die Carrera 6 führt bergan zur **Catedral de Sal**, einer faszinierenden unterirdischen „Kathedrale". Für die Erkundung des auf drei Ebenen insgesamt zehn Hektar einnehmenden ingenieurstechnischen und künstlerischen Meisterwerks sollte man mindestens eine Stunde einplanen. Die Kathedrale wurde in einer aktiven Salzmine aus dem 250 Millionen Jahre alten Salzgestein geschnitten.

Auf der oberen Ebene, die zwischen 1991 und 1995 entstand, führen breite Wege vorbei an den 14 Kreuzwegstationen, die in blaues, grünes und rotes Licht getaucht sind. Auf der unteren Ebene gibt es eine 1932 von den Bergarbeitern

(Fortsetzung auf S. 84)

Museo Arqueológico
✉ Calle & Cra. 6, Zipaquirá
☎ 57-1/852-3499

Catedral de Sal
✉ Calle 3 #8-36, Zipaquirá
☎ 57-1/852-9890
$ $$
www.catedraldesal.gov.co

Immer noch unter Dampf

Das einst ausgedehnte Bahnnetz Kolumbiens wird heute fast nur noch für den Güterverkehr genutzt. Jedoch fahren noch zwei alte Dampfzüge für Touristen. Der Tren Turístico de la Sabana *(Tel. 57-1/375-0557, http://turistren.com.co)* fährt sonntags von der Estación de la Sabana und der Estación de Usaquen in Bogotá nach Zipaquirá und Nemocón. In Calí unternimmt der Tren Turístico del Café y Azúcar *(Tel. 57-2/660-2326, www.trenturisticocafeyazucar.com.co)* Ausflüge Richtung Westen nach La Cumbre und Buenaventura sowie Richtung Norden nach Buga und La Tebaida.

Präkolumbisches Gold

Die Bewohner Amerikas beherrschten schon um 2000 v. Chr. die Kunst des Goldschmiedens. Im Lauf der Zeit schufen die Azteken und Andenkulturen einige der feinsten Goldarbeiten überhaupt. Ihre Meisterwerke von hoher symbolischer und religiöser Bedeutung – Kopfschmuck, Anhänger, Masken und Figurinen – zeugen von ihrer besonderen Wertschätzung des Goldes.

Der präkolumbische Goldschmuck zeigt einen *cacique* (Häuptling) mit großen Nasen- und Ohrringen

Als Christoph Kolumbus 1492 Amerika erreichte, waren viele Kulturen der Neuen Welt schon hoch entwickelt. Die großen Azteken- und Inkareiche hatten Fertigkeiten der Metallverarbeitung ausgebildet, die denen der spanischen Konquistadoren ebenbürtig waren. Die Grundlagen einer fortschrittlichen Metallverarbeitung wurden um 900 v. Chr. in den nördlichen Küstenregionen des heutigen Peru von den Chavín gelegt. Sie meisterten das Goldschmelzen und -gießen und konnten Gold zu hauchdünnen Platten hämmern, in die sie Verzierungen prägten. Die Early-Horizon-Kulturen (900 v. Chr.–200 n. Chr.) entdeckten ebenfalls den Gebrauch von Legierungen. Vollständig entwickeltes Schmelzen begann in der Moche-Kultur (220 v. Chr.–600 n. Chr.), als man mit Fluidität, Farbe und Stärke experimentierte. Danach war das meiste präkolumbische Gold zumeist *tumbaga,* eine Kupfer-Gold-Legierung. Mit Zitronensäure wurde das Kupfer an der Oberfläche abgelöst, sodass auf der Legierung eine glänzende Goldschicht übrig blieb.

Unterdessen entwickelten die nördlichen Andenkulturen das aufwendige

Das Museo del Oro in Bogotá hat die weltweit größte Sammlung an präkolumbischem Gold

Wachsausschmelzverfahren. Dabei wird von der gewünschten Skulptur ein Wachsmodell angefertigt, das mit Ton überzogen wird. Dies wird gebrannt, damit das Wachs durch ein kleines Loch abfließt und es durch geschmolzenes Gold ersetzt werden kann; die Tonform wird schließlich zerbrochen, am Ende steht das fertige Goldbildnis. Diese Technik breitete sich in ganz Amerika aus und wurde besonders geschickt von den Quimbaya (300–1550 n. Chr.) Kolumbiens angewandt. Die Quimbaya waren berühmt für ihre fein gearbeiteten Goldobjekte, bei denen sie unter anderem Goldfäden verarbeiteten.

Die Goldverarbeitung erreichte ihren Höhepunkt bei den Inka, deren kurzlebiges Reich (1400–1532) vom heutigen Ecuador bis nach Nordchile reichte. Sie entwickelten verbesserte Abbaumethoden und schufen an ihrem Sonnentempel in Cuzco sogar einen Garten mit lebensgroßen Goldtieren, -pflanzen und -menschen.

Die polytheistischen präkolumbischen Kulturen verehrten Gold als den Schweiß oder die Tränen der Sonne, der höchsten Gottheit. Sie fertigten Tier- und Menschenfiguren für Zeremonien oder religiöse Zwecke, darunter Begräbnis- und andere Masken. Jaguare, Fledermäuse, Frösche und Krokodile kamen oft vor. Es gab auch Statussymbole oder reinen Schmuck. Südamerikanische Figurinen mit übertrieben großen Genitalien verkörperten die Fruchtbarkeit. Mit der Ankunft der Konquistadoren fanden die kulturellen Errungenschaften aus 2500 Jahren ein Ende. Gewaltige Goldschätze wurden erbeutet und nach Spanien verschifft. Nur wenige *oreros* (Goldsucher) sind heute noch in den Bergen Kolumbiens aktiv.

El Dorado

In präkolumbischer Zeit initiierten die Muisca ihren *zipa* (Stammeshäuptling), indem sie bei einem Ritual am Guatavita-See seinen Körper mit Goldstaub überzogen; *tunjos* (mit Wünschen beschriebene Anhänger) und andere Goldobjekte wurden als Opfergaben in den See geworfen. Geschichten von diesem „goldenen König" verleiteten die spanischen Konquistadoren dazu, sich *el dorado* (den Goldenen) als Ort vorzustellen und schließlich als legendäre verlorene Stadt aus Gold. Die Suche nach El Dorado beflügelte fünf Jahrhunderte lang zahllose Entdecker und Abenteurer. Auch in verschiedene Sprachen hat „El Dorado" als Metapher Einzug gehalten.

Mina de Sal de Nemocón
Karte S. 59 B3
Nemocón
57-1/854-4120
www.minadesal nemocon.com

Panaca Sabana
Km 4 Vía Briceño
57-1/307-7002
Mo–Do geschl.
$$$
www.panaca sabana.com

geschaffene Kapelle. Hier befindet sich auch die Hauptkathedrale von 1954, 120 Meter lang und 22 Meter hoch. Sie weist über dem Altar ein aus dem Salzgestein geschnittenes Kreuz auf. Interessant ist auch das Relief „Creación del Hombre" (Erschaffung des Menschen) von Carlos Enrique Rodríguez, das Michelangelos Deckengemälde in der Sixtinischen Kapelle nachempfunden ist. Die Besichtigung ist nur im Rahmen einer Führung möglich. Die Kathedrale ist das Highlight des **Parque de la Sal**, zu dem auch das **Museo de la Salmuera** (Salzlakenmuseum) und eine Kletterwand gehören.

Weniger überlaufen ist die kleinere **Mina de Sal de Nemocón** 15 Kilometer nördlich in der Kolonialstadt Nemocón. Auch hier gibt es eine unterirdische Kapelle sowie ein Gesteinsmuseum.

Am Wochenende sind Zipaquirá und Nemocón von Bogotá mit dem Tren Turístico de la Sabana (siehe Kasten S. 81) zu erreichen, mit optionalen Führungen durch die Salzkathedrale oder die Salzmine von Nemocón.

Für Familien bietet sich die **Panaca Sabana** an, ein Themenpark mit mehr als 2000 Tieren sowie Shows, oder der Abenteuerpark **Parque Jaime Duque**, in dem es z. B. einen Zoo mit einheimischen Arten wie Brillenbär, Capybara und diverse Affen gibt. Beide Parks liegen an der Straße, die Zipaquirá über Briceño mit der Autopista Norte verbindet.

Laguna del Cacique Guatavita: Der runde Kratersee liegt 56 Kilometer nordöstlich von Bogotá auf fast 3000 Meter Höhe. Den präkolumbischen Muisca war er heilig; angeblich warfen sie rituell Gold in den See (siehe Kasten S. 83).

Gute Wege führen von einem Besucherzentrum hinauf zu einem *mirador* (Aussichtspunkt). Unterwegs gibt es Erläuterungstafeln auf Spanisch und Englisch, es stehen auch zweisprachige Guides zur Verfügung.

Der See liegt 18 Kilometer nordöstlich von **Guatavita**. Die Stadt wurde in den 1960er Jahren im spanischen

Welches Bier ist das beste?

Die Kolumbianer trinken gern Bier, so etwa das eher durchschnittliche Águila oder das schmackhaftere Club Colombia.

Die Bogotá Beer Company ***(Tel. 57-1/702-9999, www.bogotabeercompany.com)*** **braut acht Biere, vom Candelaria Clásica, einem leichten englischen Pale Ale, bis zum guinness-ähnlichen Tequendama Negra. Die Biere werden in trendigen Kneipen in Bogotá ausgeschenkt.**

Die Kleinbrauerei 3 Cordilleras ***(Calle 30 #44-176, Tel. 57-4/444-2337, www. 3cordilleras.com)*** **in Medellín beliefert anspruchsvolle Kneipen und Restaurants der Stadt. Braumeister Juanchi Velez leitet donnerstags um 17.30 Uhr 3½-stündige Führungen** ***($$)*** **mit Bierverkostung.**

Kolonialstil für Menschen erbaut, die dem Stausee Embalse de Tominé weichen mussten, der Bogotá mit Wasser und Strom versorgt.

Suesca: Der Embalse de Tominé wird vom Río Bogotá gespeist. Dieser fließt am Kolonialdorf Suesca vorbei, das bei Tres Esquinas an der Autopista Norte ausgeschildert ist. Am Fuß einer Felswand – **Las Rocas de Suesca** – fließt der Fluss durch eine Schlucht, die sich zu einem Zentrum für Kletterer und Rafter entwickelt hat. Die Sandsteinwand ist bis 125 Meter hoch und drei Kilometer lang. Kletterer aller Fertigkeitsstufen können aus über 400 Routen wählen.

Hierher gelangt man, indem man vom Weiler **Cacicazgo** auf einer Bahnstrecke (früh morgens fährt ein Zug) am Fuß der Steilwand entlanggeht. In Suesca verkauft **Monodedo** *(Tel. 57/310-216-8119, www.monodedo.com)* Kletterausrüstung und gibt Anfängerkurse. **Colombia Extreme** *(Tel. 57-1/479-2267, www.colombiaextrema.com/suesca.htm)* bietet Klettertrips ab Bogotá.

Suesca ist auch Ausgangspunkt für Canyoning-Touren durch die **Schlucht von Chocoancia**, für Mountainbiketouren und Wildwasser-Rafting. Raftingtrips bietet **Raudales** *(Tel. 57/311-514-4293)*. Vogelfans können sich Richtung Norden zur

Parque Jaime Duque

- Km 34 Autopista Norte
- 57-1/620-0621
- $

www.parquejaimeduque.com

Laguna del Cacique Guatavita

- Karte S. 59 B3
- 18 km nordöstl. von Guatavita
- 57-1/320-9000
- $$

www.colparques.net/guatavita.htm

Der koloniale Kern des im Jahr 1600 gegründeten Zipaquirá ist fast vollständig erhalten

Suesca gilt als Mekka für Kletterer

Parque Natural Chicaque

Karte S. 59 A2

Km 8 Vía Soacha-La Mesa

57-1/368-3114 (Bogotá) oder 57/316-469-6542

$$

www.chicaque.com

Zoológico Santacruz

Karte S. 59 A2

Km 16 Vía Mesitas del Colegio, 9 km westl. von Salto de Tequendama

57-1/208-4212

$

www.zoosantacruz.org

Laguna de Suesca begeben, dem Überrest eines riesigen Sees, der einst die Sabana de Bogotá bedeckte. Hier sind im Schilf Wasservögel zu sehen.

Südlich & östlich von Bogotá

Die Berge im Süden und Osten von Bogotá sind mit ihren ursprünglichen Wäldern ein Wanderparadies. Hierher geht es in nur 30 Minuten von Bogotá über die Autopista Sur durch die Vorstadt Soacha gen Süden; in Soacha zweigt eine Straße Richtung Norden nach Mosquera ab, die an der Abzweigung zum **Parque Natural Chicaque** vorbeiführt. Den Park erreicht man über eine drei Kilometer lange unbefestigte Straße. Hier gibt es mehrere Waldarten, teils mit der bedrohten uralten Andeneiche. Alte Muisca-Pfade führen durch den Nebelwald zu Wasserfällen und auf den **Pico del Águila**, von dem sich ein weiter Blick auf das Magdalena-Tal und schneebedeckte Gipfel bietet. Es gibt ein Restaurant und eine Lodge, und es werden geführte Wanderungen angeboten.

Der 32 Hektar große **Zoológico Santacruz** abseits der Straße nach Girardot beheimatet unter anderem 136 Säugetierarten, von denen 85 Prozent einheimische Arten wie Jaguare und

Tapire sind. Der Zoo wird von der 2001 gegründeten Fundación Zoológico Santacruz betrieben und schützt bedrohte Andentierarten.

Kolumbianische Tiere beherbergt auch der **Zoo Piscilago Colsubsidio**, ein Freizeitpark für Kinder und Zoo mit z. B. Großen Ameisenbären, Jaguaren und vier Affenarten, ein Stück südöstlich von Girardot.

Der **Parque Nacional Natural Chingaza**, östlich von Bogotá, zu erreichen über die Straße von La Calera nach Guasca, ist ein atemberaubendes Stück Andenwildnis. Vor einem Besuch des Parks sollte man sich aber auf jeden Fall an die Hauptverwaltung der kolumbianischen Nationalparks *(Tel. 57/353-2400 App. 102, 138, 139, www.parques nacionales.gov.co)* wenden, denn der Park wird gelegentlich aus Sicherheitsgründen geschlossen.

Frailejónes (Espeletia) überziehen diesen *páramo* (Bergtundra). Andenkondore kreisen unterhalb zerklüfteter Gipfel über herrlichen saphirblauen Seen – am höchsten ist mit 4025 Metern der Cerro San Luis. Die **Laguna de Siecha**, eine Kette einst heiliger Seen, benannt nach der Fruchtbarkeitsgöttin der Muisca, ist über **Guasca** zu erreichen, ein südliches Tor zur Laguna del Cacique Guatavita (siehe S. 84f). Außerhalb des Parks steht die restaurierte **Capilla de Siecha**, eine Kapelle samt Kloster.

Atemberaubende Wildnis prägt auch den **Parque Nacional Natural Sumapaz**, eine größere Ausgabe des PNN Chingaza. *(Auch dieser Park kann aus Sicherheitsgründen geschlossen sein. Wer eine Fahrt hierher plant, sollte sich vorher bei der Nationalparkverwaltung in Bogotá erkundigen.)*

Der 154 Quadratkilometer große Park in der Ostkordillere ist die Heimat bedrohter endemischer Arten wie des Brillenbärs und des Andenkondors. Im Winter liegt auf den Gipfeln Schnee.

Ein Pfad bei der **Laguna Chisacá** erklimmt einen 3912 Meter hohen Gipfel. Weiter im Parkinnern liegt die Sumpfsavanne Ciénaga Andabobos mit uralten Gletscherseen. ■

Die Blumenindustrie

Kolumbien exportierte 2011 Blumen im Wert von 1,24 Milliarden US-Dollar und ist damit hinter den Niederlanden zweitgrößter Blumenlieferant der Welt. Anthurien, Nelken, Rosen – dank des für die ganzjährige Zucht idealen Klimas in den fruchtbaren Andenhochebenen um Bogotá und Medellín, den beiden wichtigsten Anbaugebieten, wächst hier alles. Nach zaghaften Anfängen in den 1960er Jahren beschäftigt die Blumenindustrie heute 172 000 Menschen. Höhepunkt des Blumenjahres ist der Februar: Dann werden für den Valentinstag rund 450 Millionen Blumen exportiert.

Zoo Piscilago Colsubsidio
✉ Km 105 Vía Bogotá–Girardot, Melgar
☎ 57-1/315-895-8396
$ $$
www.piscilago.co

Parque Nacional Natural Chingaza
Karte S. 59 B2–C2

Parque Nacional Natural Sumapaz
Karte S. 59 A1–B1

Parques Nacionales Naturales de Colombia
✉ Carrera 10ª # 20-30, Bogotá
www.parques nacionales.gov.co

ALMACEN Y CAFETERIA GLORIA

Eine Region der hohen Gipfel und fruchtbaren Täler, der traditionellen Lebensweisen und Outdoor-Abenteuer

Östliches Hochland

Die Iglesia de Nuestra Señora de La Candelaria, Macheta

Östliches Hochland

Nordöstlich von Bogotá bildet die Ostkordillere das zerklüftete Rückgrat zwischen dem Tiefland der Llanos im Osten und dem breiten Becken des Río Magdalena im Westen. Die Region umfasst die Departamentos Cundinamarca, Boyacá, Santander und Norte de Santander und gilt als das historische Herz Kolumbiens. Mit seinen Kolonialstädten ist es ein Paradies für Nostalgiker, außerdem ein Ziel von Wanderern und Abenteurern.

Die Männer der Region tragen traditionell weiche Filzhüte und Wollponchos, die *ruanas*

Die Region war ein Zentrum der präkolumbischen Muisca-Kultur, deren großzügiger Umgang mit Gold und Smaragden die Suche der spanischen Konquistadoren nach dem legendären El Dorado befeuerte. Tunja, das einstige Machtzentrum der Muisca, ist heute die architektonisch reiche Hauptstadt des Departamento Boyacá und der Verkehrsknotenpunkt der Region.

Das östliche Hochland wurde im Anfangsstadium der spanischen Herrschaft besiedelt und birgt einige der besterhaltenen Kolonialstädte des Landes wie Villa de Leyva und Barichara. Hier gibt es erstaunliche Boutiquehotels.

Keine andere Region des Landes spielte eine so wichtige Rolle bei der Befreiung von spanischer Herrschaft. Der heilige Gral der Nation ist der Puente de Boyacá, wo die von Bolívar und Santander geführte republikanische Armee eine entscheidende Schlacht gewann.

Das östliche Hochland wartet außerdem mit ungewöhnlichen Sehenswürdigkeiten auf, von den prähistorischen Kronosaurusfossilien von Monquirá bis zu den Smaragdminen von Chivor und den Thermalbädern von Paipa. San Gil hat sich zum kolumbianischen Extremsportmekka entwickelt und zieht Abenteuerlustige z. B. zum Wildwasser-Rafting an.

Geographisch ist dies eine Region der Extreme: In den tiefen Schluchten von Chicamocha wachsen Kakteen, im Wanderparadies El Cocuy ragen schneebedeckte Gipfel auf. Für die Fahrt von Tunja nach Cocuy, zunächst durch die weiten Täler von Boyacá und dann durch immer tiefere Schluchten, benötigt man fast einen Tag. In den bewaldeten Höhen liegt rund ein halbes Dutzend Nationalparks; höchster Punkt ist mit 5333 Metern der Ritacuba Blanco im Cocuy.

Auch das Klima unterliegt starken Schwankungen. Im größten Teil des Hochlands herrscht ein gemäßigtes Klima. Im Cocuy, der den regnerischen Winden aus dem Osten ausgesetzt ist, muss man sich gut gegen Kälte schützen.

Die meisten Attraktionen sind von Bogotá im Rahmen einer Tagesfahrt über eine sichere und gute Straße nach Tunja sowie Bucaramanga im Norden der Region zu erreichen. Zwischen den größeren Städten verkehren Fernbusse, von dort Regionalbusse *(chivas)* und Taxis. Wer selbst fährt: Vorsicht auf den kurvenreichen Bergstraßen! ■

NICHT VERSÄUMEN

Die Besichtigung einer Smaragdmine 94–95

Historisch kostümierte Wachen am Puente de Boyacá 98–99

Die Kopfsteinpflasterstraßen von Villa de Leyva 99–100

Die Thermalbäder von Paipa 103

Eine Wanderung im Parque Nacional Natural El Cocuy 108–109

Wildwasser-Rafting bei San Gil 111

Einen Imbiss mit *hormigas culonas* in Barichara 120

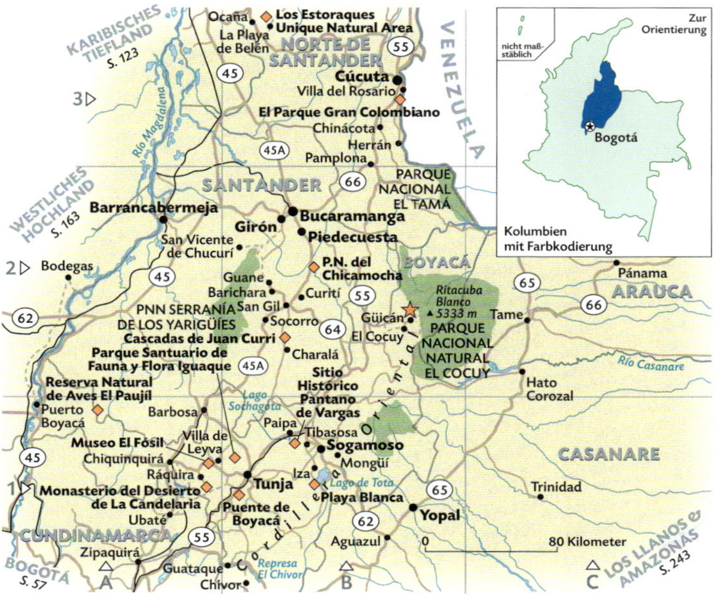

Boyacá

Im Departamento Boyacá liegen die meisten Attraktionen des östlichen Hochlands: Klöster, Haciendas und Kolonialdörfer mit einer fast 500-jährigen Geschichte. Die vielfältigen Landschaften umfassen Wüsten mit Kakteen genauso wie *páramos* (Bergtundra) und Gipfel, auf denen der Schnee glitzert.

Jungen bei einem traditionellen Adventsumzug in Boyacá

Boyacá
Karte S. 91 B1

Besucher-information

Car 10 #19-17, Secretaría de Cultura y Turismo de Boyacá

57-8/742-6547

Geschichte

Als die Spanier ankamen, war dieses Gebiet das Kernland der Muisca mit ihren beiden rivalisierenden Stammesverbänden. Die Siedlungen der hoch entwickelten Muisca-Kultur waren spezialisiert auf die Herstellung von Textilien, Keramik- und Metallwaren. Die Kultur der Muisca wurde unter der brutalen Herrschaft der Spanier bald ausgelöscht. Das 1539 von Gonzalo Suárez Rendón gegründete Tunja entwickelte sich zu einem der bedeutendsten Verwaltungs- und Wirtschaftszentren des Vizekönigreichs Neugranada. Jedoch wurden hier auch die Flammen der Unabhängigkeit entfacht, und die Auseinandersetzungen zwischen Nationalisten und spanischen Royalisten führten schließlich am 7. August 1819 zur entscheidenden Schlacht am Puente de Boyacá bei Tunja.

Die Westroute

Von Bogotá führen zwei Routen nach Norden zu den Attraktionen von Boyacá und Santander. Die meisten Reisenden nehmen die vierspurige Straße (RN 55) nach Tunja. Eine reizvollere, westliche Route (RN 45A) beginnt in Zipaquirá (siehe S. 80f) und führt über Ubaté, Chiquinquirá und Barbosa. Sie ist perfekt für Reisende, die direkt San Gil und Bucaramanga ansteuern möchten, und gewährt leichten Zugang zu den zahlreichen Attraktionen westlich von Villa de Leyva.

Die Landschaft präsentiert sich hier als Flickenteppich aus Weiden und Äckern, die durch Hecken voneinander getrennt sind. In der Nähe von **Ubaté** ist die sehenswerte **Iglesia de Santa Bárbara** ausgeschildert, dann geht es durch ein fruchtbares Tal zur Laguna de Fúquene. Das Schilf hier wird als *paja* (Stroh) zum Flechten von Körben und Hüten verwendet. Es bietet auch Vögeln Schutz; besonders häufig sind Amerikanische Zwergdommeln und Maskenpfuhlhühner. Einst war der See der größte Süßwassersee Kolumbiens, er macht jedoch wegen der Entnahme von Wasser zu Bewässerungszwecken und zur Versorgung Bogotás heute nur noch ein Drittel seiner ursprünglichen Fläche aus.

Chiquinquirá: Die Stadt – ein wichtiges Pilgerzentrum – erstreckt sich auf der Westseite des Tals des Río Suárez auf stolzen 2570 Meter Höhe. Die hübsche **Plaza de Bolívar** ist flankiert von Geschäften, in denen religiöse Artikel, die berühmten rosa Zuckerstangen der Stadt *(cañitas)* und bunte Gitarren verkauft werden. Eine Bronzestatue zeigt Simón Bolívar mit hochgekrempelten Ärmeln und in die Hüften gestemmten Händen.

INSIDERTIPP

***Tejo* spielen in Boyacá, Geburtsstätte des Spiels (siehe S. 117); traditionsgemäß zahlen die Verlierer das Bier.**

THOMAS CLYNES
Autor, National Geographic Adventure

Hauptattraktion der Stadt ist die **Basilica de Nuestra Señora del Rosario**. Jedes Jahr am 9. Juli und 26. Dezember kommen scharenweise Pilger hierher, um eine Kerze vor „La Chinita" zu entzünden, dem Gemälde „Die Jungfrau mit

(Fortsetzung auf S. 96)

Ubaté
Karte S. 91 A1

Chiquinquirá
Karte S. 91 A1

Smaragde

400 Jahre lang baute Kolumbien die meisten Smaragde auf der Welt ab; seit 2007 ist Brasilien führend bei den Smaragdexporten. Jedoch setzt Kolumbien nach wie vor den Standard in Sachen Qualität. Die grünsten und reinsten aller Smaragde sind wertvoller als Diamanten. Sie sind seit 4000 Jahren begehrt als Symbol der Treue und Gesundheit sowie wegen ihrer strahlenden Schönheit.

Smaragde werden in den kolumbianischen Smaragdminen in schmalen Tunneln abgebaut

Smaragde – vom griechischen *smaragdos* (grüner Stein) – sind ein seltene Form des Minerals Beryll und verdanken ihre intensive grüne Farbe Spuren von Chrom und Vanadium. Sie entstanden vor Millionen von Jahren, als Beryllsilikate und Chrom, die nur selten zusammen vorkommen, in Gesteinsadern tief unter der Erdkruste zusammenkamen. Nachdem die Mineralien abgekühlt und zu Edelsteinen kristallisiert waren, wurden sie langsam Richtung Erdoberfläche gedrückt.

Farblich reichen sie von einem leicht gelblichen Grün bis zu einem tiefen Blaugrün. Nur die dunkleren Steine gelten als Smaragde; die helleren heißen Grünberylle. Der Wert eines Smaragds hängt von Schnitt, Farbe, Reinheit und Schwere ab. Die edelsten Steine sind von reiner, lebendig grüner Farbe und makellos transparent. Zwar sind Smaragde nicht so hart wie Rubine, Saphire oder Diamanten, die schönsten und seltensten Smaragde – wegen des visuellen Effekts *gota de aceite* (Öltropfen) genannt – sind jedoch mit bis zu 25 000 Euro pro Karat wertvoller als diese. Solch makellose Klarheit ist extrem selten. Natürliche Mineralieneinschlüsse trüben oft die Reinheit, jedoch können sie den Charakter eines Steins bereichern. Eine seltene Art kolumbianischer Smaragde zeigt z. B. dunkle Kohlenstoff-Verunreinigungen, die dem Stein ein Strahlenmuster verleihen wie bei einem *trapiche* (Mühlrad).

Heilige Edelsteine

Seit etwa 2000 v. Chr. verbreiteten sich in vielen Kulturen Smaragde aus Ägypten. Nicht nur Kleopatra glaubte, dass den Steinen Zauberkräfte innewohnten. Die Inka und Azteken hielten Smaragde für heilige Steine und begannen um 500 n. Chr. mit dem Abbau. Nach der spanischen Eroberung wurden große Mengen nach Europa verschifft.

Seitdem stammt weltweit der überwiegende Teil der Smaragde aus kolumbianischen Minen; erst in den letzten Jahren kommen mehr, jedoch etwas minderwertigere Steine aus Brasilien und afrikanischen Ländern. Die kolumbianische Smaragdproduktion fiel von 5,73 Millionen Karat 2006 auf 1,2 Millionen Karat im Jahr 2012. In Kolumbien gibt es rund 150 bekannte Lagerstätten. Aus denen in der Region Muzo, wozu die Minen von Muzo, Coscuez und La Pita gehören, stammen drei Viertel der Steine. Jede Mine bringt etwas andere Steine hervor: Die aus Muzo haben eine sattere Farbe; die aus Chivor sind bläulicher.

Smaragde werden im Tagebau oder in schmalen Tunneln abgebaut, die in den Schiefer gepressten Adern folgen. Dank neuerer Vorschriften sind Stolleneinstürze heute eher eine Seltenheit. Einheimische Smaragdsucher, die *guaqueros*, buddeln im Abraum oder suchen in den Flüssen.

Wegen der hexagonalen Form des Edelsteins haben Juweliere einen speziellen Schliff entwickelt: den kantigen Smaragdschliff mit abgeschrägten Ecken.

In Quarz eingeschlossene Smaragde (oben); ein gefasster geschliffener Smaragd (unten)

ERLEBNIS: Besuch in den Smaragdminen

Es gibt drei große Smaragdabbaugebiete in Kolumbien: Chivor bei Tenza 90 Kilometer nordöstlich von Bogotá und die beiden Städte Coscuez und Muzo im westlichen Boyacá und Cundinamarca. Gemeinsam bilden sie den Smaragdgürtel der Ostkordillere. Die Muzo-Mine 120 Kilometer nördlich von Bogotá gehört der Schweizer Muso International Group und kann nicht besichtigt werden. Die Asociación Sendero Verde Esmeralda *(Tel. 57-1/314-382-4901, E-Mail: chivorturistico@gmail.com, $$$$$)* in der Stadt Chivor bietet eine ganztägige geführte Tour durch die Umgebung inklusive Minenbesichtigung.

dem Rosenkranz" (1563) von Alonso de Narváez; das verwitterte Gemälde soll 1586 durch die Gebete einer frommen Frau wieder erneuert worden sein. 1829 erklärte Papst Pius VII. die Virgen de Chiquinquirá zur Schutzheiligen Kolumbiens.

Eine Straße nordwestlich liegt der **Parque Julio Flórez** mit der **Iglesia La Parroquia de la Renovación**; hier stand früher die Kirche (die einem Erdbeben zum Opfer fiel), in der sich das „La Chinita"-Wunder ereignet haben soll. Der Park ist nach einem Dichter der Stadt benannt, dessen Büste den Platz ziert. Zwei Straßen südöstlich der Plaza de Bolívar erinnert der **Parque Papal** an den Besuch von Papst Johannes Paul II. 1986. Im hübschen ehemaligen Bahnhof ganz in der Nähe residiert heute der **Palacio de la Cultura Rómulo Rozo** *(Av. Julio Sálazar & Calle 21)* mit Bibliothek und kleinem Kunstmuseum.

Fundación ProAves

1998 riefen Umweltschützer eine Initiative zur Rettung des Gelbohrsittichs ins Leben. Die Fundación ProAves *(www.proaves.org)* hat sich seitdem zu einer der effektivsten Naturschutzgruppen in den Tropen entwickelt. ProAves besitzt 17 Waldreservate, in denen bedrohte Arten in Zusammenarbeit mit den Ortsansässigen geschützt werden. Vom Gelbohrsittich gibt es heute wieder mehr als tausend Exemplare.

INSIDERTIPP

Ob man mit Kreditkarte zahlen kann, sollte man immer vorher klären. Viele Händler gewähren bei Barzahlung *(en efectivo)* einen Nachlass.

RACHAEL JACKSON
Rechercheurin, National Geographic Channel

Reserva Natural de las Aves El Paujil: Das 974 Hektar große Naturreservat ist eine der letzten Zufluchtsstätten vieler gefährdeter Tieflandarten wie des Magdalena-Tapirs und Braunen Klammeraffen; es wurde 2003 von ProAves zum Schutz des einzigen bekannten Habitats des stark bedrohten Blaulappenhokkos (die Vogelart ist hier bekannt als *el paujil*) geschaffen. Das Reservat erstreckt sich an den Westhängen der Ostkordillere beim Dorf Puerto Pinzón auf 170 bis 700 Meter Höhe. Die Ruta Nacional 60 führt von Chiquinquirá nach Westen hinunter nach Puerto Boyacá; von hier sind es zwei Stunden auf verschlungenen Wegen nach Puerto Pinzón. Im Reservat gibt es Unterkünfte und Wanderwege.

Valle de Tenza: Auf halber Strecke zwischen Bogotá und Tunja weist ein Schild an der Ruta Nacional 55 zum Ort Guataque und weiter zur

Gegenstände aus der Kolonialzeit in der Casa Museo del Fundador in Tunja

Represa El Chivor, einem 33 Kilometer langen Stausee.

Wer nach Überquerung des Damms am Ostende des Sees rechts abbiegt, gelangt zu dem Ort **Chivor**, das Tor zum zweiten großen Smaragdabbaugebiet Kolumbiens. Besichtigungen der Minen können nach Absprache arrangiert werden (siehe Kasten S. 95).

Tunja

Tunja ist eine der ältesten Städte Kolumbiens und außerdem die kälteste (die Durchschnittstemperatur liegt bei elf Grad). Sie thront in rund 2800 Meter Höhe auf einem Bergplateau, 140 Kilometer nördlich von Bogotá, und wurde 1539 von Gonzalo Suárez Rendón gegründet. Heute zählt die Hauptstadt von Boyacá 150 000 Einwohner, darunter viele Studenten.

Die meisten Sehenswürdigkeiten befinden sich innerhalb eines Häuserblocks im Umkreis der riesigen baumlosen **Plaza de Bolívar** *(Cra. 9 & Calle 19)* mit ihrer Bolívar-Statue und eindrucksvollen Kolonialgebäuden. Die **Casa Museo del Fundador** auf der Ostseite des Platzes wurde 1540 im Mudéjar-Stil von Gonzalo Suárez Rendón errichtet. Im Erdgeschoss befindet sich die städtische Touristeninformation. In Rendóns ehemaliger Wohnung sind Rüstungen, Kirchenroben und alte Möbel zu sehen, das Highlight sind jedoch die prachtvollen Deckenfresken mit mythologischen Szenen. Ähnliche Motive zieren die Decken der Richtung Nordosten um die Ecke gelegenen

Tunja

Karte S. 91 B1

Besucher-information

Secretaría de Cultura y Turismo, Cra. 9 #19-56

57-8/742-3272

Casa Museo del Fundador

Cra. 9 #19-56, Tunja

57-8/742-3272

$

Casa de Don Juan de Vargas
- Calle 20 #8-52, Tunja
- 57-8/742-6611
- Mo geschl.
- $

Casa de Don Juan de Vargas. Dem Mudéjar-Stil begegnet man in der **Catedral Santiago de Tunja** an der Plaza wieder.

Jede Menge Kolonialkirchen schmücken die Stadt, z. B. die **Iglesia Santo Domingo** *(Cra. 11 #19-55)*, eine Straße westlich der Plaza. Das schlichte Äußere des 1559 begonnenen Kirchenbaus verrät nichts von der Extravaganz der barocken Holzschnitzkunst im Inneren, wie etwa in der Capilla del Rosario mit ihrem vielen Gold und Perlmutt.

Der 1572 fertiggestellte **Templo y Convento de San Francisco** *(Cra. 10 #22-23)* zeichnet sich durch einen barocken Altar de los Pelíanos und einen hübschen Kreuzgang aus. Eine prächtige Innenausstattung bietet auch der 1574 fertiggestellte **Convento y Templo de Santa Clara de Real** *(Cra. 7 #19-58)*, das erste Kloster Kolumbiens. Die goldene Sonne an der Decke sollte die *indígenas* zum Übertritt zum Katholizismus ermuntern.

Interessant ist auch der **Paredón de los Mártires** *(Cra. 11 & Calle 14)*, vier Straßen südwestlich der Plaza am Parque Bosque de la República. Die Märtyrerwand ehrt Unabhängigkeitskämpfer, die im November 1816 von spanischen Royalisten hingerichtet wurden.

Puente de Boyacá: Eines der wichtigsten Ereignisse der kolumbianischen Geschichte fand 15 Kilometer südlich von Tunja statt. Am 7. August 1819

Das Monumento a la Gloria de Bolívar in Puente de Boyacá

Beliebte Betrugsmaschen

Obwohl die meisten Touristen ohne wirklich schlechte Erfahrungen nach Hause zurückkehren, fallen viele doch kleineren (manchmal auch größeren) Betrügereien zum Opfer. Die Kleinkriminellen sind unglaublich dreist und knöpfen Besuchern mit einfachen Tricks Geld und/oder Eigentum ab. „Guten Samaritern" und überhaupt allen, die sich einem mit einer merkwürdigen Bitte nähern, sollte man mit einer guten Portion Skepsis begegnen. Hier einige verbreitete Betrugsmaschen:

Wenn es Probleme bei der Bezahlung mit Kreditkarte gibt, sollte man sich vergewissern, dass alle falschen Belege vernichtet werden. Die Kreditkarte bei der Zahlung nie aus den Augen lassen.

Jemand besprüht einen mit einer Art Vogelkot, dann erscheint ein Partner und beginnt damit, den Kot abzuwischen. Und schon werden die Taschen geleert!

Bei einer Reifenpanne zu einem sicheren Ort fahren, an dem sich auch andere Personen befinden. Viele Leute werden ausgeraubt von Menschen, die „Hilfe" beim Reifenwechseln anbieten.

Nie einem „Polizisten in Zivil" trauen, selbst wenn er einen Ausweis vorzeigt!

Von Unbekannten angebotene Getränke, Zigaretten, Kaugummis usw. ablehnen! Sie könnten *burudanga* (Scopolamin) enthalten, das willenlos macht und das Kurzzeitgedächtnis beeinträchtigt.

Streitereien dienen oft der Ablenkung; bei Streit sollte man sich entfernen.

Man zahlt mit einem 50 000-Peso-Schein. Der Kellner, Händler oder Taxifahrer verschwindet und gibt dann den Schein zurück mit der Behauptung, er sei gefälscht. Und in der Tat hat er dann eine Blüte in der Hand. Daher sollte man alle großen Scheine markieren.

Nie Unterstützung annehmen, wenn einem jemand unaufgefordert mit dem Gepäck helfen möchte!

Vorsicht vor Leuten, die einem Immobiliengeschäfte anbieten. Wenn es sich zu gut anhört, um wahr zu sein, dann ist es auch nicht wahr.

errang eine zusammengewürfelte patriotische Armee unter Simón Bolívar und Francisco de Paula Santander einen entscheidenden Sieg über die spanischen Truppen unter General José María Barreiro – mit dieser Niederlage wurde das Ende der spanischen Kolonialherrschaft eingeläutet. Die hügelige Gedenkstätte mit ihren verschiedenen Monumenten wird von der Hauptstraße von Bogotá nach Tunja in zwei Teile geteilt.

Die Schlacht tobte um eine kleine Brücke über den Río Teatinos herum, den Puente de Boyacá. Nördlich blickt eine Statue von Santander über die **Plaza de Armas**. Südlich der Brücke ist die **Plazoleta de las Bandreas** mit den Flaggen von Bolivien, Kolumbien, Ecuador, Panama, Peru und Venezuela gesäumt, die über einer Ewigen Flamme, **La Llama de la Libertad**, wehen.

Den Hügel östlich der Brücke krönt das 18 Meter hohe, pompöse klassizistische **Monumento a la Gloria de Bolívar**.

Puente de Boyacá
Karte S. 91 B1

Villa de Leyva

Das malerische Villa de Leyva ist die kolumbianische Vorzeigestadt in Sachen

Villa de Leyva
Karte S. 91 A1

Besucher-information
Oficina de Turismo, Cra. 9 #13-05
57-8/732-0232

Casa Museo de Antonio Nariño
Cra. 9 #10-25, Villa de Leyva
57-8/732-0342
Mi geschl.

Denkmalschutz. Die 1572 von Hernán Suárez de Villalobos gegründete hübsche Kolonialstadt 40 Kilometer westlich von Tunja wurde 1954 zum Nationaldenkmal erklärt. Sie ist gänzlich erhalten, einschließlich der steingepflasterten, unebenen Straßen. Jedes Gebäude ist weiß getüncht und hat rote Ziegeldächer sowie minzgrüne Türen und Balkone, viele davon geschmückt mit Geranien. Die Schönheit der Stadt ist umso eindrucksvoller, als Villa de Leyva im semiariden Valle de Saquencipá mit seinen Kakteen und Dornenbüschen liegt.

INSIDERTIPP

Wenn bei Sonnenuntergang auf der Plaza Mayor die Lichter angehen, ist die Stimmung am schönsten.

JEFF JUNG
National Geographic-Autor

Die Stadt besteht aus einem fast perfekten Raster um die große **Plaza Mayor** herum. Die eher unscheinbare **Iglesia de Nuestra Señora del Rosario** von 1608 ist nur selten geöffnet. Die Flaggen über der **Casa del Primer Congreso** *(Cra. 9 & Calle 13, So geschl.)* an der Nordostecke des Platzes erinnern an den ersten Kongress, der hier am 4. Oktober 1812 zusammenkam, um die kurzlebigen Provincias Unidas de la Nueva Grenada ins Leben zu rufen. Gegenüber liegt auf der Nordseite der Carrera 9 das Rathaus, die **Alcaldía**, mit der offiziellen Touristeninformation.

In der **Casa Museo de Antonio Nariño** verbrachte der Vorvater der Unabhängigkeit seine letzten Tage; in der **Casa Natal de Antonio Ricuarte** am Parque Ricuarte wurde der gleichnamige Unabhängigkeitsmärtyrer geboren. Beide Häuser sind heute Geschichtsmuseen.

Das größte Vergnügen besteht darin, einfach durch die Straßen zu bummeln und die Atmosphäre zu genießen. Am besten nimmt man sich für die Stadt zwei Tage Zeit, etwa für den Besuch des **Museo de Arte Religioso del Carmen** in der **Iglesia de Nuestra Señora del Carmen** neben dem **Monasterio de las Carmelitas Descalzas**. Das Museum zeigt eine eindrucksvolle Sammlung an sakraler Kunst.

Umgebung von Villa de Leyva: Villa de Leyva ist eine gute Basis für faszinierende Reit- und Mountainbike-Exkursionen in die Umgebung. Die meisten Tagesausflugsziele liegen im Nordwesten der Stadt an der Straße nach Santa Sofia.

Das Ödland etwa zwei Kilometer nordwestlich der Stadt ist mit *pozos azules* gespickt; die

Der Friedhof des 1620 von Dominikanern gegründeten Convento del Santo Ecco Homo

jadeblauen Becken verdanken ihre Farbe Schwefelmineralien. Gleich hinter den Becken teilt sich die Straße bei einem großen Ammoniten.

Toll für Familien ist die Straußenfarm **Granja de Avestruces** (*Zoocriadero Finca El Carmen, Tel. 57/313-442-7796, www.espexoticas.com.co, $$*), die westlich des Ammoniten ausgeschildert ist.

Am Ammoniten geht es rechts zum **Museo El Fósil** mit einer fast vollständigen Kronosaurus-Versteinerung – einem urzeitlichen Meeresreptil, das einem großen Alligator ähnelt. Das Fossil ist sieben Meter lang und stammt aus der Kreidezeit, als hier ein seichter Salzwassersee war.

Ganz in der Nähe sind im **Parque Arqueológico de Monquirá** rund 30 Steinmonolithen erhalten. Das Mini-Stonehenge ist fast 2000 Jahre alt und diente den Muisca als Ritualstätte und Sternwarte.

Nach weiteren vier Kilometern ist an der Straße nach Santa Sofia der **Convento del Santo Ecce Homo** (*$*) ausgeschildert. Die Mauern des 1620 gegründeten Dominikanerklosters bergen große Ammoniten- und andere Fossilien. An den Kreuzgang mit seinem Hofgarten grenzen Räume mit landwirtschaftlichen Geräten, Mönchszellen, eine Bibliothek und Räume mit Relikten. Die Kapelle zeichnet sich durch ein vergoldetes Retabel aus.

Die Straße von Sáchica nach Sutamarchán führt Richtung Westen nach **Ráquira** (30 km südlich von Villa de Leyva). In der „Stadt der Töpfe" lebt fast

Museo de Arte Religioso del Carmen

- ✉ Cra. 10 & Calle 14, Villa de Leyva
- 🕒 Mo–Fr geschl.
- $ $

Museo El Fósil

- ✉ Km 5 Vía Santa Sofia
- ☎ 57/310-570-0243
- $ $$

Parque Arqueológico de Monquirá

- ☎ 57-8/770-3122
- 🕒 Mo geschl.
- $ $

Monasterio del Desierto de La Candelaria

- La Candelaria, 6 km südöstl. von Ráquira
- 57-8/257-7837
- $

www.agustinos recoletos.com.co

die gesamte Bevölkerung von der Herstellung von Vasen, Sparschweinen, Zwergen und anderen Töpferwaren. Die unbefestigte Straße, die über die trockenen Berge östlich von Ráquira klettert, fällt dann nach Candelaria mit dem 1604 gegründeten Augustinerkloster **Monasterio del Desierto de La Candelaria** hin ab. Man kann die Kapelle, ein kleines Museum und eine Grotte besuchen.

Eine Reitergruppe erkundet das Umland von Villa de Leyva

Santuario de Fauna y Flora Iguaque

- Karte S. 91 B1
- 15 km nordöstl. von Villa de Leyva
- 57/312-585-9892
- $$$

www.parques nacionales.gov.co

Santuario de Fauna y Flora Iguaque: Nordöstlich von Villa de Leyva liegt im Gebirgszug **Alticlinal de Arcabuco** auf 2400 bis 3800 Meter Höhe das 6750 Hektar große Tierschutzgebiet. Der kompakte Park bietet sensationelle Wander- und Vogelbeobachtungsmöglichkeiten. Er besteht aus zwei Massiven unterschiedlichen Charakters. Der nördliche Gebirgszug erhebt sich zu einem *páramo* voller *frailejónes* (siehe Kasten S. 104) und lockt die meisten Besucher an. Das **Centro de Visitantes Furachiogua** verfügt über ein Restaurant und Unterkünfte.

Ein steiler und teils matschiger 4,7 Kilometer langer Weg klettert vom Besucherzentrum zur **Laguna Iguaque**, einer von acht Gletscherlagunen in der Nordostecke des Reservats. Für den Weg, teils durch feuchten subtropischen

Wald, braucht man hin und zurück sechs Stunden. Weiter oben zieht sich kühler Nebel durch Zwergwald mit Moosen und Farnen; hier erklingt das Pfeifen von Quetzals und Andenzeisigen. Dahinter liegt der *páramo*.

Die Abzweigung zum Park befindet sich zwei Kilometer südlich bei Arcabuco; von hier sind es 20 Kilometer auf einer Staubpiste zum Besucherzentrum. Das Reservat ist außerdem zu erreichen über eine Straße von Tunja nach Norden Richtung Moniquirá. Ab Villa de Leyva werden auch organisierte Touren angeboten (siehe Reiseinformationen S. 310f).

Paipa

Die von Bergen flankierte Stadt Paipa 45 Kilometer nordöstlich von Tunja blickt Richtung Südosten auf einen großen Stausee in einem weiten Tal, das für seine **Thermalquellen** berühmt ist. Die meisten Reisenden lassen die Stadt auf dem Weg zu den Quellen links liegen, jedoch lohnt das 1568 gegründete Paipa mit seinem historischen Stadtkern durchaus einen Stopp.

Der historische Hauptplatz **Parque Jaime Rook** wurde 1602 angelegt und nach dem Engländer James Rook benannt, Anführer der britischen Freiwilligenlegion, die am Puente de Boyacá (siehe S. 98f) auf Seiten Bolívars kämpfte. Neben der **Iglesia Catedral San Miguel Arcángel** mit ihrer klassizistischen Sandsteinfassade befindet sich die hübsche **Casa Cultural**.

Der **Lago Sochagota** zwei Kilometer südlich der Stadt ist beliebt bei Anglern sowie Boot- und Wasserskifahrern.

Stimmungsvoll geht es im **Hotel Hacienda del Salitre** (siehe Reiseinformationen S. 278) zu. Das ehemalige Jesuitenkloster von 1736 ist heute ein Nationaldenkmal sowie ein romantisches Boutiquehotel. Simón Bolívar schlief hier nach der Schlacht vom 25. Juli 1819.

Sitio Histórico Pantano de Vargas: Die Schlacht am Vargas-Sumpf war die Vorläuferin der letzten, alles entscheidenden Schlacht am Puente de Boyacá (siehe S. 98f). Das Schlachtfeld sieben Kilometer südöstlich von Paipa ist eine nationale Gedenkstätte mit Kunsthandwerksläden und einer

Chivas

***Chivas*, das traditionelle Transportmittel im ländlichen Kolumbien, sind ein wichtiger Teil der kolumbianischen Kultur. *Chivas*, wörtlich „Ziegen", sind gewöhnlich offene alte Schulbusse oder Lkw mit Sitzbänken und Türen beiderseits der Bankreihen. Sie sind in allen möglichen Kombinationen von Gelb, Blau und Rot (die Farben der kolumbianischen Flagge) bemalt und bunt geschmückt. Die Bauern nennen sie wegen der Leitern hinauf zum Dachgepäckträger *escaleras* (Treppen).**

Paipa

Karte S. 91 B1

Besucherinformation

Cortupaipa, Edificio Sede Cultural, Calle 24 #21-31, Südostseite der Plaza

57-8/785-2910

E-Mail: cortupaipa @turismopaipa.com

Lago de Tota
Karte S. 91 B1

Kapelle. Eine Treppe führt hinauf zum **Monumento a los Catorce Lanceros**, dem größten Denkmal Kolumbiens. Das 1970 von Rodrigo Arenas Betancour errichtete Monument ist 100 Meter lang und 40 Meter hoch und zeigt eine riesige speerähnliche Spitze über einer Bronzeskulptur mit 14 Lanzenreitern.

Wege führen hinauf zum **Cerro de Bolívar**, dem Berg, vom dem aus Simón Bolívar die Schlacht dirigierte, zur **Piedra Hueca**, einem großen Felsen mit einer Höhle, in der Bolívar angeblich für den Sieg betete, und zur **Casa Museo de La Libertad** mit Waffen aus der Schlacht.

Frailejón

Von den 45 000 Pflanzenarten der tropischen Anden ist keine so symbolbehaftet wie der *frailejón* (Gattung *Espeletia*) des baumlosen *páramo*-Graslands im Andenhochland Kolumbiens, Ecuadors und Venezuelas. Der merkwürdig aussehende, mehrjährige baumähnliche Strauch wird bis zu drei Meter hoch. Die fleischigen, behaarten Blätter, die in einer dichten Rosette angeordnet sind, dienen dem Schutz der Pflanzen gegen die Kälte; wenn die Blätter absterben, umwickeln sie den Stamm wie eine warme Decke.

INSIDERTIPP

Der Parque Nacional Natural El Cocuy bietet Kletterfreunden rund 20 Kilometer Wände mit einigen etablierten Routen.

THOMAS CLYNES
Autor, National Geographic Adventure

Lago de Tota

Der größte Bergsee Kolumbiens liegt in einem Becken auf 3015 Meter Höhe inmitten einer atemberaubenden Berglandschaft. Das Schilf rund um den mit Regenbogenforellen gefüllten See bietet dem Andentaucher und der Anden-Schwarzkopfruderente einen Lebensraum. Das Nordostufer des Sees säumen Hotels. Zu erreichen ist er über die unansehnliche Industriestadt Sogamoso; hier wartet das **Museo Arqueológico Sogamoso** *(Calle 9a #6-45, Tel. 57-8/770-3122, Mo geschl.)* mit dem Nachbau eines Muisca-Dorfes auf.

Den ersten Blick auf den Lago de Tota genießt man in El Crucero, 16 Kilometer südöstlich von Sogamoso. Am Ostufer, wo bis hinunter zum stahlblauen See Zwiebeln angebaut werden, verläuft eine asphaltierte Straße. Hinter dem Dorf Aquitania klettert die nun unbefestigte Straße *(Allradfahrzeug empfohlen)* zum Südufer des Sees und passiert die **Playa Blanca**,

Die klassizistische Iglesia Catedral San Miguel Arcángel in Paipa ist von schlichter Schönheit

einen zuckerweißen Strand am jadegrünen Wasser.

Das Dorf **Iza** westlich des Sees erfreut mit weißer, flaschengrün verzierter Kolonialarchitektur. Das inmitten üppiger Weiden gelegene Dorf, dem Weidenbäume und Eiben Schatten spenden, hat sich der Milch- und Wollwirtschaft verschrieben. Außerdem gibt es hier Thermalquellen.

Iza ist vom reizenden Kolonialdorf **Tibasosa** aus zu erreichen, acht Kilometer westlich von Sogamoso. Tibasosa erfreut sich großer Beliebtheit bei den Touristen; ähnlich schön ist **Mongüí**, zwölf Kilometer östlich von Sogamoso. Der zum schönsten Dorf in Boyacá gewählte verschlafene Bergort ist – so unwahrscheinlich das klingt – als wichtiger Herstellungsort von Fußbällen bekannt, die es auch überall in der Stadt zu kaufen gibt.

Parque Nacional Natural El Cocuy

25 schneebedeckte Gipfel funkeln bei Sonne in dem 3000 Quadratkilometer großen wunderbaren Nationalpark, einem ursprünglichen Paradies für Wanderer.

Iza

Karte S. 91 B1

Tibasosa

Karte S. 91 B1

Mongüí

Karte S. 91 B1

Parque Nacional Natural El Cocuy

Karte S. 91 B2–C2

Cra. 10A #20-30, Bogota

57-1/353-2400

$$$

www.parquesnacionales.gov.co

Trotz seiner Abgeschiedenheit sind Reisen in das kolumbianische Wanderziel Nummer Eins erst seit Kurzem sicher. 2003 vertrieb eine Elitebrigade der Armee die ELN- und FARC-Guerillas, die den Cocuy als Stützpunkt genutzt hatten.

eisgekrönte Sierra Nevada beherbergt die größte Gletschermasse Kolumbiens, wenngleich Eis und Schnee mit beängstigender Geschwindigkeit schwinden. Die Hochgebirgsgipfel, von denen 15 über 5000 Meter hoch sind, bilden nur einen

Jedes Haus in El Cocuy ist weiß getüncht und hat pastellgrüne Fenster, Türen und Balkone

Heute ist der Cocuy ein Rückzugsgebiet für gefährdete Brillenbären, Andentapire und sämtliche kolumbianische Wildkatzenarten. In den Lüften kreisen Andenkondore. Außerdem gibt es im Park mehr als 700 endemische Pflanzenarten; so findet man unter anderem *páramo*-Täler voller *frailejónes.*

Der Park erstreckt sich bis auf 5333 Höhenmeter. Die

kleinen Teil des Parks, der sich Richtung Osten durch dichten Bergwald hinunter zu den *llanuras* (Ebenen) von **Arauca** zieht. Das Parkgebiet überschneidet sich mit dem **U'Wa-Indioreservat** und vier weiteren indigenen *resguardos* (Reservaten).

Für die Besteigung der Gipfel benötigt man technisches Know-how und passende Ausrüstung. Selbst

Tageswanderungen sind eine körperliche Herausforderung; eine komplette Rundtour über insgesamt 70 Kilometer dauert bis zu einer Woche. Wanderer müssen sich im Hauptsitz der Parkverwaltung oder der Rangerstation registrieren und sich am Ende wieder abmelden.

Beste Reisezeit ist Dezember bis März, mit jeder Menge Sonne; in der übrigen Zeit ist zumeist mit Regen zu rechnen, der sintflutartig und anhaltend fallen kann.

Die Anfahrt von Tunja zum Park nimmt einen ganzen Tag in Anspruch und führt über drei Bergpässe und durch eine atemberaubend vielfältige Landschaft. Teilweise kann die Straße auch ausgewaschen sein; dann kommt man zu den verschlafenen Dörfern El Cocuy und Güicán nur langsam voran. Die beiden Orte sind durch eine asphaltierte Straße und durch eine 43 Kilometer lange unbefestigte Bergstraße über den Alto de la Cueva miteinander verbunden. Von dieser Straße zweigen drei Zufahrtsstraßen zum Park ab: Ritacu'wa (Norden), Hacienda La Esperanza (Mitte) und Valle de Lagunillas (Süden).

El Cocuy: Das charmante Dorf ist dank seiner Kopfsteinpflastergassen und weiß getünchten Kolonialhäuser hübscher als die Nachbargemeinde Güicán. Es gibt mehrere Budget-Unterkünfte, und hier ist außerdem der Hauptsitz der Parkverwaltung. Die **Iglesia de Nuestra Señora de la Paz** an der Plaza erhebt sich über einem Modell des Nationalparks El Cocuy.

Güicán: Dem Bergdorf zehn Kilometer nordöstlich von El Cocuy fehlt der koloniale Charme des Nachbarn. Ein Großteil der alten Häuser fiel 1860 einem Feuer zum Opfer und wurde durch Bauten in unterschiedlichen Stilen ersetzt.

Güicán liegt näher am Nationalpark: fünf Stunden zu Fuß. Am Hauptplatz des Ortes steht die **Iglesia de Nuestra Señora de la Candelaria**. Pilger beten hier vor dem Bildnis der Virgen Morenita de Güicán. ■

ERLEBNIS: Wanderung zum Púlpito del Diablo

Die beliebteste Tageswanderung im Cocuy führt zur „Teufelskanzel“: Hier soll zu Silvester der Teufel erscheinen. Am besten akklimatisiert man sich über Nacht in Sisuma in einem Hostel an der Laguna la Pintada. Von hier ist es eine einstündige Wanderung durch ein Tal zum Fuß einer Moräne. Nach einer Kletterpartie durch ein Blockfeld erreicht man eine Klippe mit atemberaubender Aussicht. Eine weitere Stunde benötigt man für den Aufstieg über einen glattgeschliffenen Granithang. Schließlich wird die Kanzel erreicht. Für die Wanderung sollte man hin und zurück mindestens sechs Stunden einplanen.

El Cocuy
Karte S. 91 B2

Güicán
Karte S. 91 B2

La Vuelta al Cocuy

Der Parque Nacional Natural El Cocuy lockt furchtlose Wanderer zu Trekkingtouren inmitten atemberaubender Gipfel. Es sind auch Tageswanderungen möglich. Die einwöchige Rundwanderung erfordert gute Wanderschuhe, wasserfeste Kleidung und einen guten Schlafsack gegen die Kälte hoch oben in den Bergen.

Ein Wanderer auf dem Cocuy-Rundweg blickt auf den schneebedeckten Púlpito del Diablo

Ausgangspunkte für die *vuelta* (Rundweg) sind die Bergdörfer El Cocuy oder Güicán. Die meisten Wanderer gehen im Uhrzeigersinn ab Güicán. Zunächst bezahlt man in der Parkverwaltung *(Tel. 57-7/890-0359)* in El Cocuy oder Güicán die Eintrittsgebühr für den Park *($$$)* und besorgt sich in einem der Bergsportläden eine Wanderkarte im Maßstab 1:200 000. Außerdem kann man sich nach Führern und Trägern *($$$)* erkundigen. Zwar sind die Wege gut markiert, ein Führer ist dennoch sehr zu empfehlen. Mitnehmen muss man neben Campingausrüstung und Kompass genügend Proviant und angemessene Kleidung, außerdem für Eis und Schnee Sonnencreme und Sonnenbrille.

NICHT VERSÄUMEN

Paso El Castillo • Laguna de la Plaza • Púlpito del Diablo

Die Wanderung

Die siebentägige Wanderung beginnt in **Güicán** (2950 m). Von hier wandert man sechs Stunden bergan zu den **Cabañas Kanwara** ❶ *(Tel. 57/311-231-6004)*, um sich über Nacht zu akklimatisieren. Am nächsten Morgen geht man durch ein Feld mit *frailejónes* (siehe Kasten S. 104) Richtung Norden über die **Parada de Romero** zum **Paso Cardenillo** ❷ (4399 m), dem ersten Bergpass. Beim Abstieg zum Campingplatz an der **Laguna Grande de los Verdes** ❸ (4094 m) hält man sich auf der Ostseite des Tals.

Am nächsten Tag geht es hinauf zum **Alto de los Frailes** (4247 m) und dann nach Süden. Nach einem kurzen, steilen Abstieg weisen einem Steinmännchen den Weg durch das Tal des Río Frailes. Oberhalb des östlich gelegenen **Lago de la Isla** geht es hinauf zum oft schneebedeckten **Paso de la Sierra** ❹ (4688 m). Die wie ein Saphir glitzernde **Laguna de Avellana** ❺ (4430 m) lockt hinab zum Zelten.

Der Weg führt weiter, hinab ins sumpfige **Valle de los Cojines** mit seinen smaragdgrünen Moosen – ein schöner Kontrast zum vergletscherten **Ritacuba Blanco** ❻ (5333 m), dem höchsten Gipfel im Cocuy. Ein Abstecher führt bergab zum Wasserfall **Cascada del Río Ratoncito**, der sich in die Ebene von Arauca ergießt. Zurück im Tal geht es über den Bach und auf der Westseite des Tals weiter Richtung Süden. Vorbei am **Lago del Rincón** ist es eine einstündige Kletterpartie zum **Paso El Castillo** (4600 m) mit seinen fantastischen Ausblicken. Schließlich führt der felsübersäte Pfad hinunter zum Zeltplatz an der **Laguna del Pañuelo** 7 (4350 m).

Nach einer kalten Nacht geht es im Morgengrauen hinauf auf den **Paso Balcones** (4450 m). Vorsicht erfordert der geröllbedeckte Nordhang. Nun befindet man sich im abgeschiedensten Teil des Parks. Der relativ unmarkierte Weg (nach Steinmännchen Ausschau halten!) folgt der Westseite eines wunderschönen Tals. Während man sich dem Zeltplatz an der **Laguna de la Plaza** 8 unterhalb zerklüfteter Gipfel wie im Westen dem **Púlpito del Diablo** (siehe Kasten S. 107) nähert, eröffnen sich gen Osten großartige Ausblicke. Tags darauf führt der Weg langsam hinauf zum **Paso Patio Bolas** (4380 m). Richtung Osten fällt das Terrain steil ab zum Casanare-Becken, das sich oft unter einer Wolkendecke versteckt. Die Landschaft ist karg, und der Weg hoch zum **Paso Cusiri** (4460 m), an dem oft starke Winde wehen, ist durch große Steinhaufen markiert. Der Weg fällt dann durch die Schlucht des Río Lagunillas zu den **Lagunillas** und zur letzten Übernachtung in **Sisuma** 9 ab.

Hinter dem **Paso La Cueva** (3400 m) sind es noch 13 Kilometer bergab auf der Straße nach **El Cocuy** (2750 m).

Siehe auch Karte S. 91 B2
Güicán
5–7 Tage
71 km
El Cocuy

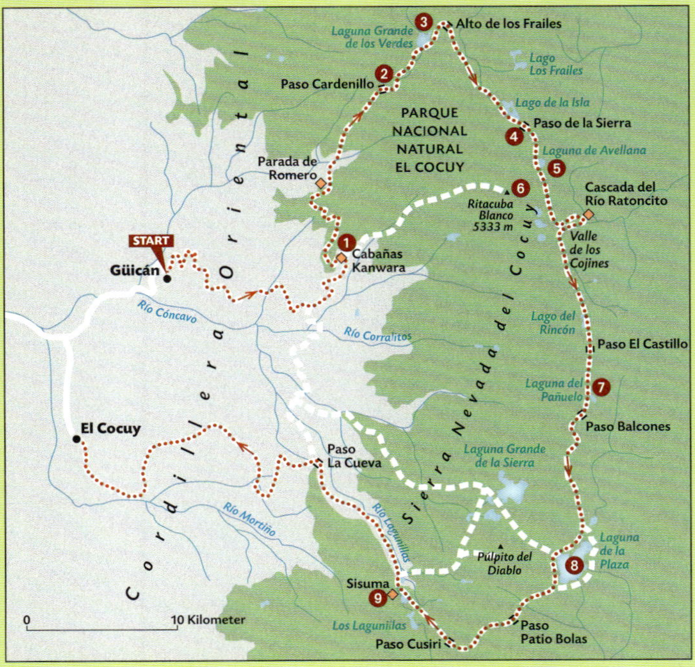

Santander

Das Departamento Santander nordwestlich von Boyacá ist nach dem Unabhängigkeitshelden Francisco de Paula Santander benannt. Die Gegend ist mit ihren steilen Gipfeln und tief eingeschnittenen Flusstälern eine der bergigsten Regionen Kolumbiens. Besonders berühmt ist der Cañón del Chicamocha.

Das Monumento a la Santanderanidad erinnert an den Aufstand gegen die spanische Herrschaft

Santander

Karte S. 91 A2–B2

Besucher-information

Visita Santander, Cra. 19 #36-20, Bucaramanga

57-7/652-7000

http://visitasantander.co

Der Bergort Barichara, zur schönsten Kolonialstadt Kolumbiens gewählt und gesegnet mit einigen der reizendsten Boutiquehotels des Landes, ist sehr typisch für die Dörfer in der Ostkordillere von Santander. Das nahe San Gil gilt als ein Zentrum des aufblühenden Abenteuersports, vom Wildwasser-Rafting bis zum Paragliding und Mountainbiken. Eine weitere charmante Kolonialstadt, Girón, liegt 20 Minuten Fahrt von Bucaramanga entfernt, einer modernen, pulsierenden Stadt mit mehr als 1,2 Millionen Einwohnern. Die Fahrt von San Gil nach Bucaramanga führt durch den Cañón del Chicamocha, den „Grand Canyon" Kolumbiens.

Socorro

Die reizende und historisch bedeutsame Bergstadt gilt als Wiege der lateinamerikanischen Unabhängigkeit: Hier brach am 16. März 1781 die Revolución Comunera (Revolution der Bürger) aus, der erste spontane Aufstand gegen die spanische Herrschaft. An dieses wichtige Ereignis erinnert auf der schattigen **Plaza de la Independencia** eine Statue der Heldin Manuela Beltrán, die die Revolte ausgelöst hatte, indem sie rief: „Lang lebe der König und Tod der schlechten Regierung!" Näheres dazu erfahren Interessierte in der **Casa de la Cultura** *(Calle 14 #12-31)*. Den Platz dominiert die **Catedral de Nuestra Señora del Socorro** mit ihrer klassizistischen Fassade und den beiden Glockentürmen.

Das Städtchen Socorro liegt auf 1300 Meter Höhe am Nordende eines breiten Tals, in dem Zuckerrohr angebaut wird. Der historische Kern der 1681 gegründeten Stadt ist fast vollständig intakt. Die Calle 14 führt bergan zum **Convento de San Juan Buatista**, dem ältesten Kapuzinerkloster Kolumbiens.

San Gil

Abenteurer zieht es nach San Gil, 20 Kilometer nördlich von Socorro. Die 1689 im tiefen Tal des Río Fonce gegründete Stadt hat sich als kolumbianisches Mekka für Wildwasser-Rafting, Kajakfahren, Paragliding und andere Sportarten etabliert. Das enge koloniale Zentrum der geschäftigen Stadt besteht aus einem Straßenraster um den **Parque La Libertad**. Über dem Platz erhebt sich die **Catedral de la Santa Cruz** mit ihren ungewöhnlichen achteckigen Glockentürmen. Die **Casa de la Cultura** *(Calle 12 #10-31,*

Socorro

Karte S. 91 B2

San Gil

Karte S. 91 B2

Besucher-information

Instituto Municipal de Turismo y Cultural, Calle 12 #10-31

57-7/724-4617

www.sangil.gov.co

ERLEBNIS: Über die Stromschnellen

Dank reichhaltiger Regenfälle ist die steile Ostkordillere ein perfektes Gebiet fürs Wildwasser-Rafting. Und das Raften in den Tälern der Flüsse Chicamocha, Fonce, Magdalena und Suárez bietet eine wunderbare Kombination aus Naturerlebnis und Abenteuer.

Am besten sucht man sich einen Fluss, der im Schwierigkeitsgrad wirklich zum eigenen Können passt: von Grad I (flaches Wasser für ein Floß) bis Grad V (hohe Wellen, nur für Profis). San Gil ist das Raftingmekka Kolumbiens, und der Río Suárez ist der König unter den Wildwassern mit Stromschnellen der Grade IV und V. San Agustín ist eine gute Basis für Fahrten auf dem Río Magdalena mit den Schwierigkeitsgraden II–V.

Die Trips dauern von zwei Stunden bis zu einem halben Tag. Mitzubringen sind Badebekleidung, T-Shirt und wasserfeste Sandalen oder Sportschuhe, die nass werden dürfen – denn man muss damit rechnen, richtig nass zu werden. Aber das gehört zum Vergnügen dazu. Mitzunehmen sind auch Sonnencreme sowie trockene Kleidung und Schuhe. Schwimmwesten und Helme sind Pflicht und werden von den Anbietern gestellt.

Colombia Rafting Expeditions
Carrera 10 #7-83, San Gil, Tel. 57/311-283-8647, www.colombiarafting.com

Magdalena Rafting
Calle 5 #16-4, San Agustín, Tel. 57/311-271-5333, www.magdalenarafting.com

Barichara
Karte S. 91 B2
Besucherinformation
Oficina de Turismo, Cultura y Deportes, Calle 5 #6-39, 2. Stock
57-7/726-7052
Sa & So geschl.

Tel. 57/318-856-4617, So geschl.) bei der Südostecke des Platzes beherbergt ein kleines Museum zur örtlichen indigenen Kultur; hier befindet sich auch die städtische Touristeninformation.

Eine weitere Sehenswürdigkeit ist der **Parque El Gaillineral** *(Calle 6 & Malecón)*, ein vier Hektar großes Naturreservat am Zusammenfluss von Quebrada Curití und Río Fonce. Hier kann man unter dichten *chimimango*-Bäumen spazieren gehen.

Der **Malecón**, die Uferpromenade, ist von Outdoorsport-Veranstaltern gesäumt, die Vielfältiges anbieten, etwa Wildwasser-Rafting auf dem Río Fonce (Grad II–III), dem Río Chicamocha (Grad III–IV) und dem schwierigen Río Suárez (Grad IV+).

Eine Autostunde südlich von San Gil liegt die Kolonialstadt **Charalá**, heute sportliches Zentrum für das Abseilen an Wasserfällen. Am beliebtesten sind die **Cascadas de Juan Curri**, ein 180 Meter hoher Wasserfall in drei Stufen mit einem Badebecken unten. Curití, eine Kolonialstadt sieben Kilometer nordöstlich von San Gil, ist ein Paragliding-Zentrum.

Der Río Fonce ist einer der beliebtesten Wildwasserflüsse Kolumbiens

Barichara

Das reizende Barichara, 20 Kilometer nordwestlich von San Gil und 1978 zum Nationaldenkmal erklärt, wurde 1714 gegründet und ist perfekt erhalten. Mit seiner Hanglage ähnelt es einer Hollywood-Kulisse. Die mit Steinplatten gepflasterten Straßen sind mit weiß getünchten Häusern aus *tapia pisada* (Schlamm und Stroh) gesäumt, deren *zócalos* (Sockel der Außenmauern) bunt bemalt sind. Viele Häuser sind liebevoll zu Boutiquehotels und

ERLEBNIS: Spaß für die ganze Familie

Diese drei Einrichtungen erfreuen Große und Kleine:

Parque Nacional del Chicamocha
Chicamocha, 50 Kilometer von Bucaramanga, ist ein Freizeitpark in den Bergen mit spektakulären Ausblicken auf den Cañón del Chicamocha. Eine gut 6 Kilometer lange Luftseilbahn, eine der längsten der Welt, überspannt die Schlucht. Der Park bietet etwas für Kinder aller Altersstufen: Streichelzoo, Straußenpark und Wasserrutschen für die Kleinen, Dünenbuggys, Paragliding und Drahtrutsche für die Großen. *(Karte S. 91 B2, Km 54 Vía Bucaramanga–San Gil, Aratoca, Tel. 57-4/656-9006, www.parquenacionaldelchicamocha.com, Mo geschl., $$–$$$$)*

Maloka
Maloka, ein unterirdisches Wissenschafts- und Technologiezentrum in Bogotá, leistet mit seinen neun Galerien und 300 interaktiven Exponaten zu Themen wie dem menschlichen Körper, Bewegung und Denken, Meeresungeheuern und Artenvielfalt pädagogisch wertvolle Arbeit. Hier werden auch faszinierende Dokumentarfilme gezeigt – allerdings nur auf Spanisch, doch die Bilder sprechen für sich. *(Cra. 68 D #24A-51, Bogotá, Tel. 57-1/427-2747, www.maloka.org, $$)*

PANACA
Der beliebte Nationalpark für Landwirtschaft und Viehzucht will Stadtbewohner mit dem Leben auf dem Land vertraut machen. Der weitläufige Park zeigt in zehn Themenstationen mehr als 4500 Tiere, darunter ganz spezielle Varianten wie das französische Percheron-Zugpferd oder das afrikanische Watusi-Rind. *(Quimbaya, Tel. 01-8000-123-999, http://panaca.com.co, $$$)*

Restaurants umgebaut worden.

Dazu kommen schöne Kirchen, tolle Ausblicke und ein perfektes Klima – kein Wunder, dass in Barichara so oft Telenovelas gedreht werden. Außerdem finden hier mehrere Kulturfestivals statt, z. B. **Música Barroca** *(Tel. 57/310-334-8687, www.la-rocinante.com)* Mitte August mit klassischen Konzerten in den Kirchen.

Einen Stadtrundgang beginnt man am besten am weiten **Parque Principal**. Die **Catedral de la Inmaculada Concepción** zeigt sich besonders anmutig, wenn sie abends angestrahlt wird. Die **Casa de la Cultura** *(Calle 5 #6-23, Tel. 57-7/726-7002)* schräg gegenüber beherbergt ein Museum für Stadtgeschichte. Im benachbarten Rathaus ist die Touristeninformation untergebracht. Interessant sind auch die einfache **Capilla de San Antonio** *(Cra. 4 &*

INSIDERTIPP

Die bei Besuchern aus Bogotá beliebte Kleinstadt Barichara ist ein Zentrum des Kunsthandwerks.

THOMAS CLYNES
Autor, National Geographic Adventure

Guane
Karte S. 91 B2

Parque Nacional Natural Serranía de los Yarigüíes
Karte S. 91 B2
Calle 11 #9-39, San Vicente de Chucurí
57-7/625-6858

Calle 5) und die **Capilla de Jesús Resucitado** *(Cra. 7 & Calle 3)* neben dem Friedhof. Von hier geht es hinauf zur **Capilla de Santa Bárbara** *(Cra. 11 & Calle 6)* neben dem **Parque para las Artes Jorge Delgado Sierra** mit seinen 27 modernen Steinskulpturen (Barichara ist berühmt für seine Steinmetze und Bildhauer). Toll ist auch der Blick über die Schlucht des **Río Suárez** zur Cordillera de los Cobardes, dem westlichsten Gebirgszug der Ostkordillere.

Reserva de las Aves Reinita Cielo Azul

San Vicente de Chucurí ist das Haupttor zu diesem Vogelschutzgebiet neben dem Parque Nacional Natural Serranía de los Yarigüíes. Das nur 220 Hektar große Reservat schützt einen alten Eichenwald – ein seltenes Habitat für bedrohte Arten wie den Verkehrtschnabel und den Santander-Pfeilgiftfrosch. In der Hauptverwaltung des Parks auf einer alten Kaffeeplantage gibt es Unterkünfte, im Park außerdem ausgezeichnete Wege. Vogelfreunde halten in der vier Kilometer nördlich der Reinita Cielo Azul gelegenen Reserva de las Aves Pauxi nach dem Helmhokko Ausschau. Beide Schutzgebiete werden von ProAves betrieben. Führungen bietet EcoTurs *(Tel. 57-1/287-6592, www.ecoturs.org)*.

Guane: Der **Camino Real**, ein felsiger, von den präkolumbischen Guane angelegter Pfad, führt von Barichara fünf Kilometer hinunter zum Weiler Guane. Sowohl Pfad als auch Dorf sind Nationaldenkmäler. Der 1864 erneuerte Weg führte einst von Girón nach Barancabermeja. (Er beginnt in Barichara an der Kreuzung von Calle 4 und Carrera 10.)

Schon die Wanderung ist toll, aber Guane belohnt die Mühen zusätzlich mit der 1720 erbauten **Iglesia de Santa Bárbara**. Eine Seitenkapelle ist der hl. Lucia, der Heiligen des Sehens und des Lichts, geweiht.

Wer ins **Museo Paleontológico y Antropológico de Guane** möchte, um die Sammlung an Fossilien von Ammoniten, Fischen, Aalen, Tintenfischen und Korallen zu sehen, muss eventuell klingeln. Das Museum widmet sich der Geschichte der Region und zeigt z. B. eine versteinerte Mumie eines präkolumbischen Guane und eine Tabakpresse aus dem 19. Jahrhundert.

Die Statue auf der Plaza ehrt den Kaziken Guaneuta, der sich lieber ertränkte, als sich den Spaniern zu unterwerfen.

Vor der Rückkehr nach Barichara sollte man noch *sabajón* probieren, ein cremiges Getränk aus Ziegenmilch.

Parque Nacional Natural Serranía de los Yarigüíes

Der 788 Quadratkilometer große Nationalpark an der Westflanke der Ostkordillere bietet sensationelle Möglichkeiten zum Wandern und Vögelbeobachten. Er

Die sonnige Catedral de la Inmaculada Concepción am weiten Parque Principal von Barichara

umfasst Ökosysteme von tropischem prämontanem Regenwald bis zu Hochland-*páramos* und Habitate für Wollaffen, Jaguare, Brillenbären und mindestens neun endemische Vogelarten, darunter der Goldkopfpapagei und der Weißmantel-Bartvogel. Das Tor zum Park ist das über raue, ungeteerte Straßen via Zapatoca zu erreichende **San Vicente de Chucurí** 50 Kilometer nordwestlich von Barichara.

Parque Nacional del Chicamocha

Der dramatisch auf einem Kamm oberhalb der Schlucht des Río Chicamocha gelegene Freizeitpark ist beliebt bei kolumbianischen Familien (siehe Kasten S. 113). Die schwindelerregende Straße zwischen San Gil und Bucaramanga ist eine der schönsten Kolumbiens und windet sich hinunter in den mehr als 1200 Meter tiefen Canyon. Man kann ihn auch mit einer gut 6 Kilometer langen Seilbahn überwinden, muss am Wochenende jedoch auf lange Warteschlangen eingestellt sein. Zum Park gehören auch eine Rodelbahn und eine ungewöhnliche Seilrutsche. Am ungewöhnlichsten ist jedoch das **Monumento a la Santandereanidad**, eine metaphorische Explosion,

Parque Nacional del Chicamocha

- Karte S. 91 B2
- Km 54 Vía Bucaramanga–San Gil
- 57-4/656-9006
- Mo geschl.
- $$–$$$$

www.parquenacionaldelchicamocha.com

Bucaramanga
Karte S. 91 B2
Besucher-information
Instituto Municipal de Cultura y Turismo, Calle 30 #26-117
57-7/634-1132
http://imcut.gov.co

Museo Casa de Bolívar
Calle 37 #12-15C, Bucaramanga
57-7/630-4258
So geschl.
$

die die Revolución Comunera von 1781 darstellt, die zur Unabhängigkeit führte.

Bucaramanga

Bucaramanga ist eine Metropole mit über einer Million Einwohnern. Das koloniale Zentrum der 1622 gegründeten Stadt wurde von den modernen Bauten verschlungen. Das geschäftige Bucaramanga gilt nicht unbedingt als Touristenziel, obwohl es einiges zu bieten hat.

Der historische Kern der „Stadt der Parks" ist der **Parque Custodio García Rovira** im Westen der Stadt mit der 1865 begonnenen **Iglesia de San Laureano**, die eine der ältesten Uhren des Landes ziert. Auf der Westseite des Platzes steht schräg gegenüber der winzigen **Capilla de los Dolores** *(Calle 36 & Cra. 10)*, der ältesten Kirche der Stadt, das **Monument der Konquistadoren**. Im **Museo Casa de Bolívar** einen Block östlich vom Platz sind Waffen, Uniformen, Mumien und Textilien der indigenen Guane zu sehen. Gegenüber präsentiert die **Casa de la Cultura** *(So geschl.)* Arbeiten von Künstlern aus Santander. Bucaramanga hat sogar ein **Museo de Arte Moderno** mit einer schönen Sammlung von moderner kolumbianischer Kunst.

Acht Häuserblocks östlich die Calle 36 entlang liegt der im 19. Jahrhundert angelegte **Parque Santander** mit einer

Die Türme der Iglesia de San Laureano in Bucaramanga mit einer der ältesten Uhren des Landes

Statue des Unabhängigkeitshelden. Das Hauptaugenmerk fällt jedoch auf die **Catedral de la Sagrada Familia** *(Calle 36 #19-56)* von 1887 mit weißer Fassade und einer Skulptur der Heiligen Familie zwischen den sechseckigen Glockentürmen. Naturliebhaber zieht es vielleicht in den **Parque del Agua** *(Cra. 34 & Calle 20, $)*, einen sicheren, schattigen Park mit Wasserläufen und angelegten Wegen sowie Teichen voller Hyazinthen. Am Ufer des Río Frío im südlichen Vorort Floridablanca befindet sich der **Jardín Botánico Eloy Valenzuela** *(Cra. 9 & Calle 3, Tel. 57-7/648-0729, Mo geschl., $)* mit mehr als 400 Pflanzenarten, einem asiatischen Garten und einem Bambushain.

ERLEBNIS: Tejo spielen

Wer sagt, dass Bier und Schießpulver nicht zusammenpassen? In Kolumbien sind sie wichtige Zutaten für das Spiel *tejo*. Gespielt wird auf *canchas de tejo* (*tejo*-Plätzen), die gewöhnlich zu Kneipen gehören. Dabei wird eine 2 Kilogramm schwere Scheibe (der *tejo*) auf einen 20 Meter entfernten, mit Lehm gefüllten Kasten geworfen. In dessen Mitte liegt der *bosín* (Metallring) mit einer dreieckigen *mecha* (Schwarzpulvertasche), die bei einem Treffer explodiert. Beim Spielen vertilgen die Teilnehmer jede Menge Bier. Professionelle Teams werden von Brauereien gesponsert.

In den meisten Städten des Hochlands gibt es *canchas de tejo*, z. B.:

Cancha de Tejo El Dorado, Calle 32 #111-16 El Dorado, Bucaramanga, Santander, Tel. 57-7/636-3525

Cancha de Tejo Gómez Niño, Calle 57 #16-17, Bucaramanga, Santander, Tel. 57-7/644-5209

Peperepe, Calle 7 S #8-20, La Candelaria, Bogotá, Tel. 57-1/289-1541

Girón: Die Kolonialstadt Girón liegt vier Kilometer nordwestlich von Bucaramanga – nur 15 Minuten mit dem Auto, aber Welten entfernt. Die 1638 gegründete Stadt ist ein Nationaldenkmal mit 48 Häuserblocks mit Gebäuden vorwiegend aus dem 18. Jahrhundert. Wichtigste Sehenswürdigkeit ist die **Basilica Menor San Juan Bautista** von 1711 am Hauptplatz. In den Türmen hängen acht Glocken, die aus Toledo stammen.

Piedecuesta: In der Osterwoche füllen sich die Hotels von Bucaramanga. Dann strömen Besucher zu den Semana-Santa-Feierlichkeiten in Piedecuesta, einer Kolonialstadt an der Fernstraße 17 Kilometer südlich der Stadt. Bei den Prozessionen ziehen Menschen in rot-weißen und lila-schwarzen Kapuzengewändern durch den Ort.

Über die Kaffeeproduktion können Besucher etwas auf der alten **Hacienda El Roble** lernen, die auch als Luxus-Boutiquehotel fungiert. Auf der 300 Hektar großen Plantage, die über 60 Sorten Biokaffee anbaut, werden Führungen sowie Mountainbiketouren und Ausritte angeboten. ■

Girón
Karte S. 91 B2

Piedecuesta
Karte S. 91 B2

Hacienda El Roble
Mesa de Los Santos, 30 km südwestl. von Piedecuesta
57-1/744-8020
www.cafemesa.com

Norte de Santander

Die abgeschiedene Region an der venezolanischen Grenze ist eine Übergangszone, die mit dem Becken des Maracaibosees in Venezuela verschmilzt. Zu den Hauptattraktionen zählen eine atemberaubende Bergstraße, die unheimlichen Formationen der Estaroques und eine der bedeutendsten historischen Stätten des Landes.

Am Unabhängigkeitstag marschiert eine Musikgruppe durch Pamplona

Das Departamento ist nach dem Militärführer und Politiker Francisco de Paula Santander benannt. Die Region ist eng verbunden mit dem Kampf um die Unabhängigkeit von Spanien; die neue Föderation Gran Colombia erblickte bei einem Kongress auf Santanders Anwesen in Villa del Rosario das Licht der Welt. In den 1980er Jahren wurde Norte de Santander dann eine wichtige FARC- und ELN-Basis. (Die kolumbianische Armee bewacht die Hauptfernstraßen und ist weiter bemüht, die Guerillas aus ländlichen Gebieten zu vertreiben. Vor einer Fahrt über die Ruta Nacional 66 sollte man sich über die aktuelle Lage informieren.)

Die Straße von Bucaramanga nach Cúcuta klettert über die Nordausläufer der Ostkordillere mit einigen der zerklüftetsten Berglandschaften des Landes. Östlich der

Universitätsstadt Pamplona geht es über eine halb aride, von eisigen Winden gepeitschte Hochfläche die Flanke der Ostkordillere hinunter zur Grenzstadt Cúcuta. Die Fahrt dauert rund sechs Stunden pro Strecke; vor der Abfahrt sollte man auf jeden Fall volltanken.

Pamplona

Die 100 000-Einwohner-Stadt auf halber Strecke zwischen Bucaramanga und Cúcuta ist nach so viel Bergwildnis eine willkommene Abwechslung. Sie liegt geschützt im Valle del Espíritu Santo und genießt ein angenehmes Klima. Sie wurde 1549 gegründet und entwickelte sich trotz ihrer abgeschiedenen Lage zu einem wichtigen politischen und religiösen Zentrum. Auch in der Unabhängigkeitsbewegung spielte sie eine Rolle. Heute ist Pamplona ein kulturelles Zentrum und Universitätsstadt.

Ein großer Teil des kolonialen Zentrums wurde 1875 durch ein Erdbeben zerstört. Jedoch stehen am Hauptplatz, der **Plaza Aguela Gallardo**, noch einige Kolonialbauten, so etwa die 1584 erbaute **Catedral de Santa Clara**, die nach Erdbeben wiederholt umgebaut wurde. Außerdem hat Pamplona eine Handvoll kleiner Museen. Das **Museo de Arte Moderno Ramírez Villamizar** befindet sich in einem Herrenhaus des 16. Jahrhunderts auf der Nordostseite der Plaza. Es ist dem örtlichen Künstler Eduardo Ramírez Villamizar (1923–2004) gewidmet, der abstrakte Skulpturen schuf. Das **Museo Arquidiocesano de Arte Religioso** *(Calle 5 #4-87, Tel. 57-7/568-2816, So geschl.)* zeigt sakrale Kunst.

Parque Nacional Natural Tamá

Der 48 000 Hektar große Nationalpark erstreckt sich die Osthänge der Ostkordillere hinab und umfasst Ökosysteme von feuchtem prämontanem Regenwald bis zu Nebelwald und Hochgebirgs-Grasland. Die Südhälfte des Parks grenzt an den Nationalpark El Cocuy. Einer der vielen eindrucksvollen Wasserfälle ist der **Tamá-Wasserfall**

Santander

Francisco de Paula Santander (1792–1840), geboren in Villa del Rosario de Cúcuta, meldete sich zur Revolutionsarmee und stieg unter Simón Bolívar auf, der ihn zum Kommandeur machte. 1821 wurde er zum Vizepräsidenten von Gran Colombia ernannt. Er führte die Regierung, während Präsident Bolívar den militärischen Feldzug fortsetzte. Langsam traten die politischen Differenzen zwischen den beiden Verbündeten zutage. Nach einem Mordanschlag auf Bolívar wurde Santander zum Tode verurteilt, jedoch von Bolívar begnadigt und verbannt. Nach Bolívars Tod 1830 kehrte Santander aus dem Exil zurück und wurde Präsident der Republik Neugranada.

Pamplona

Karte S. 91 B3

Besucher-information

Instituto de Cultura y Turismo Pamplona, Calle 5 #6-45

57-7/568-2880

Museo de Arte Moderno Ramírez Villamizar

Calle 5 #5-75, Pamplona

57-7/568-2999

Mo geschl.

www.mamramirez villamizar.com

Parque Nacional Natural Tamá

Cra. 6 #14-52, Toledo

57-7/567-0316 oder 1/353-2400

Cúcuta
Karte S. 91 B2
Besucher-information
Secretaría de Cultura y Turismo, Calle 10 #0E-10
57-7/571-6649
www.cucutanuestra.com

Casa Natal Museo General Santander
Km 6 Autopista Internacional via San Antonio, Villa del Rosario
57-7/570-0265
Mo geschl.
$

(820 m), einer der höchsten der Welt. Im Park sind zahlreiche Säugetiere wie der Brillenbär zu Hause.

Das Besucherzentrum in **Orocué** verfügt über Hütten. Der Park ist von Pamplona mit Allradfahrzeugen zu erreichen. Vor der Abfahrt sollte man sich unbedingt nach der Sicherheitslage erkundigen!

Cúcuta

Trotz der isolierten Lage und des heißen Klimas ist Cúcuta eine moderne Geschäftsstadt, die gut von ihrem Status als Freihandelszone und vom Schmuggel aus dem nahen Venezuela lebt. Die Innenstadt von Cúcuta besitzt Einkaufszentren und Modeboutiquen; die Vorstadtstraßen sind von Dutzenden Tankstellen und Hunderten Händlern gesäumt, die illegal eingeschleustes Benzin billig verkaufen.

Ameisensnacks

Die Spezialität der Region ist eine eiweißreiche Ameise. Die *hormiga culona* ist in den Städten San Gil und Barichara, wo die 1,5 Zentimeter langen Königinnen der Art *Atta laevigata* während der von März bis Juni dauernden Regenzeit gesammelt werden, eine Frühlingsdelikatesse; dann unternehmen sie ihre Hochzeitsflüge. Die Flügel werden entfernt und die saftigen Körper in Salzwasser eingelegt, dann geröstet und als Snack verzehrt. Sie werden auch als Hochzeitsgeschenke gereicht – eine Tradition aus präkolumbischer Zeit, als die Ameisen von den Guane für Paarungsrituale gezüchtet wurden.

Am 28. Februar 1813 fand hier Bolívars erste Schlacht für die Unabhängigkeit Venezuelas statt. 1875 zerstörte ein schweres Erdbeben einen großen Teil der 1733 gegründeten Stadt. Sie wurde mit baumgesäumten Straßen umsichtig wieder aufgebaut.

Den weiten **Parque Santander** zieren eine Bronzestatue des namengebenden Generals sowie die klassizistische **Catedral de San José de Cúcuta** *(Cra. 5 & Calle 10)*. Zwei Häuserblocks südöstlich liegt der schattige **Parque Colón** mit der reizenden Capilla del Carmen, Denkmälern der Seefahrer Kolumbus und Vespucci und der **Casa de la Cultura** *(Calle 13 #3-67, Tel. 57-7/571-6689, Sa & So geschl.)*.

El Parque Gran Colombiano: Im abseits der Straße von Cúcuta nach Venezuela im Kolonialdorf **Villa del Rosario** gelegenen „Großkolumbianischen Park" kamen am 30. August 1821 Bolívar, Santander und andere Freiheitskämpfer zum Kongress von Cúcuta zusammen, um Gran Colombia zu gründen.

Zur Stätte gehört auch die **Casa Natal Museo General Santander**, in der Santander am 2. April 1792 geboren wurde. Südlich des Hauses führt ein schmaler Park 200 Meter zum **Templo Histórico**, der Kirche, in der der Kongress zusammentrat und Bolívar am 3. Oktober 1821 als Präsident vereidigt wurde. Die

INSIDERTIPP

Die Spezialität der Region, geröstete Ameisen, gibt es tütenweise auf den Märkten der Region.

AARON RETTIG

Co-Autor „Colombia Whitewater"

1821 erbaute Kirche wurde 1875 fast vollständig durch ein Erdbeben zerstört.

Ocaña

Die abgelegene Bergstadt Ocaña besitzt viele hübsche Kolonialgebäude, die an die Rolle der Stadt als Schauplatz der Gran Convención von 1828 erinnern, die die Verfassungskrise zwischen den Anhängern Bolívars und Santanders beheben sollte. Im historischen Zentrum steht der **Convento y Templo de San Francisco**, in dem der Kongress stattfand. Ocaña ist mit Cúcuta durch die Ruta Nacional 70 verbunden, die sich über die Ostkordillere schlängelt und in Aguachica auf die Straße von Bucaramanga nach Valledupar stößt. Die sehr reizvolle Strecke wird oft von Erdrutschen beschädigt und sollte nicht bei Dunkelheit befahren werden.

Área Natural Única Los Estoraques: Ocaña ist das Tor zur 640 Hektar großen Área Natural Única Los Estoraques mit ihren fantastischen Sandsteinformationen. Vorsicht vor giftigen Schlangen!

Von der Rangerstation einen Kilometer westlich von **La Playa de Belén**, einem der besterhaltenen Kolonialdörfer Kolumbiens, gehen Wege ab. In dem schmucken Weiler trifft man so gut wie gar keine Touristen an. Jedes Haus ist weiß getüncht und hat Verzierungen in Schokoladenbraun. ■

Ocaña

Karte S. 91 B3

Die Stadt Pamplona liegt umgeben von Bergen in einem Andenbecken

Von der palmengesäumten Küste über schneebedeckte Berge und Flugsandwüsten bis in die koloniale Perle Cartagena

Karibisches Tiefland

Eine *palenquera,* eine afrokaribische Frau, verkauft in Cartagena Früchte

Karibisches Tiefland

Das prächtige Cartagena de Indias ist Kolumbiens bekanntestes und nach Bogotá meistbesuchtes Reiseziel. Seine engen Gassen mit sorgfältig renovierten Kolonialhäusern erinnern an die glorreiche Vergangenheit. Außerdem locken weiße Sandstrände, schneebedeckte Berge und die Wüste Desierto de la Guajira.

Plaza San Pedro Claver, ein Beispiel für die koloniale Schönheit Cartagenas

NICHT VERSÄUMEN

- Einen Spaziergang über Cartagenas koloniale Plazas **127–133**
- Sonnenbaden auf den Islas del Rosario **136**
- Ein Schlammbad am Volcán de Lodo El Totumo **137**
- Den Karneval in Barranquilla feiern **144**
- Im Parque Nacional Natural Tayrona am Strand entspannen **151**
- Trekking zur Cuidad Perdida in der Sierra Nevada **152**
- In einem traditionellen Wayúu-Dorf übernachten **158–159**

Vor 400 Jahren war Cartagena mit seiner massiven Befestigung gegen Piratenangriffe einer der wichtigsten spanischen Häfen in der Neuen Welt. 1984 zum Welterbe erklärt, ist die von Festungsmauern umschlossene Stadt ein Mosaik von Plätzen, Bougainvilleen-geschmückten Villen, Kathedralen und Burgen. Heute strotzt die restaurierte Stadt vor schicken Restaurants und Hotels hinter den antiken Fassaden.

Weiter östlich bietet die Hafenstadt Barranquilla ein exzellentes Museum und den größten Karneval des Landes: eine fünftägige Party, die zweitgrößte nach Rio. Die perfekte Erholung nach dieser Feier ist ein entschlackendes Bad im Thermalschlamm des Volcán de Lodo El

Totumo. Zur jährlichen Fiesta del Mar gibt es im nahen Santa Marta ein Feuerwerk der Festivitäten. Hier starb Simón Bolívar: Sein Sterbehaus, die Quinta de San Pedro Alejandrino, ist nationales Heiligtum.

Nationalparks

Santa Marta ist auch Basis zur Erkundung der herrlichen Strände, die sich entlang des Parque Nacional Natural Tayrona erstrecken. Landeinwärts erhebt sich nur 40 Kilometer von der Küste entfernt die Sierra Nevada de Santa Marta bis auf 5700 Meter. Die Berge sind ein Paradies für Vogelbeobachter und Wanderer auf der Suche nach der Ciudad Perdida. Nachfahren der indigenen Tairona, die die „Verlorene Stadt" erbauten, leben noch immer ganz traditionell in den schroffen Bergen.

Zwei Stunden Fahrt führen in die trockenste Region des Landes, auf die Península de la Guajira, eine Wüstenzone im Nordosten Kolumbiens. Dort können Sie in traditionellen *rancherías* der indigenen Wayúu übernachten und riesige Sanddünen erklimmen, die sich über dem türkisfarbenen Meer erheben.

Wasserlandschaft

Das karibische Hinterland besteht größtenteils aus weiten Küstenebenen. Das Überschwemmungsgebiet des Río Magdalena, ein Labyrinth verzweigter Kanäle und saisonaler Sümpfe, eignet sich perfekt zur Vogelbeobachtung. Inmitten dieser Wasserlandschaft liegt die Kolonialstadt Mompox.

Der mangrovengesäumte Golfo de Urabá im Südwesten wird heute als Strandreiseziel beworben. Von Turbo, der größten Stadt, erreicht man per Wassertaxi Sandstrände, Korallenbänke und Kuna-Dörfer um Capurganá. ■

Cartagena

Mit seiner herrlichen Kolonialarchitektur, Pferdekutschen und schattigen Plazas gehört Cartagena de Indias, einst einer der wichtigsten Handelshäfen der Neuen Welt, zu den schönsten Zielen im modernen Kolumbien. Sie werden sich in die Stadt mit ihrem märchenhaften Charme verlieben und länger bleiben als geplant.

Alltag im Weltkulturerbe: Das farbenfrohe historische El Centro ist zu jeder Tageszeit voller Leben

Cartagena

Karte S. 125 B2

Besucherinformation

Muelle Turístico la Bodeguita Piso 2

67-5/655-0211

www.cartagenadeindias.travel

Die Stadt wurde am 1. Juni 1533 von Pedro de Heredia (1520–54) gegründet und nach dem spanischen Cartagena benannt. (Unter der Calle Santa Teresa sollen indigene Calamari, von den Spaniern brutal ermordet, begraben liegen.)

Cartagena hatte eine tiefe Bucht, die von künstlichen Bollwerken und umliegenden Hügeln aus verteidigt wurde. Es war einer der drei wichtigsten Häfen der spanischen Schatzflotte und florierte als Handelszentrum. Die Stadt wurde mehrfach geplündert, so 1568 von Sir Francis Drake, der ein Lösegeld erpresste. Gewaltige Wehranlagen wurden gebaut; die Stadtmauer (1756 fertiggestellt) half, 1741 einen schweren Angriff der Briten abzuwehren. Cartagena war einer der drei Sitze der

Inquisition, die hier von 1610 bis 1821 wütete.

Die Stadt hatte ihre Blütezeit im 18. Jahrhundert, als reiche Kaufleute und Adlige viele der schönen Villen und öffentlichen Gebäude bauen ließen. Die Unabhängigkeitskriege ab 1811 markierten den beginnenden Abstieg Cartagenas. Die Stadt überstand Kolumbiens innere Unruhen während des 20. Jahrhunderts, verfiel aber zusehends. Die Armen füllten das Vakuum, das die Abwanderung wohlhabender Familien hinterließ.

Unesco-Weltkulturerbe

Die Kür zum Weltkulturerbe 1984 und der Kinohit „Auf der Jagd nach dem grünen Diamanten" (der allerdings in Veracruz gedreht wurde) bewirkten einen Tourismusboom. Der koloniale Kern ist seither restauriert und mit Boutiquehotels, gehobenen Restaurants und schicken Läden wiederbelebt worden. Die belebte, quirlige Altstadt zieht heute mehr Touristen an als jeder andere Ort in Kolumbien.

Planen Sie mindestens drei Tage ein, um die Altstadt zu erkunden, an die eine moderne, an Miami Beach erinnernde Hochhauszone direkt am Meer grenzt. Die Altstadt ist mit diversen sonnigen Plazas grob schachbrettartig angelegt. Um sich einen Überblick zu verschaffen, ist eine Stadtrundfahrt per Pferdekutsche ideal.

Halten Sie etwas Kleingeld für die *palenqueras* bereit, afrokaribische Frauen in traditioneller Tracht, die Obstkörbe auf dem Kopf tragen und nur gegen Bezahlung vor der Kamera posieren. Cartagena kann heiß und schwül sein wie eine Sauna. Abgesehen von ein paar aufdringlichen Geldwechslern und gewieften Taschendieben sind das die größten Unannehmlichkeiten.

Jenseits der Altstadt erstrecken sich die unansehnlichen Vorstädte südwärts. Richtung Medellín braucht man mindestens eine Stunde, um sich durch den Verkehr zu quälen.

INSIDERTIPP

Genießen Sie im Café del Mar *(Baluarte de Santo Domingo)* auf der Stadtmauer bei Sonnenuntergang einen Cocktail.

ALISON INCE
NATIONAL GEOGRAPHIC-Bibliothekarin

El Centro

Die Kolonialstadt wurde in zwei ummauerten Abschnitten gebaut, die ein Kanal teilte, auf dem heute die Avenida Venezuela verläuft. Die „innere" Stadt enthält die meisten historischen Sehenswürdigkeiten, vor allem in El Centro, wo einst die Oberschicht lebte. Die Straßen haben ihre alten Namen behalten, die sich quasi an jeder Ecke ändern.

Eine *palenquera* passiert Fernando Boteros „Liegende Nackte“ auf der Plaza de Santo Domingo

Museo Histórico
Calle de la Inquisición, Plaza de Bolívar
57-5/664-7381
$$

Museo de Oro Zenú
Calle 33 #3-123, Plaza de Bolívar
57-5/660-0778
Mo geschl.

www.banrepcultural.org/cartagena

Der Hauptplatz ist die **Plaza de Bolívar** *(Calle de la Inquisición & Calle San Pedro Claver)*. Der Platz, der heute eine lebensgroße Statue des Helden auf seinem Streitross zeigt, wurde früher für Militärparaden genutzt. Nach 1610 hallten hier die Schreie der mutmaßlichen Ketzer wider, die hinter dem prächtigen barocken Eingang des Palacio de la Inquisición auf der Westseite gefoltert wurden. Heute beherbergt er das **Museo Histórico**, das Instrumente des religiös begründeten Sadismus wie Streckbank und Hexenwaage zeigt. Oben wird im ehemaligen Gerichtssaal die allgemeine Stadtgeschichte in Dioramen erhellt.

Auf der Ostseite der Plaza glänzt das wunderbare **Museo de Oro Zenú** mit präkolumbischem Gold, darunter filigrane goldene Katzen, Fische, Frösche und andere anthropomorphe Anhänger. Eine weitere Perle, die jüngst restaurierte **Catedral Santa Catalina de la Alejandría** von 1577, ziert die Nordostseite des Platzes. Der nachts angestrahlte Glockenturm ist ein Wahrzeichen der Stadt.

Einen Block nordwestlich beleben Straßenkünstler und *palenqueras* die **Plaza de Santo Domingo** mit ihren Restaurantterrassen. Den Platz schmückt zudem die üppige Statue einer liegenden Nackten von Fernando Botero. Der schiefe Glockenturm der **Iglesia Santo Domingo** aus dem 17. Jahrhundert soll das Ergebnis eines missglückten Versuchs des Teufels sein, die Kirche zu zerstören.

Eine weitere wichtige Kirche, die barocke **Iglesia de San Pedro Claver**, steht auf der **Plaza de San Pedro Claver** *(Cra. 4 & Calle 31)*. Die Kirche ist nach dem Jesuitenpater Pedro Claver (1580–1652) benannt, dessen Mission es war, das Leben der Sklaven zu verbessern. 1888 wurde er heiliggesprochen. Seine Knochen werden in einem gläsernen Schrein unter dem Altar aufbewahrt. Die abstrakten Skulpturen auf dem Platz gehören zum **Museo de Arte Moderno**, das zeitgenössische Kunst zeigt.

Pferdekutschen warten an der **Plaza de los Coches** *(Cra. 7 & Calle 34)* auf Kundschaft. Der dreieckige Platz, geschmückt von einer Statue des Stadtgründers Pedro de Heredia, wird südlich von der **Muralla** (Stadtmauer) und nördlich von Häusern mit Arkaden begrenzt, die wegen der darunter befindlichen Verkaufsstände **Portal de los Dulces**, Portal der Süßigkeiten, genannt werden. Die achteckige **Torre de Reloj** (Uhrturm) wurde 1888 über dem Haupttor, der **Boca del Puente**, gebaut.

Jenseits liegt der **Camellón de los Mártires**, der 1911 zur Hundertjahrfeier der Unabhängigkeit angelegt wurde. In seinem Zentrum steht das Marmordenkmal einer Frau, die ihre Handfläche dem Meer entgegenhält. Eine Inschrift warnt «Noli me tangere» (Rühr mich nicht an), eine Warnung an potenzielle Angreifer. Die Plaza verläuft rechtwinklig zum Hafen, wo zwei riesige Bronzestatuen des Pegasus dem Kongresszentrum gegenüberstehen. Ausflugsboote zur Playa Blanca und zu den Islas del Rosario legen am parallel zur Stadtmauer verlaufenden Kai ab.

Fernando Botero

Der Bildhauer Fernando Botero wurde 1932 in Medellín geboren. Die Kolumbianer betrachten ihn als lebendes Nationalheiligtum. Viele seiner Werke parodieren Priester, Präsidenten und Soldaten, die er spöttisch als aufgeblasen und kindisch porträtiert. Seine plumpen Figuren sind ein leicht erkennbares Markenzeichen des berühmtesten Künstlers des Landes. Mit 14 verließ er die Schule und ließ sich als Matador ausbilden, bevor er in Madrid Kunst studierte, wo er Velázquez und Goya kopierte. 1953 ging er nach Italien, um Kunstgeschichte zu studieren. Während seiner Mexiko-Reise 1956 und 1957 hinterließ der Maler Diego Rivera großen Eindruck auf ihn. 1958 gewann Botero den prestigereichen Salón de Artistas Colombianos.

Die **Plaza de los Coches** öffnet sich westlich zur dreieckigen Plaza de la Aduana. Während des 20. Jahrhunderts residierte in der Antigua Real Contaduria auf der Westseite das Zollamt. Seit 1970 dient das Gebäude als Rathaus. Eine Marmorstatue von Kolumbus neben einer indigenen Frau, errichtet 1894, ziert den Platz, in den Sockel sind Reliefs seiner drei Karavellen graviert.

(Fortsetzung auf S. 133)

Museo de Arte Moderno

- ✉ Calle 30 #4-08
- ☎ 57-5/664-6770
- 🕒 So geschl.
- $ $

Auf den Spuren von Gabriel García Márquez

Dieser Rundgang zeigt das Cartagena des Literaturnobelpreisträgers Gabriel García Márquez, für den die surreale Stadt eine Quelle der Inspiration war. Die Tour verbindet Orte, die in seinen Romanen eine Rolle spielen, und erweckt so „Gabos" Geschichten und Figuren quasi im Vorbeigehen zum Leben.

Cartagenas Altstadt hat sich kaum verändert, seit García Márquez hier in den 1940er Jahren lebte

García Márquez arbeitete Ende der 1940er Jahre als Journalist in Cartagena. Obwohl er nur ein Jahr blieb, porträtierte er die Stadt in zahlreichen seiner Romane. «Alle meine Bücher enthalten lose Stränge von Cartagena», bemerkte er einmal. «Denke ich zurück, fällt mir immer ein Ereignis aus Cartagena, ein Ort in Cartagena, eine Person in Cartagena ein.»

Beginnen Sie den Rundgang auf der **Plaza de San Diego**, am **Hotel Sofitel Santa Clara**, dem ehemaligen Kloster Santa Clara, das eine Inspiration für García

NICHT VERSÄUMEN

Hotel Sofitel Santa Clara • Plaza Fernández de Madrid • Portal de los Dulcos • Plaza de Bolívar

Márquez' Roman „Von der Liebe und anderen Dämonen" von 1995 war. Der Autor wurde oft in der Hotelbar gesehen. Sein modernes Wohnhaus *(Calle Zerrezuela & Calle del Curato)*, hinter orangefarbenen Mauern gleich westlich des Hotels

versteckt, diente in „Die Liebe in den Zeiten der Cholera" als fiktives Zuhause von Fermina Daza und ihrem neureichen Vater. *(Eine Audiotour „La Cartagena de Gabriel García Márquez" bietet Terra Magna Tours, Tel. 57-5/655-1916, www.tierramagna.com.)*

Von hier geht es die Carrera 7 (Calle del Hobo) einen Block hinunter zur **Plaza Fernández de Madrid** ❶, aus der in „Die Liebe in den Zeiten der Cholera" der Park der Evangelien wurde. Das weiße Haus mit dem Türklopfer in Papageienform und dem weinbedeckten Balkon an der Ostseite des Platzes ist das fiktive Haus von Fermina. Auf einer der Bänke davor mag der liebeskranke Florentino Arizo gesessen haben, der vorgab, ein Buch zu lesen, während er Fermina nachspionierte.

Folgen Sie anschließend der Carrera 7 (Calle Seguhda de Badillo) südwärts zur

Plaza de los Coches ② (siehe S. 129), wo die junge Sierva Maria in „Von der Liebe und anderen Dämonen" von einem tollwütigen Hund gebissen wird. Hier, unter dem **Portal de los Dulces**, lässt García Márquez auch „Die Liebe in den Zeiten der Cholera" beginnen: Dr. Juvenal Urbino untersucht die Leiche seines Freundes Jeremiah, der sich vergiftet hat.

Auf dem **Camellón de los Mártires** (siehe S. 129), jenseits des Uhrturms, soll der zukünftige Nobelpreisträger seinem

Seine Zeit in Cartagena regte García Márquez zu vielen seiner Romane und Kurzgeschichten an

Vater eröffnet haben, sein Jurastudium aufgeben und schreiben zu wollen.

Das Portal de los Dulces öffnet sich westlich auf die **Plaza de la Aduana** ③, Schauplatz des Zigeunermarktes in „Hundert Jahre Einsamkeit". Weiter geht es über die Plaza mit dem Rathaus und der Kolumbus-Statue bis zur **Plaza de San Pedro Claver** (siehe S. 129); biegen Sie links ab und folgen dem Fußweg unterhalb der Mauer zum **Museo Naval del Caribe** ④ *(Calle San Juan de Díos #3-62, Tel. 57-5/664-2440, $)*. Neben alten Kanonen und Modellschiffen widmet das Marinemuseum eine gesamte Etage den Szenen und Charakteren aus „Hundert Jahre Einsamkeit".

Folgen Sie vom Museum aus rechts der Carrera 3 (Calle Ricuarte) bis zur **Plaza de Santo Domingo** (siehe S. 128). Der windschiefe Turm der Kathedrale spielte eine Schlüsselrolle in Gabos „magischem Realismus". Von hier sind es wenige Minuten bis zur **Plaza de Bolívar** ⑤.

Als er 1948 mittellos ankam, verbrachte Márquez hier seine erste Nacht in Cartagena auf einer Bank. Besuchen Sie die **Catedral Santa Catalina de la Alejandría** (siehe S. 128), wo drei BischöfeSerminas Trauung mit Juvenal Urbino vollzogen. Die Plaza südlich der Kathedrale wird von den Arkaden des **Palacio de la Gobernación** ⑥ gesäumt, der in „Die Liebe in den Zeiten der Cholera" als Portal de los Escribianos diente, wo Florentino Liebesbriefe im Namen anderer verfasste.

San Diego

Nördlich von El Centro warten einige der hübschesten kolonialen Straßen Cartagenas mit antiken Türklopfern, hohen Fensterläden und Bougainvilleen, die sich über hölzerne Balkons ergießen. Viele der Villen wurden in moderne Boutiquehotels umgewandelt.

Werfen Sie an der **Plaza de San Diego** einen Blick ins **Hotel Sofitel Santa Clara** *(Calle del Torno #39-29)*, ein ehemaliges Kloster, um den Innenhof und die ehemalige Krypta unter der Bar zu bewundern. Meist brummt die Plaza vor lauter Studenten des Colegio Salesiano an der Ostseite. Lebhafte Restaurants laden zum Abendessen ein.

Das **Teatro Heredia** *(Cra. 4 & Calle 38, Tel. 57-5/664-9631, Sa & So geschl., $)*, drei Blocks westlich an der Plaza de la Merced, wurde 1911 im republikanischen Stil vollendet. Sein hufeisenförmiger Theatersaal prunkt mit vier Rängen und einem Deckengemälde, es werden Führungen angeboten.

Das Nordostende des Centro Histórico bilden die **Bóvedas**. Diese Reihe von 23 Ende des 18. Jahrhunderts in die Stadtmauer gebauten Lagerräumen dient heute als Kunsthandwerksmarkt. Im Bunker des Baluarte de Santa Catalina über den Bóvedas residiert das kleine **Museo de las Fortificaciones** *(Ecke Playa del Tejadillo & Playa del San Carlos, www.fortificacionesdecartagena.com, $)*, das die frühen Wehranlagen der Stadt zeigt. Von hier kann man gut auf der salzgebleichten Festungsmauer nach Westen zurücklaufen.

INSIDERTIPP

Schlendern Sie kreuz und quer durch die Altstadt, vorbei an farbenfrohen Villen und Straßenkünstlern. Wer sich verläuft, dem bietet die Stadtmauer Orientierung.

RACHAEL JACKSON
Rechercheurin, National Geographic Channel

Getsemaní

Innerhalb der Stadtmauern befand sich auch die Stadterweiterung Getsemaní, ein Arbeiterviertel, das die breite, moderne Avenida Venezuela (Vorsicht auf den Märkten beiderseits der Straße) von El Centro und San Diego trennt. Es ist immer noch etwas zwielichtig, doch die Gentrifizierung schwappt langsam von El Centro und San Diego herüber.

Bei Nacht pulsieren die Straßen mit Salsa und *vallenato*. Die Avenida del Mercado und ihre hafenseitige Verlängerung (Calle Arsenal) sind dann eine einzige Partymeile mit dem heißesten Salsaclub der Stadt, **Quiebra Canto** *(Cra. 8 #25-119, Tel. 57-5/664-1372, www.quiebracanto.com)* mittendrin.

Ein Trompeter begrüßt Gäste des Castillo de San Felipe de Barajas

Castillo de San Felipe de Barajas

Cra. 17 & Calle 30

57-5/656-0590

$$

www.fortificacionesdecartagena.com

Außerhalb von El Centro

Außerhalb der umfriedeten Stadt gibt es viel zu entdecken, darunter die drittgrößte Burg der Neuen Welt.

Castillo de San Felipe de Barajas: Das massive Kastell, das größte der diversen Forts, die die Stadt umgaben, steht auf dem Hügel San Lázaro, zehn Minuten zu Fuß östlich von Getsemaní die Calle 30 entlang. Es diente dem Schutz der landwärtigen Seite der Stadt. 1536 begonnen und von Sklaven erbaut, wurde es mehrfach ergänzt und 1657 vollendet.

Nächtliche Beleuchtung taucht seine schrägen Mauern in goldenes Licht wie eine Filmkulisse. Sie können den Almacén de Pólvora (Pulvermagazin) und ein Gewirr von Tunnels selbst erkunden, aber mit Führer versteht man mehr. Englischsprachige Guides bieten ihre Dienste an *($$)*.

Unterhalb der Burg steht eine Statue von Don Blas de Lezo, dem spanischen Admiral, der die Stadt im März 1741 erfolgreich gegen die Briten verteidigte. Gut 200 Meter östlich warten die **Botas Viejas**, ein riesiges Paar bronzener Stiefel, das an ein Gedicht des Cartageners Luis Carlos López (1883–1950) erinnert, der erklärte, er liebe die Stadt «so sehr wie meine Schuhe».

Cerro de la Popa: Für einen Panoramablick auf Cartagena nehmen Sie ein Taxi (besser nicht zu Fuß!) zum höchsten Punkt der Stadt. Der 148 Meter hohe Hügel, der sich östlich des Kastells

INSIDERTIPP

Nehmen Sie sich im Castillo de San Felipe de Barajas einen Führer, der Sie durch das ausgeklügelte System der dunklen, engen Tunnel geleitet.

RACHAEL JACKSON
Rechercheurin, National Geographic Channel

San Felipe erhebt, erhielt seinen Namen, weil er dem Heck *(popa)* einer spanischen Galeone ähnelt. Er wird von einem imposanten Wehrkloster aus dem 17. Jahrhundert gekrönt, das (so befand García Márquez in „Der Herbst des Patriarchen") «einem Ozeanriesen, der auf einem Dachfirst auf Grund gelaufen ist» ähnelt.

Das **Convento de Nuestra Señora de la Candelaria** *(Tel. 57-5/666-2331, $)* wurde 1607 von Augustinermönchen gegründet. Das Kloster ist nicht mehr in Betrieb, dient aber mit einer Statue der Virgen de la Candelaria Gläubigen als Wallfahrtsort.

Bocagrande: Südlich des Centro Histórico die Küste entlang erstreckt sich eine Landzunge, Bocagrande, gespickt mit Wolkenkratzern des 21. Jahrhunderts. Viele der nobelsten Hotels reihen sich hier am langen Sandstrand auf. Jeden November wird die **Avenida San Martín** zum Laufsteg, wenn die schönsten Frauen des Landes in der Hoffnung, zur Miss Kolumbien (siehe Kasten) gekürt zu werden, die Straße entlangstolzieren. Am Tag nach der Wahl posiert die Gekürte am Strand mit einer *palenquera*, eine Tradition, die Glück bringen soll. Das Finale

Miss Kolumbien

Kolumbianer lieben Schönheitswettbewerbe. Der Concurso Nacional de Belleza, bei dem jährlich in Cartagena die neue Miss Kolumbien gekürt wird, ist ein Staatsfeiertag. Cartagena begeht das Ereignis mit Paraden und Partys, Magazine widmen ihm ganze Ausgaben, Stadträte sponsern Bewerberinnen. In den 1990er Jahren finanzierten auch Drogenbarone Kandidatinnen; Maribel Gutiérrez Tinoco (Miss Kolumbien 1990) heiratete später Kartellchef Jairo „El Mico" Duran. Sogar Kolumbiens Gefängnisse halten Schönheitswettbewerbe ab, was Gabriel García Márquez inspirierte, im „Leichenbegängnis der Großen Mama" zu bemerken: «Es gibt eine Mangokönigin, eine für Kürbisse, eine für grüne Kürbisse, eine für grüne Bananen, eine für gelbe Bananen, eine für Kassava, um nur einige zu nennen.»

Als Luz Marina Zuluaga den Miss Kolumbien-Titel 1958 gewann, wurde sie mit einer Villa und lebenslanger Steuerfreiheit belohnt. Vanessa Mendoza, die erste schwarze Miss Kolumbien (2001), wurde mit einer Briefmarke geehrt. Frühere Schönheitsköniginnen sind Kultus- oder sogar Verteidigungsministerinnen geworden, andere Filmstars.

Simón Bolívar

Simón Bolívar (1783–1830), in ganz Südamerika als El Liberator verehrt, wird als der George Washington Kolumbiens angesehen. Gebürtig in Caracas, erbte er schon im Kindesalter von den früh verstorbenen Eltern ein Vermögen. Bolívar schloss sich 1810 der Unabhängigkeitsbewegung an und nahm 1813 Caracas als Führer einer nationalen Armee ein: Der erste einer Reihe von Siegen, die 1819 zur ersten Union unabhängiger Nationen – Gran Colombia – in Lateinamerika führte. Bolívar setzte eine Verfassung auf und wurde der erste Präsident Gran Colombias.

Am 27. April 1830 trat er als Präsident zurück und starb am 17. Dezember in der Quinta de San Pedro Alejandrina in Santa Marta, wo er in der Kathedrale begraben wurde. 1842 wurden seine Gebeine nach Caracas verbracht, wo sie nun im Panteón Nacional de Venezuela schlummern.

fällt mit Cartagenas Unabhängigkeitstag zusammen, an dem die Stadt geradezu überschäumt vor lauter Paraden und Fiestas.

Ausflüge von Cartagena

Folgende Tagesausflüge bieten sich an.

Parque Nacional Natural Corales del Rosario y de San Bernardo

Karte S. 125 A2

Parque Nacional Natural Corales del Rosario y de San Bernardo: Ausflugsboote fahren von Cartagena zur Isla Barú (eine durch einen Kanal vom Festland getrennte Halbinsel) und zu den 27 vorgelagerten Koralleninseln, die den Archipel der **Islas del Rosario** 50 Kilometer südwestlich von Cartagena bilden. Die Inseln werden in einem Nationalpark geschützt, der 1119 Quadratkilometer südlich des Archipelago de San Bernardo umfasst.

Der Park ist eine wichtige Niststätte für Meeresschildkröten und schützt vier Fünftel der Korallenbänke entlang der kolumbianischen Karibikküste, dazu Mangroven, Marschen und Meeresgewässer. Auf der größten Insel, **Isla Grande** (Teil des Archipels, aber nicht Teil des Parks), liegen Hotels und Villen, viele mit *dinero sucio* (Drogengeld) gebaut und jetzt im Verfall begriffen. Auf der **Isla de San Martín de Pajarales**, westlich der Isla Grande, tummeln sich Fische, Delfine und Meeresschildkröten im **Acuario Ceiner**, es gibt auch Delfinshows.

INSIDERTIPP:

Nehmen Sie mittags ein Taxi anstatt den morgendlichen Ausflugsbus, um die Schlammbäder am Volcán de Lodo El Totumo zu besuchen. Der Preis ist derselbe, aber es ist viel ruhiger.

ALISON INCE
National Geographic-Bibliothekarin

Ausflugsboote legen an der Muelle Turístico la Bodeguita in Cartagena ab *($$$–$$$$; Karten am Anleger)*. Meist kombinieren sie die Islas del

Rosario mit der **Playa Blanca** am Ufer der **Isla Barú** auf halber Strecke, einem der schönsten Strände in der Gegend. Ein vorgelagertes Barriereriff bremst die Wellen, aber fliegende Händler sind zahlreich und hartnäckig.

Volcán de Lodo El Totumo: Ein absolutes Muss für jeden Gast in Cartagena oder Barranquilla ist ein Schlammbad in diesem Minivulkankegel, der lauwarme flüssige Tonerde speit statt Lava. Der höchste Schlammvulkan Kolumbiens liegt auf halber Strecke zwischen Cartagena und Barranquilla. Etwa 50 Kilometer nordöstlich von Cartagena steht ein Schild an der Küstenstraße.

Nachdem man den Eintritt (*$*) an die örtliche Kooperative Asociación de Trabajadores del Volcán del Totumo bezahlt hat, steigt man eine hölzerne Treppe hinauf und gleitet in das 3 Meter breite, mit Holz eingefasste Becken. Der 15 Meter hohe Vulkan hat keinen erkennbaren Boden. Riesige Blasen steigen etwa minütlich auf und bespritzen die Badenden mit dunklem Schlamm. Abschließend geht man 50 Meter zur Cienaga de Totumo hinunter, um sich im schmuddeligen Wasser abzuspülen, während einheimische Frauen gegen Gebühr ihre Hilfe beim Bad anbieten. ■

Volcán de Lodo El Totumo

Karte S. 125 B2

Islas del Rosario: der perfekte Ort für ein Sonnenbad

Piraten

Brutale Bukanier, Freibeuter und Piraten hinterließen in der Karibik eine Spur der Verwüstung. Sie waren die Terroristen ihrer Zeit, frei von Mitleid und Skrupeln. Beinahe zwei Jahrhunderte lang plünderten diese verwegenen Vagabunden der Meere die spanisch kontrollierte Karibikküste von Mexiko bis an den Orinoco. Doch keine spanische Festung war damals so verlockend wie der Hafen von Cartagena, eines der drei wichtigsten Tore zur Neuen Welt, wo sich mächtige Galeonen schwer beladen mit Schätzen auf den Weg nach Spanien machten.

Briten und Spanier kämpfen 1708 vor der Küste Cartagenas (Gemälde von Samuel Scott)

Seit der spanischen Entdeckung Amerikas diente Cartagena, mit Portobelo und Havanna, als wichtigster Umschlagplatz für Südamerikas einmalige Schätze. Von kolumbianischem Smaragd bis zum Gold der Inka wurden Kostbarkeiten in rauen Mengen nach Cartagena geschafft und mit halbjährlichen Schatzflotten nach Spanien verschifft. Anfang der 1540er Jahre wurde die Stadt erstmals vom französischen Piraten Robert Baal geplündert. Spaniens eingeschworene Feinde England, Frankreich und Holland stellten Kapitänen Kaperbriefe aus, damit sie spanische Schiffe und Städte in der Neuen Welt angriffen.

Der berüchtigtste Freibeuter war Sir Francis Drake (ca. 1540–96), der erstmals 1567 mit seinem Cousin John Hawkins und einer Ladung afrikanischer Sklaven in die Neue Welt segelte. Die Spanier griffen ihre Flotte an und schürten antikatholischen Hass beim Protestanten Drake. 1568 kehrte Hawkins zurück und belagerte Cartagena; Drake plünderte 1572 Nombre de Díos in Panama, kaperte mehrere spanische Schiffe und segelte mit Schätzen beladen nach England.

Im Auftrag Elisabeths I. ging er 1577 mit fünf Schiffen wieder auf Kaperfahrt. Nachdem er an der Pazifikküste Südamerikas geplündert hatte, kaperte Drake das Schatzschiff „Nuestra Señora de la Concepción" und kehrte 1580 nach England zurück, nachdem er die Welt umsegelt hatte. 1586 nahm Drake Cartagena ein, zerstörte die Kathedrale und erpresste die Zahlung eines Vermögens als Lösegeld.

Die Bukanier

Die Bukanier, die Mitte des 17. Jahrhunderts auftauchten, hatten auf Hispaniola als Jäger und Viehzüchter gelebt, waren aber von den Spaniern vertrieben worden. Sie nannten sich Brüder der Küste und kaperten spanische Schiffe. Der Erfolg ließ ihre Zahl anwachsen, sie gewannen an Macht und wurden schließlich nach Port Royal, Jamaika, eingeladen.

INSIDERTIPP

Die Einwohner Providencias sind Nachfahren britischer Piraten, afrikanischer Sklaven und puritanischer Siedler.

SIBYLLA BRODZINSKY
Freie Journalistin, Kolumbien

Einer ihrer Anführer war der äußerst erfolgreiche Waliser Henry Morgan (1635–88). Als Morgan 1668 Portobelo einnahm, benutzte er katholische Nonnen und Mönche als menschliche Schutzschilde gegen spanisches Feuer. Im März 1669 kam Morgan knapp mit dem Leben davon, als sein Flagschiff, die „HMS Oxford", auf dem Weg zu einem Angriff auf Cartagena explodierte. Seine Raubzüge an der spanischen Karibikküste krönte er 1671 mit der Plünderung von Panama-Stadt. Morgan wurde in England verurteilt, aber bald begnadigt, zum Ritter geschlagen und zum Vizegouverneur von Jamaika ernannt.

1697 schlossen Spanien und England Frieden und begannen einen Kreuzzug zur Bekämpfung der Piraterie.

La Muralla

1586 begann man mit dem Bau von Cartagenas Stadtmauer, La Muralla, um die Stadt gegen Angriffe zu schützen. Die Wehranlage wurde in mehreren Etappen gebaut und erst 1796 unter der Leitung des spanischen Ingenieurs Antonio de Arévalo (1715–1800) fertiggestellt. Sie umschloss die Ciudad Amurallada (eingefriedete Stadt) komplett und maß 4 Kilometer, erhalten sind davon 3,5 Kilometer. Die bis zu 8 Meter hohe Befestigung aus Korallenstein ist eine der besterhaltenen Kolonialmauern der Neuen Welt. Dazu gehörten ein Graben sowie 16 *baluartes* (Bastionen), hervorstehende fünfeckige Elemente, mit Kanonen bestückt und mit Wachtürmen an jeder Ecke, verbunden durch 14 Ringmauern mit sieben Haupteingangstoren. Ein 1761–71 errichteter Wellenbrecher schützte die nordwestlichen Mauern vor der zerstörerischen Kraft der Wellen.

Südlich & westlich von Cartagena

Das flache und fruchtbare Hinterland südlich von Cartagena wird wenig besucht, da es zum großen Teil acht Monate im Jahr überflutet ist. Diese Wasserlandschaft half, die Welterbestadt Mompox als eine koloniale Perle zu erhalten, in der die Zeit stehen geblieben ist. Die Karibikküste zieht sich südwärts bis zum Golfo de Urabá mit Dörfern der indigenen Kuna sowie herrlichen Stränden und Korallenbänken.

Ein *campesino* (Kleinbauer) transportiert Palmwedel zum Dachdecken auf dem Fahrrad

Besucher werden mit fabelhaften Möglichkeiten zur Vogelbeobachtung, mit Schlammvulkanen, Delfinen im Golfo de Morrosquillo, dem jenseitigen Charme von Mompox, herrlichen Stränden und farbenfroher indigener Kultur am Golfo de Urabá belohnt.

Bis vor Kurzem war es nicht ganz ungefährlich, die Region südlich von Cartagena zu bereisen. Auf den Straßen Cartagena–Medellín und Medellín–Turbo kam es häufig zu Entführungen. In der Gegend trugen zudem linke Guerillas und skrupellose Paramilitärs, die vor zehn Jahren noch Turbo und andere Orte in der Region kontrollierten, ihre Fehden aus. Die kolumbianische Armee hat inzwischen die wichtigen Schnellstraßen unter Kontrolle. Nachtfahrten sollte man jedoch vermeiden und sich in Orten wie

INSIDERTIPP

Jede Region hat ihre eigene Art *arepa* (Maisfladen) und *sancocho* (Eintopf) – probieren Sie sich durch.

JOHN ROSENTHAL
Autor, National Geographic Traveler Magazine

Cacucasia und Montería nicht länger aufhalten als nötig.

Mompox

Santa Cruz de Mompox wurde 1537 am Ufer des Río Magdalena gegründet, in einer Zeit, als Überlandreisen unsicher und der Fluss eine wichtige Handelsroute war. Die Sumpfstadt wurde zu einem wohlhabenden Handelshafen mit Kirchen und hübschen Kolonialhäusern mit kunstvollen schmiedeeisernen Fenstergittern. Dann verlagerte sich der Flusslauf, und Mompox verlor seine Bedeutung. Mitten in der sumpfigen Ebene beschwört die Stadt, in der die Zeit stehen geblieben zu sein scheint (seit 1995 Weltkulturerbe), García Márquez' fiktive Stadt Macondo aus „Hundert Jahre Einsamkeit" herauf. Tatsächlich war Mompox der Schauplatz für García Márquez' „Chronik eines angekündigten Todes". Seien Sie auf brütende Hitze und Schwüle gefasst.

Von den vielen Kirchen der Stadt *(nur zur Messe geöffnet)* ist die **Iglesia de Santa Barbara** *(Calle de la Albarrada & Calle 14)* mit Stuckornamenten und einem achteckigen barocken Glockenturm die faszinierendste. Sehenswert sind auch das **Museo Cultural de Arte Religioso**, das unter dem modernen Stuck Teile der Originalwandbilder zeigt; und die **Alcaldia** *(Calle 19 & Cra. 2a)*, das Rathaus im ehemaligen Convento de San Carlos. Gegenüber steht eine Bronzestatue der „Miss Liberty" mit Simón Bolívars Zitat: «Si a Caracas debo la vida, a Mompos debo la gloria» (Mein Leben verdanke ich Caracas, aber meinen Ruhm Mompox).

Am Ende der Stadt ist die Hauptstraße **Calle Real del Medio** gesäumt von Möbel- und Silberschmiedwerkstätten

Mompox

Karte S. 125 B1

Besucherinformation

Carrera 2da Palacio de San Carlos

57-5/685-5039

www.santacruzdemompos-bolivar.gov.co

Museo Cultural de Arte Religioso

Calle Real del Medio #17-07

57-5/685-6074

So & Mo geschl.

$

ERLEBNIS: Segeltörn nach Panama

Genießen Sie die drei- bis fünftägige Passage zwischen Kolumbien und Panama, um auf einem Segelboot die San-Blas-Inseln, die Heimat der indigenen Kuna, zu erkunden. Boote können in Cartagena und Capurgana gechartert werden, oder in Panama in Portobelo, Puerto Lindo und Porvenir *(350–650 US$)*. Die meisten Boote legen ab, wenn sie genug Passagiere haben; wenige haben feste Fahrpläne. Die unter deutschem Skipper fahrende *Stahlratte* *(Tel. 57/301-374-6596 oder 507/6031 7107, www.stahlratte.org)* und der *Seeadler* *(Tel. 507/6626-8455, www.sailseeadler.com)* segeln zwischen Portobelo und Cartagena. Buchen kann man in der Casa Viena *(Tel. 57-5/668-5048, www.casaviena.com)* in Cartagena oder im Hostal Mamallena *(Tel. 507/6676-6163, http://mamallena.com/sailboats.html)* in Panama-Stadt.

Harpyien

Mit einer Flügelspannweite von mehr als 2 Meter – der größten aller Vögel weltweit – ist die bedrohte *Harpia harpyja* der mächtigste Greifvogel der Neuen Welt. Während sie über die Tieflandregenwälder des Chocó und des Amazonas segelt, hält sie Ausschau nach Affen, Faultieren und anderen baumbewohnenden Beutetieren. Den anthrazitfarbenen Vogel schmücken ein Federkragen und eine Krone aus langen Federn auf dem hellgrauen Kopf. Einst häufig in Mittel- und Südamerika, ist seine Verbreitung zurückgegangen.

(talleres de filagría). Besuchen Sie bei Sonnenaufgang den **Flussufermarkt** *(Calle de la Albarrada)*: Trauben, Fisch und *platanos* werden in Einbäumen zum Anleger gebracht.

Blatthühnchen, Lappentaucher, Schwarzzügelibisse und Reiher tummeln sich zwischen den Wasserhyazinthen, auf den tintenschwarzen Lagunen rund um Mompox.

Anreise nach Mompox: Um die von Lagunen und verzweigten Kanälen umgebene Stadt zur erreichen, ist etwas Planung nötig. Von Westen legt dreimal täglich eine Fähre in Yati, rund 8 km nördlich von Magangué, ab *(Mo–So 5, 6 & 13 Uhr, $)*. Von Osten ist Mompox mit der Hauptverbindungsstraße Bucaramanga–Bosconia verbunden, aber die oft empfohlene Strecke von Pelaya via El Banco ist heute eine ermüdende Schlammpiste (Allradfahrzeug mit hohem Bodenabstand ist ein Muss); besser geht es via El Paso *(zu erreichen von der Straße Curumaní–Bosconia bei Cuatro Vientos)*, Astrea und El Banco.

Golfo de Urabá

Golfo de Urabá
Karte S. 125 A1

Der Golf am Nordwestende Kolumbiens boomt als neues Strandreiseziel. Um Capurganá warten sandgesäumte Buchten mit türkisfarbenem Wasser, während die Kuna in ihren Dörfern an ihrer farbenfrohen und intakten indigenen Kultur festhalten.

An der Westseite des Golfs, im Departamento Chocó, erstreckt sich der Regenwald bis auf die Bergkette Serranía de Darién, deren Krone die Grenze zu Panama bildet. Im unberührten **Darién** mit seiner reichen Tierwelt schreien Brüllaffen mit Aras um die Wette. Die Umgebung des Golfs war in den letzten Jahrzehnten eine der Regionen, die am schlimmsten unter der Gewalt in Kolumbien zu leiden hatte. Zum Glück haben sich Guerilla und Paramilitärs nun dank übermächtiger Armeepräsenz von der Küste zurückgezogen. Dschungeltrekking im Binnenland ist jedoch ohne erfahrenen Guide weiterhin ausgeschlossen.

Das Eingangstor zum Golf per Boot ist **Turbo**, eine unattraktive Hafenstadt, die in einschläfernder Hitze vor sich hin dämmert. Turbo ist über die Asphaltstraße von Medellín (275 km) und über schlammige Landstraßen von Montería *(ca. 6 Std.)* erreichbar. Fahren Sie hier aus Sicherheitsgründen nur tagsüber.

Capurganá: Dieses entlegene afrokolumbianische Fischerdorf fünf Kilometer südlich der Grenze zu Panama hat sich in letzter Zeit zum hippen Badeort entwickelt. Mit schroffen Bergen im Hintergrund ist Capurganá der Inbegriff der Karibikidylle: Kokospalmen über weißem Sand, türkisfarbenes Meer, üppig grüne Inseln und Korallenbänke. Die Auswahl an Hotels ist groß. Es gibt Flüge von Medellín und ein frühmorgendliches Wassertaxi von Turbo *(2,5 Std., $$$$$)*.

In puncto Strände hat man die Qual der Wahl. An der riffgeschützten **Playa La Caleta** lädt kristallklares Wasser zum Schnorcheln ein. Oder man nimmt eine *lancha* (Boot) oder wandert *(1 Std.)* zur schönen **Bahía El Aguacate** (manchmal voller Bootsausflügler) bzw. zum Grenzdörfchen **Sapzurro** in einer hufeisenförmigen Bucht mit Korallenbänken.

Einheimische Ausrüster bieten Tauchgänge an, und Hotels können halbtägige Dschungelwanderungen oder Ausritte zum **Wasserfall El Cielo** organisieren. Aus dem Urwald hört man Brüllaffen rufen, bei Wanderungen begegnet man Agutis, Ameisenbären, Faultieren und Papageien. ■

Capurganá

Karte S. 125 A1

Saisonal überflutete Lagunen und Wasserwege umgeben die Stadt Mompox aus dem 16. Jahrhundert

Zentraler Norden

Diese Region umfasst 160 Kilometer Küstenlinie und bietet viel Abwechslung, von der bunten Hafenstadt Barranquilla bis zur präkolumbischen Ciudad Perdida hoch in der Sierra Nevada de Santa Marta. Deren schneebedeckte Berge erheben sich über den palmengesäumten Stränden des Parque Nacional Natural Tayrona.

El Rodadero ist ein beliebter Badeort, hier kann man mit Delfinen schwimmen

Barranquilla

Karte S. 125 B2

Besucher-information

Secretaría de Cultura, Patrimonio y Turismo, Calle 34 #43-31, Barranquilla

57-5/339-9450

www.barranquilla.gov.co/cultura

Barranquilla

Die meisten Gäste beschränken sich auf Cartagena und Santa Marta und lassen die hektische Hafenstadt (1,2 Mio. Einwohner) an der Magdalena-Mündung links liegen. Dabei hat Barranquilla einiges zu bieten. Die vornehme moderne Stadt im Norden hebt sich von den chaotischen *barrios* im Süden ab, die den historischen Stadtkern von 1629 umfassen. Fast alle Sehenswürdigkeiten liegen in oder am Rande der Neustadt.

Das laute, bunte Barranquilla ist ein Schmelztiegel spanischer, afrikanischer und indigener Kultur. Das lässt sich zu keiner Zeit besser beobachten als Mitte Februar, wenn die Stadt zu ihrem Karneval, einem fünftägigen Gelage und Kolumbiens wichtigstem Volksfest, völlig außer Rand und Band gerät.

El Prado & Barrio Abajo: Das Herz der Stadt, der betuchte und moderne Bezirk El Prado, wurde 1921 mit palmengesäumten Boulevards und hübschen Villen in republikanischem Stil angelegt. Eine beherbergt heute das **Museo Romántico**, das kleine Geschichtsmuseum der Stadt. Interessanter sind die Skulpturen entlang des **Prado**, etwa das **Monumento al Heroe Caido** *(Calle 59 & Cra. 54)*. Diese schwebende, in ein Leichentuch gehüllte Figur im Glaskasten würdigt die Opfer von Kolumbiens Violencia (siehe S. 30).

Kunstinteressierte werden das **Museo de Arte Moderno** (MAMB), das Werke aus ganz Lateinamerika ausstellt, sehr schätzen. Die Carrera 54 führt nach Osten zum modernen **Teatro Amira de la Rosa** *(Cra. 54 #52-258, Tel. 57-5/369-2410)* von 1982 mit einem auffälligen, 60 Meter breiten Wandgemälde des kolumbianischen Malers Alejandro Obregón (1920–92). Zwei Blocks weiter östlich liegt das Arbeiterviertel Barrio Abajo mit seinen tropisch bunt bemalten Häusern.

Die **Casa del Carnaval** im klassischen Kolonialstil beherbergt die Zentrale der Fundación Carnaval de Barranquilla. Das 2011 eröffnete großartige interaktive Museum, die Sala del Carnaval Elsa Caridi, zeigt Kostüme und Masken.

Plaza de la Paz: Eine der beiden Hauptattraktionen Barranquillas ist die **Catedral Metropolitano** *(Ecke Calle 53 & Cra. 46)* in der Avenida

Museo Romántico
✉ Cra. 54 #59-199
☎ 57-5/344-4591
🕒 So geschl.
$ $

Museo de Arte Moderno
✉ Cra. 56 #74-22
☎ 57-5/369-0101
🕒 So geschl.
www.mambq.org

Casa del Carnaval
✉ Cra. 54 #49B-39
☎ 57-5/319-7616
🕒 Mo geschl.
www.carnavaldebarranquilla.org

ERLEBNIS: Musik & Tanz

Champeta, cumbia **und** ***vallenato*** **sind unterschiedliche Musikformen, die alle rund um Cartagena aus demselben Schmelztiegel aus afrikanischen, spanischen und indigenen Elementen hervorgegangen sind.**

Cumbia, die älteste der drei, entstand als Brautwerbetanz unter afrikanischen Sklaven. Durchtränkt mit westafrikanischen Rhythmen, ahmt dieser komplexe Volkstanz mit Fußfesseln beschwerte Knöchel nach. In den 1940er Jahren hatte Cumbia ein städtisches Mittelklassepublikum erreicht und wurde mit Blechbläserklängen im Mambo-Stil verfeinert.

Champeta kam in den 1970er Jahren in den ärmeren Vierteln Cartagenas als Fusion aus Cumbia, Soca, Calypso und Reggae auf, die um ursprünglichere afrikanische Klänge ergänzt wurde.

Vallenato, ebenfalls ein Potpourri, das sich aus der Cumbia entwickelte und auf Akkordeon- und Bassgitarrenklängen basiert, wurde in den 1980er Jahren in ganz Kolumbien populär.

Folgende Tanzschulen bieten einen Einstieg:

Crazy Salsa *(Cra. 7 #34-23, Cartagena, Tel. 57/300-803-8409, www.crazysalsa.net)*. **Diese Schule lehrt auch andere Latino-Tänze, von** ***bachata*** **bis Salsa.**

Learn More Than Spanish *(Cra. 9A #61-51, Bogotá, Tel. 57/310-775-0768, www.learnmorethanspanish.com)*. **Die britisch geführte Sprachschule kombiniert Spanisch- mit Tanzunterricht.**

Museo del Caribe
Calle 36 #46-66, Barranquilla
57-5/372-0582
$$
www.culturacaribe.org

Santa Marta
Karte S. 125 B2
Besucherinformation
Secretaría de Turismo, Calle 17 #3-120
57-5/438-2587

Olaya Herrera auf der Westseite der Plaza de la Paz, die 2011 umgestaltet wurde. Der italienische Architekt Angelo Mazzoni (1894–1979) entwarf die moderne Kathedrale, die 1982 nach 27 Jahren fertiggestellt wurde. Ein massiver Bronzejesus von Rodrigo Arenas Betancourt erhebt sich über dem schlichten Marmoraltar. Aus der offenen Betongewölbedecke starren manchmal während der Messe Geier auf die Kirchgänger herab.

Um den Parque Cultural del Caribe: Weiter östlich an der Avenida Olaya Herrera liegt das erstklassige, ganz aus Glas und Schiefer erbaute **Museo del Caribe**, das 2009 eröffnet wurde. Sein zentrales Thema ist Kolumbiens karibische Kultur. Besonders faszinierend ist die dritte Etage, wo man Interviews mit Kolumbianern zur nationalen Identität vorfindet.

Zwei Blocks nördlich steht das **Edificio La Aduana** *(Via 40 #36-135, Tel. 57-5/369-3700)*, das alte Zollgebäude von 1919. Heute dient es als Archiv und Kulturzentrum. An seinem Nordende stellt der alte Bahnhof **Estación Montoya** die Dampflokomotive „Doña Helena" aus, die 1904 in England produziert wurde.

Vier Blocks südlich des Museo del Caribe wird das chaotische Kolonialviertel der Stadt um die **Plaza San Nicolás** *(Calle 33 & Cra. 41)* von der gotischen **Iglesia de San Nicolás de Tolentino** mit zwei achteckigen Glockentürmen beherrscht.

Santa Marta

Die 1525 gegründete Küstenstadt, ein beliebter Badeort der kolumbianischen Mittelschicht, ist eine der ältesten Städte des Landes. Von hier begann Gonzalo Jiménez de Quesada das Binnenland zu erkunden und zu besiedeln. Trotz seines Alters bietet Santa Martas ziemlich bescheidener Kolonialkern kaum die malerische Schönheit Cartagenas, das die Stadt schon bald als Hafen in den Schatten stellte.

INSIDERTIPP

Bringen Sie Verpflegung mit, um sie auf den *palcos* (Karnevalstribünen) mit anderen zu teilen – eine perfekte Gelegenheit, um sich mit Einheimischen anzufreunden.

ALISON INCE
National Geographic-Bibliothekarin

Besucher strömen zur Quinta de San Pedro Alejandrino, dem Simón Bolívar gewidmeten Nationalheiligtum, und zum Badeort **El Rodadero**, fünf Kilometer südlich von Santa Marta, wo das **Acuario y Museo del**

Mar de Rodadero *(Tel. 57-5/ 422-7222, www.acuarioroda dero.com, $$$)* 100 Arten von Seepferdchen und Haie beherbergt. Man kann sogar mit Delfinen schwimmen.

Im Juli begeht die Stadt ausgelassen die fünftägige **Fiesta del Mar** *(Tel. 57-5/438-2107 oder 438-2777, App. 260)* mit wasserbezogenen Aktivitäten, Straßenparaden und Schönheitswettbewerben.

In den letzten Jahren ist Santa Marta schicker geworden. Diverse Boutiquehotels und ein neuer Jachthafen wurden eröffnet *(www.igy-marinasantamarta.com.co)*.

Casco Histórico: Das Kolonialviertel *(zw. Paseo de Bastidas & Cra. 5, & Calles 11 & 22)* erstreckt sich drei Blocks vom *malecón* landeinwärts. Dieser heißt offiziell Paseo de Bastidas und ist nach dem Stadtgründer Rodrigo de Bastidas (1460–1527) benannt. Sein Denkmal in der Calle 15 blickt auf die **Plaza de Bolívar** (*Calle 15 & Cra. 14*), den Hauptplatz. An dessen Nordseite liegt die Casa de la Aduana (Zollhaus), das älteste Gebäude der Stadt, mit dem **Museo de Oro Tairona**, das präkolumbisches Gold ausstellt.

Folgen Sie der Calle 15 einen Block nach Osten und biegen rechts in die Plaza de la Catedral, wo die weiß getünchte **Catedral de Santa Marta** einen kunstvollen Marmorsarkophag beherbergt, in dem Rodrigo de Bastidas schlummert. Der gemütlichste Platz und die Kulisse für viele der lebhaftesten Bars von Santa Marta ist der **Parque Santander** *(Calle 19 & Cra. 3)*. Der Park mit einer Statue von Francisco Paula de Santander wird auch Parque de los Novios (Park der Paare) genannt, da er in der Kolonialzeit gern für Rendezvous genutzt wurde. Zwei Blocks südwestlich beherbergt das ehemalige Hospital San Juan de Díos aus dem Jahr 1690 heute das **Museo Antropológico y Etnográfico**, das sich der Geschichte der Karibik, Santa Martas und der Sierra Nevada und ihren indigenen Kulturen widmet.

Museo de Oro Tairona
Calle 14 #1C-37, Santa Marta
57-5/421-0251
So geschl.
www.banrepcultural.org/santa-marta/museo-del-oro

Shakira

Die Sängerin Shakira ist mit über 70 Millionen verkaufter Platten weltweit die erfolgreichste kolumbianische Künstlerin aller Zeiten. Sie ist besonders berühmt für ihre Bauchtanz-Einlagen bei ihren Latinopop-Konzerten. Shakira Isabel Mebarak Ripoll wurde 1977 in Barranquilla geboren und hat italienische, libanesische und spanische Vorfahren. Mit acht Jahren schrieb sie ihr erstes Lied. 1996 erlangte sie mit ihrem Album „Pies Descalzos" in Lateinamerika und Spanien Berühmtheit. 2001 eroberte sie mit „Laundry Service", das über 13 Millionen Mal verkauft wurde, auch die englischsprachige Welt. Shakira vertreibt ihre eigene Kosmetikmarke und spielte in diversen Telenovelas mit. Sie tritt häufig bei Benefizkonzerten auf, und 1995 gründete sie die Fundación Pies Descalzos – eine Stiftung, die eigene Schulen für Kinder betreibt, die in Armut leben.

Quinta de San Pedro Alejandrina
Cra. 32 & Calle 29, Santa Marta
57-5/433-1021
$
www.museobolivariano.org.co

Taganga
Karte S. 125 B2

Aracataca
Karte S. 125 B2

Quinta de San Pedro Alejandrina: Für lateinamerikanische Gäste ist der Besuch der ehemaligen Hazienda, in der Simón Bolívar am 17. Dezember 1830 starb, Pflicht. Zu sehen sind u. a. das Bett, in dem der Freiheitskämpfer starb, und eine lebensgroße Marmorplastik seines Leichnams. Eine Palmenallee, flankiert von Flaggen der amerikanischen Nationen, führt zum Pantheon mit dem Altar de la Patria. Im Garten links des Mausoleums illustriert ein 50 Meter breites Wandgemälde des peruanischen Künstlers Mauro Rodríguez Cárdenas das Leben Bolívars. In einer Erweiterung aus dem 19. Jahrhundert zeigt das **Museo Bolivariano de Arte Contemporáneo** Kunst aus dem letzten Jahrhundert.

Rund um Santa Marta

Taganga: Das Fischerdorf drei Kilometer nordöstlich von Santa Marta ist trotz des nicht sehr sauberen Strands bei Backpackern beliebt. Die Lage in einer von steilen Landzungen eingefassten Bucht erinnert ans Mittelmeer; am Strand findet man verwitterte Fischerboote. Die vielfältige Unterwasserwelt an den Riffen vor Taganga hat viele Tauchanbieter angezogen.

Aracataca: Fans des Autors García Márquez sollten sich auf die Wallfahrt in diese Kleinstadt 80 Kilometer südlich von Santa Marta begeben. „Gabo" ist in Aracataca geboren und aufgewachsen. Der schläfrige, schwüle Ort, umgeben von Bananenplantagen, erinnert an Macondo,

Eine Besucherin huldigt dem Freiheitshelden Simón Bolívar in der Quinta de San Pedro Alejandrina

den magisch-realistischen Schauplatz von „Hundert Jahre Einsamkeit".

Beginnen Sie den Besuch im **Museo Telegrafo** *(Calle 9 #5-30)* hinter der urigen Dorfkirche, in der Gabo getauft wurde. In der ehemaligen Casa del Telegrafista, wo Gabos Vater arbeitete, stellt heute ein angestaubtes Sammelsurium Gabos Leben nach. Vor der **Bibliothek** *(Calle 5 #4A-32)* tanzen gelbe Schmetterlinge um „Remedios La Bella", die von einem offenen Buch zum Himmel aufsteigt.

Highlight ist die **Casa Museo Gabriel García Márquez**, die im März 2010 als Reproduktion des kleinen Bauernhauses eröffnete, in dem Gabo geboren und von den Großeltern aufgezogen wurde. Die 14 Zimmer sind mit für die Ära typischen häuslichen Requisiten eingerichtet und jeweils einem biografischen oder Romanthema gewidmet, wie der *taller de filagría* (Silberschmiede) mit dem „Goldfisch" aus „Hundert Jahre Einsamkeit"; darunter das Cuarto de los Trastos (Truhenzimmer), das der junge Gabo nicht betreten durfte und das im Roman als Zimmer des Vergessens diente, wo schlechte Erinnerungen und Familientragödien weggeschlossen wurden.

Ciénaga Grande de Santa Marta: Das Marschland von Santa Marta wurde im Jahr 2000 als Biosphärenreservat ausgewiesen. Ein Mosaik von Lagunen, Mangroven und saisonal trockenfallenden Wäldern umgibt die größte Lagune des Landes und umfasst 65 Kilometer Küste zwischen Barranquilla und der Stadt **Ciénaga**, 30 Kilometer südlich von Santa Marta. Das **Reservat** ist nicht zugänglich, aber von der Küstenstraße aus kann man leicht Olivenscharben, Rotstirn-Blatthühnchen, Jabirus und Rosalöffler erspähen. Die Straße passiert mehrere ärmliche *pueblos palafíticos* (Pfahldörfer), die sich über den Lagunen erheben.

Minca

Um der lähmenden Tieflandhitze zu entkommen, steuern Sie das friedliche Bergdorf Minca, 14 Kilometer südöstlich von Santa

Casa Museo Gabriel García Márquez

Cra. 5 #6-35, Aracataca

57-5/425-6588

So & Di–Sa 13–14 Uhr geschl.

Spende

Foto-Etikette

Bunt gekleidete indigene Guambiano in Silvia lassen Besucher rasch zur Kamera greifen. Viele erwachsene Guambiano möchten jedoch nicht fotografiert werden. Fotografieren ohne zu fragen, wird von den meisten indigenen Gruppen in Kolumbien als taktlos empfunden. Die Kogi in der Sierra Nevada de Santa Marta glauben, ein Foto fange die Seele einer Person ein oder könne benutzt werden, um jemanden zu verhexen. Respektieren Sie solche Gefühle und lokalen Gebräuche. Auch viele nicht indigene Kolumbianer möchten nicht fotografiert werden. Allgemeine Regel: um Erlaubnis fragen. Wenn eine Person ablehnt, akzeptieren Sie ihren Wunsch.

Ciénaga Grande de Santa Marta

Karte S. 125 B2

Minca

Karte S. 125 B2

Sonnenaufgang im Parque Nacional Natural Tayrona

Reserva de las Aves El Dorado

Karte S. 125 B2

57-1/287-6592 (c/o EcoTurs)

$$

www.ecoturs.org

Marta, an. Die *zona cafetera* (Kaffeezone) beginnt in dem Weiler, der sich auf 650 Meter Höhe in eine Falte der Sierra Nevada de Santa Marta schmiegt. Es gibt Hotels in allen Preisklassen; für Selbstfahrer empfiehlt sich Allradantrieb.

Die schlechte Straße führt vier Kilometer bergauf zum Wasserfall **Pozo Azul** (20 Min. zu Fuß von der Straße), der in der Trockenzeit jadegrün glitzert; nach Regenfällen macht starke Strömung das Baden gefährlich. In der Nähe ist die **Hacienda La Victoria** *(Tel. 57/315-733-1744, 6 km oberhalb Mincas)*, eine Öko-Kaffeeplantage, zu besichtigen.

Reserva de las Aves El Dorado: Eine Goldgrube für Vogelfans ist das Schutzgebiet El Dorado 22 Kilometer oberhalb von Minca. Das 2006 ausgewiesene Vorzeigereservat von ProAves erstreckt sich von 900 bis 2600 Meter Höhe und schützt subtropischen und Bergregenwald. Nachgewiesen sind 410 Vogelarten, darunter 19 endemische Arten.

Fünf kurze Wege beginnen am Besucherzentrum mit Lodge. Einer führt zu einem Ausguck mit sensationeller Sicht auf schneebedeckte Gipfel. Vom **Kondor-Beobachtungsturm** sieht man bisweilen Andenkondore. Die holprige Zufahrtsstraße erfordert Allradantrieb und großen Bodenabstand; sie führt weiter bergauf zur **Reserva Forestal San Lorenzo**, die das Habitat des Santa-Marta-Papageis schützt. Für Übernachtungen sollte man reservieren.

Parque Nacional Natural Tayrona

Östlich von Taganga (siehe S. 148) erstreckt sich der Nationalpark 30 Kilometer entlang der zerklüfteten Küste und steigt landeinwärts 900 Meter in die Ausläufer der Sierra Nevada de Santa Marta auf. Nirgendwo sonst in Kolumbien bietet sich eine solch gut erreichbare Kombination aus palmengesäumten Stränden, Regenwald voller Wildtiere und einer bedeutenden archäologischen Stätte.

INSIDERTIPP

Der Nationalpark Tayrona kommt dem Traum vom verlorenen Paradies sehr nahe. Ein endloser Pfad aus weißen Kieseln führt zu einem wichtigen indigenen Stamm. Und der verkauft leckeres Schokoladenbrot!

OLIVER EHMIG VELEZ
NATIONAL GEOGRAPHIC-Fotograf

Die westliche **Palangana-Zone** (12 km östl. von Santa Marta) zieht mit der **Playa Neguanje** Einheimische aus Santa Marta an. Der östliche Haupteingang befindet sich in **El Zaíno** (24 km östl. von Santa Marta), von wo sich ein hügeliger Weg durch den Regenwald voller Agutis, Kapuzineraffen und hellroter Aras windet. Er endet an der **Playa Cañaveral**, die westlich in die **Playa Arrecifes** übergeht. Die tosende Brandung macht Schwimmen hier gefährlich. Dazu folgt man besser dem Pfad nach Westen zur ruhigeren **Playita Arenia** und weiter zum **Cabo San Juan**. Für die Rundwanderung von El Zaíno benötigt man etwa acht Stunden. Am Beginn des Wegs, zwei Kilometer von der Rangerstation El Zaíno, kann man auch Pferde mieten.

Vom Cabo San Juan folgt ein anspruchsvoller drei Kilometer langer Pfad einem präkolumbischen Weg zum **Pueblito**, einer archäologischen Stätte im Dschungel. Gehen Sie nicht allein! Leichter zu erreichen ist die Stätte von Carabaso an der Straße 20 Kilometer östlich von Santa Marta.

Parque Nacional Natural Sierra Nevada de Santa Marta

Südöstlich von Santa Marta erhebt sich die schroffe Sierra Nevada, das höchste Küstenmassiv der Welt. Die „vertikale Wildnis" erreicht nur 46 Kilometer vom Meer entfernt eine Höhe von 5775 Metern. Sonnenlicht glitzert auf den gletscherbedeckten Gipfeln des **Pico Cristóbal Colón** und des **Pico Simón Bolívar**, die zusammen den Cerro Horqueta bilden, einen der höchsten Berge Kolumbiens.

Parque Nacional Natural Tayrona

- Karte S. 125 B2
- 57-1/382-1616 (c/o Aviatur)
- $$$

www.aviatureco turismo.com

Parque Nacional Natural Sierra Nevada de Santa Marta

- Karte S. 125 B2–C2

HINWEIS: Informationen zu den verschiedenen Nationalparks in der Sierra Nevada de Santa Marta gibt es beim Nationalparkbüro *(Calle 17 #4–06, Tel. 57-5/421-3805, E-Mail: sierranevada@parquesnacionales.gov.co)*

ERLEBNIS: Trekking zur Ciudad Perdida

Die Bergstadt Teyuna, 800 n. Chr. hoch in der Sierra Nevada gegründet, wurde nach der spanischen Eroberung aufgegeben. Im Dschungel verborgen, hat ihre sagenhafte Lage fortan die Fantasie der Menschen beflügelt und Schatzsucher angelockt, die 1972 auf die Ruinen stießen. Heute ist die sechstägige Rundwanderung zur Ciudad Perdida (Verlorene Stadt; siehe S. 154) strapaziös, nicht ohne Risiko und das ultimative Indiana-Jones-Abenteuer.

Der 52-Kilometer-Treck durch den Dschungel ist physisch nicht ohne, aber lohnenswert. Am Tage wandert man in extremer Hitze; bei Nacht zittert man in der Hängematte. Der Pfad ist extrem schlammig, Flüsse müssen durchwatet und Kliffs erklettert werden. Seien Sie auf sintflutartige Nachmittagsregen, stechende Insekten und mögliche Begegnungen mit tödlichen *rabo amarillos* (Lanzenottern) gefasst.

Tag 1: Geländewagentransfer ins Bergdorf Mamey über eine steile, holprige Straße (an einem Militär-Checkpoint muss der Pass gezeigt werden). Dann steht eine dreistündige Wanderung an. Die erste Wegstrecke (30 Min.) ist flach; dann folgt ein steiler, schlammiger 2,5 Stunden-Aufstieg zum Campingplatz, wo Duschen und ein warmes Abendessen warten. Gegen 21 Uhr ist Schlafenszeit.

Tag 2: Nach dem Frühstück beginnt gegen 9 Uhr eine relativ leichte dreistündige Wanderung bergab zu einem Camp am Fluss. Unterwegs passiert man ein offenes Tal, dichten grünen Bergwald und das Kogi-Dorf Muthanzi und kommt rechtzeitig für Mittagessen und ein Bad an.

Tag 3: Gegen 8 Uhr startet der sechsstündige Aufstieg zur Ciudad Perdida. Steile An- und Abstiege werden von acht hüfttiefen Querungen des Río Buritaca unterbrochen. Man watet mit dem Rucksack auf dem Kopf hindurch. Nach der letzten Furt erklimmt man ein rutschiges Ufer. Eine nebelverhüllte alte Treppe führt über 1200 Stufen – ein atemraubender 30-Minuten-Aufstieg – zur Ciudad Perdida plus einfachem Campingplatz.

INSIDERTIPP

Auf dem Weg in die Ciudad Perdida erklimmt man 1100 Meter und passiert Dörfer von Kogi-Indianern und Nachfahren der Tairona.

SIBYLLA BRODZINSKY
Freie Journalistin, Kolumbien

Tag 4: Sie haben einen ganzen Tag Zeit, um die 169 Terrassen und grasbewachsenen Plazas der Stadt zu erkunden, die durch gepflasterte und von der kolumbianischen Armee bewachte Pfade verbunden werden. Von oben bietet sich eine umwerfende Aussicht.

Tag 5 & 6: Dem frühen Frühstück folgt der achtstündige Abstieg ins Camp 1. Am nächsten Tag geht es drei Stunden relativ steil bergab zum Ausgangspunkt, von dort fährt ein Geländewagen nach Santa Marta zurück.

Nicht vergessen!

Bringen Sie zwei Kleidungssets: eins zum Wandern und eins für die Nacht. Wichtig sind Taschenlampe, Batterien, Fleece, lange Hosen, Wanderschuhe (und Sandalen zum Waten), Wasserflasche, Wasserreinigungstabletten, wasserdichte Jacke, Waschzeug und Insektenschutzmittel.

Anreise

Fast täglich starten Touren (250 US$) in Santa Marta. Das Gebiet wird vom kolumbianischen Militär kontrolliert. Sie müssen an einer organisierten Tour eines autorisierten Anbieters teilnehmen:

Magic Tours: Calle 106 #50-102, Barranquilla, Tel. 786-560-3731, www.magictoursmt.com

ExpoturEco: Calle 18 #2A-07, Taganga, Santa Marta, Tel. 311-418-2706

Turcol: Carrera 13 #3-13, Centro Comercial San Francisco, Local 115, Santa Marta, Tel./Fax 57-5/421-2256, www.buritaca2000.com

Hütten im Resort Ecohabs über der Playa Cañaveral, einem beliebten Strand mit tosender Brandung

Der Park erstreckt sich von der Küste östlich des Río Don Diego landeinwärts bis auf den Colón-Gletscher. Mit 3830 Quadratkilometern umfasst die Region, die 1979 zum Biosphärenreservat erklärt wurde, beinahe alle Klimazonen und Ökosysteme der Neotropis, vom Meeresspiegel bis über die Schneegrenze. In der Sierra Nevada kommen weltweit die meisten endemischen Vogelarten vor. Jaguare, Pumas und Ozelots streifen durch die Wälder. In den höheren Hängen leben Andenbären und Tapire, und am Himmel segeln Andenkondore.

Gut 53 000 Ureinwohner betrachten diese Höhen als heilig und schützen sie sorgfältig vor Außenstehenden. Die Arhuaco, Kogi, Kankuamo und Wiwa sind eng verwandte Nachfahren der antiken Zivilisation der Tairona, einem hoch entwickelten Volk, das komplexe, mit Steinwegen verbundene Städte baute. Die Konquistadoren versklavten die Tairona und plünderten ihre Städte. Die Überlebenden flüchteten ins Gebirge, wo ihre Nachfahren heute als Erben der Sichtweisen und Traditionen ihrer Vorfahren leben.

Erreichbarkeit: Ein Großteil der Region ist autonomes indigenes Territorium und nicht zugänglich. Der Zugang zum Park ist auf zwei offizielle Eingangspunkte beschränkt: von Westen via Minca zur Reserva Forestal San Lorenzo (siehe S. 150) außerhalb des Parks; und von

Ciudad Perdida
Karte S. 125 B2

Pueblo Bello
Karte S. 195 B2

Norden über das Buritaca-Tal in die Ciudad Perdida. Mit Einladung können Sie auch das **Arhuaco-Territorium** von Pueblo Bello an der Südseite der Sierra Nevada aus besuchen. Informationen zu Besuchen in San Lorenzo *($$$)* gibt es beim Nationalparkbüro in Santa Marta (siehe S. 151). Ohne Führer geht es hier nicht.

Kamerascheue Arhuaco-Kinder zeigen in Nabusimake ein Lächeln

Ciudad Perdida: Über 250 präkolumbische Siedlungen wurden in der Sierra Nevada de Santa Marta identifiziert. Am beeindruckendsten ist **Teyuna** hoch im straßenlosen Dschungel des **Buritaca-Tals**. Von den Tairona vor über 1000 Jahren gegründet, ist sie viel älter als das berühmtere Machu Picchu in Peru. Über 3000 Menschen bewohnten die Bergsiedlung, die auf Terrassen entlang einer zentralen Achse angelegt war. Nach der spanischen Eroberung wurde Teyuna aufgegeben und dem Dschungel überlassen. Die Stätte wird seit 1975 archäologisch untersucht und steht als **Parque Arqueológico Teyuna** (siehe Kasten S. 152) unter Schutz.

Um die Ciudad Perdida zu besuchen, wenden Sie sich an das Instituto Colombiano de Antropología e Historia *(www.icanh.gov.co)*.

Pueblo Bello

Die Bergstadt (1200 m Höhe) 35 km westlich von Valledupar ist das Tor zur südlichen Sierra Nevada de Santa Marta und grenzt an das **Autonomiegebiet der Arhuaco**, die sich hier mit Hispanos mischen. Man begreift die Schwierigkeiten der Arhuaco, ihre Kultur zu erhalten.

Mamo (spiritueller Führer) Luis Guillermo Izquierdo *(Tel. 57/315-750-1585, www.fundamarin.org)* informiert über Arhuaco-Philosophie, traditionelle Anbautechniken und Bemühungen, im **Jardín Botánico Busintana**, einem heiligen Botanischen Garten, biologische Produkte zu ziehen und zu verkaufen.

Nabusimake: Nabusimake ist das Hauptdorf und spirituelle Zentrum der Arhuaco, die in 36 in den Bergen verstreuten Dörfern leben *(Besuche nur mit Einladung)*. Die Zugangsstraße, zwei Kilometer nördlich von Pueblo Bello, ist durch ein Tor mit Arhuaco-Pförtner versperrt. Die zweistündige Fahrt bergauf ist mühsam: Großer Bodenabstand und Allradantrieb sind unerlässlich. Ein *colectivo* fährt täglich von Pueblo Bello, wenn das Wetter es zulässt.

Das Dorf in einem breiten Tal zwischen kiefernbedeckten Bergen wird als heilig betrachtet und ist für die meisten Außenstehenden tabu. 1750 gegründet, besteht es aus 75 mit einer Mauer eingefriedeten strohgedeckten Stein- und Lehmhütten. (Fotografieren ist hier verboten.) *Mamo* José Camillo und Cha Cha Hipolita *(Tel. 57/317-233-1427)* vermieten Zimmer.

Valledupar

Die Hauptstadt des Departamento Cesar und des *vallenato* ist von Bucaramanga und Bogotá aus das Tor zur Halbinsel Guajira. 1550 am Westufer des Río Guatapurí gegründet, ist Valledupar berühmt für sein **Vallenato Festival** *(www.festivalvallenato.com)* im April. Sehenswert sind die **Iglesia de la Inmaculada Concepción** *(Calle 15 #4-85)* aus dem 17. Jahrhundert an der charmanten Plaza Alfonso López und eine Reihe von mit Denkmälern gespickten Kreisverkehren. Die Stadt liegt in einer stickigen semiariden Ebene. Um der Hitze zu entkommen, folgen Sie der Carrera 4 nordwärts zum **Parque Leyenda Vallenata**, wo Einheimische am Flussufer picknicken. ■

INSIDERTIPP

Sie können im Resort Ecohabs östlich von Tayrona eine lauschige Hütte oder für rund 11 000–16 000 Peso pro Nacht am Strand von El Cabo eine Hängematte oder einen Zeltplatz mieten.

THOMAS CLYNES
Autor, National Geographic Adventure

Valledupar

Karte S. 125 C2

Besucherinformation

Officia de Cultura y Turismo, Calle 16 #12-120

57-5/574-8230

http://cesar.gov.co

La Guajira

Der Nordzipfel Südamerikas im Nordosten Kolumbiens ist eine von den äußerst eigenständigen und spirituellen Wayúu bewohnte Wüstenregion. Diese indigene Volksgruppe begrüßt Besucher in ihrer dünn besiedelten und faszinierenden Welt der Sanddünen, Salzpfannen und türkisfarbenen Lagunen voller Flamingos.

Wayúu-Frauen, kunstfertige Weberinnen, bemalen bei rituellen Feierlichkeiten ihre Gesichter

Península de la Guajira

Karte S. 125 C2–C3

Besucherinformation

Dirección de Turismo de La Guajira, Cra. 1 #6-5, Riohacha

57-5/727-1015

Ein Sanddünengürtel trennt die kaktusgespickte Wüstenebene von der Karibik, im äußersten Nordosten kondensieren Wolken an den Bergen der Serranía de Macuira und nähren einen einzigartigen Zwergnebelwald. Im Santuario de Fauna y Flora Los Flamencos westlich der Stadt Riohacha und an der Bahía Hondita, einer jadefarbenen Lagune bei Punta Gallinas, der Spitze der Halbinsel, dreht sich alles um Flamingos.

Die Guajira ist ein Ziel für Abenteurer und Schwerpunkt des Kultur- und Ökotourismus: Gäste werden in einfachen *rancherías* der Wayúu untergebracht und erhalten so einen Einblick in deren Kultur. Jährlich im Mai oder Juni findet in Uribia das Festival de la Cultura Wayúu statt.

Die Península de la Guajira bildet eine Zange um den Golfo de Venezuela; ein fünf Kilometer breiter Streifen im Osten ist venezolanisches

Staatsgebiet, doch die Wayúu erkennen die Grenze nicht an.

Baja & Media Guajira

Die relativ feuchte Baja (Tiefe) Guajira erstreckt sich westlich und südlich von Riohacha. Die Media (Mittlere) Guajira, eine Wüstenübergangszone nördlich und östlich von Riohacha, wird von der Ruta 90, die Riohacha mit Maicao und Venezuela verbindet, und der Ruta 88, die die Wayúu-Stadt Uribia mit Valledupar (siehe S. 155) verbindet, viergeteilt. Die zwei Straßen kreuzen sich in Cuatro Vías.

Auf halber Strecke zwischen Valledupar und Maicao liegt **El Cerrejón** *(Tel. 57-5/350-2441, www.cerrejon.com)*, einer der größten Kohlentagebaue der Welt. Die Grube beschäftigt 7800 Leute und baut jährlich 32 Millionen Tonnen ab. Sie kann per Führung besichtigt werden.

Riohacha: Die Hauptstadt (170 000 Einwohner) des Departamento La Guajira ist das Tor zur Halbinsel. Etwa 170 Kilometer östlich von Santa Marta gelegen, wurde sie 1535 vom deutschen Entdecker Nikolaus de Federman gegründet und entwickelte sich als Hafen- und Perlenfischerstadt. Die meisten Besucher der Halbinsel Guajira übernachten hier, bevor sie sich einer organisierten Tour anschließen. Die Küstenstraße (Ruta 90) von Santa Marta biegt hier landeinwärts ab und führt nach Maicao und zur venezolanischen Grenze.

Die Stadt lässt sich in wenigen Stunden erkunden, beginnend an der Küste mit dem **Paseo de la Marina** *(Calle 1 & Cra. 6)*, wo Fischer am Strand ihre Netze flicken. Eine Bronzestatue von Nikolaus de Federman steht auf dem Dreiecksplatz zwei Blocks östlich *(Cra. 3)*. Ein Block landeinwärts gelangt man zur kolonialen Plaza **Parque José Prudencio Padilla** *(Calle 2 & Cra. 8)* mit der mehrfach umgebauten **Catedral de Nuestra Señora de los Remedios** (16. Jahrhundert).

Santuario de Fauna y Flora Los Flamencos: Das Flamingoschutzgebiet 20 Kilometer westlich von Riohacha liegt nördlich der Küstenstraße. Zahlreiche Salinenkrebse ernähren eine ständige Population von Kubaflamingos. Das 7687 Hektar große

Die Wayúu

Diese nie von den Spaniern bezwungene indigene Gruppe spricht Wayuunaiki, das zur Familie der Arawak-Sprachen gehört, und lebt genügsam als Ziegenhirten und Fischer. Matrilineare Großfamilien wohnen einzeln in weit verstreuten *pichis* (Hütten) aus *bareque* (Lehmflechtwerk) und *yotojoro* (Kaktusfasern), die *rancherías* aus fünf oder sechs Häusern bilden. Wayúu-Frauen weben kunstvolle bunte Hängematten, Taschen und Armbänder. Als Sonnenschutz malen sie ihre Gesichter mit einer Mischung aus Ziegenfett, Pilzsaft und Staub schwarz an. Zu den Wayúu-Traditionen gehört auch die Polygamie.

Riohacha
Karte S. 125 C2

Santuario de Fauna y Flora Los Flamencos
Karte S. 125 C2
Regionalbüro, Calle 17 #4-06, Santa Marta
301 675-3862 oder 313 514-0366

http://ecoturismo-santuario.weebly.com

Schutzgebiet mit Marschen, Lagunen und Trockenwald bietet auch 185 anderen Vogelarten (80 Prozent sind Zugvögel) ein Habitat, darunter Fischadler und Rosalöffler. Vier Arten von Meeresschildkröten legen an den Stränden ihre Eier ab.

Die Straße führt über das Dorf Camarones zur Laguna Navio Quebrado und ins Fischerdorf **Los Cocos**. Fischer staken Besucher über die Mündung (von September bis Dezember kann man durchwaten), wo man sich im Büro anmeldet. Es gibt Wanderwege, einfache Unterkünfte, ornithologische Führungen und ein Schutzprojekt für Meeresschildkröten. Nehmen Sie von hier eine *panga* (Fähre), um die Flamingos zu sehen. Führer vermitteln im Dorf die Asociación de Guias *(Tel. 57/311-680-7140)* oder die Grupo de Guias Wayúu *(Tel. 57/312-694-0773)*.

Sainn Wayúu: Eine der diversen *rancherías (Km 12 Vía Riohacha–Maicao, Tel. 57/311-417-7803 oder 312-650-3942)*, eine Stunde Fahrt von Riohacha, eignet sich gut, um die Wayúu-Kultur kennenzulernen. Umgeben von dichtem Wald, bietet die Einfamilien-Gemeinschaft

ERLEBNIS: Meeresschildkröten retten

Sieben Arten von Meeresschildkröten streifen durch die Weltmeere, von der zierlichen Bastard- bis zur riesigen Lederschildkröte. Weltweit sind die Populationen bedroht, einige Arten sind beinahe ausgerottet. Investieren Sie ein wenig Zeit, um beim Schutz der behäbigen Meeresbewohner zu helfen: Fünf Arten nisten an kolumbianischen Stränden.

Lederschildkröten, vor Ort *tortuga caná* oder *tortuga de cuero* genannt, kommen von Februar bis Juli in Acandí und Playona im Golfo de Urabá ans Ufer. Suppenschildkröten zeigen sich von Juni bis Oktober an der Playa Blanca und auf der Isla Rosario nahe Cartagena sowie an den Stränden der Guajira. Echte Karettschildkröten nisten in wesentlich kleineren Zahlen in Santa Marta, und Unechte Karettschildkröten findet man vor allem an den Stränden der Guajira. Die Oliv-Bastardschildkröte ist die häufigste in Kolumbien nistende Art und kommt von Juli bis Dezember insbesondere an den Stränden El Valle, Amarales, Mulatos und Vigía sowie auf der Isla Gorgona an Land. In Kolumbien kommen weibliche Bastardschildkröten einzeln zur Eiablage an Land und nicht wie in Costa Rica und Nicaragua in Vollmondnächten zu Tausenden.

Bei den folgenden Organisationen sind freiwillige Helfer willkommen:

El Almejal Reserve & Lodge, Bahía Solano, Tel. 4/412-5050, www.almejal.com.co

Fundación Hidrobiológica George Dahl, Punta Gallinas, La Guajira, www.fhgd.org

Research Center For Environmental Management and Development (CIMAD), Via Panamericana La Morada Casa 143, Jamundi, Tel./Fax 57-2/519-1341, www.cimad.org

World Wildlife Fund Colombia, Cra. 35 #4A-25, Cali, Tel. 57-2/558-2577, www.panda.org

Mehrfarbige Felsen betonen die orangerote Playa del Pilón, nahe Cabo de la Vela

Tanz- und Musikvorstellungen. Besucher können Weben lernen und typische Speisen und Getränke probieren, etwa *friche* (Schafsinnereien) oder *mazamoora* (ein Maisgetränk). Es gibt Übernachtungsmöglichkeiten; man schläft in Hängematten und erwacht zum Ruf der Brüllaffen. Mückenschutz nicht vergessen. Gruppentouren bietet z. B. Kaishi Travel *(Tel. 57-5/717-7306, www.kaishitravel.com)*.

Manuare: Die kleine Küstenstadt 18 Kilometer westlich von Uribia heißt wegen der Salzpfannen im Westen der Stadt auch Novia Blanca (Weiße Braut). Salz ist seit der Gründung 1723 der Daseinszweck der Stadt. Die *salinas* erstrecken sich über

INSIDERTIPP

In die Guajira kommen die Leute, die den Massen in Tayrona entfliehen wollen. Die Strände sind leer, ein paar Kilometer landeinwärts ist Wüste.

LARRY PORGES

Redakteur, National Geographic-Reiseführer

4000 Hektar. Am Ostende der Stadt erheben sich riesige Salzberge neben einer Schiffsladerampe; am Eingangstor werden Führungen angeboten.

Mit einem Allradfahrzeug (oder einem *moto*) erreicht man die 20 Kilometer westlich gelegene **Playa El Pájaro**, einen schönen Sandstrand, und die flache

Manuare

Karte S. 125 C3

Musichi-Lagune, wo rosa Kubaflamingos umherstolzieren. **Coopmur** *(Tel. 57/311-276-8484, E-Mail: coopmur@hotmail.com)*, eine Frauenkooperative, bietet Touren an.

Alta Guajira

Die Alta (Hohe) Guajira liegt nördlich von **Uribia** (dem letzten Ort mit Einkaufsmöglichkeiten). Ziegen und Esel knabbern an Kakteen und Dornsträuchern, die aus dem flirrenden Dunst ragen. Trockene Passatwinde sorgen in der **Desierto de Ahuyama**, dem Kernland der Wayúu, das ganze Jahr über für sengende Hitze. In der Regenzeit werden die labyrinthähnlichen Pisten, die entlegene *rancherías* verbinden, zu Schlammwüsten. Reisen Sie nur mit Führer oder einer organisierten Tour ab Riohacha, da in der Region Banditen operieren.

Von Uribia führt die unbefestigte Ruta 88 entlang der Bahngleise, die den Tagebau El Cerrejón mit dem Kohlehafen Puerto Bolívar verbinden, nach Norden und passiert die Windräder des Parque Eólico am Abzweig zum Cabo de la Vela, 17 Kilometer westlich der Straße.

ERLEBNIS: Jeeptour

Kolumbiens oft schwierige Straßenverhältnisse machen zum Erkunden, vor allem des Nordens, ein Fahrzeug mit Allradantrieb erforderlich. Sogar auf wichtigen Schnellstraßen sind Erdrutsche und Senkungen nicht selten, asphaltierte Straßen werden in der Regenzeit häufig unterspült. In entlegeneren Regionen können sich unbefestigte Straßen in der nassen Jahreszeit in eine schlammige Brühe und in der Trockenzeit in Staubpisten verwandeln. Ein Wagen mit Allradantrieb hilft, solche Hindernisse zu überwinden und sorgt für ein bisschen Abenteuerflair.

Nexcar ***(Av. El Dorado #98-50, Bogotá, Tel. 57-1/413-5522, E-Mail: mail@in-motors.com)*** **vermietet Toyota Prados.**

Cabo de la Vela: Was einst ein entlegenes Wayúu-Fischerdorf war, ist heute ein Zentrum des Ökotourismus mit Restaurants und mehreren Dutzend *rancherías* zum Übernachten. Die sind an einem schmalen, zwei Kilometer langen Sandstreifen entlang einer Bucht verteilt, in der gute Kite- und Windsurfbedingungen herrschen.

Sehr schön ist die **Playa del Pilón** drei Kilometer nördlich des Dorfs mit orangerotem Sand in einer Bucht unterhalb des **Pilón de Azucar**, einer Landspitze aus blau-grauem Schiefer. Von oben bietet sich eine herrliche Aussicht auf die Küste und Guajira Alta.

Punta Gallinas: Punta Gallinas ist der nördlichste Punkt Südamerikas und wird von einem verfallenen Leuchtturm markiert. Eidechsen mit schillernden grün-blauen Schwänzen huschen umher. Die Punta ist die Spitze einer Halbinsel, die eine jadefarbene Bucht mit Flamingos, die **Bahía Hondita**, umschließt.

Da die Fahrt nach Punta Gallinas nicht ohne Risiken ist, kommen die meisten per Motorboot von Stränden westlich von Puerto Bolívar. Kaishi Travel (siehe S. 159) in Riohacha organisiert die dreistündige Bootsfahrt mit Übernachtung in der *ranchería* Hospedaje Alexandra plus Geländewagentour zur **Playa Caroba** mit 35 Meter hohen Sanddünen. Der Strand dient Meeresschildkröten zur Eiablage. Die Fundación Hidrobiológica George Dahl (siehe Kasten S. 158) betreibt eine biologische Station an der **Playa Kijoru**, wo Schildkröteneier ausgebrütet und Jungtiere ins Meer gesetzt werden.

Parque Nacional Natural Serranía de Macuira: Der Park im äußersten Nordosten der Halbinsel ist eine biogeographische Insel und umfasst die Bergkette Macuira, die sich mit dem Cerro Palúa bis auf 865 Meter erhebt. Die Hochlandoase fängt einen Großteil der Feuchtigkeit ein, die den Grundwasserstock der Guajira füllt.

An den Westhängen wächst Trockenwald, an den Osthängen Zwergnebelwald; 17 der 140 Vogelarten im Park sind endemisch. Zugang über Nazareth, 115 Kilometer nordöstlich von Uribia. Gehen Sie nicht allein; heuern Sie einen Wayúu-Führer an. ■

Punta Gallinas

Karte S. 125 C3

Parque Nacional Natural Serranía de Macuira

Karte S. 125 C3

Die Wayúu, eine indigene Gruppe, die zu den Arawak gehört, halten Ziegen und Esel

Vom schicken, kosmopolitischen Medellín zu den majestätischen Berggipfeln und fruchtbaren Tälern mit ihren Kaffeeplantagen

Westliches Hochland

„Mann zu Pferd", eine von 23 Bronzestatuen von Fernando Botero auf Medellíns Plaza Botero

Westliches Hochland

Medellín, einst vor allem bekannt für Drogenhandel und Gewalt, ist heute Kolumbiens dynamischste und aufregendste Stadt. Mit ihr, dem üppigen Triángula del Café (Kaffeedreieck) und den schneebedeckten Bergen der Los Nevados hat das westliche Hochland einiges zu bieten.

Salento ist ein guter Ort, um Hängematten und farbenfrohe *ruanas* (Ponchos) zu erstehen

Endlich wird diese Region von Reisenden entdeckt. Medellín, einst synonym mit *narcotraficante* Pablo Escobar, hat sich gemausert. Die zweitgrößte Stadt Kolumbiens ist die optisch ansprechendste Großstadt des Landes, ein Industriegigant, der seine herrliche Lage mit Hotels von Weltklasse, Avantgardemuseen und einem effizienten Nahverkehrssystem kombiniert.

Das westliche Hochland war während der Kolonialzeit relativ isoliert vom Rest des Landes und hat so einen ganz eigenen Charakter entwickelt. Die Bewohner des nördlichen Departamentos Antioquia, als *paisas* bekannt, rühmen sich als disziplinierte, erfolgsorientierte Arbeiter. Das ist besonders den vielen Basken geschuldet, die im 16. Jahrhundert Antioquia besiedelten und die konservative, bodenständige Antioqueño-Kultur bestimmten.

Zona Cafetera

Südlich von Antioquia liegt Kolumbiens wichtigstes Kaffeeanbaugebiet. Die Städte Manizales, Pereira und Armenia bilden die Nord-Süd-Achse der Eje Cafetero (Kaffeeachse) oder Triángulo del Café genannten Region. An den steilen Hängen liegen *fincas* (Kaffeeplantagen), in denen Sie sich über die Kaffeeproduktion informieren und frischen Gourmetkaffee probieren können.

Der bei kolumbianischen Familien beliebte Parque Nacional del Café ist eine Art Disneyland zum Thema Kaffee. Besuchen Sie den Jardín Botánico del Quindío und kombinieren Sie einen Ausflug in das

Kolonialstädtchen Salento mit einem Besuch des Valle de Cocora.

Berggipfel

Die Region ist zudem reich an Naturwundern und Biodiversität. Die Cordillera Occidental ist die am dünnsten besiedelte der drei Andenkordilleren. Die Cordillera Central verfügt über einige der höchsten Gipfel Kolumbiens und birgt bedrohte und endemische Arten. In der Reserva Forestal Nacional Protectora Río Blanco lassen sich wunderbar Vögel beobachten.

Das Reservat liegt Minuten von der Universitätsstadt Manizales entfernt, eine gute Basis, um die Region zu erkunden. Die schneebedeckten Vulkangipfel des Parque Nacional Natural Los Nevados erscheinen ganz nah. Wenige Besucher nutzen die Berghütten oder die gut gepflegten Wege, die Täler, Gletscher, Seen und Gipfel verbinden. Ein Großteil des weiter entfernten Terrains ist immer noch Guerilla-Revier. Entlegene Wege allein zu erkunden ist daher gefährlich. ■

NICHT VERSÄUMEN

Fernando Boteros Skulpturen in Medellín **170**

Die Blumenschau bei Medellíns Feria de las Flores **171**

Eine Reise in die Vergangenheit in Santa Fé de Antioquia **174–175**

Die Aussicht vom Gipfel des El Peñol de Guatape **175–176**

Die seltenen endemischen Vögel im Reservat Río Blanco **184–185**

Die Schneegrenze im Parque Nacional Natural Los Nevados **185, 187**

Eine Führung auf einer Kaffeeplantage in der Zona Cafetera **186**

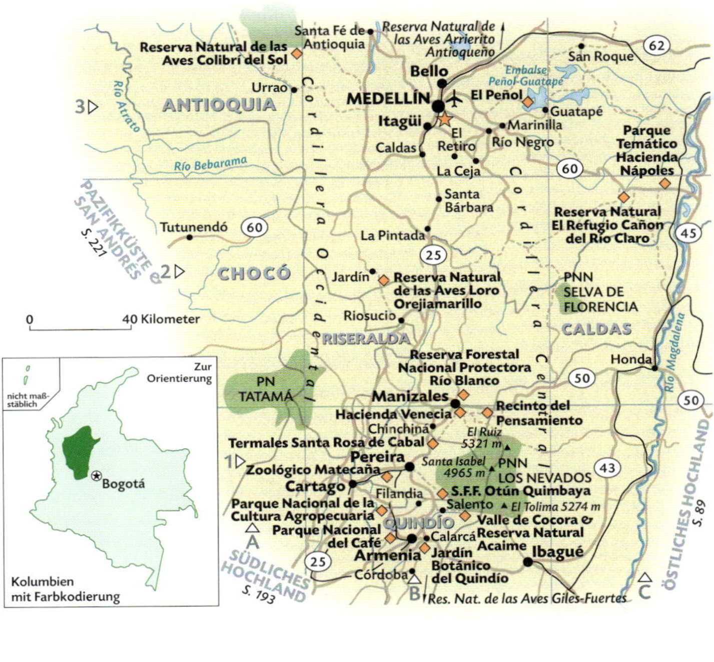

Medellín

Die moderne, selbstbewusste Hauptstadt von Antioquia überrascht mit beeindruckender Architektur und zahlreichen Sehenswürdigkeiten. Im Aburrá-Tal gelegen, ist Medellín zugleich ein wichtiges kommerzielles, kulturelles und industrielles Zentrum.

Die effiziente Metro de Medellín verbindet die meisten Attraktionen der Stadt, darunter die Plaza Botero, wo 23 von Fernando Boteros Statuen ausgestellt sind

Medellín (2,3 Mio. Einwohner) liegt in einem Tal auf 1524 Meter Höhe. Die Stadt des ewigen Frühlings erfreut sich einer perfekten Kombination aus warmen Tagen und kühlen Nächten. Umgeben von Gärtnereien ist sie nach den Niederlanden der zweitgrößte Blumenproduzent der Welt. Die jährliche Feria de las Flores (Blumenfest) im Juli und August bietet Paraden, Reitsportveranstaltungen, Konzerte und eine Oldtimerrallye.

Die Stadt wurde 1616 mit Zentrum in El Poblado gegründet und 1646 um den Parque Berrío neu angelegt. Da sie nur langsam wuchs, ist der koloniale Kern relativ unbedeutend. Die Gründung der Universität von Antioquia 1803 etablierte Medellín als führendes Bildungszentrum, während Kaffeeboom und

INSIDERTIPP

Dank einer Verordnung zur Kunst am Bau ist das Zentrum Medellíns zu einer fantastischen Freiluftgalerie geworden.

THOMAS CLYNES
National Geographic Adventure-Autor

Eisenbahnbau im 19. Jahrhundert eine wirtschaftliche Revolution auslösten. Die im frühen 20. Jahrhundert aufgebaute Textilindustrie bereitete den Weg für Medellíns heutigen Status als Modestadt.

Schwierige Jahrzehnte

Die politische Gewalt, die sich am Attentat auf Jorge Eliécer Gaitán 1948 entzündete, überschwemmte Medellín mit Flüchtlingen vom Lande. In den 1980er Jahren avancierte die Stadt zur globalen Kokainhauptstadt mit der höchsten Mordrate der Welt. Pablo Escobar (siehe Kasten S. 176), König der *narcotraficantes*, regierte Medellín. Mit seiner Freigebigkeit gewann er viele der Armen für sich, während seine Killer Polizisten, Geschäftsleute und Politiker ermordeten. Sein Tod 1993 markierte den Anfang vom Ende des Chaos.

Als Kontrapunkt zur Gewalt ersann man ein Hochbahnnetz, um unterprivilegierte Teile der Gesellschaft mit dem städtischen Leben zu verbinden. Das System wurde 1996 für 1,9 Millionen US-Dollar fertiggestellt, drei Seilbahnen seither ergänzt. Die Metro befördert täglich über 300 000 Personen und lässt Touristen sicher über die Slums sausen.

Seit 2003 hat die offensive Sicherheits- und Sozialpolitik des Bürgermeisters Sergio Fajardo (z. B. die Einrichtung von Schulen und Büchereien in Armenvierteln) Medellín in eine relativ friedliche Stadt verwandelt. Das kurbelte den internationalen Tourismus an. Nach einem starken Rückgang 2008 nahm die Gewalt wieder zu, vorwiegend zwischen kriminellen Banden in verarmten *barrios* (etwa 40 Prozent der Bevölkerung leben in marginalen Communitys). 2013 wurde Medellín vom Wall Street

Medellín

Karte S. 165 B3

Besucherinformation

Convention & Visitors Bureau, Calle 41#55-80, Office 302

57-4/261-6060

www.medellin.travel

Subsecretaría de Turismo, Calle 41# 55-35

57-4/385-6966

ERLEBNIS: Metrofahrt in Medellín

Nutzen Sie die Metro de Medellín *(Tel. 57-4/444-9598, www.metrodemedellin.gov.co; $)*, um die Stadt zu erkunden. Kolumbiens einziges schienenbasiertes Metrosystem ist eine Achse, die Nord und Süd, Ost und West, Arm und Reich verbindet. Die Züge fahren mit der Präzision eines Schweizer Uhrwerks, zu Stoßzeiten im Dreiminutentakt. Mit riesigen Fenstern sind die Wagen eine exzellente Art, die Stadt zu erkunden. Die Stationen werden polizeilich kontrolliert; jeder Bahnsteig wird patrouilliert und hat einen *puesto de policia* (Polizeiposten). Sie sind also sicher für Touristen – die Stationen zu verlassen, um durch *barrios* wie die Comuna 13 zu schlendern, ist allerdings keine gute Idee.

Museo História del Ferrocarril
✉ Cra. 52 #43-31
☎ 57-4/381-0733
🕒 Sa & So geschl.

Journal zur „innovativsten Stadt der Welt" gekürt.

Orientierung

Die Stadt erstreckt sich nord-südwärts beiderseits des kanalisierten Río Medellín. Die meisten Sehenswürdigkeiten liegen in der Zona Centro, zehn Blocks zwischen Plaza Botero und dem Centro Administrativo La Alpujarra. Das hippe Ausgehviertel ist der Parque de Lleras in El Poblado im Süden. Die Ausschilderung ist dürftig, aber die Metro verbindet El Poblado mit dem Zentrum und den meisten weiteren Attraktionen.

Der Sightseeingbus **Turibus Cultural** *(Tel. 57-4/371-5054, App. 213, 214 oder 504)* startet am Parque El Poblado *(tägl. 9 & 13 Uhr)* zu vierstündigen Touren mit kurzen Stopps an wichtigen kulturellen Stätten der Stadt.

ColombiaModa

Modebewusste Kolumbianer schauen nach Medellín, wo Trends entstehen. Die Stadt ist ein südamerikanisches Paris, mit einer der aktivsten und avantgardistischsten Modeszenen der Welt. Fast ein Drittel der Arbeitsplätze in Medellín hängt an der Textilindustrie. Label von Brooks Brothers bis Oscar de la Renta werden hier produziert. Die ColombiaModa *(http://colombiamoda.inexmoda.org.co)*, die jedes Jahr in Medellín stattfindet, ist Südamerikas renommiertestes Modeevent und zieht eine ganze Schar internationaler Topstylisten und verführerischer Models an, die bei dem viertägigen Laufstegevent die neuesten Kreationen präsentieren.

Das Medellín Convention & Visitors Bureau organisiert über die Asociación de Guías de Turismo de Antioquia *(Tel. 57/310-446-5180)* englischsprachige Führer und betreibt an strategischen Punkten Infoschalter namens Punto de Información Turística (PIT).

Zona Centro

Der Löwenanteil der Sehenswürdigkeiten konzentriert sich auf das Zentrum zwischen Fluss und Carrera 46.

Centro Administrativo La Alpujarra: Der Regierungssitz von Antioquia und Medellín *(Calle 44 #52-165)* ist ein guter Startpunkt. Die **Gobernación de Antioquia** *(Calle 44 #52-165, Tel. 57-4/444-4144, www.medellin.gov.co, Mo–Fr)* kann man mit Anmeldung besichtigen. Identische Gebäude stehen einander gegenüber, in der Mitte das **Monumento a la Raza**. Rodrigo Arenas Betancourts 38 Meter hohe Metallskulptur erzählt die Geschichte Antioquias. Südlich liegt die **Estación Antigua Ferrocarril**. Das historisierende Bahnhofsgebäude von 1914 beherbergt heute das Eisenbahnmuseum **Museo História del Ferrocarril**.

Westlich von La Alpujarra, jenseits der Carrera 57, stehen das moderne Kongresszentrum Plaza Mayor und das Hauptquartier der Empresas Públicas de Medellín (EPM), des öffentlichen Versorgungsunternehmens, dazwischen

Die üppigen Nackten des Bildhauers Fernando Botero schmücken viele Plazas von Medellín

lädt die **Plaza de los Pies Descalzos** (Barfußpark) ein, die Schuhe auszuziehen und das sensorische Vergnügen ihres Zengartens zu erleben.

Nördlich von La Alpujarra, jenseits der Calle 44, ist die **Plaza de las Luces** wegen ihrer 300 von innen beleuchteten Metallmasten und der hochmodernen Biblioteca EPM bemerkenswert. An der Ostseite des Platzes befindet sich das **Edificio Carré** *(Calle 44B #52-17, Tel. 57-4/514-8200, So geschl.)*. In dem roten Backsteingebäude des französischen Architekten Emile Charles Carré (1869–1909) residiert heute das Bildungsministerium.

Parque San Antonio: Diese unansehnliche Betonplaza *(Calle 45 #46-92)*, zwei Blocks östlich der Plaza de las Luces, ist ein wichtiger Konzertveranstaltungsort. Er wird von Botero-Skulpturen flankiert, darunter die **„Pájaros de Paz"** („Friedensvögel") auf der Ostseite. Eine der beiden Bronzen ist beschädigt – Ergebnis eines Bombenanschlags der FARC von 1995, der 23 Konzertgänger tötete. Botero spendete eine Kopie. Südlich erhebt sich die **Iglesia San Antonio de Padua** über eine grüne *plazuela,* Treffpunkt von Obdachlosen.

Parque Berrío: Das Epizentrum der Stadt, der Parque Berrío, ist ein Treffpunkt für Losverkäufer, Troubadoure und Kirchgänger der **Basilica Nuestra Señora de la Candelaria** *(Cra. 50 & Calle 51)*. 1776 erbaut, wirkt die Kathedrale durch die Kulisse aus Bürohochhäusern und der

Museo de Antioquia
✉ Cra. 52 #52-43
☎ 57-4/251-3636
www.museodeantioquia.net

Palacio de la Cultura Rafael Uribe Uribe
✉ Cra. 51 #52-03
☎ 57-4/512-4669
🕒 So geschl.
http://culturantioquia.gov.co

Metrostation Parque Berrío um so älter. Vor der Banco de Colombia auf der Südseite steht eine Botero-Statue.

Plaza Botero: Carrera 51 führt vom Parque Berrío einen Block nordwärts zum **Parque de las Esculturas**, einer riesigen Plaza mit 23 von Botero gespendeten Bronzeskulpturen. Weitere Werke des Künstlers warten im **Museo de Antioquia** an der Westseite der Plaza. Das Erdgeschoss bietet eine interaktive Ausstellung zu Kolumbiens verschiedenen Kulturen; in der zweiten Etage gibt es Werke führender kolumbianischer Künstler; die dritte zeigt Botero, aber auch Werke von Picasso, Rodin und Wilfredo Lam.

Der auffällige grau-weiß-gestreifte Bau an der Ostseite der Plaza ist der **Palacio de la Cultura Rafael Uribe Uribe**. 1925 als Regierungsgebäude für Antioquia gebaut, beherbergt es heute Bücherei, Galerie und Stadtarchiv.

Parque Bolívar: Der nächste große Platz *(Cra. 49 & Calle 54)* zwei Blocks nordöstlich der Plaza Botero ist dem Liberator gewidmet. In der Mitte wacht sein lebensgroßes Reiterstandbild. An der Südostecke steht der Art-déco-Bau des **Teatro Lido** *(Cra. 48 #54-20, Tel. 57-4/251-2334)*, das 1945 eröffnet wurde. Die Skyline im Norden dominiert die riesige, strenge neoromanische **Catedral Metropolitana** *(Cra. 48 #56-81)*, die größte Backsteinkirche der Welt, fertiggestellt 1931. Am ersten Samstag im Monat wird im Park der

Das Aquarium des Parque Explora, ein interaktives Erlebnis, begeistert seine Besucher

stadtgrößte *mercado de pulgas* (Flohmarkt) abgehalten. Meiden Sie den Park bei Nacht.

Zona Norte

Nördlich des Zentrums erreicht man einige Sehenswürdigkeiten über die Metrostation Universidad *(Cra. 53 & Calle 73)*, nach der **Universidad de Antioquia** *(Calle 67 #53-108, Tel. 57-4/219-8332, www.udea.edu.co)*, Medellíns wichtigster Universität, benannt. Das **Museo Universitario** *(Tel. 57-4/219-5180, www.udea.edu.co, Eintritt frei)* widmet sich Naturkunde und präkolumbischer Kultur.

Hauptattraktion ist der **Jardín Botánico**, der Botanische Garten. Auf 16 ha finden sich Wüstengarten, tropischer Regenwald, *humedal* (Feuchtbiotop) und See. Der Garten ist der Hauptschauplatz des Blumenfestes **Feria de las Flores** *(https://es-la.facebook.com/feriadelasflores)*.

Kombinieren Sie den Garten mit dem benachbarten, sehenswerten **Parque Explora** in futuristischen roten Gebäuden. Besonders die Kleinen werden sich an den interaktiven Ausstellungen über Biologie, Geografie, Medien, Physik und Technologie erfreuen. Die obere Ebene umfasst ein erstklassiges Aquarium. In seinen 25 Tanks schwimmen viele der charakteristischsten Arten, die Kolumbiens Flüsse und Meere bevölkern, wie Piranhas, Zitteraale und Seepferdchen. Ein kleines Vivarium zeigt Schlangen und Goldbaumsteiger-Frösche.

Der **Parque de los Deseos** (Park der Wünsche) südlich der Station ist ein beliebter Ort für Konzerte und Freiluftsportstunden. Seine zeitgenössischen Skulpturen nehmen thematisch Bezug auf das **Planetario de Medellín**. Fünf Blocks östlich lohnt Medellíns bemerkenswertes **Museo Cementerio de San Pedro** *(Cra. 51 #68-68, Tel. 507-4/212-0951, kostenlose Führungen So 14–17 Uhr)* einen Besuch. Der Friedhof, eingerichtet 1842 und zum Nationaldenkmal erklärt, ist eine Oase der Ruhe mit üppigem Marmorschmuck.

Eine weitere wichtige Kulturstätte der Stadt, die **Casa Museo Pedro Nel Gómez**, liegt nicht weit nördlich in den Hügeln des Arbeiterviertels

Pico y Placa

Zur Hauptverkehrszeit (7–8.30 und 17.30–19 Uhr) haben Privatwagen in Medellín an bestimmten Wochentagen, die sich nach der letzten Ziffer des Nummernschilds richten, Fahrverbot. Folgende Beschränkungen laut *pico y placa* (Stoßzeit und Nummernschild) galten vom 3. Februar 2014 bis 2. August 2014: Montag 6-7-8-9; Dienstag 0-1-2-3; Mittwoch 4-5-6-7; Donnerstag 8-9-0-1; Freitag 2-3-4-5. Die Gruppen rotieren alle sechs Monate auf den nächsten Tag *(www.medellin.gov.co/transito/picoyplaca.html)*. Bogotás *pico y placa* beschränkt Privatautos Mo–Fr 6–8.30 und 15–19.30 Uhr. Die Gruppen rotieren jeden 1. Juni auf den nächsten Tag. Andere Städte haben ähnliche Regeln.

Jardín Botánico
✉ Calle 73 #51D-14
☎ 57-4/444-5500
$ $
www.botanicomedellin.org

Parque Explora
✉ Cra. 52 #73-75
☎ 57-4/516-8300
🕒 Mo geschl.
$ $$
www.parqueexplora.org

Planetario de Medellín
✉ Cra. 52 # 71-117
☎ 57-4/516-8300
🕒 Mo geschl.
$ $
www.planetariomedellin.org

INSIDERTIPP

In Medellín gibt es eine Menge guter Hostels. Eines der besten ist die Casa Kiwi *(www.casakiwi.net)*. Und das Nachtleben ist natürlich einzigartig.

JESSE COOMBS
National Geographic Adventure Abenteurer des Jahres 2007

Aranjuez. Sie ist das ehemalige Haus von Kolumbiens führendem humanistischen Künstler (1899–1984). Das Museum zeigt sein original möbliertes Schlafzimmer und viele seiner Originalgemälde, -skulpturen und -illustrationen, darunter Wandgemälde von Nackten (seinem Lieblingsthema). Highlight ist die vorbereitende Skizze für sein Gemälde „La República", ausgestellt in der Bibliothek. Nehmen Sie ein Taxi und streifen Sie nicht durch die Umgebung.

Die Hügel hinter dem Museum steigen zum **Barrio Santo Domingo** auf. Vor zehn Jahren war Santo Domingo eine No-Go-Area, in die sich nicht einmal die Polizei wagte. Der Slum wird heute kontrolliert und ist relativ sicher. Er ist eine ungewöhnliche Touristenattraktion, die in zehn Minuten mit der Seilbahn von der Metrostation Acevedo zur erreichen ist. Die Landschaft wird von der **Biblioteca España** dominiert, einer dramatischen schwarzen kubistischen Bücherei, die in starkem Kontrast zu den umliegenden behelfsmäßigen Backsteinhäusern steht.

Südlich von La Alpujarra

Westlich des Flusses gibt es zwei mäßig sehenswerte Orte. Das **Pueblito Paisa** *(Calle 30A #55-64, Tel. 57-4/235-8370)* bietet einen Blick auf die Stadt aus der Vogelperspektive. Die Miniatur-Rekonstruktion eines traditionellen Antioqueño-Dorfs steht auf dem Cerro Nutibara, einem 80 Meter hohen Hügel, einen Kilometer südwestlich von La Alpujarra,

Liebesglück & Lebensglück

Fernando Botero ist berühmt für seine üppigen Skulpturen. Sie sind in Kolumbien auf öffentlichen Plätzen verstreut und werden in Museen gezeigt. Viele Kolumbianer glauben, dass die Figuren des Bildhauers Glück bringen, sodass Besucher, einheimische wie fremde, sich angewöhnt haben, seine kurvenreichen Nackten zu berühren.

Seine Skulptur „Soldado Romano" („Römischer Soldat") z. B., eine von 23 Botero-Bronzen auf Medellíns Plaza de las Esculturas (auch Plaza Botero genannt; siehe S. 170), soll jedem Liebe oder wenigstens guten Sex bringen, der seine Genitalien berührt.

Die Brüste der „Liegenden Nackten" auf der Plaza Santo Domingo in Cartagena haben so viele Kolumbianer und Touristen auf der Suche nach Liebes- und Lebensglück berührt, dass ihre Brustwarzen schon glänzen.

Die Hochhäuser des Bezirks Poblado zeigen Medellíns modernes und vornehmes Gesicht

und ist beliebt bei einheimischen Familien. Südlich des Cerro Nutibara leben in Medellíns **Zoológico Santa Fe** Tapire, Pekaris und Affen. Die engen Käfige sind deprimierend. Die afrikanischen Tiere haben es besser.

Werke zeitgenössischer Künstler der Stadt werden im **Museo de Arte Moderno** in einem ehemaligen Stahlwerk ausgestellt. Stilvoll umgebaut, zeigt das Museum Dauer- und Wechselausstellungen passend zum avantgardistischen Ort, der auch ein schönes Café hat. Das Zentrum des Nachtlebens ist der **Parque Lleras** *(Calle 9 & Cra. 40)*. Über zwei Dutzend Bars, Clubs und Restaurants drängen sich hier und ziehen Medellíns stylisches Partyvolk an. Der Platz liegt inmitten von **El Poblado**, der ursprünglichen spanischen Siedlung von 1616, deren Zentrum am heutigen **Parque Poblado** *(Cra. 43 & Calle 9)* lag, Medellíns verkehrsreicher, breiter Nord-Süd-Achse.

Seit den 1970er Jahren hat sich El Poblado zur nobelsten Gegend der Stadt entwickelt. Die „Goldmeile", ein mit Banken-, Hotel- und Luxusapartmenttürmen gesäumter Boulevard, erstreckt sich von der Plaza El Poblado mit bahnbrechender Architektur südwärts. Die Hänge im Osten sind mit stattlichen Wolkenkratzern gespickt. Bemerkenswert ist das an ein Loire-Schloss erinnernde Gebäude oberhalb des Parque Lleras. Ein reicher Landbesitzer ließ es 1930 bauen und füllte es mit Antiquitäten und Kunst aus aller Welt. Heute ist es das **Museo El Castillo** *(Calle 9 Sur, #32-269, Tel. 57-4/266-0900)*. ■

Zoológico Santa Fe

- ✉ Cra. 52 #20-63
- ☎ 57-4/444-7787
- $ $

www.zoologicosantafe.com

Museo de Arte Moderno

- ✉ Cra. 44 #19A-100, Ciudad del Río
- ☎ 57-4/444-2622
- 🕒 Mo geschl.
- $ $

www.elmamm.org

Antioquia

Medellín ist umgeben vom Bergland Antioquias mit ein paar schläfrigen *pueblos paisas* wie Santa Fé de Antioquia, einer der eindrucksvollsten und besterhaltenen Kolonialstädte Kolumbiens. Erkunden Sie ein paar Tage lang die schöne Landschaft.

Die Puente Colgante de Occidente erreicht (und quert) man gut per *moto ratón*

Santa Fé de Antioquia
Karte S. 165 B3

Besucherinformation

Calle 42B #52-106, Medellín
57-4/853-4839
www.antioquia.gov.co

Promotora Paisajes de Antioquia, Calle 51 #46-24 Interior 203, Río Negro
57-4/532-0020
E-Mail: paisajesdeantioquia@yahoo.es

Die Gegend ist relativ isoliert. Wagen Sie sich aus Sicherheitsgründen nicht zu tief in entlegene Gebiete.

Santa Fé de Antioquia

Die gut erhaltene Kolonialstadt 80 Kilometer nordwestlich von Medellín ist ein beliebtes Wochenendziel für Städter, die dem kühlen Hochland in ein milderes Klima entfliehen wollen. 1541 gegründet, erblühte sie als erste Hauptstadt von Antioquia, bis sie 1862 von Medellín abgelöst wurde. Seitdem scheint die Zeit hier stehen geblieben zu sein.

Beginnen Sie an der **Plaza Mayor** mit der klassizistischen **Catedral Basilica de la Inmaculada Concepción** von 1837 und ihrer „Abendmahl"-Plastik. Eine weitere sehenswerte Kirche ist die **Iglesia Santa Bárbara** *(Cra. 8 & Calle 11)*, die 1728 mit einer schnörkelbekrönten Backsteinfassade vollendet wurde. Nebenan zeigt das **Museo de Arte Religioso** *(Calle 11 #8-12, Tel. 57-4/853-2345, Mo–Fr geschl., $)* Ikonen. Weitere Perlen sind die winzige **Iglesia de Jesús Nazareno** *(Cra. 5 & Calle 10)* und die **Iglesia de Nuestra Señora de Chiquinquirá** an der Plazuela de la Chincha, der örtlichen Ausgehmeile.

Ein *moto ratón* (Motoriksha) fährt Sie zur **Puente Colgante de Occidente** (5 km nordöstl. von Santa Fé), einer schmalen, von spitzen Türmen flankierten Hängebrücke. Die 291 Meter lange Brücke über den Río Cauca von 1895 ist Nationaldenkmal.

Naturschutzgebiete

Antioquia ist ein Paradies zum Wandern und zur Vogelbeobachtung. In ProAves' 312 Hektar großer **Reserva Natural de las Aves Arrierito Antioqueño** kann man z. B. den Braunkappen-Graupiha sehen. Sie liegt bei **El Roble**, etwa 175 Kilometer nordöstlich von Medellín, und verfügt über gute Wege und eine Berghütte.

ProAves' **Reserva Natural de las Aves Colibrí del Sol**, 17 Kilometer nördlich von **Urrao**, stellt Nebelwald unter Schutz, ein Habitat der vom Aussterben bedrohten Kolibris Grünmusketier. Das Besucherzentrum bietet Unterkünfte.

Circuito de Oriente

Diese Sightseeingroute eignet sich gut für einen Tagesausflug im Hochland östlich von Medellín. Die Autopista Vía Las Palmas führt von Medellín Zentrum nach **El Retiro**, das für seine kleinen *talleres* (Werkstätten) bekannt ist, die rustikale Möbel und Kunsthandwerk verkaufen.

La Ceja, ein Zentrum der Blumenzucht südöstlich von El Retiro, besitzt ein klares alpines Klima. Die kleine **Iglesia de Nuestra Señora de Chiquinquirá** an der Nordwestecke der Hauptplaza überrascht mit einem prächtigen vergoldeten Zedernholzaltar. Nördlich liegt **Río Negro** *(Karte S. 165 B3)* mit *viveros* (Gärtnereien) und Medellíns internationalem Flughafen.

Nördlich von Río Negro ist die Straße nach **Marinilla** von *paisa*-Landhäusern gesäumt.

INSIDERTIPP

La Ceja ist ein stimmungsvolles Städtchen mit wunderbaren Restaurants. Eine Fahrt mit der *chiva* (Bus) gibt einen Einblick ins Leben vor Ort.

JESSE COOMBS
National Geographic Adventure Abenteurer des Jahres 2007

Embalse Peñol-Guatapé: 30 Minuten Fahrt von Marinilla durch hügeliges Ackerland führen nach El Peñol und zum Embalse Peñol-Guatapé. Der Damm, mit dem der Stausee 1978 aufgestaut wurde, produziert ein Drittel des kolumbianischen Stroms. Der See hat sich zu einem wichtigen Erholungsgebiet entwickelt. Darüber erhebt sich **El Peñol**, ein 200 Meter hoher Granitfels mit spektakulärer Aussicht,

Reserva Natural de las Aves Arrierito Antioqueño

Karte S. 165 B3
c/o EcoTurs Colombia, Cra. 20 #36-61, Bogotá
57-1/287-6592
www.ecoturs.com.co

Reserva Natural de las Aves Colibrí del Sol

Karte S. 165 A3
c/o EcoTurs Colombia, Cra. 20 #36-61, Bogotá
57-1/287-6592
www.ecoturs.com.co

La Ceja

Karte S. 165 B3

Embalse Peñol-Guatapé

Karte S. 165 B3

Pablo Escobar

Pablo Emilio Escobar Gaviria (1949–93) wurde in ärmlichen Verhältnissen in Ríonegro, Antioquia, geboren. In den frühen 1970er Jahren begann er Drogen zu schmuggeln und kontrollierte schließlich das Medellín-Kartell. 1989 führte das Magazin *Forbes* ihn als siebtreichsten Mann der Welt. Obrigkeiten bestach oder ermordete er: *plata o plomo* („Silber oder Blei"). Den Präsidentschaftskandidaten César Gaviria Trujillo versuchte er durch einen Bombenanschlag auf den Avianca-Flug 203 zu töten, der 110 Opfer forderte.

Nachdem er ein Attentat auf den Präsidentschaftskandidaten Luis Carlos Galán (1943–89) beauftragt hatte, wurde er verhaftet und in ein luxuriöses Privatgefängnis gesperrt, aus dem heraus er seine Geschäfte fortführte. Er floh und wurde schließlich auf den Dächern von Medellín niedergeschossen.

Reserva Natural El Refugio Cañon del Río Claro

- Karte S. 165 C2
- Km 152 Autopista Medellín–Bogotá, 20 km westl. von Doradal
- 57-4/268-8855

www.rioclaroelrefugio.com

Parque Temático Hacienda Nápoles

- Karte S. 165 C2
- 1 km östl. von Doradal, Puerto Triunfo
- 57/314-892-2307
- $$$–$$$$

www.haciendanapoles.com

über 649 in einen Spalt gebaute Stufen zu besteigen.

Das nahe gelegene urige Kolonialdorf **Guatapé** ist kunterbunt bemalt. Viele Häuser haben einen *zócalo* (Sockel), der mit dreidimensionalen Darstellungen dörflichen Lebens geschmückt ist. Der Turibus Guatapé *(Tel. 57-4/371-5054, App. 213)* startet sonntags um 7 Uhr in Medellín zu einem Tagesausflug hierher.

Magdalena Medio

Die Autopista Medellín–Bogotá, Ruta 60, durchschneidet die Cordillera Central und quert die Schlucht des Río Claro in einer Gegend namens Magdalena Medio. Besucher strömen in die **Reserva Natural El Refugio Cañon del Río Claro**, um vor atemberaubender Kulisse zu raften und paddeln (Grad I). Im Schutzgebiet gibt es auch Wanderwege und eine Höhle, die **Cueva de los Guácharos**, mit Tropfsteinformationen und Scharen von *guacharos,* nachtaktiven endemischen Fettschwalmen.

INSIDERTIPP

Während der Trockenzeit ist das Wasser des Río Claro, eines der Naturwunder Kolumbiens, kristallklar und windet sich duch eine tiefe Kalksteinschlucht.

MARK HENTZE
Co-Autor „Colombia Whitewater"

Parque Temático Hacienda Nápoles: Der ehemalige Landsitz von Pablo Escobar (siehe Kasten oben) ist heute ein Themenpark. Inmitten der 20 Quadratkilometer umfassenden Ranch steht Escobars verfallende Villa. Heute ist sie das **Museo Memorial**, das den Narco-Krieg in allen blutigen Details zeigt. Das kleine Flugzeug, das Escobar benutzte, um seine ersten Ladungen Kokain auszufliegen, ist über dem Eingangstor angebracht. Auch seine inzwischen verrostete Autosammlung ist zu sehen.

Escobars Anwesen war voller afrikanischer Wildtiere. Flusspferde bewohnen noch immer einen See, Zebras und Nashörner laufen herum. Die lebensgroßen Betondinosaurier, die der Drogenboss bauen ließ, sind im **Parque Jurásico** untergebracht. Es gibt einen Wildwasserpark, drei Hotels und Camping in Safarizelten.

Jardín

Das charmante koloniale Bergstädtchen liegt etwa vier Fahrtstunden südwestlich von Medellín. Der Hauptplatz wird beherrscht von der neogotischen **Iglesia de la Inmaculada Concepción Basilica Menor**, einem Nationaldenkmal. In fünf Minuten gelangen Sie per *teleférico* (Seilbahn) auf einen Gipfel mit Aussicht auf Stadt und Tal. Schnüren Sie die Wanderstiefel oder mieten Sie ein Pferd, um die **Cueva del Esplendor** mit Wasserfall zu besuchen.

Reserva Natural de las Aves Loro Orejiamarillo: Das 60 Hektar große Gelbohrsittich-Reservat, 45 Autominuten (nur mit Allradantrieb) südwestlich von Jardín, wurde 2006 geschaffen, um das Habitat des vom Aussterben bedrohten Vogels und die Wachspalme (siehe Kasten S. 187) zu schützen, auf der er nistet. Die Abholzung der Palme zur Kerzenproduktion und für religiöse Zeremonien rottete die Papageienart beinahe aus. Dank Informationskampagnen und Nistkästen hat sich die Population wieder erholt. ■

Jardín
Karte S. 165 B2

Reserva Natural de las Aves Loro Orejiamarillo
Karte S. 165 B2
57-1/287-6592
www.ecotours.com.co

Vor der Fassade der Iglesia Santa Bárbara von 1728 wartet ein Eisverkäufer auf Kundschaft

Autotour in die Kaffeezone

Die landschaftlich reizvollen Berge südöstlich von Medellín sind ein Tor zum Eje Cafetero, der Kaffeeachse. Ein Großteil der hier beschriebenen Route ist offiziell als Unesco-Welterbe ausgewiesen und lockt mit malerischen Kolonialstädten.

Die Hauptstrecke ist asphaltiert, die Nebenstraßen sind es meist nicht. Allradantrieb ist empfohlen, aber nicht unerlässlich. Brechen Sie zeitig auf, um zur Dämmerung in Manizales anzukommen.

Verlassen Sie **Medellín** auf der Panamericana (Ruta 25), die sich bald auf eine Spur je Richtung verengt, während sie aus dem Tal aufsteigt. Jenseits der Stadt **Caldas** ❶ schlängelt man sich begleitet von dichtem Lkw-Verkehr durch Kiefernwälder die Serpentinen hinauf. Nach etwa fünf Kilometern erreicht man einen Bergrücken mit Dörfern inmitten grüner Kaffeeplantagen, die Aussicht reicht weit über die Täler beiderseits. Vom wolkenverhangenen Dorf **Santa Bárbara** windet sich die Straße hinab in ein breites Tal mit grünen Weiden. Ein schroffer Doppelfelshaken, **Los Farallones**, markiert den Weg nach **La Pintada** ❷, ein Dorf, das sich an das Westufer des Río Armas schmiegt.

NICHT VERSÄUMEN

Los Farallones • Museo Nacional de Sombreros • Plaza Bolívar • Templo de la Inmaculada Concepción

Traditionelle Hazienden, in geschützten Tälern versteckt, säumen die Strecke

Biegen Sie 400 Meter südlich von La Pintada am Schild nach Aguadas links ab; über eine alte Hängebrücke queren Sie nochmals den Fluss, dem die teils befestigte Straße folgt, bevor sie bergauf in das Dörfchen **La Lorena** (25 km von Aguadas) abbiegt. Während Sie das urige Kolonialdorf **Armas** passieren, achten Sie auf die güldene Büste von Simón Bolívar auf der winzigen Plaza. Von hier klettert die Straße einen steilen Berghang voller Kaffeesträucher zur reizenden Bergstadt **Aguadas** ❸ hinauf, die bekannt ist für die Herstellung breitkrempiger *sombreros aguadeños* aus Panamapalmwedeln.

Ein Highlight ist die **Casa de Cultura** *(Cra. 3 & Calle 6, Tel. 57-6/851-5170, So geschl.)*, wo das **Museo Nacional de Sombreros** über 300 traditionelle Hüte aus ganz Kolumbien zeigt.

Nach weiteren zwölf Kilometern ist man in **Pácora**. In der entzückenden Kolonialstadt lohnt ein Bummel um die **Plaza Bolívar**, wo *chivas* sich vor der ockerfarbenen Kirche versammeln. Auf der Weiterfahrt von Pácora südwärts ist die Straße nur abschnittsweise befestigt und Erdrutschen ausgesetzt. Dafür bieten sich sensationelle Blicke über ein tiefes Tal nach Salamina (34 km von Pácora), das gegenüber in der Bergflanke hängt. Nachdem Sie steil abwärts den Talboden erreicht haben, finden Sie sich inmitten tropischen Blattwerks und Zuckerrohrfeldern wieder, bevor es auf der anderen Seite wieder hinaufgeht.

Salamina 4, das 1982 zum Nationaldenkmal erklärt wurde, erfreut mit typisch kolumbianischer Kolonialarchitektur, wie der hübschen Kirche **Templo de la Inmaculada Concepción** mit ihrer ungewöhnlich flachen hölzernen Kassettendecke.

Siehe auch Karte S. 165
Medellín
8 Stunden
238 km
Manizales

Die Ausfahrt nach Manizales liegt hinter der Polizeistation *(Cra. 11 & Calle 6)*. Der Zustand der Straße verbessert sich kurz vor der Stadt **Aranzazu** 5. Genießen Sie die fantastische Aussicht zur Linken auf ferne Hochgebirgsgipfel.

Jenseits von Aranzazu windet sich die befestigte Straße hinab durch ein enges, steilwandiges Tal, das von hohen Bambusstauden beschattet wird. Anschließend passieren Sie die unansehnliche Stadt **Neira**; hier lohnt sich nur der schöne Ausblick auf Manizales, der sich von der Kammlage aus bietet. Nach weiteren 24 Kilometern erreichen Sie rechtzeitig zum Sonnenuntergang **Manizales**.

Zona Cafetera

Kaffeedreieck ist ein passender Name für die Zona Cafetera, Kolumbiens Haupt-Kaffeeanbaugebiet. Die wie ein Dreieck geformte Region voller üppig-grüner Täler ist übersät mit alten Hazienden, die Führungen auf ihren Kaffeeplantagen anbieten.

Die Departamentos Caldas, Quindío und Risaralda gelten als das Herz des *paisa,* eines ruhigen und traditionellen Kolumbiens, wo Landstädte durch *chivas* (Busse) verbunden werden und mit Bananen und Kaffeesäcken beladene Willys Jeeps aus der Zeit des Zweiten Weltkriegs die Feldwege entlangholpern. Die Städte Manizales, Pereira und Armenia bilden eine zentrale Achse, weshalb die Region auch Eje Cafetero (Kaffeeachse) heißt.

Die Catedral Basilica Nuestra Señora del Rosario in Manizales

Manizales

Das reizende Manizales, 254 Kilometer südlich von Medellín, wurde erst 1849 gegründet und 1925 nach einem verheerenden Feuer wieder aufgebaut. Es balanciert auf einem Bergkamm in 2150 Meter Höhe mit Blick auf die schneebedeckten Berge Los Nevados.

Die lebendige Universitätsstadt (400 000 Einwohner) ist für ihr **Festival Internacional de Teatro** *(Tel. 57-6/885-0165, www.festivaldemanizales.com)* bekannt, das wichtigste Kulturfest der Zona Cafetera. Der historische Kern liegt am Nordwestende der Stadt, die Carrera 23 (Avenida Santander) teilt das Zentrum.

Plaza de Bolívar: Auf dem Hauptplatz *(Calle 23 & Cra. 22)* prangt die umstrittene Bronzeskulptur „Bolívar Condor“,

ERLEBNIS: Stierkampf

Kolumbianer lieben den Stierkampf und strömen in der Saison, wenn die besten Matadoren der Welt ihr Können zeigen, zu den *plazas de toros*. Im 16. Jahrhundert in Kolumbien eingeführt, folgen die hochritualisierten *corridas de toros* klassischen spanischen Traditionen. Drei *matadores* kämpfen gegen zwei ausgewachsene Bullen und werden von zwei *picadores* (Lanzenreitern), drei *banderilleros* (Spießträgern) und einem *mozo de espada* (Schwertdiener) unterstützt. Die besten Kämpfer in diesem blutigen Sport werden in Kolumbien als Nationalhelden verehrt.

Wer einem Stierkampf beiwohnen möchte, sollte die Jahreszeit beachten. Die Saison variiert je nach Stadt zwischen November und Februar, aber Vorführungen und Stierkampfschulen erfreuen das ganze Jahr über ihr Publikum. In den meisten großen Städten gibt es eine *plaza de toros*. Die folgenden Orte gehören zu den wichtigsten Schauplätzen:

Plaza de Toros de Manizales, Cra. 27 #10 A-04, Manizales, Tel. 57-6/883-8124

Plaza de Toros la Macarena, Cra. 63 #44 A 65, Medellín, Tel. 57-4/260-7193, www.cormacarena.com.co

Plaza de Toros de Cañaveralejo, Calle 5 # 55-00, Cali, Tel. 57-2/518-1818, http://plazatoroscali.com

Plaza de Toros Santamaría, Cra. 6 #26-50, Bogotá. Bis mindestens 2015 wegen Renovierung der Arena geschlossen.

mit der Rodrigo Arenas Betancourt den Helden als nackten Halbmenschen mit Kopf und Flügeln eines Kondors darstellt. Die Statue verliert sich fast im Schatten der **Catedral Basilica Nuestra Señora del Rosario**. Ihr Turm ragt 113 Meter auf; Sie können die Treppen zum Ausguck Corredor Polaco hinaufsteigen *(Di & Mi geschl.)*. Die gotische Kathedrale, 1939 vollendet, ist aus Beton gebaut. Östlich gegenüber entzückt der republikanische Palacio del Gobierno (1928) hinter einer schlichten Fassade mit überbordendem Stuck im Inneren.

Drei Blocks nordwestlich liegt die **Plaza Alfonso López Pumarejo** *(Cra. 19 & Calle 21)*. Vor der gotischen **Iglesia Sagrado Corazón de Jesús** stellt eine Bronzestatue drei Augustinermönche dar. Präkolumbisches Gold glänzt im **Museo del Oro**, im Gebäude der Banco República, 50 Meter südöstlich der Plaza de Bolívar.

Weitere Orte: Die hübsche klassizistische **Estación del Ferrocarril** *(Cra. 21 & Calle 45)* beherbergt heute die Universidad Autónoma de Manizales und zeigt die Dampflokomotive *Pichinga* von 1915.

Beifallsstürme erklingen auf der in den 1950er Jahren angelegten **Plaza de Toros** *(Cra. 27 #10A-04, Tel. 57-6/883-8124, www.cormanizales.com)*, eine Kopie der Arena im spanischen Córdoba, während der Stierkampfsaison *(Jan.–Feb.)*. Zwei Blocks nördlich würdigt die Bronze **Monumento a „Pepe" Cáceres** *(Cra. 23 & Calle 10)* Manizales' berühmtesten *matador*, José Humberto Eslava Cáceres (1935–87).

(Fortsetzung auf Seite 184)

Manizales

Karte S. 165 B2

Besucherinformation

Punto de Información Turística, Cra. 22 & Calle 31

www.culturayturismomanizales.gov.co

Museo del Oro

Cra. 23 #23-06

57-6/884-5534

Sa–So geschl.

Papageien & Aras

Kolumbien rühmt sich, Heimat von 51 der insgesamt rund 330 Papageienarten der Welt zu sein, darunter sieben der 18 Ara-Arten. Die geselligen Vögel (Scharen von mehreren Hundert Tieren sind nicht ungewöhnlich), die so typisch für die Neotropis sind, zeichnen sich durch ihre verblüffende Intelligenz und ihre Redseligkeit aus.

Der Rotbugara ist die kleinste der sieben kolumbianischen Ara-Arten

Zwei nach vorn und zwei nach hinten gerichtete Zehen an jedem Fuß ermöglichen den Papageien, Früchte und Nüsse zu greifen wie mit einem Daumen. Mit ihren gebogenen, starken Schnäbeln schneiden sie Nüsse und Samen auf, raspelartige Grate im Oberschnabel können auch die härtesten Kerne zermahlen.

Die meisten Papageien sind lindgrün, diverse Farbmarkierungen trennen Arten und Unterarten voneinander. Zu den häufigsten Gattungen gehören die über 50 Arten der Amazonen, mittelgroße, gedrungene Vögel mit schweren Schnäbeln und abgerundeten, kurzen Schwänzen. Intelligenz und Temperament der cleveren Vögel sind mit einem zweijährigen Kind vergleichbar. Die meisten Vögel machen ihr Gefieder mithilfe einer Drüse an ihrem Steiß mit antibakteriellen Sekreten wasserdicht. Den Amazonen fehlt diese Drüse, sie benutzen stattdessen einen Puder aus ihren Daunen.

Die farbenfrohen Aras, die Giganten im Papageienreich, sind prachtvoll gefiedert und haben passend dazu Respekt einflößende Stimmen. Zwei der sieben Ara-Arten Kolumbiens sind durch Entwaldung, Wilderei (die langen Schwanzfedern werden für traditionelle Zeremonien verwendet) und den Handel mit exotischen Tieren gefährdet.

Der Bechsteinara ist aus seinem ursprünglichen Verbreitungsgebiet nahezu verschwunden und nur noch im Chocó zu finden; die hellgrünen Vögel erröten bei

Erregung, ihre weißen, federlosen Wangen werden rosarot. Der blutrote Grünflügelara *(Ara chloroptera)* gilt zwar noch nicht als bedroht, seine Zahl hat aber in den letzten Jahren wegen Habitatverlusts und Wilderei stark abgenommen. Er ist der größte Ara Kolumbiens und misst bis zum Ende seiner Schwanzfedern über einen Meter. Obwohl der Hellrote Ara *(Ara macao)* das größte Verbreitungsgebiet aller Aras hat und im kolumbianischen Amazonasbecken zahlreich vorkommt, ist seine Population heute lückenhaft. Nach ihrem blutroten Federkleid benannt, hat die Art Flügel in kräftigem Königsblau und Gelb. Der Gelbbrustara *(Ara ararauna)* ist leicht an seinem grellen Federkleid in Blaugrün mit gelber Brust erkennbar. Er bewohnt ebenfalls die Tiefebenen Kolumbiens, allerdings in abnehmenden Zahlen.

Der Gelbbrustara bewohnt sumpfige Regionen in Kolumbiens Tiefebenen

Bedrohte Vögel

Papageien und Aras nisten in hohlen Baumstämmen. Das Fällen von alten Bäumen zerstört Nistgelegenheiten, mit verheerendem Effekt auf die Papageienpopulationen. Zwei kolumbianische Arten, Chapmans Zwergamazone und Gelbohrsittich, sind vom Aussterben bedroht. Erstere wurde 2002 in den Zentralanden wiederentdeckt, nachdem man sie seit 1911 für ausgestorben hielt. Die Fundación ProAves *(www.proaves.org)* betreibt ein Nistkastenprogramm. Durch den Schutz der Wachspalme, von der der Gelbohrsittich abhängt, hat sich dessen Population von 81 auf heute über 1000 Tiere erholt.

Männliche Tiere füttern ihre Partner, indem sie Nahrung hochwürgen, während die Weibchen die Eier ausbrüten und die Jungen füttern. Oft sieht man die lebenslang monogam lebenden Papageien paarweise umherfliegen.

ERLEBNIS: Wilde Tiere hautnah

Kolumbien ist eine wahre Arche Noah der tropischen Fauna, trotzdem ist es nicht leicht, Tiere in freier Wildbahn zu sehen. Im Hochgebirge einen Andenbär oder im Dschungel einen Jaguar zu erspähen ist ein seltener Glücksfall. An den folgenden Orten lassen sich Tiere leichter beobachten:

Lagos de Menegua (siehe S. 249f; *Tel. 57/315-326-6068, www.lagosdemenegua.com*) garantiert großartige Vogelbeobachtungen, wahrscheinlich trifft man auch auf Affen und Große Ameisenbären.

Parque Temático Hacienda Nápoles (siehe S. 176f; *Tel. 57-4/216-7344, www.haciendanapoles.com*) zeigt Tapire, Wildkatzen und Affen.

Zoológico de Cali (siehe S. 199; *Tel. 57-2/488-0888, www.zoologicodecali.com.co*) ist Kolumbiens bester Zoo. Unter den fast 200 heimischen Arten sind Andenkondor, Andenbär und Großer Ameisenbär.

Zoológico Santacruz (siehe S. 86f; *Tel. 57-1/208-4212, www.zoosantacruz.org*) ist gut, um bedrohte Andenarten wie Andenbär und Andenkondor zu sehen.

Hacienda Venecia
- Karte S. 165 B1
- 3,5 km östl. von Chinchiná
- 57/320-636-5719

www.hacienda venecia.com

Recinto del Pensamiento
- Karte S. 165 B1
- Km 11 Vía al Magdalena, östl. von Manizales
- 57-6/889-7073
- Mo geschl.
- $$

www.recintodel pensamiento.com

Reserva Forestal Nacional Protectora Río Blanco
- Karte S. 165 B2
- FUNDEGAR, Av. Kevin Ángel #59-181, 5 km östl. von Manizales
- 57/310-422-1883

E-Mail: sergiofunde gar@gmail.com

www.fundegar.com

Außerhalb von Manizales

Westlich von Manizales fallen die Berge abrupt 800 Meter ab bis **Chinchiná**. Zwischen den zwei Städten liegen einige erstklassige Kaffeeplantagen. Eine der lohnendsten ist die **Hacienda Venecia**, ein hübsches *paisa*-Landhaus von 1910. Es bietet eine der besten Plantagenführungen der Region. Das weiß-rote Farmhaus dient auch als romantisches Boutiquehotel (siehe Reiseinformationen S. 291). Es liegt versteckt in einem Tal an der Autopista Manizales–Chinchiná, die unbefestigte, schmale Zugangsstraße ist nicht ausgeschildert.

Einen schnellen Einblick in den Kaffeeanbau gibt es auch bei der Führung im **Recinto del Pensamiento**, einem Natur-Themenpark und Forschungszentrum des Kaffeebauernverbands von Caldas. Das Gelände erstreckt sich über 176 Hektar hinauf in den Nebelwald. Man wandert

INSIDERTIPP

Der Rió Samana bei Cocorná, dessen kristallgrünes Wasser mitten durch den riesigen Urwald fließt, ist ein wahres Juwel.

JESSE COOMBS
National Geographic Adventure Abenteurer des Jahres 2007

einen steilen Pfad hinauf oder nimmt einen Sessellift, um die Hauptattraktionen Kolibristation, Schmetterlingvoliere und Orchideengarten zu erreichen.

Reserva Forestal Nacional Protectora Río Blanco: Bekannt für Ameisenpittas, ist das Schutzgebiet ein guter Ort zur Vogelbeobachtung. Die Reserva oberhalb von **Barrio Toscana**, fünf Kilometer nordöstlich von Manizales, wird von der Fundación Ecológica Gabriel Arango Restrepo (FUNDEGAR) betrieben. Das Schutzgebiet erstreckt sich auf 2240 bis 3700 Meter Höhe und umfasst diverse Ökosysteme. Ein Führer, über FUNDEGAR zu organisieren, ist obligatorisch.

Das Besucherzentrum, die **Casa de Colibrís** (einfache Unterkünfte), umschwirren 23 Kolibri-Arten. Eine kaum zehnminütige Wanderung den Pfad hinauf bietet eine Fülle seltener Vögel. Viele kommen extra, um die endemische und bedrohte Brustband-Ameisenpitta, die endemische

Ascheregen & Lavaströme

Der Nevado del Ruiz, der nördlichste der Andenvulkane, brach am 13. November 1985 plötzlich aus und spuckte glühende Lava, Asche und Felsbrocken über seinen vergletscherten Gipfel. Die pyroklastischen Ströme, die sich ergossen, wurden durch die schmelzenden Gletscher beschleunigt und erzeugten massive Lahare, Schlamm- und Schuttlawinen, die die Stadt Armero unter sich begruben und über 23 000 Opfer forderten. Der Ausbruch des Nevado del Ruiz war die bisher größte Naturkatastrophe Kolumbiens.

Frailejónes (Espeletien) zieren die Landschaft unterhalb des Vulkans Nevado del Ruiz

Zweifarben-Ameisenpitta und die Rostkappen-Ameisenpitta zu sehen. Weitere endemische Arten vor Ort sind Rotstirnsittich und Goldkopftrogon.

Parque Nacional Natural Los Nevados

Die schneebedeckten Gipfel der Los Nevados liegen nur 90 Fahrminuten östlich von Manizales. Der Park umfasst auf 537 858 Quadratkilometern Ökosysteme von Nebelwald und *páramo* bis zu ewigem Schnee.

Heiße Quellen, Seen, steile Schluchten und Talkessel voller *frailejónes* sind ein Refugium seltener Tierarten wie Andenkondor, Andenbär und Bergtapir. Eine Übernachtung ist empfehlenswert, aber auch ein Tagesausflug von Manizales ist möglich. Januar und Februar sind die besten Monate.

Die drei höchsten Vulkane, **El Ruiz** (5321 m), **Santa Isabel** (4965 m) und **El Tolima** (5274 m), sind ganzjährig schneebedeckt. Alle drei sind begehbar, sofern sie keine Zeichen von Aktivität zeigen.

Der nördlichste Vulkan, **Nevado del Ruiz**, ist der zugänglichste. Biegen Sie am Restaurant La Esperanza (27 km östlich von Manizales) von der Autopista Manizales–Ibagué nach **Las Brisas** ab, dem Parkeingang, wo Sie den obligatorischen Führer engagieren können. Wegen vulkanischer Aktivitäten ist der Park seit 2012 für Besucher gesperrt. Vor einem Besuch sollte man sich daher frühzeitig über den Stand der Dinge informieren *(www.sgc.gov.co)*.

Eine Schotterpiste führt von Las Brisas zum Besucherzentrum El Cisne (24 km)

Parque Nacional Natural Los Nevados

- Karte S. 165 B1
- Cra. 26A #68-44, Manizales
- 57-6/887-2273
- Letzter Einlass 14.30 Uhr
- $$$$

ERLEBNIS: Kaffee & Kaffeeanbau studieren

Kolumbien ist weltberühmt als wichtiger Produzent eines der besten Kaffees der Welt. Im Hochland erstrecken sich endlose dunkelgrüne Kaffeeplantagen. Die Bedeutung des Kaffees für die historische Entwicklung der modernen Nation ist so groß, dass Juan Valdez, der fiktive Kaffeebauer, der den Nationalverband der Kaffeebauern repräsentiert (derzeit personifiziert von Carlos Castañeda Ceballos), ein Symbol für ganz Kolumbien ist (siehe Kasten S. 189).

Ein Arbeiter schält Kaffeebohnen in einer traditionellen *trapiche*

In Kolumbien produzieren über 565 000 Kaffeebauern zusammen etwa zwölf Prozent des Kaffees weltweit (nur Brasilien baut mehr an).

Die Kaffeepflanze *Coffea arabica* wächst am besten auf gut drainierten Böden in 760–1200 Meter Höhe, bei möglichst konstanten Temperaturen zwischen 15 und 28 Grad Celsius sowie einer Regen- und einer Trockenzeit. In Kolumbien ermöglicht die Kombination aus vulkanischen Böden, deren Neigung und den klimatischen Bedingungen den Anbau eines der weltbesten Kaffees.

Die Setzlinge werden in Reihen, die parallel zu den Höhenlinien verlaufen, unter Schatten spendenden Bäumen oder Bananenstauden gepflanzt, die den Boden stabilisieren. Im vierten Jahr beginnen die Sträucher Früchte zu tragen. Die Bohnen werden von saftigen grünen Kirschen umhüllt, die sich zur Erntezeit *(Sept.–Dez. im Norden und Osten; März–Juni im Süden)* rot färben.

Die fleischigen äußeren Schichten der handgepflückten Kirschen werden entfernt und die Bohnen getrocknet. Die ledrigen Häute werden abgestreift; die Bohnen geröstet, sortiert, vakuumverpackt und zum Verkauf ausgeliefert.

Diese Orte bringen Ihnen den Kaffeeanbau näher:

Hacienda Venecia *(Tel. 57/320-636-5719, www.haciendavenecia.com; $$$$)*, eine preisgekrönte Kaffeeplantage in Chinchiná bei Manizales; Führungen auf Englisch.

Parque Nacional del Café *(Tel. 57-6/741-7417, www.parquenacionaldelcafe.com;* siehe S. 191), westlich von Armenia, ist ein Themenpark im Disneyland-Stil, der Kinder erfreut und gleichzeitig über Kaffeeanbau informiert.

Sie können auch auf *fincas* (großen Kaffeegütern) logieren. Kontaktieren Sie **Haciendas del Café** *(www.clubhaciendasdelcafe.com)*.

mit Unterkunft. Sie passieren **Valle Lunar**, eine karge Mondlandschaft, und **Valle de las Tumbas**, eine heilige präkolumbische Stätte, von wo Sie Andenkondore über dem **Cañon del Río Molinos** erspähen können. Die Straße führt auf Serpentinen zu **El Refugio**, einer Hütte mit Café auf 4816 Metern, vorbei am erloschenen Krater Olleta. Wenn der Vulkan schläft, können Sie den Gletscher (mit Genehmigung) bis zum Krater des **Nevado del Ruiz** besteigen. In El Cisne führt eine drei Kilometer lange Wanderung durch *páramo* zur leuchtenden **Laguna Verde** hinauf.

Pereira & Umgebung

Die Stadt (465 000 Einwohner) mag jene enttäuschen, die Kolonialidylle erwarten, doch ein Erdbeben hat seinen Tribut gefordert. Besuchen Sie dennoch die **Plaza de Bolívar** *(Cra. 7 & Calle 19)*, auf der sich Schuhputzer und fliegende Händler tummeln. An der Ostseite zeigt das massive Bronzedenkmal **Bolívar Desnudo** von Rodrigo Arenas Betancourt den Nationalhelden nackt hoch zu Ross. Die backsteinerne **Catedral de Nuestra Señora de la Pobreza** beeindruckt mit ihrer ungewöhnlichen Holzbalkendecke.

Im beliebten **Zoológico Matecaña** im Nordwestteil der Stadt bekommt man Schwarze Panther, Andenbären und andere kolumbianische Tiere aus der Nähe zu sehen, daneben Exoten wie Antilopen und Zebras.

Das **Viaducto César Gavira Trujillo**, eine 440 Meter lange Schrägseilbrücke über den Río Otún, bildet eine spektakuläre Zufahrt.

Quindío-Wachspalme

Die Quindío-Wachspalme *(Ceroxylon quindiuense)*, Kolumbiens Nationalbaum, ist im Land endemisch und wächst vorwiegend in Quindío in der Zona Cafetera in Höhenlagen über 2000 Meter. Als höchste Palme der Welt ragt die *palma de cera* bis zu 65 m auf. Sie wächst extrem langsam und kann bis zu 100 Jahre alt werden. Seit 1985 ist sie als ausschließlicher Nistbaum des Gelbohrsittichs gesetzlich geschützt. Trotzdem ist sie wegen ihrer Verwendung für Palmsonntagsfeierlichkeiten gefährdet.

Außerhalb von Pereira

Die Umgebung Pereiras bietet zahlreiche Attraktionen, von Orchideenfarmen und heißen Quellen bis zu gut erhaltenen Kolonialstädten. Westlich von Pereira verstecken sich Gärtnereien an der Ruta 25 (Pereira–Cartago). **Orquideas Eva** züchtet über 30 Orchideenarten, **Agrícola Las Cascadas** kultiviert Flamingoblumen.

Cartago: Die Stickereihauptstadt Kolumbiens (29 km südwestl. von Pereira) wurde 1540 am Nordende des schwülen **Valle del Cauca** gegründet. Hauptattraktion ist die klassizistische

Pereira
Karte S. 165 B1

Besucherinformation
Cra. 10 #16-60
57-6/311-6544 Ext. 752
www.pereiraculturayturismo.gov.co

Zoológico Matecaña
Avenida 30 de Agosto, Pereira
57-6/314-2636
www.zoopereira.org

Orquideas Eva
Km 14 Vía Cerritos, entrada 8
57-6/337-9029
www.orquideaseva.com

Agrícola Las Cascadas
Km 7 Vía Cerritos, entrada 4
57-6/337-9190
www.anturiosdepereira.com

Eine Gruppe junger Mädchen kühlt sich unter dem Wasserfall in Termales San Vicente ab

Cartago
Karte S. 165 B1

Termales Santa Rosa de Cabal
Karte S. 165 B1
9,5 km östl. von Santa Rosa de Cabal
57-6/364-5500
$$
www.termales.com.co

Catedral de Nuestra Señora del Carmen *(Cra. 12 & Calle10, Tel. 57-2/213-3770)*, die dem Petersdom nachempfunden ist, aber mit freistehendem Campanile.

In der Nähe steht die **Casa del Virrey** *(Calle 13 #4-53, Tel. 57-2/212-8557)*, die Villa des ehemaligen Vizekönigs, erhalten mit zeitgenössischer Einrichtung.

Heiße Quellen: Packen Sie Badezeug ein, um in die heißen Quellen zu tauchen, die östlich von Santa Rosa de Cabal aus den Bergen sickern. Gut ausgeschildert führt im Nordosten von Pereira die Straße von Santa Rosa 9,5 Kilometer zu den **Termales Santa Rosa de Cabal**. Ein Steinpfad durch Gärten und Kaskaden bringt einen hinauf zu den Thermalbecken am Fuße eines 30 Meter hohen Wasserfalls.

Eine Alternative bieten die **Termales San Vicente** *(Tel. 57-6/333-6157, www.sanvicente.com.co)*, ausgeschildert von der Straße nach Santa Elena. Sie bieten Thermalschlammanwendungen, Abseilen am Wasserfall, eine Zipline und Pfade für Vogelführungen.

Santuario de Fauna y Flora Otún Quimbaya: 14 Kilometer südöstlich von Pereira, per Schotterpiste via El Cedral erreichbar, erfreut das 489 Hektar große Wildschutzgebiet in den westlichen Ausläufern der Cordillera Central mit seinem Reichtum an Flora und Fauna, landschaftlicher Schönheit und gepflegten Lehrpfaden. Auf einer Höhe von 1800–2400 Metern umfasst der subandine Regenwald auch Wachspalmenbestände und Nebelwälder. Am Besucherzentrum *(Tel. 314-674 9248, E-Mail: yarumoblanco2009@hotmail.com, $$)* in La Suiza starten Wege.

INSIDERTIPP

Sie träumen von einer Tasse frischem Kaffee? Der wahre Geheimtipp ist die heiße Schokolade! Perfekt an einem kühlen Morgen.

JEFF JUNG
NATIONAL GEOGRAPHIC-Mitarbeiter

Filandia: Der Circuito Turístico Sur Oriente (Touristenrunde Südwest) südlich von Pereira folgt einem Kamm der Cordillera Central durch spektakuläre Landschaften. Das hübsche Bergdorf Filandia, erst 1878 gegründet, ist einen Abstecher (7 km westlich der Straße) wert. Das traditionelle *pueblo paisa* ist berühmt als Schauplatz von „Café con Aroma de Mujer" (Kaffee mit dem Duft einer Frau), einer beliebten kolumbianischen Telenovela. Mit Kaffeesäcken beladene Maultiere trotten vorbei, geführt von Cowboys mit Macheten. Alte Männer mit sonnengegerbten Gesichtern treffen sich auf der Plaza, Frauen flechten vor den Türen weißgetünchter Häuser Strohhüte und Körbe.

Die Strecke nach Filandia führt am **Refugio Ecológico Los Colibrís** entlang, einem bewaldeten ökologischen Korridor, markiert mit Pflanzen- und Tiersymbolen.

Santuario de Fauna y Flora Otún Quimbaya
Karte S. 165 B1
www.yarumoblanco.co

Filandia
Karte S. 165 B1

Salento
Karte S. 165 B1

Juan Valdez

Juan Valdez, der fiktive kolumbianische Kaffeebauer, ist ein Wahrzeichen Kolumbiens, seit er 1959 erstmals in einer Reklame der Federación Nacional de Cafeteros (Nationaler Verband der Kaffeebauern) auftauchte. Er wurde in der Werbeagentur Doyle Dane Bernbach „geboren", um kolumbianischen Kaffee als den köstlichsten der Welt zu bewerben. Seither erscheint er, mit Sombrero und Schärpe und in Begleitung seines Maultiers Conchita, das Säcke frisch gepflückter Kaffeebohnen trägt. Juan Valdez' typische Erscheinung und Begrüßung „*¡Bueeenos Dias!*" symbolisieren die mit Stolz erhaltenen Traditionen der über 560 000 *cafeteros* (Kaffeebauern) Kolumbiens.

Salento & Valle de Cocora

Das typische *paisa*-Städtchen **Salento**, 1842 gegründet, prunkt mit einer besonders vollständigen Antioqueño-Architektur. Die Häuser sind bunt bemalt, besonders entlang der Calle Real (Calle 6), der mit *fondas* (Restaurant-Bars) und Souvenirläden gesäumten Hauptstraße.

Der **Mirador de la Cruz** mit Aussicht auf die Gipfel der

Armenia
Karte S. 165 B1

Museo del Oro Quimbaya
Av. Bolívar #40 Norte, 5 km nordöstl. des Zentrums
57-6/749-8169
Mo geschl.
www.banrepcultural.org/armenia

Jardín Botánico del Quindío
Karte S. 165 B1
Av. Centenario #15-190, Calarcá, 7 km südöstl. von Armeniá
57-6/742-7254
$
www.jardinbotanicoquindio.org

Los Nevados ist zu erreichen über 240 Stufen am Nordende der Calle Real oder per Auto entlang der Calle 4 ostwärts.

Folgen Sie dann dem Río Quindío ins **Valle de Cocora** *(Karte S. 165 B1)*. Das Tal verdankt seine Schönheit den hier heimischen Wachspalmen *(palmas de cera)*, die wie schlanke korinthische Säulen über die grünen Hügel ragen.

Die Schotterpiste durch den Weiler **Cocora** auf 2860 Meter Höhe endet an der **Finca La Montaña**, einer Palmenaufzucht, wo man zu Fuß oder zu Pferd ins obere Tal aufbricht. Eine beliebte sechsstündige Rundwanderung führt durch Nebelwald und die **Reserva Natural Acaime** *(Karte S. 165 B1)*. Der Weg ist matschig und erfordert mehrere Flussquerungen.

Armenia & Umgebung

Armenia, die Hauptstadt von Quindío (290 000 Einwohner), ist keine Schönheit. Wie viele Städte der Region erst spät, 1889, gegründet, wurden die historischen Gebäude 1999 durch das letzte mehrerer starker Erdbeben zerstört; ein Beben, das auch 1000 Menschenleben forderte. Dennoch strotzt Armenia als Studentenstadt und Handelszentrum vor Energie.

Unbedingt sehenswert ist das **Museo del Oro Quimbaya**, das Goldmuseum, in einem beeindruckenden Backsteingebäude von Rogelio Salmona (siehe Kasten S. 71). Auf der **Plaza de Bolívar** *(Cra. 13 & Calle 20)* wird eine klassische Bronzestatue des Liberators von Rodrigo Arenas Betancourts massivem

ERLEBNIS: In Kolumbien Spanisch lernen

In Kolumbien bieten diverse Sprachschulen alles von einwöchigen Schnupper- bis zu monatelangen Intensivkursen an, so auch im westlichen Hochland. Spanischkurse sind auch eine wunderbare Möglichkeit, in die Kultur vor Ort einzutauchen, nicht zuletzt, weil die meisten Schulen ihre Schüler bei einheimischen Familien unterbringen. Viele kombinieren Sprach- mit Tanzunterricht und/oder Ausflügen. Die Kurse nehmen selten mehr als 20 Stunden pro Woche in Anspruch; vier Stunden täglich, Monag bis Freitag, ist die Norm. Diese Schulen haben einen guten Ruf:

Amazon Spanish College *(Calle 12 #9-30, Leticia, Tel. 57-8/592-4981, www.amazonspanishcollege.com)* **bietet die seltene Gelegenheit, Spanischunterricht mit Ausflügen in den Regenwald zu verbinden; Unterkunft entweder bei Familien oder in schuleigenen Bungalows.**

Nueva Lengua *(Calle 69 #11A-09, Bogotá, Tel. 57-1/813-8674, www.nuevalengua.com)* **hat Schulen in Bogotá, Cartagena und Medellín, mit Kursen von einer bis 24 Wochen. Hier lassen sich Sprachkurse mit Surf-, Kitesurf oder Tauchunterricht verbinden.**

Universidad del Norte Instituto de Idiomas *(Km 5 Vía Puerto, Barranquilla, Tel. 57-5/350-9509, www.uninorte.edu.com)* **bietet ein multidisziplinäres Programm Spanisch für Anfänger oder Fortgeschrittene an. Die Kurse flechten soziale und kulturelle Aktivitäten ein.**

Sombreros vueltiaos, **traditionelle Strohhüte, gibt es im Städtchen Salento**

Monumento al Esfuerzo (Monument der Anstrengung) und der **Catedral de la Inmaculada Concepción** überschattet, einer modernen Kirche mit Dreiecksdach und hübschen Buntglasfenstern.

Der **Jardín Botánico del Quindío** südwestlich von Armenia ist einer der schönsten Botanischen Gärten Kolumbiens. Mit Führer geht es durch 15 Hektar tropischen Wald voller Schmetterlinge.

Wie wäre es mit Kühe melken, Wasserbüffel reiten oder Zebroids (halb Zebra, halb Pferd) sehen? Der Themenpark **Parque Nacional de la Cultura Agropecuaria (PANACA)** inszeniert Landleben für Städter. Über 2000 Pferde und andere Nutztiere sind ausgestellt, es gibt thematische Reit- und Hundeshows. Der **Parque Nacional del Café**, eine Art tropisches Disneyland, zielt ebenfalls auf kolumbianische Familien ab. Der Themenpark stellt auf 52 Hektar eine traditionelle Kaffeeplantage nach. Das **Museo del Café** bietet eine exzellente Ausstellung. Highlight ist die folkloristische Vorführung der Geschichte des Kaffees in Kolumbien.

Reserva Natural de las Aves Giles-Fuertes: Das 368 Hektar große Reservat schützt das einzige bekannte Habitat der vom Aussterben bedrohten Chapmans Zwergamazone. Der Vogel war 90 Jahre lang nicht gesehen worden, bis Ornithologen von ProAves ihn 2002 wiederentdeckten. Das wolkenverhangene Schutzgebiet liegt zwei Fahrstunden südlich von Armenia und eine Stunde Fahrt über eine Schotterpiste ab Génova. Keine Unterkünfte vorhanden, Infos bei EcoTurs *(Tel. 57-1/287-6592, www.ecoturs.org).* ■

PANACA

- Karte S. 165 B1
- Km 7 Vía Vereda Kerman, Quimbaya
- 57-6/758-2830
- Mo geschl.
- $$

www.panaca.com.co

Parque Nacional del Café

- Karte S. 165 B1
- Km 6 Vía Montenegro
- 57-6/741-7417
- $$$

www.parquenacionaldelcafe.com

Reserva Natural de las Aves Giles-Fuertes

- Karte S. 165 B1

Das pulsierende Cali und eine atemberaubende, vielfältige Landschaft, die von Bergen über *páramo* bis Wüste reicht

Südliches Hochland

Ein Guambiano bei der Rast an einem Hang in Silvia

Südliches Hochland

Cali, die drittgrößte Stadt Kolumbiens, steht für Salsa. Doch die heißblütige, tanzverrückte Stadt ist auch eine spannende Mischung verschiedener Kulturen, alter Gebäude und neuer Museen. Die Südwestecke Kolumbiens fasziniert mit präkolumbischen Ruinen. Und auch die Landschaft ist extrem vielfältig – vom Desierto de la Tatacoa bis zum *páramo* der Zentralkordillere.

Ein Seitenaltar in der Iglesia de San Francisco, der größten Kirche von Popayán

Nördlich der Grenze zu Ecuador teilt sich das gewaltige Andenmassiv in drei Gebirgszüge: die schmale Ostkordillere, die Zentralkordillere und die regenreiche Westkordillere. Dazwischen verlaufen zwei große Täler. Cali breitet sich im Valle del Cauca aus, einem tiefen Einschnitt westlich der Zentralkordillere. Das Tal des Río Magdalena im Osten ist dagegen karg und kaum besiedelt.

Auch wer sich eigentlich nicht für Archäologie interessiert, staunt über die Statuen von San Agustín und die Gräber von Tierradentro. Zusammen bilden diese Zeugnisse einer hoch entwickelten nördlichen Andenkultur die größte Ansammlung von Ritualmonumenten und Megalithskulpturen in Südamerika.

Ein weiteres Highlight ist Popayán, eine der besterhaltenen Kolonialstädte des Landes. Sie ist eine gute Basis für die Erkundung der Region, besonders des Parque Nacional Natural Nevado del Huila, der nach einem sehr aktiven Vulkan benannt ist und mit heißen Quellen und dem zweitgrößten Gletscher des Landes aufwartet. Popayán ist außerdem das Tor zum Kernland der Guambiano-Indianer, deren Siedlungen östlich der Stadt Silvia liegen. Die Guambianos sind für ihre Kleidung bekannt: Die Männer tragen königsblaue Röcke und schwarze Ponchos, die Frauen schwarze Röcke und blaue Tücher; allen gemeinsam ist der schwarze Filzhut.

Zwar ist Cali in erster Linie für Salsaclubs bekannt, aber es verfügt auch über einen Kern aus kolonialer Zeit und tolle neue Museen. Cali ist eine jugendliche Stadt voller Energie, sie lockt mit ihren vielen Tanzschulen vor allem Besucher an, die Salsa tanzen lernen möchten. Außerdem gibt es hier ausgezeichnete Restaurants und Hotels.

Das Departamento Nariño im Süden hat viel mit dem Nachbarland Ecuador gemeinsam. Nirgends ist der ecuadorianische Einfluss stärker spürbar als in der Grenzstadt Pasto, dem Tor zu dem Wallfahrtsziel Santuario de Las Lajas, das über einer tiefen Schlucht thront. Hier wurden 1964 die FARC (siehe Kasten S. 30) gegründet, und schon seit Langem gilt die Region als Brennpunkt der Kämpfe zwischen Guerillas, Paramilitärs und der Armee. Seit 2008 haben die FARC mehrere Orte in der Region angegriffen, und der ELN wurde für eine Autobombe, die im April 2014 nahe Popayán explodierte, verantwortlich gemacht. Mehrere Länder, auch Deutschland, haben Reisewarnungen für den Süden des Landes ausgesprochen; Touristen sind jedoch selten betroffen. ■

NICHT VERSÄUMEN

Salsa tanzen lernen in Cali 198

Den Zoológico de Cali 199

Eine traditionelle Mahlzeit auf dem Markt Galería de Alameda in Cali 199

Einen Bummel durch die Kolonialstraßen von Popayán 203–204

Das Santuario de Las Lajas 209

Die Statuen im Parque Arqueológico de San Agustín 213–214

Die präkolumbischen Gräber im Parque Nacional Arqueológico Tierradentro 215, 218

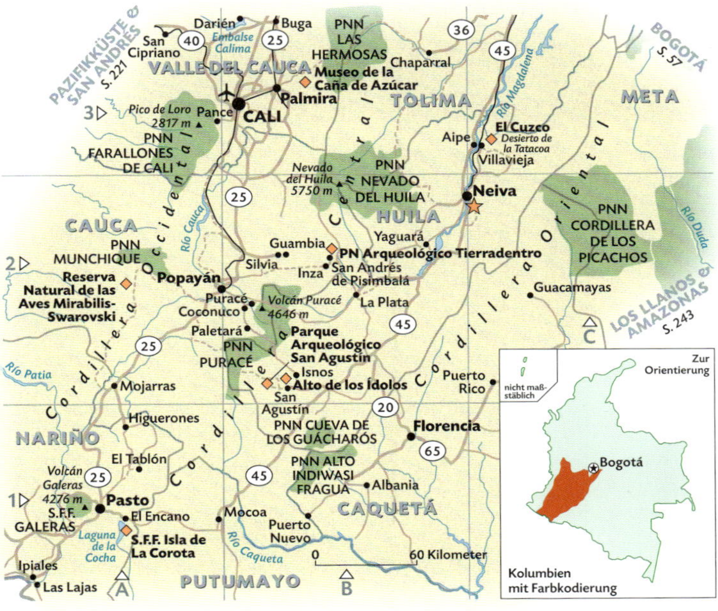

Cali & Umgebung

Ein reizender kolonialer Kern, tolle moderne Architektur und sexy Salsa-Stimmung: Cali gilt heute als eines der spannendsten Ziele in Kolumbien. Auch bei einem kurzen Aufenthalt in der heißblütigen Metropole werden Besucher vom Flair mitgerissen.

Die Tanztruppe Tango Vivo y Salsa Viva bei einem Auftritt. In ganz Cali beeindrucken Salsa-Tänzer mit ihrer unglaublich rasanten Beinarbeit

Santiago de Cali

Die drittgrößte Stadt Kolumbiens, auf 1079 Meter Höhe, wurde 1536 von Sebastián de Belalcázar (1479–1551) gegründet. Das fruchtbare Tal eignete sich perfekt für den Anbau von Zuckerrohr, sodass sich das Hinterland der Stadt zur Zuckerregion Kolumbiens entwickelte. Zur Arbeit unter der Sonne des Äquators wurden Sklaven aus Afrika herangeschafft. Heute hat die 2,4-Millionen-Metropole den höchsten Anteil afrikanischstämmiger Bewohner des Landes.

Ab Mitte der 1970er Jahre durchlebte die Bevölkerung zwei Jahrzehnte lang einen wahren Albtraum: Die FARC, paramilitärische Gruppen und das mächtige Cali-Kartell bekämpften sowohl sich gegenseitig als auch den Staat. Obwohl das Drogenkartell schließlich zerschlagen wurde, steht die Stadt noch immer für eine hohe Mordrate.

Trotzdem sind die Caleños meist sehr freundliche Menschen. Die Salsatänzer geben dem restlichen Land den Rhythmus vor. Legendär ist das im Dezember stattfindende Kulturfest Feria de Cali. Wunderbar ist auch die gastronomische Szene der Stadt. Und neben dem geschäftigen modernen Zentrum existiert ein hübscher kolonialer Kern.

Die weitsichtige Secretaria de Cultura y Turismo hat eine Guardia Civíl aufgebaut, eine Art Hilfspolizei, zu deren Pflichten neben der Verkehrsüberwachung auch Stadtführungen gehören.

INSIDERTIPP

In Cali, der Salsa-Hauptstadt der Welt, sollte man einen Nachmittag in einer Tanzschule Unterricht nehmen und sich dann abends im Vorort Juanchito mit den Einheimischen messen.

SIBYLLA BRODZINSKY
Freie Journalistin in Kolumbien

Centro Histórico: Hier liegen die meisten Sehenswürdigkeiten. Am besten beginnt man bei der PIT-Touristeninformation im Centro Cultural Santiago de Cali.

Der Komplex **La Merced** gegenüber geht auf die Gründung der Stadt 1536 zurück. Das **Museo de Arte Colonial y Religioso La Merced** im ehemaligen Haus von Sebastián de Belalcázar beeindruckt mit seiner Sammlung sakraler Kunst, die bis ins 16. Jahrhundert zurückreicht.

Daneben befindet sich im Convento de la Merced von 1536 das **Museo Arqueológico La Merced**, dessen freiliegende Fundamente und Mauern einen guten Einblick in die Baukunst der Kolonialzeit geben. Das Highlight ist eine tolle Sammlung präkolumbischer Keramik.

Prähispanisch geht es auch eine Straße südöstlich im **Museo del Oro Calima del Banco de La República** weiter: Hier sind Goldartefakte der regionalen indigenen Kulturen ausgestellt – zwar nicht viele, aber dafür umso faszinierender. Das hübsche klassizistische **Teatro Municipal** *(Cra. 5 & Calle 7, Tel. 57-2/881-3131, www.teatromunicipal.gov.co)* schräg gegenüber ist mit Fresken geschmückt.

Eine Straße östlich geht es Richtung Süden zum **Complejo Religioso de San Francisco** aus dem 18. Jahrhundert. An der Südwestecke überragt die **Torre Mudéjar** *(Calle 9 & Cra. 6)* den Templo de la Virgen de la Inmaculada, eine reizende Kapelle.

Das Kolonialviertel San Antonio erstreckt sich südlich von La Merced am Fuß eines Hügels mit der malerischen Iglesia San Antonio von 1757.

Cali

Karte S. 195 B3

Besucherinformation

Oficina de Cultura y Turismo, Ecke Cra. 5 & Calle 6

57-2/885-8855

www.cali.gov.co/cultura

Handelskammer Valle del Cauca

57-2/886-0000

E-Mail: turismo@valledelcauca.gov.co

www.valledelcauca.gov.co/turismo

Museo de Arte Colonial y Religioso La Merced

Cra. 4 #6-117, Plazoleta La Merced

57-2/888-0646

So geschl.

$

www.museosdelvalle.com

Museo Arqueológico La Merced

Cra. 4 #6-59

57-2/889-3434

So geschl.

$

www.museosdelvalle.com

Museo del Oro Calima del Banco de La República

Calle 7 #4-69

57-2/684-7751

So & Mo geschl.

www.banrepcultural.org/cali

Die Kirche birgt wertvolle geschnitzte Heiligenstatuen aus dem 17. Jahrhundert.

Plaza Caicedo: Über dem lauten Hauptplatz der Stadt *(Cra. 5 & Calle 11)* erheben sich stattliche Königspalmen. Südwestlich hiervon thront die klassizistische **Catedral Metropolitana** von 1841. Das französisch inspirierte Meisterwerk auf der Ostseite der Plaza ist der **Palacio Nacional** von 1933, der Sitz der Stadtverwaltung.

Folgt man der Calle 12 einen Häuserblock Richtung Norden, gelangt man zum 1995 angelegten und nach den Standbildern örtlicher Dichter benannten **Parque de los Poetas**. Lebendige Schreiber tippen hier auf alten Schreibmaschinen für ihre Kundschaft Behördenbriefe oder verfassen auf Bestellung Liebesgedichte. Vorbei an der neugotischen **Iglesia la Ermita** mit ihren aufwändigen Türmen geht es auf einer Fußgängerbrücke über den Río Cali zum schattigen **Paseo de Bolívar**.

Santa Rita & Santa Teresita: Die beiden vornehmeren Viertel nordwestlich von San Antonio schmiegen sich an den baumgesäumten Río Cali. Der **Parque el Gato** (Katzenpark) an der Calle 30 ist nach einem Wahrzeichen der Stadt benannt, dem „Gato del Río", einer großen Katzenskulptur aus Bronze von Hernando Tejada. Im Park am Nordufer des Flusses stehen außerdem

ERLEBNIS: Salsa tanzen wie die Einheimischen

Cali gilt als die Hauptstadt des Salsa und ist eine Hochburg der Salsaschulen. Der klassische Cali-Stil zeichnet sich durch hohes technisches Können und eine enorm schnelle Beinarbeit aus. Er unterscheidet sich von dem in anderen Salsaländern, in denen expressiverer Gebrauch von Oberkörper, Taille und Hüfte gemacht wird. Auch in Cali gibt es mehrere Tanzstile: vom relativ langsamen *cañadanga* bis zum schnellen *shindig*.

Vor dem Besuch in einem Tanzclub sollte man ein wenig Unterricht nehmen. Cali hat mehr als 200 Salsaschulen und ebenso viele Tanzclubs. Zu den besten Schulen zählen:

Fundación Escuela de Baile Acrosalsa Latina *(Cra. 41B #36-09, Tel. 57-2/487-0820, http://fundacionescuelaimpactolatino.weebly.com)*. **Die Lehrer dieser Schule kommen zum Privatunterricht ins Hotel; es wird auch Einzel- und Gruppenunterricht im Studio im Barrio El Poblado und in Roosevelt angeboten.**

Son de Luz Escuela y Academía de Baile *(Cra. 28 #6-118B, Tel. 57-2/557-0851, http://sondeluz.org)*. **Diese Schule hat auch Zweigstellen in Popayán.**

Tango Vivo y Salsa Viva *(Calle 5 B5 #36-94, Tel. 57-2/557-0618, www.tangovivoysalsaviva.com)*. **Die beste Tanzschule der Stadt bietet Unterricht für alle Altersgruppen und veranstaltet auch *espectáculos* (Shows). Die Stiftung der Eigentümer erteilt Kindern aus armen Stadtvierteln kostenlos Unterricht. Aus der Schule sind schon mehrere Landesmeister hervorgegangen.**

Das Museo de Arte Moderno La Tertulia zeigt Werke nationaler und internationaler Künstler

rund ein Dutzend weitere Katzenskulpturen. Am Südufer befindet sich in der Avenida Colombia das **Museo de Arte Moderno La Tertulia**. In den modernen Gebäuden sind Werke kolumbianischer und internationaler Künstler ausgestellt.

Ein netter zwei Kilometer langer Spaziergang nach Westen führt zum **Zoológico de Cali**, dem besten Zoo des Landes mit über 1200 Tieren und fast 200 Arten, von denen 80 Prozent aus Kolumbien stammen. Es gibt Große Ameisenbären, Brillenbären und Andenkondore, außerdem ein großes Aquarium und ein Vogelhaus.

Weitere Sehenswürdigkeiten in der Stadt: Bei Regen bietet sich das **Museo Departamental de Ciencias Naturales Federico Carlos Lehmann Valencia** *(Av. Roosevelt #24-80, Tel. 57-2/514-6848, www.inciva.org)* im Westteil der Stadt an, ein tolles Naturkundemuseum mit spannenden interaktiven Ausstellungen.

Ein weiteres verstecktes Juwel ist die **Galería de Alameda** *(Calle 8 & Cra. 24)* südlich von La Merced. Die traditionelle Markthalle nimmt einen ganzen Straßenblock ein; neben Obst und Gemüse, Fleisch, Fisch und Blumen gibt es auch Kunsthandwerk. Anfahrt per Taxi!

Mit dem Taxi erreicht man auch den **Cerro los Cristales** mit dem Cristo Rey, einer 26 Meter hohen Christusstatue. Zu Ostern wandern Pilger die kurvige Straße hinauf.

Museo de Arte Moderno La Tertulia

✉ Av. Colombia #5-105 Oeste
☎ 57-2/893-2939
🕒 Mo geschl.
$ $

http://museolatertulia.com

Zoológico de Cali

✉ Cra. 2 Oeste & Calle 14, Santa Teresita
☎ 57-2/488-0888

www.zoologicodecali.com.co

Buga
Karte S. 195 B3

Valle del Cauca

Der **Río Cauca** entspringt in der Zentralkordillere und fließt durch eins der fruchtbarsten Ackerländer Kolumbiens Richtung Norden ins Karibische Tiefland. Valle del Cauca ist auch der Name eines Departamento mit der Form eines seitenverkehrten Ls, das sich nach Westen bis zur Pazifikküste mit der Hafenstadt Buenaventura (siehe S. 227) zieht.

In dem dünn besiedelten Tal wird Zuckerrohr angebaut – 95 Prozent des kolumbianischen Zuckers stammen von hier. Wer inmitten der Felder alte Haciendas besucht, atmet den Geist vergangener Zeiten.

Das authentischste Erlebnis verspricht die **Hacienda Piedechinche** *(Tel. 57-2/554-0809, www.museocanadeazucar.com).* Sie liegt umgeben von hübschen Gärten 42 Kilometer nordöstlich von Cali, zu erreichen über die Stadt Palmira. Die *casa colonial* von 1715 beherbergt heute das **Museo de la Caña de Azúcar** (Zuckerrohrmuseum) mit allerlei historischen Stücken. Zu sehen gibt es außerdem ein noch funktionierendes Wasserrad und ein *trapiche* (Zuckermühle).

Freunde kolumbianischer Literatur lieben die **Casa Museo Hacienda El Paraíso** *(Tel. 57-2/514-6848, Mo geschl., $)*, vier Kilometer nördlich von Piedechinche. Das schöne Bauernhaus von 1828 diente Jorge Isaacs (1837–1895) als Schauplatz für seine Romanze *María*, einen Klassiker lateinamerikanischer Literatur.

Die bunt ausgemalte Kuppel der Basílica del Señor de los Milagros in Buga, in der eine vergoldete Christusstatue steht

Buga: Die 1555 gegründete kleine Stadt ist ein verstecktes Juwel mit einem wunderbaren kolonialen Zentrum. Pilger zieht es in die **Basílica del Señor de los Milagros**

Parque Nacional Natural Farallones de Cali

Der Parque Nacional Farallones de Cali umfasst ein riesiges Gebiet der Westkordillere westlich von Cali. Nur ein kleiner Teil des 205 000 Hektar großen Parks, eines der vielfältigsten im Land, ist nach all den Jahren, in denen die Guerillas die Gegend kontrollierten, nun öffentlich zugänglich. Der Park erstreckt sich von einer Höhe von 200 Metern auf der Pazifikseite bis auf 4100 Meter Höhe und umfasst unterschiedlichste Ökosysteme, vom Tieflandregenwald bis zum *páramo*. Der einzige zugängliche Abschnitt ist El Topacio, nur 40 Minuten westlich von Cali. Das Besucherzentrum in El Topacio ist vom Bergort Pance aus zu erreichen, in den die Caleños am Wochenende gern vor der Hitze der Stadt flüchten. Von hier führt eine teils matschige Tageswanderung zum Pico de Loro, dem zugänglichsten Gipfel des Parks, und zurück. Faultiere, Tamanduas und fünf Affenarten sind hier heimisch. Vor allem interessant sind die Vögel: 700 Arten wurden hier gesichtet.

(Cra. 14, www.milagrosodebuga.com), eine Kirche aus rotem Stein mit herrlicher Innenausstattung. Einer 1,70 Meter großen vergoldeten Christusstatue werden Wundertaten zugeschrieben. Um die Kirche herum verkaufen Geschäfte religiöse Artikel an die Pilger.

Am schattigen Hauptplatz von Buga steht die **Catedral de San Pedro** aus dem 18. Jahrhundert.

Embalse Calima: Der Stausee in den Bergen rund 32 Kilometer westlich von Buga lockt mit seinem kühlen Klima am Wochenende die Caleños an. Auf der Westseite verjüngt sich der See zu einem 1965 errichteten Damm. Besonders von Juli bis September nutzen Kite- und Windsurfer die aus der engen Schlucht heraufwehenden Winde.

Die einzige Siedlung des hohen Nordostens, **Darién**, ist erfüllt vom Knattern der Jeeps und Klappern der Pferdehufe.

Die Kordilleren

Am Westrand des Valle del Cauca zieht sich schnurgerade die **Westkordillere** entlang. Die regentrunkenen Westhänge der Bergkette fallen steil zum Pazifiktiefland hin ab. Die zerklüftete **Zentralkordillere** östlich des Tals erreicht mit dem **Nevado del Huila** eine Höhe von 5750 Metern. Der höchste Vulkan des Landes hat nach dem Cocuy den zweitgrößten Gletscher Kolumbiens. 2007 erwachte der Vulkan aus einem 400-jährigen Schlaf und grummelt seitdem vor sich hin. Daher ist der **Parque Nacional Natural Nevado del Huila** derzeit (2014) für Besucher gesperrt.

Der **Parque Nacional Natural Las Hermosas** weiter nördlich umfasst ein riesiges Nebelwald- und *páramo*-Gebiet. Da die FARC in der Gegend jedoch noch aktiv sind, ist der Park ebenfalls gesperrt. ■

Parque Nacional Natural Farallones de Cali

Karte S. 195 A3

☎ 57-2/654-3720

www.parquesnacionales.gov.co

Embalse Calima

Karte S. 195 B3

Parque Nacional Natural Nevado del Huila

Karte S. 195 B2–B3

Cauca & Nariño

Südlich des Valle de Cauca erklimmt die Panamericana die zerklüftete Region, in der die Zentral- und Westkordillere zusammentreffen. Das Highlight ist die reizvolle Kolonialstadt Popayán, während im tiefen Süden das Santuario de Las Lajas und die abgeschiedene Laguna de la Cocha locken.

Die romantisch beleuchtete Kathedrale von Popayán, eine von vielen Kirchen der Stadt

Die Region bietet für jeden etwas – in der Stadt Silvia nordöstlich von Popayán kann man z. B. mit Guambiano-Indios zusammentreffen, und Outdoorfans können im Parque Nacional Natural de Puracé toll wandern.

In präkolumbischer Zeit siedelten in der Region die Tumacos. Im 16. Jahrhundert gründete der Spanier Sebastián de Belalcázar hier die Städte Pasto und Popayán. Dieser Landesteil wurde von der Real Audiencia de Quito regiert und hat seitdem enge Verbindungen nach Ecuador und Peru.

In jüngerer Zeit war die Region ein Bollwerk der FARC, die hier gegründet wurden. Am 5. November 2011 wurde der FARC-Oberkommandant Alfonso Cano von der Armee getötet, die an den wichtigeren Fernstraßen Kontrollpunkte unterhält. Nach wie vor ist es keine gute Idee, hier als Tourist allein loszuziehen.

Auch sollte man bei Dunkelheit nicht Auto fahren.

Popayán

Das 1537 gegründete Popayán entwickelte sich dank seiner Lage auf halber Strecke zwischen Quito und Bogotá zu einem wichtigen administrativen und religiösen Zentrum.

Die Hauptstadt des Departamento Cauca zeichnet sich durch ihren Reichtum an Kirchen aus dem 17. und 18. Jahrhundert aus. Die Stadt erlitt mehrere Erdbeben, zuletzt im März 1983. Dennoch gibt es heute eine ganze Reihe alter Gebäude mit stimmungsvollen Hotels. Belebt wird die ansonsten recht verschlafene Stadt durch eine große studentische Bevölkerung.

Sehenswertes: Als Startpunkt eines Rundgangs bietet sich der friedliche und schattige **Parque Caldas** *(Calle 5 & Cra. 6)* an, wo eine Statue des Wissenschaftlers und Nationalhelden Francisco José de Caldas (1768–1816) steht. Über dem Hauptplatz thront auf der Südseite die klassizistische **Catedral Basilica Nuestra Señora de la Asunción** *(Calle 5)* von 1906. Daneben steht die quadratische **Torre de Reloj** von 1682. Ein anderes wichtiges Gebäude ist das Rathaus, das auf der Ostseite einen ganzen Häuserblock einnimmt.

Kunstfreunde zieht es die Calle 5 entlang zur **Casa Museo Negret y MIAMP**. Das Museum für moderne Kunst ist vor allem Edgar Negret (*1920), einem Sohn der Stadt, gewidmet. Rechts vom Eingang befindet sich die Casa Museo Negret mit Uniformen und anderen Relikten der Kolonialzeit; außerdem gibt es eine Galerie mit Negrets modernen Skulpturen. Links zeigt das Museo Iberoamericano de Arte Moderno de Popayán (MIAMP) abstrakte Kunst.

INSIDERTIPP

Am schönsten ist Popayán in der Karwoche. Einige Prozessionen und Traditionen gehen auf das 16. Jahrhundert zurück.

LARRY PORGES

Redakteur, National Geographic-Reiseführer

Die größte Kirche der Stadt ist die sehr interessante **Iglesia de San Francisco** *(Calle 4 & Cra. 9)* von etwa 1795. Östlich des Parque Caldas führt die Calle 4 zum 1741 fertig gestellten **Templo Santo Domingo** *(Calle 4 & Cra. 5)* mit seiner schneeweißen Fassade und seiner Mischung aus Barock, Renaissance und spanischem *churrigueresco*. Die Touristeninformation liegt 50 Meter südlich davon.

Sakrale Kunst in großer Fülle präsentiert das **Museo Arquidiocesano de Arte Religioso**. Am spektakulärsten

Popayán

Karte S. 195 A2

Besucherinformation

Oficina Departmental Turismo Gobernación del Cauca, Calle 4–Cra. 7, Esquina

57-2/824-4201 oder 57-2/822-0570

Casa Museo Negret y MIAMP

Calle 5 #10-23

57-2/824-4546

Di geschl.

$

http://museonegret.wordpress.com

Museo Arquidiocesano de Arte Religioso

Calle 4 #4-56

57-2/824-2759

So geschl.

$

Reserva Natural de las Aves Mirabilis-Swarovski

Karte S. 195 A2

ist eine drei Meter große Figur der Virgen Inmaculada del Apocalipsis von Bernardo de Legarda (1700–73). Dargestellt ist ein Engel, der auf einem großen silbernen Globus balanciert.

An der Carrera 7 stehen zwei Architekturjuwele: das eine ist der **Panteón de los Próceres** *(Cra. 7 #3-55, Mo–Fr geschl.)*, ein schlankes neoklassizistisches Gebäude aus den 1930er Jahren; hier enthalten zwölf Marmorurnen die Asche von 14 Nationalhelden aus Popayán. Das andere sehenswerte Gebäude ist das eindrucksvolle **Teatro Guillermo Valencia** *(Calle 3 #6-81, Tel. 57-2/822-4199)* direkt nebenan. Es wurde 1927 in einem Stilmix erbaut.

Eine Querstraße weiter nördlich gelangt man zum 1873 erbauten **Puente del Humilladero** *(Cra. 6 & Calle 2)*.

Die Guambianos

Rund 20 000 Guambianos leben in den hohen, kalten Heidemooren zwischen den Vulkanen Puracé und Nevado del Huila. Sie leben im Páramo de las Delicias mehr schlecht als recht vom Kartoffelanbau, der Tilapia-Zucht und vom Sammeln endemischer Pflanzen für die traditionelle Heilkunst sowie religiöse Rituale, die auf der Anbetung der Erdmutter gründen. Die Guambianos halten stolz an ihrer Sprache Wam fest. Die meisten tragen Filzhüte und kleiden sich traditionell: die Männer in blauen Röcken und schwarzen Ponchos mit rosa Rand, die Frauen in schwarzen Röcken und blauen Schultertüchern.

Eine gute Zeit für einen Besuch des **El Morro de Tulcán** unmittelbar nordöstlich des kolonialen Zentrums ist die Zeit der Abenddämmerung: Dann bietet sich von dem Hügel ein schöner Blick auf die Stadt. Oben steht ein Reiterstandbild von Sebastián de Belalcázar. Auf einem Hügel steht auch die 1681 erbaute und nach einem Erdbeben 1885 wieder aufgebaute **Capilla de Belén** mit einem Bildnis des Santo Ecce Homo, des Schutzheiligen der Stadt. Der Weg zur Kapelle beginnt am östlichen Ende der Calle 4. Nach Einbruch der Dunkelheit sollte man hier nicht allein herumlaufen. Die reizende Kapelle **La Ermita** *(Calle 5 & Cra. 2)* am Fuß des Belén-Hügels geht auf die Zeit der Stadtgründung zurück. Sie ist die älteste Kirche Popayáns.

Umgebung von Popayán

Die Berge um Popayán sind das reinste Vogelparadies, besonders die 1100 Hektar große **Reserva Natural de las Aves Mirabilis-Swarovski** 60 Kilometer westlich von Popayán. Hier wurde 1967 der stark gefährdete Blaubauch-Höschenkolibri entdeckt, der oft in der Umgebung des Besucherzentrums zu sehen ist. Rund 280 Vogelarten leben in dem montanen Nebelwald.

Zur Zeit der Drucklegung des Buches wurde von Besuchen aufgrund der labilen Sicherheitslage abgeraten.

Die Guambiano-Frauen sind alle gleich gekleidet und tragen einen Pagenschnitt

Silvia: Die Marktstadt 50 Kilometer nordöstlich von Popayán ist die Heimat der Guambianos (siehe Kasten gegenüber), eines der traditionellsten indigenen Völker Kolumbiens. Das Herz des Guambiano-Gebiets ist das Tal unmittelbar nördlich der Stadt, das zum hoch oben in kühler Berglandschaft gelegenen Dorf **Guambia** führt. Dienstags verkaufen die Guambianos auf dem Markt in Silvia handgefertigte Artikel wie z. B. *ruanas* (Ponchos).

Parque Nacional Natural de Puracé

Am Wochenende schnüren viele Bewohner von Popayán ihre Stiefel für eine Wanderung auf den **Puracé** (4646 m), der sich östlich der Stadt erhebt. Er ist der westlichste der sieben Vulkane der Coconucos-Kette und Herz des 83 000 Hektar großen Puracé-Nationalparks. Vier der mächtigsten Flüsse Kolumbiens – Magdalena, Cauca, Caquetá und Patía – entspringen im Park.

Vor einem Jahrhundert waren die beiden Hauptgipfel noch mit Gletschern bedeckt; heute ist das ewige Eis weggeschmolzen. Von der Ranger-Station in **Pilimbalá** (3350 m) braucht man für den gut erkennbaren Sieben-Kilometer-Weg zum Krater rund drei Stunden. Vorsicht ist am steilen Kraterrand geboten: Aus Fumarolen steigt schwefelhaltiger, ätzender

Silvia

Karte S. 195 B2

Guambia

Karte S. 195 B2

Parque Nacional Natural de Puracé

Karte S. 195 B2

c/o PNN Surandina, Cra. 9 #25N-06, Popayán

57-8/521-2578

$$

www.parquesnacionales.gov.co

Pasto
Karte S. 195 A1
Besucherinformation
Oficina Departmental de Turismo de Nariño, Calle 18 #25-25
57-2/723-5003

Dampf auf. Die Ranger-Station bietet Unterkünfte und Mahlzeiten.

Nordroute: Die atemberaubende Straße von Popayán Richtung Norden erreicht nach 18 Kilometern eine Verzweigung. Die unbefestigte Straße führt am nördlichen Fuß des Vulkans über Puracé und (nach 19 km) **El Cruce**, wo eine weitere Abzweigung vorbei an Schwefelminen Richtung Süden nach **Pilimbalá** führt, Richtung **La Plata**. Dann fällt die Straße zum Dorf **Inza** hin ab. Unterwegs passiert man die **Laguna de San Rafael**, wo man Andenkondore sehen kann, und das **Huancayo-Besucherzentrum**. Von hier führen Wege zu den warmen Quellen **Termales San Juan** und zum spektakulären **Bedón**-Wasserfall.

Präkolumbisches Gold, Museo del Oro Banco de La República, Pasto

Südroute: Die Hauptstraße von Popayán führt an der Abzweigung nach La Plata vorbei weiter nach Coconuco und schließlich nach Isnos und San Agustín (siehe S. 213). Der Weiler **Coconuco** bietet in der Nähe warme Quellen sowie Zugang zum Vulkan. Die Straße klettert von Coconuco über einen windgepeitschten Pass Richtung Süden zur Hochebene des **Valle de Paletará.** Am Ostende liegt der Weiler **Paletará**; von hier führt eine Nebenstraße zur **Laguna del Buey** (einem Tapir-Habitat) und zum Vulkan. Gleich dahinter durchquert man einen *páramo* voller *frailejónes* und gelangt dann in einen riesigen montanen Nebelwald. Zahlreiche Militärposten zeugen davon, dass hier Guerillas aktiv sind, die Straße gilt jedoch als sicher.

Pasto & Umgebung

Die chaotische Andenstadt mit mehr als 400 000 Einwohnern ist dem Stadtbild und Geist nach ecuadorianisch. **San Juan de Pasto** wurde 1537 auf kühlen 2527 Metern im Atriz-Tal angelegt. Während der Unabhängigkeitskriege stellte sich die Stadt auf die Seite Spaniens und wurde von Bolívars Truppen zerstört. In späteren Zeiten haben Erdbeben einem Großteil des kolonialen Zentrums zusätzlich Schaden zugefügt.

ERLEBNIS: Wandern in Kolumbien

Kolumbien ist mit seinen wundervollen Naturreservaten und den riesigen unberührten Andengebieten ein wahres Paradies für Wanderer.

Während sich die Berge unmittelbar östlich von Bogotá gut für Tageswanderungen eignen, bieten die zerklüfteten Hochgebirgslandschaften Gelegenheit zu längeren und anspruchsvolleren Wanderungen. Besonders schön sind die folgenden fünf Routen:

Überwältigende Aussicht im Parque Nacional Natural El Cocuy

Parque Nacional Natural de Puracé
Die recht unproblematische Wanderung zum Gipfelkrater des **Puracé** kann von der Ranger-Station Pilimbalá (siehe S. 205) hin und zurück in einem Tag erledigt werden. Ein Blick in das Innere des schlummernden Giganten ist wahrhaft faszinierend. Und auch die Rundumblicke sind spektakulär.

Parque Nacional Natural El Cocuy
Der Park (siehe S. 105–109) gilt vielen als absolutes Wanderparadies: Er bietet spektakuläre Andenlandschaften, Gletschergipfel, kristallklare Seen, Täler voller *frailejónes* und die seltene Gelegenheit, Brillenbären und Andenkondore in freier Natur zu sehen. Eine Tageswanderung – am besten frühmorgens – führt vom Dorf El Cocuy zum **Púlpito del Diablo**, einer Mesa an der Schneegrenze. Hochgebirgsabenteurer können den siebentägigen Cocuy-Rundweg angehen (siehe S. 108–109).

Parque Nacional Natural Los Nevados
Dieser tolle Nationalpark (siehe S. 185–187) eine knappe Autostunde von Manizales bietet Zugang zu den schneebedeckten Vulkanen der Zentralkordillere. Vom Besucherzentrum El Cisne kann man die einfache Wanderung zur **Laguna Verde** (hin und zurück 3 Std.) unternehmen oder den anspruchsvolleren Aufstieg auf den **Nevado del Ruiz**, den nördlichsten Vulkan der Anden.

Cerros Orientales, Bogotá
Durch die bewaldeten Berge, die die Hauptstadt im Osten flankieren, ziehen sich ausgeschilderte Wege. Beliebt ist der polizeilich überwachte **Sendero Quebrada La Vieja**, der von einem Zugang der Wasserwerke von Bogotá bei der Kreuzung der Circunvalar (Ringstraße) und der Calle 72 zu erreichen ist und zu einem Aussichtspunkt über der Stadt führt. Die Sicherheitslage vorher klären und nicht allein wandern!

Tageswanderungen um Medellín
Frische Luft schnappen in der Umgebung von Medellín kann man mit der Wandergruppe **El Caminero** *(Tel. 57/300-221-6135)*, die am Wochenende Tageswanderungen organisiert.

Museo del Oro del Banco de La República
Calle 19 #21-27
57-2/721-5777
So & Mo geschl.
www.banrepcultural.org/pasto

Laguna de la Cocha
Karte S. 195 A1

Den westlich über der Stadt thronenden **Galeras** (4276 m) überzieht ein Flickenteppich aus Weiden und Ackerland. 2005 trat der Vulkan in eine aktive Phase ein; seitdem hat es mehrere leichte Ausbrüche gegeben. Aus Sicherheitsgründen ist das **Santuario de Fauna y Flora Galeras** bereits seit 2006 für Besucher geschlossen.

ERLEBNIS: Unterwegs per Moto

In Kolumbien wimmelt es von Motorrädern; zwei von fünf Fahrzeugen sind *motos*. Dazu touren ständig zahlreiche ausländische Motorradfahrer durch das Südliche Hochland. Touren bietet etwa Motolombia *(Tel. 57/314-652-3976, www.motolombia.com)* in Cali; der Anbieter verleiht Motorräder und organisiert auch den Transport von Motorrädern nach Kolumbien. Ebenfalls in Cali führen Mike und Diana Thomsen das Casa Blanca Hostel *(Tel. 57-2/396-3849, www.casablancahostel.wordpress.com)*, einen Treff von Motorradfreunden aus aller Welt. Touristen müssen übrigens das Kennzeichen ihres Motorrads nicht hinten auf ihrem Helm tragen.

Die Bergstraße von Popayán Richtung Süden nach Pasto ist eine der atemberaubendsten in ganz Kolumbien. Etwa 30 Kilometer südlich von Popayán führt sie durch ein dünn besiedeltes karges Tal mit Kakteen.

Die Handvoll Attraktionen von Pasto gruppieren sich um den Hauptplatz, die **Plaza de Nariño** *(Calle 18 & Cra. 24)* mit einer Statue des Nationalhelden Antonio Nariño. Interessant an der Nordwestseite des Platzes ist der maurisch inspirierte **Templo de San Juan Bautista** mit einer tollen Innenausstattung von 1669. Einen Häuserblock nordwestlich steht der nüchterne Backsteinbau der **Catedral de San Ezequial** *(Calle 17 & Cra. 26)*. Im neugotischen Stil üppig ausgeschmückt ist der **Templo de la Merced** *(Calle 18 & Cra. 22)*.

Südöstlich der Kirche befindet sich das moderne **Centro Cultural Leopoldo López Álvarez** mit dem **Museo del Oro del Banco de La República**. Das kleine Goldmuseum zeigt wundervollen präkolumbischen Goldschmuck aus alten Siedlungen im Nariño-Hochland und an der Pazifikküste.

Laguna de la Cocha: Der in einem üppigen Bergtal liegende See ist ein beliebtes Wochenendziel und das marschige Ufer ein echtes Vogelparadies.

Zu erreichen ist das nördliche Ende des Sees über El Encano, 27 Kilometer östlich von Pasto. Hier ist die Straße nach **El Puerto** ausgeschildert, einem Weiler in der Schwemmlandebene (für die Fahrt dorthin braucht man ein Allradfahrzeug). Das Dörfchen besteht aus schweizerisch anmutenden, mit Geranien geschmückten Stelzenhäusern, die einen Kanal säumen.

Mit Motorbooten *($$)* kann man Touren auf dem See unternehmen oder zum **Santuario de Flora y Fauna Isla La Corota** fahren, einem Tierschutzgebiet auf einer Insel.

Ipiales

Die Landwirtschafts- und Textilstadt nur sieben Kilometer von der ecuadorianischen Grenze entfernt gewinnt sicher keine Schönheitswettbewerbe. Am gepflasterten **Parque de la Independencia** stehen die klassizistische **Catedral Bodas de Plata** sowie ein modernes Rathaus. Besuchermagnet ist in dieser Gegend das Santuario de Las Lajas südöstlich der Stadt.

Las Lajas: Nach Las Lajas gelangt man durch den Vorort **El Charco**. Er ist dafür bekannt, dass es in den Restaurants gegrillten *cuy* (Meerschweinchen) gibt. Sieben Kilometer östlich von Ipiales klammert sich oberhalb des Río Guáitara ein buntes Bergdörfchen an den Fels, dessen autofreie Straßen mit Andenkenläden gesäumt sind.

Scharenweise strömen Pilger in das **Santuario de Las Lajas**, eine neugotische Kirche unterhalb des Dorfs, die auf einer Brücke über der Schlucht thront. Der Überlieferung zufolge erschien hier vor mehr als einem Jahrhundert die Jungfrau Maria aus dem Felsen.

Die lange Treppe zur 1949 fertiggestellten Kirche ist mit Hunderten von Tafeln gesäumt, auf denen für Wundertaten gedankt wird. Die Holztüren der Kirche zieren Flachreliefs. Umwerfend ist die Innenausstattung. In der Krypta ist ein kleines Museum *($)* untergebracht. ■

Santuario de Flora y Fauna Isla La Corota
Karte S. 195 A1

Ipiales
Karte S. 195 A1

Las Lajas
Karte S. 195 A1

Ein Lama oberhalb von Las Lajas. Die Tiere sind eine große Attraktion in der Gegend

Vulkane

Vulkane sind Schlote in der Erdkruste, durch die heiße Gesteinsschmelze (Magma) aus dem unter der Kruste liegenden Erdmantel austritt. In Kolumbien gibt es sechs aktive Vulkane – weitere sechs sind inaktiv oder gelten als erloschen; damit ist dies eines der vulkanisch aktivsten Gebiete der Erde.

Eine Rauchwolke steht über dem Nevado del Ruiz

Vulkanismus ist eine Folge der Plattentektonik, d. h. sich bewegender Kontinentalplatten, die voneinander wegtreiben oder gegeneinander drücken. In der Tiefe des Erdinneren kommt es zu Konvektionsströmen, die geschmolzenes Material an die Erdoberfläche transportieren.

Es gibt zwei Arten von Vulkanen. Die kolumbianischen Vulkane sind Andesitvulkane, die weltweit typisch für Küstenregionen sind. Sie entstehen da, wo zwei Platten kollidieren, sodass sich die dickere Kontinentalplatte über die Meeresplatte schiebt. Durch die Spannung, die entsteht, wenn eine Platte unter enormem Druck unter der anderen arbeitet, entsteht geschmolzenes Magma. Das an Siliziumdioxid reiche Magma ist viskos und hat hohe, steile Vulkankegel zur Folge, die sich rund 160 Kilometer landeinwärts vom Subduktionsgraben erheben.

Mit Mittelozeanischen Rücken, wo die Platten auseinanderdriften, werden gewöhnlich Basaltformationen assoziiert wie die von Hawaii und Island.

Tödliche Explosionen & Lahare

Andesitvulkane sind hoch explosiv. Die Kraft eines Ausbruchs hängt vom Wasser- und Siliziumdioxidgehalt und der Form des Schlotes ab. Wasser, das in Magmakammern einsickert, liefert das explosive Potenzial. Wenn ein Kegel durch versteinerte Lava verschlossen ist, wird

Vom Ausbruch des Nevado del Ruiz Betroffene warten auf Hilfsgüter (1985)

das Magma bis zum Bruchpunkt mit Dampfdruck übersättigt; dann bricht der Vulkan an seiner schwächsten Stelle aus. Wird die Lava seitwärts aus dem Vulkan geschleudert, erscheint sie als Glutwolke, die mit Gewalt nach unten schießen kann. Die riesigen Mengen Staub und Energie, die freigesetzt werden, haben manchmal mächtige Eruptionsgewitter zur Folge.

Werden die Ränder eines Kratersees aufgerissen, bilden sich bis zu 30 Meter dicke Schlammlawinen, sogenannte Lahare. Beim Ausbruch des Nevado del Ruiz 1985 schmolzen Eiskappen am Gipfel des Vulkans; der resultierende Lahar ergoss sich in die Stadt Armero und begrub 23 000 Menschen. Vierzehn Orte rund um den Nevado del Huila befinden sich seit der erhöhten vulkanischen Aktivität 2007 in Alarmbereitschaft. Der aktivste Vulkan Kolumbiens ist der Galeras.

Vulkane können jahrhundertelang inaktiv sein und dann mit einem leichten Grummeln erwachen, das langsam lauter und bedrohlicher wird. Dann explodiert der Berg entweder mit einem einzigen gewaltigen Schlag oder in einer Reihe donnernder Ausbrüche. In tropischer Umgebung wie in Kolumbien lösen solche Ausbrüche oft eine Massenflucht von Tieren aus, sodass z. B. Ameisen, Tausendfüßler und giftige Schlangen Siedlungen regelrecht „überrennen".

An mehreren Vulkanen wie dem Volcán de Lodo El Totumo (siehe S. 137) bei Cartagena gibt es Fumarolen und brodelnde Schlammtöpfe; diese entstehen, wenn Regenwasser über den Magmakammern des Vulkans ins poröse Erdreich sickert. Das Wasser beginnt zu kochen und schießt dann in großen Dampffontänen ins Freie.

Der Andenkondor

Der Andenkondor ist mit einer Flügelspannweite von bis zu drei Metern einer der größten flugfähigen Vögel. Er macht sich die Aufwinde zunutze und überbrückt so auf seinen Beuteflügen enorme Entfernungen. Sein federloser Kopf eignet sich bestens für das Fressen in Tierkadavern. Außerdem wird die blutgetränkte Haut so der sterilisierenden Wirkung von ultraviolettem Licht ausgesetzt. Da fälschlicherweise angenommen wurde, dass Kondore Vieh reißen, wurden sie gejagt. In den 1980er Jahren gab es in Kolumbien nur noch 15 Exemplare. Heute sind es dank eines Zuchtprogramms zehnmal so viele.

Huila

Das Departamento Huila umfasst das Tal des Río Magdalena und die flankierenden Berge – der höchste ist der schneebedeckte Nevado del Huila. In dem trockenen Tal liegt auch der Desierto de la Tatacoa. Die präkolumbischen Statuen und unterirdischen Gräber im Hochland sind von einer geheimnisvollen Aura umgeben.

Präkolumbische Statuen, Gräber und Sarkophage spicken die Landschaft um San Agustín

Der Río Magdalena, längster Fluss Kolumbiens, entspringt in der Zentralkordillere und ergießt sich in ein schmales Tal, das gen Norden breiter wird und sich schließlich zum Karibischen Tiefland hin öffnet. Der mächtige Magdalena war für die ersten spanischen Konquistadoren ein wichtiger Verkehrsweg. Durch das Tal führt heute eine gute Straße.

Das gesamte obere Magdalena-Tal ist semiarid und unfruchtbar; nördlich der Stadt Neiva brennt die Sonne unerbittlich auf die Tatacoa-Wüste. In den Bergen finden sich besonders um San Agustín und Tierradentro faszinierende archäologische Stätten: Riesige Steinstatuen und in den Granit geschlagene Gräber bilden die größte Ansammlung

INSIDERTIPP

Viele Ausländer haben sich wegen seiner Schönheit und der archäologischen Bedeutsamkeit dauerhaft in San Agustín niedergelassen.

OLIVER EHMIG VELEZ
National Geographic-Fotograf

präkolumbischer Stätten in Südamerika.

San Agustín

Die hübsche Stadt liegt auf rund 1700 Meter Höhe auf einer geneigten *meseta* (Hochlandplateau). Sie wurde 1552 gegründet und verfügt noch über ihr ruhiges Kolonialambiente. Ein Grund für einen Besuch hier sind meist die bemerkenswerten präkolumbischen Gräber und Steinstatuen beiderseits der Schlucht, die die *meseta* zerteilt.

Mehr als 500 monolithische Kolosse, Karyatiden und Totems übersäen die Landschaft zwischen San Agustín auf der Südwestseite der Schlucht und San José de Isnos im Nordosten. Die sich über rund 2000 Quadratkilometer verteilende Ansammlung von Statuen ist eine Unesco-Welterbestätte.

Parque Arqueológico de San Agustín: Die wichtigste Stätte ist der archäologische Park zwei Kilometer westlich von San Agustín. Am Eingang stehen Führer zur Verfügung, und es gibt ein Museum *(Mo geschl.)*; ein zwei Kilometer langer Rundweg führt durch Wald zu vier Bereichen mit Monumentalstatuen und Gräbern.

San Agustín
Karte S. 195 B2

Parque Arqueológico de San Agustín
Karte S. 95 B2
$

Steinerne Götter

Wenig ist bekannt über die Kultur, die zwischen dem 6. Jahrhundert v. Chr. und dem 14. Jahrhundert n. Chr. erblühte und dann wieder verschwand. Sie hinterließ die riesigen Steinstatuen und unterirdischen Gräber im oberen Magdalena-Tal. Zwar begannen die Ausgrabungen schon in den 1930er Jahren, jedoch weiß die Wissenschaft bis heute kaum etwas über die Menschen, die die Region besiedelten.

Die Monolithstatuen, Sarkophage und Gräber dienten als Verbindung zwischen den Lebenden, den Toten und ihren Gottheiten. Die aus Vulkangestein gehauenen Statuen sind von knapp 20 Zentimeter bis sieben Meter groß und zumeist rechteckig oder oval. Die menschen- oder tierähnlichen Figuren stehen für verschiedene Götter und Kreaturen, darunter gut- wie bösartige. Einige stellen Schlangen, Frösche und Greifvögel dar – in der präkolumbischen Kultur Symbole der Schöpfung, des Reichtums und der Macht. Andere sind Krieger mit Jaguar-Reißzähnen und grimmigem Gesichtsausdruck – vielleicht Anspielungen an einen Schamanen oder spirituellen Führer, vom dem man annahm, dass er sich in einen Jaguar verwandeln konnte. Viele Statuen bewachen monumentale Gräber, die jedoch schon vor Jahrzehnten oder Jahrhunderten geplündert wurden.

Isnos
Karte S. 195 B2

Die Figuren waren ursprünglich bemalt, wovon noch heute Spuren zeugen.

Auf der *meseta* **Alto de Lavapatas** fallen die Kriegerfiguren mit geschwollenen Wangen auf. Der **Bosque de las Estatuas** (Statuenwald) beherbergt an einem 600 Meter langen Waldweg 40 Statuen. Dann führt der Weg hinunter zur **Fuente de Lavapatas**, einem Labyrinth aus Becken und Kanälen, die aus dem Gestein gehauen wurden. Der Komplex wurde für Zeremonien und rituelle Bäder genutzt.

Alto de los Ídolos: Diese Stätte in **Isnos**, 25 Kilometer nordöstlich von San Agustín, liegt auf zwei Plateaus, die über einen Dschungelpfad zu erreichen sind. Tumuli (Grabhügel) bedecken die *meseta;* jedoch sind die meisten Hügel abgetragen worden, um große, mit massiven Platten bedeckte Steinsarkophage freizulegen. Jedes Grab wird von furchteinflößenden Figuren bewacht.

Hier befindet sich auch die größte Statue: Sie ist sechs Meter hoch.

Alto de las Piedras: Diese Stätte *($)* sieben Kilometer westlich von Isnos (40 km nordöstlich von San Agustín) ist vor allem berühmt für das „Doble Yo" (das doppelte Ich), eine Wächterstatue mit zwei Körpern und zwei Köpfen, sowie für die vier Meter große Figur einer gebärenden Frau.

Andere Stätten: Zu Pferd gelangt man nach **El Tablón**, sechs Kilometer westlich von Obando. Hier erheben sich auf einem Feld fünf anthropomorphe (menschenähnliche) Statuen. Es geht weiter nach **La Chaquira**, wo man über Stufen zu einer Felskante hinabsteigt, die über den Magdalena-Canyon ragt. Die Felsen sind mit Petroglyphen überzogen, von denen einige Affen darstellen.

Am Estrecho de Magdalena verengt sich der Fluss zwischen den schieren Felsen zu einer 2,2 Meter breiten Schlucht. Rafting-Trips bietet **Magdalena Rafting** *(Calle 5A #16-04, San Agustín, Tel. 57/311-271-5333, www.magdalenarafting.com).*

ERLEBNIS: Ein Rezept für Bandeja Paisa

Das Nationalgericht *bandeja paisa* (siehe S. 34) ist ein wahres Fleischfest. Hier eine Version, die man selbst zubereiten kann: Steaks einige Stunden in Salz, Pfeffer und Knoblauch marinieren; danach in kleine Stücke schneiden und kurz mit Knoblauch, Zwiebeln und Paprikaschoten anbraten. Dann gibt man Rindfleischbrühe hinzu und lässt das Ganze köcheln. Rote Bohnen mit dem Steak in der Fleischbrühe schmoren, Tomatenmark hinzufügen und das Ganze kochen, bis es cremig ist. Serviert wird das Mahl mit einer gegrillten Chorizo, *chiccarón* (Schweineschwarte), weißem Reis, Spiegeleiern, gebratenen Kochbananen und einer halben Avocado.

Parque Nacional Natural Cuevas de los Guácharos

Der 1960 eingerichtete Nationalpark ist nach den Fettschwalmen *(Steatornis caripensis)* benannt, die am Westhang der Ostkordillere in Höhlen vorkommen. Der rostbraune nachtaktive Verwandte der Nachtschwalbe ernährt sich von den Früchten des Lorbeerbaums und der Ölpalme und bildet in den Höhlen Nistkolonien auf Guanohaufen. Seinen Namen verdankt der Vogel der Tatsache, dass die Jungtiere schnell fett werden und in vergangenen Zeiten wegen ihres Ölgehalts gefangen wurden.

Parque Nacional Arqueológico Tierradentro

Die zweitwichtigste archäologische Stätte Kolumbiens ist der tief in der Zentralkordillere beim Bergdorf **San Andrés de Pisimbalá** im Departamento Cauca gelegene Archäologische Nationalpark Tierradentro mit mehr als 200 unterirdischen, in Stein gehauenen Begräbnisstätten – seit 1995 Unesco-Welterbestätte. In San Andrés gibt es einfache Hotels; es ist vom nördlich von Popayán gelegenen La Plata im Departamento Huila (siehe S. 206) über die Ruta Nacional 26 zu erreichen oder per Allradfahrzeug von Silvia über Guambia.

In San Andrés fasziniert vor allem die winzige weiß getünchte und strohgedeckte Kirche **Iglesia Doctrinera** aus dem 16. Jahrhundert oberhalb des Dorfs.

(Fortsetzung auf S. 218)

Parque National Natural Cuevas de los Guácharos
Karte S. 195 B1

Parque Nacional Arqueológico Tierradentro
Karte S. 195 B2 & 217

Die Gräber in Segovia sind mit geometrischen und anthropomorphen Motiven verziert

San Andrés de Pisimbalá
Karte S. 195 B2 & 217

Fahrt von Neiva nach San Andrés de Pisimbalá

Dieses reizende Abenteuer in der Zentralkordillere führt zu dem abgeschiedenen Dörfchen San Andrés de Pisimbalá, wo man in das traditionelle Bergleben eintauchen und die präkolumbischen Gräber von Tierradentro erkunden kann. Am besten (aber nicht zwingend notwendig) ist für diese Exkursion ein Allradfahrzeug.

Die Fahrt beginnt an der Kreuzung von RN 45 und 43 am Westufer des Río Magadalena außerhalb von **Neiva** (siehe S. 219). Nach drei Kilometern geht es an der Ausschilderung nach Yaguará links. Die asphaltierte Straße säumt die Westseite des breiten, halbtrockenen Tals und verläuft auch manchmal direkt am Fluss.

Nach 25 Kilometern erhascht man den ersten Blick auf den Stausee **Embalse Betania** ❶. Das Ufer des Wassersportmekkas säumen Resorthotels. Am Nordufer kommt man am größten Staudamm Kolumbiens vorbei: Hier werden 15 Prozent des landesweiten Stroms erzeugt. Dann wird **Yaguará** ❷ erreicht, eine nette Landwirtschaftsstadt inmitten von Reisfeldern und Weiden mit einer neugotischen Kirche im Zentrum.

Hinter Yaguará erklimmt die Straße einen Berggrat mit Ausblicken nach Westen auf den schneebedeckten **Nevado del Huila** (siehe S. 201) und nach Süden auf ein breites, von zerklüfteten Bergen eingerahmtes Tal. Dann geht es hinunter zu einer Gabelung: Hier hält man sich links zum anderthalb Kilometer entfernten Bergdorf **Iguirá** ❸ mit einer hübschen Plaza samt Kirche. Ab hier ist die Straße nicht mehr geteert.

Zum Weiler **Pacarrí** geht es durch ein breites Tal und über einen Pass. Ab Pacarrí führt die dann wieder geteerte Straße zu dem Ort **Tesalia**. Vier Kilometer dahinter folgt man an der Kreuzung mit der RN 24 rechts der Ausschilderung nach La Plata. Der **Río Paéz** geleitet einen durch ein tiefes Tal mit dem Regionalzentrum **La Plata** ❹. Hier biegt man an der Calle 7 rechts ab, dann an der Carrera 4 noch einmal rechts zum Bergdorf Inza.

NICHT VERSÄUMEN

Embalse Betania • Iguirá • Puerto Valencia • Nevado del Huila • Parque Nacional Arquelógico Tierradentro

Parque Nacional Arqueológico Tierradentro

Die Straße nach Inza ist auf den ersten acht Kilometern asphaltiert, danach führt sie als holprige Staubstraße durch eine Schlucht, in der es oft zu Erdrutschen kommt (2011 wurde mit der Betonierung der Piste begonnen). Das hübsche Dorf **Puerto Valencia** ❺ thront rund 20 Kilometer nördlich von La Plata auf einem Plateau oberhalb des Flusses. Geradeaus geht es zum **Puente Juntas**, einer Brücke über den Río Paéz.

Nach weiteren zwei Kilometern wird das Dörfchen **Guadalejo** ❻ erreicht, wo die Straße sich gabelt. Nach rechts geht es nach Belalcázar und zum Nationalpark Nevado del Huila (die Straße ist derzeit hinter Belalcázar für Fahrzeuge nicht passierbar). Man nimmt die Haarnadelkurve nach links beim Fußballplatz

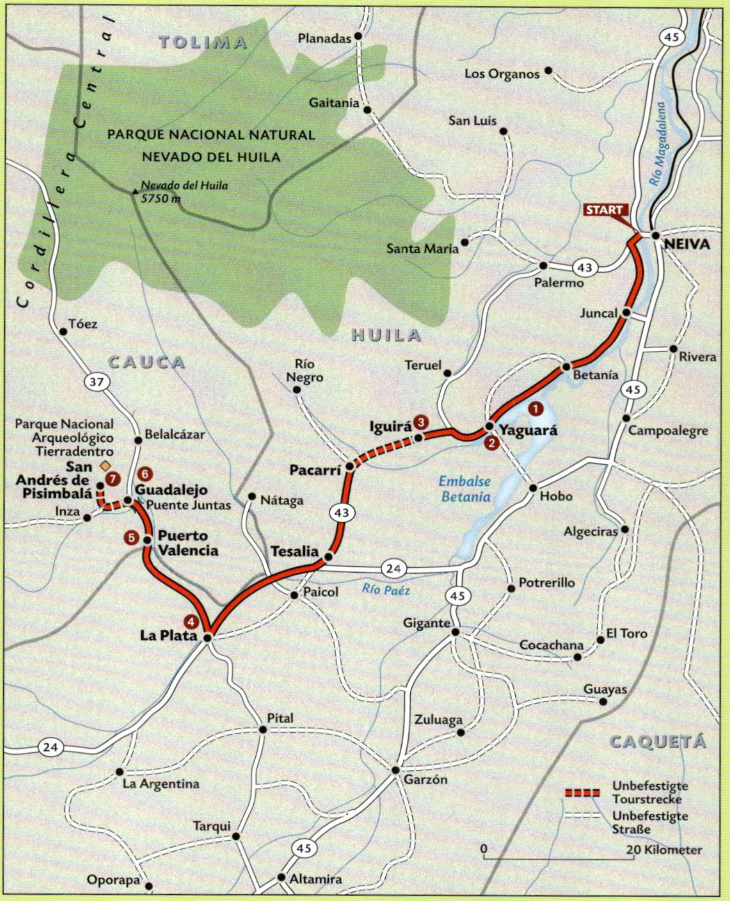

Richtung Inza. Nach zwei Kilometern ist nach einer Kurve plötzlich ein Tal mit umwerfenden Ausblicken auf die Bergwelt erreicht.

Hinter einem Kontrollposten weisen Schilder den Weg nach „Pisimbalá Tierradentro". Diesen folgt man weiter, wenn sich die Straße nach Inza (links) und Tierradentro (rechts) verzweigt. Dann steigt sie steil zum **Parque Nacional Arqueológico Tierradentro** (siehe S. 215, 218) und anderthalb Kilometer dahinter nach **San Andrés de Pisimbalá** 7 (siehe S. 215) hin an.

- Siehe auch Karte S. 195
- Neiva
- 1 Tag
- 190 km
- San Andrés de Pisimbalá

Kakteen recken sich im Desierto de la Tatacoa gen Himmel

In den Bergen oberhalb von San Andrés siedelt das Indiovolk der Nasa, die eine eigene Sprache (Paez) sprechen; samstags kommen sie auf dem Weg zum Wochenmarkt in Inza durchs Dorf. Die Nasa befinden sich seit Langem im Visier der FARC; San Andrés wird von der kolumbianischen Armee geschützt.

In den Gräbern, die zwischen 900–600 v. Chr. und 99 n. Chr. aus dem Fels gehauen wurden, wurden Kaziken und Priester bestattet. Zur Grabkammer führt jeweils eine kurze Wendeltreppe den senkrechten Schacht hinunter. Die rund drei Meter hohen und fünf Meter breiten Gräber werden meist von zwei Pfeilern gestützt, die in Rot und Schwarz mit Linienmustern und Bildnissen bemalt sind.

Das **Museo Ethnográfico** befindet sich rund einen Kilometer unterhalb von San Andrés. Es widmet sich vor allem kolonialer Kultur und Geschichte. Das **Museo Arqueológico** gegenüber befasst sich mit präkolumbischer Kultur. Hinter dem Ethnografischen Museum führt ein Pfad steil bergan *(15 Min.)* nach **Segovia** mit der größten Ansammlung von Gräbern. Weiter bergauf *(10 Min.)* geht es zur kleineren Stätte **El Duende**. An einer dritten Stätte, **El Tablón**, einen

Kilometer östlich von San Andrés, findet man freistehende Statuen, die Menschen mit auf der Brust liegenden Armen darstellen. Ein etwas schwierigerer Weg führt vom Hotel La Posada durch den Wald zum **Alto de San Andrés** mit spektakulären Ausblicken.

Neiva & Umgebung

Die Hauptstadt des Departamento Huila am Ostufer des Río Magdalena liegt auf nur 442 Meter Höhe. In der 1612 gegründeten Stadt befindet sich am **Parque Santander** die **Catedral de la Inmaculada Concepción**. Das eindrucksvollste Denkmal der Stadt ist das **Monumento a Los Potros** am Río Magdalena.

INSIDERTIPP

Wildwassertouren auf dem oberen Río Magdalena und Trips tief hinein in die südliche Kordillere können von regionalen Anbietern arrangiert werden.

MARK HENTZE
Co-Autor „Colombia Whitewater"

Desierto de la Tatacoa: Nordöstlich von Neiva ragen aus der rostroten Erde große Kakteen empor. Die 330 Quadratkilometer große Wüste erscheint durch die Nähe des Río Magdalena und der schneebedeckten Gipfel des Nevado del Huila am westlichen Horizont umso surrealer. In den orangeroten Felsen und Mesas liegen versteinerte Skelette großer Säugetiere und Reptilien.

Hahnenkämpfe

Kolumbianische Männer sind fanatische Anhänger von Hahnenkämpfen, einem hier legalen Sport, der von den Spaniern eingeführt wurde. Die blutigen Kämpfe finden in *clubes gallísticos* oder *galleras* statt – runden Hahnenkampfstätten in Orten auf dem Land und in Städten wie Cartagena. Hier kommt ein Publikum zusammen, das große Summen verwettet. Die Hähne treten nach Gewicht und Größe gegeneinander an. Die Besitzer sind regelrecht vernarrt in ihre besten *gallos*, deren Federn vor dem Kampf geölt werden. Die Hähne kämpfen mit aufgesetzten rasiermesserscharfen Sporen bis zum Tod.

Der interessanteste Teil der Wüste ist **El Cuzco** mit bizarren Felsformationen und einer kleinen Sternwarte. Der Astronom Javier Fernando Rua Restrepo *(Tel. 57/310-465-6765, www.tatacoa-astronomia.com)* arrangiert Himmelsbeobachtungen. In die Wüste gelangt man von der RN 45 bei Aipe und Pala nördlich von Neiva. Öffentliche Verkehrsmittel fahren nach El Cuzco über den Kolonialort Villavieja mit der **Capilla de Santa Bárbara** und dem **Museo Paleontológico de Villavieja** mit seinen Fossilien. ■

Neiva
Karte S. 195 C2 & S. 217

Desierto de Tatacoa
Karte S. 195 C3

El Cuzco
Karte S. 195 C3

Eine der feuchtesten Regionen der Erde, mit artenreicher Tier- und Pflanzenwelt, herrlichen Stränden und afrokolumbianischer Kultur

Pazifikküste & San Andrés

Die wilde Pazifikbrandung an der Küste von Chocó

Pazifikküste & San Andrés

Kolumbiens Pazifikküste, westlich der Cordillera Occidental, ist ein schwüles, feuchtes, üppig grünes Paradies für Naturfreunde. Ganz weit im Norden liegen die Karibikinseln San Andrés und Providencia, deren Strände zu den schönsten des Landes gehören. Sie locken mit Tauchrevieren, Whalewatchingtouren und buntem afrokolumbianischem Leben.

Motorikschas erfüllen die schlammigen Straßen von Guapí mit ihrem Geknatter

Von der panamaischen bis zur ecuadorianischen Grenze erstreckt sich die Festlandsregion Chocó (im Norden) und Nariño (im Süden). Sie ist von Regenwald bedeckt, der an der Küste in Mangrovenwälder übergeht. Die meisten Chocó-Besucher fliegen nach Bahía Solano zum Strandurlaub, der vor allem um das Küstendorf El Valle und den nahen Parque Nacional Natural Utría angesagt ist. Im Sommer tummeln sich hier Buckelwale im Pazifik, die auf Bootstouren oder sogar von Land aus zu beobachten sind. Meeresschildkröten wuchten sich zur Eiablage auf die Strände von Chocó; Tukane und Affen kreischen im Urwald um die Wette.

Die Umgebung von Quibdó, der Hauptstadt von Chocó, ist eine der feuchtesten Regionen der Erde. Der undurchdringliche Dschungel im Norden des Departamento Chocó, der nördlich in den Darién-Urwald von Panama übergeht, ist nur unter Macheteneinsatz zu erkunden. Keine Straße führt in diese Gegend, in der Banditen und die mörderische Drogenmafia ihr Unwesen treiben.

Weiter südlich dient die Hafenstadt Buenaventura als Zugang zum Parque Nacional Natural Gorgona und dem Fauna-und-Flora-Schutzgebiet Malpelo. Die beiden Inseln weit draußen vor der Küste sind ideal für Walbeobachtungen und zum Tauchen. Die Mangrovenwälder des Parque Nacional Natural Sanquianga mit reicher Vogelwelt sind per Boot von Guapí und von der südlichen Stadt Tumaco zu erreichen. Straßen führen über die Berge nach Quibdó, Buenaventura und Tumaco. Vor dem Aufbruch über die Sicherheitslage informieren!

In der Region leben hauptsächlich Afrokolumbianer, die von *cimarrones* (entflohenen Sklaven) abstammen, sowie kleine indigene Gruppen entlang der Flüsse und tief im Dschungel.

Die Inseln San Andrés und Providencia liegen als Gegenpol zu Gorgona und Malpelo im Karibischen Meer, 595 Kilometer nordwestlich von Cartagena. San Andrés ist eine von weißen Sandstränden gesäumte Ferieninsel. Das Barriereriff von Providencia ist mit 32 Kilometern das zweitlängste der Karibik und das Kerngebiet des Seaflower-Biosphärenreservats.

Auf den Inseln wohnen die Raizal, protestantische Afrokariben. Sie sprechen eine englische Kreolsprache und kochen jamaikanische Kost wie *rondón* (Fischeintopf mit Maniok und Yams). ■

NICHT VERSÄUMEN

Die Wanderwege im Parque Nacional Natural Utría 226–227

Eine Gleistour nach San Cipriano 228–229

Whalewatching im Parque Nacional Natural Gorgona 229–230

Am Leben der Raizal auf Providencia teilnehmen 238–240

Tauchen im Parque Nacional Natural Old Providence McBean Lagoon 241

Chocó & Nariño

Im Sommer sind in den Gewässern um Bahía Solano Buckelwale aus nächster Nähe zu erleben. Im Regenwald und im Mangrovengürtel können Naturfreunde viele weitere faszinierende Tiere entdecken. Die Dörfer der Afrokolumbianer und der indigenen Emberá bieten Gelegenheit zu interessanten kulturellen Begegnungen.

Bei El Valle reicht der dichte Regenwald bis an den Strand hinunter. Der Sandstrand ist ideal für ausgedehnte Spaziergänge, auf denen man manchmal sogar Buckelwale beobachten kann

Chocó

Karte S. 223 C2

Besucher-information

Corporación de Turismo de Buenaventura, Calle 1 #1A-88, Conmutador Buenaventura

57-2/242-4508

www.ccbun.org

Das Departamento Chocó im Nordwesten Kolumbiens, südlich der Grenze zu Panama, besteht in erster Linie aus Tiefland, das von Regenwald bedeckt ist. Es wird vom Río Arato entwässert, der nordwärts zum Golfo de Urabá fließt.

Der Tourismus beschränkt sich auf die Küstenregion um Bahía Solano, wo dichter Dschungel paradiesische Strände säumt, die durch Mangrovengewirr voneinander getrennt sind. Die Küstenzonen der südlich anschließenden Departamentos Valle del Cauca, Caucau und Nariño sehen ganz ähnlich aus. Ihre Hauptzentren sind die Hafenstädte Buenaventura und das kleinere Tumaco.

Die Region strotzt von biologischer und kultureller Vielfalt. Im Utría-Nationalpark in Chocó versucht die afrokolumbianische Organisation Mano Cambiada, diesen Reichtum durch kultur- und ökotouristische Angebote zugänglich zu machen. Doch jenseits der Regionen um Bahía Solano und die Hafenstädte verhindert die Sicherheitslage die touristische Erschließung.

Trotzdem werden Reisende überall in Chocó und Nariño von der afrokolumbianischen Bevölkerung mit einem Lächeln begrüßt. Außerhalb der wenigen Städte leben diese unterprivilegierten und armen Menschen vorwiegend in abgeschiedenen Dörfern an der Küste oder an den Flüssen im Landesinneren, wo auch Gruppen indigener Emberá heimisch sind. Drei Vierteln der Bevölkerung von Chocó mangelt es an der grundlegendsten Infrastruktur, und die Region hat die höchste Sterblichkeitsrate in Lateinamerika.

Sie leidet auch unter korrupten Lokalpolitikern und der Ausplünderung durch FARC-Guerilla und bewaffnete Gangs, die um lukrative Drogenschmuggelrouten kämpfen. Bis vor Kurzem galt die ganze Region als *zona roja* (rote Zone) mit extremem Risiko von Kidnapping und Gewalt. Besonders die indigenen Awá wurden Opfer brutaler Verfolgung und Vertreibung.

Inzwischen ist die kolumbianische Armee hier sehr präsent, dennoch sollten sich Reisende unbedingt beim Auswärtigen Amt über aktuelle Reisewarnungen informieren.

Bahía Solano & Umgebung

Das Binnenstädtchen Bahía Solano (10 000 Einwohner) liegt rund 145 Kilometer südlich der Grenze zu Panama. Es wird täglich von Fliegern aus Medellín und Schiffen aus Buenaventura angesteuert, ist ein Zentrum für Hochseeangler (der beste Monat ist der Mai) und hat mehrere Hotels.

INSIDERTIPP

Kolumbien hat viele Früchte (und Fruchtsäfte), die man kaum kennt. Probieren Sie möglichst viele – jeden Tag einen neuen.

JEFF JUNG
National Geographic-Autor

Ein schönes Ziel für erfahrene Taucher ist das Wrack der **„Sebastian de Belalcazar"** in 35 Meter Tiefe. Sie gehörte einst der US-Navy und überstand den Angriff auf Pearl Harbor. Nach dem Zweiten Weltkrieg wurde sie der kolumbianischen Marine überlassen und nach dem spanischen Konquistador umgetauft. Heute dient sie als Tummelplatz für zahlreiche Fische wie Zackenbarsche und Schnapper.

Bahía Solano
Karte S. 223 C3

Besucherinformation
Palacio Municipal, Bahía Solano
57-2/682-7418
www.bahiasolano-choco.gov.co

El Valle
Karte S. 223 C3

Hinweis: Für das Jahr 2014 hat das Auswärtige Amt eine Reisewarnung für die Region Chocó & Nariño ausgegeben.

Parque Nacional Natural Utría
Karte S. 223 C3
Centro de Visitantes Jaibaná
57/310-348-6055
$$$$$
www.parquesnacionales.gov.co

El Valle: Das Zentrum des Tourismus ist El Valle, ein kurioses afrokolumbianisches Fischerdorf. Es ist vom 18 Kilometer nördlich gelegenen Bahía Solano in 45 Minuten per *chiva*-Bus oder Motorikscha zu erreichen. An seinen Sandstränden kann man in der Hängematte schaukelnd zusehen, wie sich die Surfer in die Wellen stürzen. Bunte Fische zappeln in *acuarios naturales* (Gezeitentümpeln). Von Anfang August bis Ende November kommen Oliv-Bastardschildkröten, hier *golfinas* genannt, an Land, um ihre Eier abzulegen. Die **El Almejal Rain Forest Beach Lodge** (siehe Reiseinformationen, S. 299) betreibt ein *golfina*-Schutzprogramm, das Einheimische aufklärt und Eier zur Bebrütung aus den Nestern nimmt. Die Gäste können bei nächtlichen Führungen die Eiablage beobachten und Jungschildkröten ins Meer helfen. Die Lodge hat ein eigenes Naturreservat und veranstaltet frühmorgendliche Kanutouren auf dem Río Tundo. Dann erwacht der Mangrovenwald mit Vogelgesang zum Leben, und gelegentlich strecken Flussotter neben dem Kanu den Kopf aus dem Wasser.

Ab Juni kommen rund 2000 Buckelwale von ihren bis zu 8500 Kilometer entfernten Sommerrevieren vor Patagonien und der Antarktis. Am besten lassen sie sich von Juli bis August beobachten; Ende Oktober sind sie wieder weg. Veranstalter bieten Whalewatchingtouren an, und manchmal sieht man die Wale sogar vor dem Strand aus dem Wasser springen.

Parque Nacional Natural Utría: Der Küstenpark liegt nur 30 Bootsminuten südlich von Bahía Solano oder El Valle, ist aber auch über den sechsstündigen Wanderweg **Sendero El Valle** zu erreichen. Eine tropische Tierwelt schleicht, schlüpft und springt durch seinen Urwald, von Geoffroy-Perückenaffen, Ameisenbären und Faultieren bis zu Tukanen und Gelbbrustaras. Seltener lassen sich Jaguare, Tapire und Harpyien blicken.

Manchmal schwimmen Buckelwale bis in die Ensenada de Utría, eine lange, schmale Bucht zwischen dicht

Die Emberá

Die Emberá sind Jäger und Sammler, die eine Chibcha-Sprache sprechen. Sie fischen, treiben etwas Ackerbau und jagen mit Blasrohrpfeilen, die sie mit den Hautsekreten des *Phyllobates terribilis* bestreichen. Der tödliche Pfeilgiftfrosch kommt nur an der kolumbianischen Pazifikküste vor. Obwohl die Emberá traditionell Nomaden ohne Stammesorganisation waren, haben sie sich in den letzten Jahren auf Drängen der kolumbianischen Regierung in festen Dörfern niedergelassen. Sie hatten stark unter Angriffen durch die FARC, ELN und paramilitärische Gruppen zu leiden. Zudem wird ihre traditionelle Lebensweise durch christliche Missionare und westliche Einflüsse zunehmend verwässert.

bewaldeten Hügeln. Bei der Parkzentrale, dem Centro de Visitantes Jaibaná, ist das Skelett eines jungen Buckelwals zu besichtigen. In den Gewässern vor dem Centro liegt ein von unzähligen Fischen bevölkertes Schiffswrack als Attraktion für Schnorchler. Die örtliche Kooperative Manocambiada betreibt eine Gästehütte mit Stockbetten und serviert Gästen mit Reservierung auch Mahlzeiten *($$$)*.

Im Parque Nacional Natural Utría gibt es drei *resguardos* (Reservate) der Emberá.

Nuquí: Das Dörfchen im Küstendschungel rund 60 Kilometer südlich von Bahía Solano liegt an einem schönen Strand mit kleinen Ökohotels wie der El Cantil Ecolodge (siehe Reiseinformationen, S. 299). Nuquí ist von Bahía Solano per Boot zu erreichen und wie El Valle nett als Basis für Walbeobachtungen, Tauchtouren und Ausflüge in den Utría-Nationalpark oder zum Faulenzen in der Hängematte. Wer will, kann einen Fischer im Einbaum aufs Meer begleiten – am besten von April bis Juni, wenn Riesenschwärme von *agallada*-Sardinen eintreffen.

Buenaventura

Ein Drittel aller legalen – und viele illegale – Exporte aus Kolumbien werden über Buenaventura abgewickelt, den wichtigsten Hafen des Landes, 125 Kilometer westlich von Cali. Doch ein Großteil der überwiegend schwarzen Bevölkerung der Stadt ist bitterarm und lebt in moskitoverseuchten Holzhütten, die auf Pfählen im Schlick stehen.

Buenaventura dient als Ausgangspunkt für Ausflüge in den Parque Nacional Natural Gorgona und für Whalewatchingtouren, die vom Muelle Turístico (der Touristenmole) ablegen *(Calle 2 & Cra. 1ra)*.

Beim **Estación Inn** (siehe Reiseinformationen, S. 298), eine Ecke östlich der Mole, soll demnächst das **Centro Oceanográfico de las Ballenas** (Ozeanografisches Walzentrum) entstehen.

Nuquí
Karte S. 223 C3

Buenaventura
Karte S. 223 B2

Emberá-Mädchen tragen eine Körperbemalung aus *tagua*-Saft – als Schmuck und um lästige Moskitos abzuwehren

Parque Nacional Natural Uramba Bahía Málaga
Karte S. 223 B2

San Cipriano
Karte S. 223 C2

Parque Nacional Natural Uramba Bahía Málaga: Der 2009 als 56. Nationalpark von Kolumbien eingerichtete Park umfasst rund 470 Quadratkilometer Küstengewässer und Regenwald. Er ist eine Art Amazonasgebiet in Miniaturausgabe und trotz drückender Luftfeuchtigkeit und Regen äußerst besuchenswert.

Von Krokodilen über Jaguare bis zu 360 Vogelarten bietet der Park tolle Möglichkeiten für Tierbeobachtungen. Nur 45 Bootsminuten von Buenaventura entfernt, lockt er mit Bootstouren durch die Mangroven, von deren Kanälen aus Flussotter, Faultiere und Boas zu sehen sind.

Reserva Aguamarina Cabañas *(Tel. 57-2/246-0285, www.reservaaguamarina.com)* in Ladrilleros ist eine gute Basis zur Erkundung des Parks. 20 Gehminuten entfernt liegt eine Siedlung der indigenen Wounaan. Kajaktouren führen zur **Isla Palma** und zu Stränden an der **Bahía Malaga**, wie der **Playa Dorada** und **Playa Chucheros**, wo ein Wasserfall auf den Strand rauscht. Außerdem kann man zu den **Sierpes-Wasserfällen** wandern und in kühlen Felstümpeln baden. Die Betreiber des **Botanischen Gartens La Manigua** *(http://jardinbotanicolamanigua.tumblr.com)* hegen die Pflanzen der Region.

INSIDERTIPP

Beim Schlafen in einer Hängematte besteht der Trick darin, sich auf die Seite zu legen. Dann dürfte die wundersame Schwerelosigkeit dieser Erfahrung auch Sie überzeugen.

ALISON INCE
National Geographic-Bibliothekarin

Vorsicht Rippströmung!

An vielen Stellen der kolumbianischen Küste drohen gefährliche Brandungsrückströme oder Rippströmungen. Sie entstehen, wenn die Brandung so stark ist, dass das anbrandende Wasser nicht ungehindert aufs Meer zurückströmen kann. Dann bilden sich punktuell Kanäle mit starker Rückströmung, die Wasser entlang der Uferlinie abziehen. Sie können selbst Menschen, die nur im Wasser waten, aufs Meer hinausziehen. Die instinktive Reaktion, Richtung Ufer zurückzuschwimmen, ist ganz falsch, denn Rippströmungen sind selbst für gute Schwimmer zu stark. Da der Strömungskanal meist relativ schmal ist, kann man ihm entkommen, indem man parallel zum Ufer (also im rechten Winkel zur Strömungsrichtung) wegschwimmt.

San Cipriano: Die Straße von Cali über Lobo Guerrero nach Buenaventura führt über die relativ niedrige Cordillera Occidental und bietet herrliche Panoramablicke. Derzeit ist eine zweispurige Schnellstraße für den Schwerlastverkehr im Bau. Auf der bisherigen Straße kommt es häufig zu Erdrutschen (und vereinzelt zu Überfällen durch die FARC).

Auf den Gleisen neben der Straße verkehren keine Güterzüge mehr, sondern nur noch *moto-bruja*-Taxis zu kleinen Orten wie San Cipriano. Sie bestehen aus einer Holzplattform mit Sitzbänken und einem Motorrad als Antrieb, dessen Hinterrad in der Schiene läuft, während das Vorderrad auf der Plattform befestigt ist. Von Cali aus ist der beste Zugang das Dörfchen **Zaragoza**, das per Fußgängerbrücke über den Fluss zu erreichen ist. Am anderen Ufer warten *moto-brujas* auf Fahrgäste. Die Fahrt nach San Cipriano dauert 18 Minuten, nach Córdoba 40 Minuten.

Guapí

Das küstennahe afrokolumbianische Städtchen, 160 Kilometer südwestlich von Buenaventura, ist der Hauptzugang zum Parque Nacional Natural Gorgona, der vor der Küste am Horizont liegt. Guapí, zwischen Regenwald und Mangroven eingebettet, ist von Cali per Flieger zu erreichen. Der Ort lebt von der Fischerei und hat einen sehenswerten Fischmarkt am Flussufer.

Guapí ist auch für seine Marimba-Musik bekannt und veranstaltet zum Jahresende das **Festival de Música del Pacifico**. Am 8. Dezember schmücken die Bewohner ihre *lanchas* (Motorboote) mit Blumen und Lichtern für die nächtliche Bootsprozession zum Día de la Inmaculada Concepción.

Parque Nacional Natural Sanquianga: Der Nationalpark rund 30 Kilometer südwestlich von Guapí schützt einen über 60 Kilometer langen Küstenabschnitt mit Mangrovenwald, vor dem sich brauner Sandstrand erstreckt. Zu seiner Tierwelt gehören Faultiere, Kaimane, Flussotter, vier Affenarten und zahllose Vögel. Meeresschildkröten legen ihre Eier oberhalb des Flutsaums ab. Bootsausflüge starten vom Hafen in Guapí. Der Park ist zurzeit für Besucher geschlossen.

Eine ungiftige *Boa constrictor* auf der Isla Gorgona

Parque Nacional Natural Gorgona: Von 1960 bis 1984 war die Isla Gorgona ein Gefängnis für politische Häftlinge. Inzwischen haben Schlingpflanzen und Moos die Ruinen überwuchert, und die Verwaltungsgebäude wurden in ein Ökohotel verwandelt.

Guapí

Karte S. 223 B1

Besucherinformation

Guapí Cauca, Carrera 2a #5–73, Guapí

57/313-766-0031

http://guapi-cauca.gov.co

Parque Nacional Natural Sanquianga

Karte S. 223 A1

Parque Nacional Natural Gorgona

Karte S. 223 B1

57-1/587-5181 (c/o Aviatur)

$$$

www.parquesnacionales.gov.co

Malpelo

Karte S. 223 B1

Besucher-information

Fundación Malpelo y Otros Ecosistemas Marinos, Cra. 11 #87-51, Piso 2, Bogotá

57-1/587-5540

www.fundacion malpelo.org

Die Insel 35 Kilometer vor der Küste verdankt ihren Namen den vielen Giftschlangen, die sich durch ihren Dschungel und über das Hotelgelände schlängeln. Deshalb werden die Gäste mit Gummistiefeln ausgerüstet, die auf den Wanderwegen und im Dunkeln auch überall sonst ein Muss sind. Die dicht bewaldete Insel (8 km lang und 2,5 km breit) macht nur drei Prozent des Parks aus. Der Rest ist ein Meeresschutzgebiet, das außer der Isla Gorgona auch die Isla Gorgonilla umfasst. Die meisten Besucher kommen, um Buckelwale und die hier nistenden Meeresschildkröten zu sehen oder zu den Korallenriffen zu tauchen.

Aviatur *(www.aviatur.com)* besitzt die einzige Hotelkonzession und betreibt eine tägliche Bootsverbindung, ebenso wie Transporte Fluvial Maritimo Jomar *(Tel. 57/313-715-3335)*. Die raue Überfahrt dauert 90 Minuten. Es gibt keinen Anleger. Die Gäste müssen an Land waten oder getragen werden – problematisch für Besucher mit Behinderungen. Die Wächter des Nationalparks durchsuchen das Gepäck bei Ankunft und Abreise. Die Lodge hat geräumige, aber spärlich möblierte Hütten mit erstaunlich schicken modernen Bädern.

Santuario de Fauna y Flora de Malpelo

Die Insel **Malpelo** ragt 490 Kilometer westlich von Buenaventura 376 Meter aus dem Ozean. Sie gehört zu einer unterseeischen Vulkankette, die von den ecuadorianischen Galápagos-Inseln bis zur costaricanischen Isla del Coco reicht. Die Insel ist nur 3,5 Quadratkilometer groß, doch das gesamte Meeresschutzgebiet, das 2006 von der Unesco zum Welterbe erklärt wurde, misst 8765 Quadratkilometer.

ERLEBNIS: Mangroven-Expedition

In den Mangrovenwäldern wimmelt es von Tieren. Eine lautlose Erkundungstour per Kanu oder Boot verspricht faszinierende Einblicke in das lebenswichtige Küsten-Ökosystem (siehe Kasten auf S. 42). Mangrovenwälder säumen fast die ganze Pazifikküste und den Golfo de Urabá sowie einen Großteil der Karibikküste. Einige Touranbieter:

El Almejal *(Tel. 57-4/412-5050, www.almejal.com.co)* **veranstaltet Kanutouren auf dem Río Tundo ab El Valle in Chocó.**

Transporte Fluvial Maritimo Jomar *(Tel. 57/313-715-3335)* **in Guapí organisiert Bootstouren in den Parque Nacional Natural Sanquianga, der ein Drittel der kolumbianischen Mangroven umfasst.**

Aventure Colombia *(Tel. 57-5/664-8500, http://aventurecolombia.com)* **arrangiert Kanuausflüge auf die Ciénaga de la Virgen bei La Boquilla, einem alten Fischerdorf nahe Cartagena.**

Reserva Aguamarina *(Tel. 57-2/246-0285, www.reservaaguamarina.com)* **bietet Kanutouren zu den Mangroven um Buenaventura (siehe S. 228) an.**

In den Gewässern um die Isla Malpelo tummeln sich riesige Fischschwärme

Zu den endemischen Arten der kahlen Insel gehören eine Landkrabbe *(Gecarcinus malpilensis)*, ein Gecko *(Phyllodactylus transversalis)* und mehrere Eidechsen. Ihre sagenhafte Vogelwelt umfasst die weltgrößte Kolonie von Maskentölpeln. Für erfahrene Taucher ist Malpelo ein Traumziel mit Wal-, Hammer-, Seiden- und Galapagoshaien, Mantarochen, Schwärmen großer Hochseefische und verschiedenen Wal-Arten.

Die Überfahrt von Buenaventura mit den Taucherbooten **Doña Mariela** und **Maria Patricia** dauert 36 Stunden. Und der Anbieter **Undersea Hunter** *(Tel. 800/203-2120 oder 506/2228-6613, www.underseahunter.com)* betreibt drei Schiffe für Tauchtouren von Costa Rica nach Malpelo.

Reserva Natural de las Aves El Pangán

Das gut 3900 Hektar große El-Pangán-Vogelreservat von ProAves im **Río-Ñambi-Tal** zwischen Pasto und Tumaco reicht von Tieflandregenwald bis zu subtropischem Bergnebelwald. Vogelfreunde können hier 49 der 65 endemischen Arten von Chocó erspähen, wie den Bindengrundkuckuck, den Ortonguan und den gefährdeten Chocovireo. ■

Reserva Natural de las Aves El Pangán

Karte S. 223 A1

57-1/287-6592 (c/o EcoTurs)

$$

www.ecoturs.org

Wale ahoi!

Die kolumbianischen Küstengewässer versprechen mehr Wal-Action als jeder Meeres-Themenpark. Der warme Ozean und seine seichten Küstenbereiche sind ein idealer Tummelplatz für Dutzende Arten, von Delfinen bis zu größeren Walen. Manche kommen regelmäßig zu Besuch; andere leben das ganze Jahr über hier.

Entlang der Pazifikküste kann man Buckelwale beobachen, die oft zu zweit unterwegs sind

Auch an der Karibikküste gibt es Buckel- und andere Wale zu sehen, aber die wichtigsten Lebensräume für Wale in kolumbianischen Gewässern sind die Umgebung der Isla Gorgona, die Bahía Solano und der Golfo de Tribugá. Die nahen Äquatorialströmungen schaufeln Nährstoffe aus der Tiefe und sorgen für ein üppiges Angebot an Plankton und Fischschwärmen. Die warmen, klaren Gewässer vor Kolumbien, Panama und Costa Rica sind ideal zum Paaren und Kalben.

Die Buckelwale des Südostpazifiks übersommern im kalten Ozean vor der Südküste Chiles, wo sie sich an antarktischem Krill mästen. Wenn der südliche Winter näher rückt, ziehen sie nordwärts in die tropischen Gewässer vor Chocó und im Golf von Panama, die ihnen als Paarungsgebiet und Kinderstube dienen. Die ersten Wale machen sich ab Juni durch prustendes Ausatmen bemerkbar. Ab Oktober schwimmen sie zurück in den Südpazifik. Die Meeressäuger mit den langen Mäulern, weißen Bäuchen und langen Brustflossen paaren sich mit wechselnden Partnern, wobei die Männchen heftig miteinander rangeln. Doch die Paarung selbst geht mit vielen zärtlichen Berührungen einher. Im Folgejahr kehren die trächtigen Walkühe in dieselben Gewässer zurück, um ihre rund 1150 Kilogramm schweren Kälber zur Welt zu bringen, und sind rund einen Monat später wieder brünstig.

Auch Bryde-, Finn- und Grindwale, vier Schnabelwalarten, und sogar Blauwale – mit rund 135 Tonnen die größten Lebewesen der Erde –, lassen sich in kolumbianischen Gewässern blicken. Obwohl sie die Hochsee vorziehen, wurden nordatlantische Blauwale auch schon vor der kolumbianischen Karibikküste und bei San Andrés und Providencia gesichtet. Zu bestimmten Jahreszeiten besuchen Schwertwale (Orcas), die größten Vertreter der Delfinfamilie, die Isla Gorgona. Die „Wölfe der Meere", die stets in Familiengruppen unterwegs sind, machen in den kolumbianischen Gewässern Jagd auf kleinere Delfine, aber auch auf größere Wale. Sie sind an ihren hohen spitzen Rückenflossen und ihrer markanten Schwarz-Weiß-Färbung leicht zu erkennen.

Walbeobachtungen

Buckelwale tummeln sich teils nur 400 Meter vom Ufer, besonders vor der Küste von Chocó und den Stränden der Isla Gorgona. Bei Whalewatchingtouren sind noch nähere Begegnungen praktisch garantiert, vor allem im Sommer, wenn die Gesänge der Buckelwalbullen durch den Schiffsrumpf dringen. Besonders eindrucksvoll sind die gewaltigen Sprünge, mit denen sich viele Walarten aus dem Wasser wuchten, um dann mit ohrenbetäubendem Platschen zurückzufallen. Walbeobachter müssen Geduld mitbringen. Oft vergehen Stunden, ohne dass man Wale sieht. Aber wenn sie dann auftauchen, sind sie gar nicht scheu, sondern passieren das Boot oft in nächster Nähe.

INSIDERTIPP

Von Juli bis August kommen Buckelwale zur Paarung und zum Kalben in die Gewässer um die unbewohnte Isla Gorgona, einst Gefängnisinsel und heute ein abgeschiedener Nationalpark.

SIBYLLA BRODZINSKY
Freie Journalistin in Kolumbien

Whalewatchingtouren veranstalten *(normalerweise von Juni bis Oktober)* **El Almejal Rain Forest Beach Lodge** *(Tel. 57-4/412-5050, www.almejal.com.co)* in El Valle; **El Cantil Lodge** *(Tel. 57-4/448-0767, www.elcantil.com)* in Niquí; **Aviatur** *(Tel. 57-1/517-5181, www.aviaturecoturismo.com)* in Guapí und im Parque Nacional Natural Gorgona; **Bahía Mar Lanchas** *(Tel. 57-2/242-3696, www.bahiamarlanchas.com.co)* am Muelle Turístico Buenaventura. **Maxicat Cartagena** *(Tel. 57/300-659-4510, www.maxicatcatamaran.com, E-Mail: maxicat.catamaran@gmail.com)* bietet Touren von Cartagena an. Seit 2008 kooperiert die kolumbianische Umweltschutzbehörde mit MarViva *(www.marviva.net)*, um die Meeresschutzgebiete Bahía Málaga, Gorgona, Sanquianga und Utría zu sichern und zu überwachen.

Hammerhaie

Hammerhaie sind mit ihren rechteckig verbreiterten und abgeflachten Köpfen, an deren seitlichen Enden die Augen sitzen, unverwechselbar. Die Raubfische leben in den warmen tropischen und subtropischen Gewässern Kolumbiens in Ufernähe oder über nahrungsreichen Schelfbereichen, wie etwa vor der Isla de Malpelo. Sie bilden oft Gruppen von über 100 Tieren. Zu den neun Arten gehört der Große Hammerhai, der bis zu sechs Meter lang wird und als potenziell gefährlich für Menschen gilt. Die ungewöhnliche Kopfform verbessert die Rundumsicht des Hais sowie seine Geruchs- und elektromagnetische Wahrnehmung.

San Andrés & Providencia

Das Ungewöhnliche an diesen Inseln ist ihre Lage vor der Küste Nicaraguas, ganz weit nordwestlich von Kolumbien. Außer schneeweißen Stränden am türkisblauen Karibischen Meer gibt es hier für Taucher eines der größten Barriereriffe der Erde zu entdecken. Die Raizal, englischsprachige Nachfahren afrikanischer Sklaven, sind eine faszinierende Bereicherung des kolumbianischen Kulturmix.

Pärchen am Traumstrand der Bahía Suroeste (Southwest Bay) auf der Insel Providencia

San Andrés und Providencia sind die größten Inseln eines 300 000 Quadratkilometer großen Archipels in der westlichen Karibik. Da sie nur 50 Kilometer östlich von Nicaragua liegen, war ihre Zugehörigkeit lange umstritten. Doch 2007 bestätigte der Internationale Gerichtshof Kolumbiens Anspruch auf die Inseln.

Die Inseln gehören zum 65 000 Quadratkilometer großen Seaflower-Biosphärenreservat. Es wurde 2000 eingerichtet und nach dem Schiff benannt, mit dem 1631 die ersten englischen Siedler kamen, um sich mit ihren jamaikanischen Sklaven hier niederzulassen. Später wurden die Inseln zum Piratennest. Der berüchtigte Henry Morgan soll von hier aufgebrochen sein, um Panama zu plündern. 1782 wurden sie an Spanien abgetreten und in den 1820er Jahren vom unabhängigen Kolumbien besetzt.

Etwa ein Drittel der Bewohner sind Raizal, die sich Jamaika und der nicaraguanischen

Miskitoküste eng verbunden fühlen. Sie sind Protestanten (Baptisten und Adventisten), singen englische Hymnen und lesen die englische *Caribbean Post*. *Mento* (jamaikanische Volksmusik), Reggae und Calypso dudeln hier mit dem *vallenato* um die Wette. Viele Raizal sind Rastafaris mit wilder Lockenmähne. Dass die Regierung die Masseneinwanderung spanischsprachiger Kolumbianer forcierte, verärgerte die Raizal und ließ Ende der 1960er Jahre eine Separatistenbewegung entstehen.

Strandurlauber sind auf San Andrés richtig. Wer sich für die Raizal-Kultur interessiert, sollte Providencia wählen. San Andrés wird von Kolumbien, Nicaragua, Costa Rica und Panama direkt angeflogen und hat Flüge nach Providencia. Für Inlandsflüge gelten strikte Gepäckgrenzen. Besucher müssen eine *tarjeta de turismo* (Touristenvisum; *$$$$*) erwerben und ihren Pass vorlegen. Die beste Zeit für einen Besuch ist die Trockenzeit *(Dez.–Juni)*, wenn der kühle Passatwind weht.

(Fortsetzung auf S. 238)

ERLEBNIS: Tauchen! Tauchen! Tauchen!

Mit seiner langen Küste und zahlreichen Inseln gehört Kolumbien zu den besten Tauchzielen in Südamerika und der Karibik. Intakte Korallenriffe, riesige Schwärme von Hochseefischen und viele Wracks versprechen einen Tiefenrausch im positivsten Sinn.

In der Karibik locken tolle Tauchreviere um die Inseln San Andrés und Providencia, vor der Festlandküste bei Santa Marta und Taganga und im Golfo de Urabá bei Capurgana. Viele Hotels verleihen Tauchausrüstung, und unabhängige Ausstatter betreiben Shops an beliebten Stränden.

An der Pazifikküste sind die beiden wichtigsten Tauchzentren **Bahía Solano** *(Tel. 57-2/682-7418, www.bahiasolano-choco.gov.co)* und der **Parque Nacional Natural Gorgona** *(Tel. 57-1/587-5181, www.parquesnacionales.com)*. Die kolumbianische Pazifikküste ist für ihre starken Strömungen und extremen Gezeiten bekannt. Das Wasser ist kälter als in der Karibik; dafür ist aber auch die Meereswelt artenreicher.

Einige hervorragende Tauchreviere: Das Wrack des **Frachters „Blue Diamond"** in elf Meter Tiefe vor San Andrés ist von Korallen umgeben und kann teilweise durchschwommen werden.

Santuario de Fauna y Flora de Malpelo, 490 Kilometer westlich von Buenaventura. Es ist weltberühmt für seine Wal- und Hammerhaie; Kolumbiens absolutes Top-Tauchziel für erfahrene Taucher.

„Sebastian de Belalcazar" Das kolumbianische Marineschiff liegt in 35 Meter Tiefe vor Bahía Solano und dient als Spielplatz für Zackenbarsche, Schnapper und Muränen. Für erfahrene Taucher.

Empfehlenswerte Anbieter von Tauchtouren:

Karibik Diver *(Av. Newball 1-248, San Andrés, Tel. 57-8/512-0101, www.karibikdiver.com, $$$$$)*

Poseidon Dive Center *(Taganga, Tel. 57/314-889-2687 für deutsche Anrufer, www.poseidondivecenter.com, $$$$$)*

Undersea Hunter *(Tel. 800/203-2120 oder 506/2228-6613, www.underseahunter.com, $$$$$)* betreibt drei Schiffe für Tauchtouren von Costa Rica zum Santuario de Fauna y Flora de Malpelo.

Rundfahrt auf San Andrés

Die 30 Kilometer lange Fahrt auf der Küstenstraße verspricht schöne Panoramablicke. Man kann die Insel in drei Stunden umrunden, sollte aber Zeit einplanen, um am Strand zu faulenzen, sich in der Kirche unter die einheimischen Raizal zu mischen oder zuzusehen, wie sie im Schatten der Kokospalmen Domino spielen.

Bunt gewandete Einheimische führen Besucher durch die Casa Museo Isleña aus dem 19. Jahrhundert

In der Hauptstadt San Andrés kann man einen Motorroller, ein Golfmobil oder sogar einen Jeep von Rent-a-Car Esmeralda *(Av. Colombia 1, Tel. 57-8/513-1170, E-Mail: rentacaresmeralda@yahoo.com)* mieten. Wer sich per Roller aufmacht, braucht reichlich Sonnenschutzcreme und einen Hut gegen die sengende Sonne.

Von **San Andrés** geht es auf der Avenida Colombia westwärts zur Avenida Providencia. Hier links abbiegen, weil die Uferpromenade für den Verkehr gesperrt ist. Die Providencia wird zur Avenida Las Américas, die zur Avenida 20 de Julio führt. Nun rechts Richtung Ufer und dann wieder links auf die Avenida Colombia einbiegen. Hier bietet sich ein wunderschöner Blick über die **Bahía Sardinas** auf Johnny Cay. Dann verläuft die Straße zwischen dem Flugplatz zur Linken und dem von kleinen Fischerbooten gesäumten Strand zur Rechten.

Nach zwei Kilometern ist die **Casa Museo Isleña** *(Km 5, Circunvalar, Tel. 57/8-512-3419, E-Mail: ecoturismocaribeazul@gmail.com)* **1** erreicht. Das zweistöckige Holzhaus sieht noch genauso aus wie im späten 19. Jahrhundert und ist mit Originalmobiliar jener Zeit eingerichtet. Damen in farbenfrohen Röcken bieten Museumsführungen an, die mit einer Einweisung in verschiedene Tanzstile enden.

NICHT VERSÄUMEN

Casa Museo Isleña • San Luis • Baptistenkirche von La Loma

Die Höhle **Cueva de Morgan**, wo der Pirat Henry Morgan seinen Schatz vergraben haben soll, liegt zwei Kilometer hinter der Casa Museo innerhalb einer Abzäunung. Gegen Eintritt *($)* bekommt man außer der Höhlenbesichtigung noch eine Tanzshow mit jamaikanischer *mento*-Musik und Calypso geboten.

Zwei Kilometer südlich kurvt die Straße um **El Cove** ②, eine Bucht mit gutem Schnorchelrevier, das sich vor dem Strand von **La Piscinita** erstreckt. Das **Restaurant West View** *(Km 11, Tel. 57-8/513-0341)* bietet leckere Fischküche zum tollen Ausblick.

An der Südspitze der Insel spuckt das *blowhole* **Hoyo Soplador** ③ eine Wasserfontäne in die Luft. Dann biegt die Straße nach Norden ab zum **Begue's Beach**, wo Begue, ein Raizal, dessen Lächeln Eis zum Schmelzen bringt, Kokoswasser frisch aus der Frucht serviert.

An der Südostküste liegen die schönsten Sandstrände der Insel, die **Playas de San Luis**. Die verwitterten Holzhäuser des Raizal-Dorfs **San Luis** ④ säumen einen drei Kilometer langen Abschnitt der Küstenstraße. Sonntags drängen sich fein gemachte Kirchgänger in den protestantischen Kirchen, und mitreißende Hymnen mischen sich mit Reggaeklängen. Auf dem Friedhof gibt es viele über hundertjährige Gräber.

Einen Kilometer weiter liegt der kleine Strandort **Rocky Cay**. Dahinter führt eine Abzweigung nach links zum reizenden Raizal-Dorf **La Loma** hinauf. Auf dem Hügel nach links abbiegen. Rechts der Straße steht die hübsche hölzerne **Baptistenkirche** aus dem Jahr 1847. Ostwärts bietet sich ein sagenhafter Blick über die türkisblaue Flachwasserzone **Acuario** mit **Haynes Cay** und weiteren Inselchen. Dann geht es wieder durch La Loma und die Straße bergab nach San Andrés zurück.

San Andrés
Nebenkarte S. 223 & 237

Besucherinformation

Secretaría de Turismo, Av. Newball, am Handelshafen

Av. Colombia & Av. 20 de Julio

57-8/513-0801

Sa, So geschl.

www.sanandres.gov.co/turismo

San Andrés

Die zwölf Kilometer lange und 1,2 Kilometer breite Insel ist ein beliebtes Urlaubsziel für Festland-Kolumbianer und Taucher aus aller Welt. Ihre touristische, spanisch geprägte Hauptstadt **San Andrés** kontrastiert mit dem von Raizal bewohnten Rest der Insel.

Die von den spanischsprachigen Kolumbianern El Centro und von den Raizal North End genannte Stadt am Nordostzipfel der Insel zieht mit ihren Hotels, Bars, Restaurants und Stränden an der **Bahía Sardinas** den Löwenanteil der Touristen an. Die Stadtteile weiter landeinwärts sind weniger attraktiv. Die idyllische Insel ist vor Kriminalität nicht gefeit: Besucher sollten sich an die Hauptstraßen halten und nicht nachts in der Stadt herumwandern.

Boote zum Inselchen **Johnny Cay** einen Kilometer vor der Küste legen um 9.30 Uhr ab *($)*, können aber auch für Privatfahrten gemietet werden *($$$)*. Boote vom Cay zurück nach San Andrés fahren um 13.30 und 15.30 Uhr. Tickets verkauft die Cooperativa de Lancheros, am Ostende der Bahía Sardinas.

Das **Semisubmarino „Manatí"** *(Tel. 57-8/512-0957, http://dairo.ws/spanish/semisubmarinonautilus.htm)*, ein Touristen-U-Boot für 40 Passagiere, startet vom Strand zu Unterwasserausflügen. **Mundo Marino** *(Centro Comercial New Point Plaza, Tel. 57-8/512-4391)* betreibt die **„Galeón Morgan"**, den Nachbau einer spanischen Galeone, die um 20.30 Uhr zum Partytörn mit Reggaeband ablegt.

Rund um San Andrés gibt es Dutzende von Tauchplätzen, von Seegraswiesen bis zu korallenbewachsenen Felswänden. Die schönsten liegen an der Südostseite der Insel, aber die Bootsfahrt kann recht ungemütlich sein. Im Nordosten schützt ein Barriereriff eine Flachwasserzone mit vereinzelten Korallenformationen.

Eine Hauptattraktion für Taucher ist der Frachter **„Blue Diamond"**, der in den 1990er-Jahren als Drogentransporter beschlagnahmt und östlich der Insel versenkt wurde.

Die Sprache der Raizal

Die Raizal, die afrokaribischen Bewohner von San Andrés und Providencia, sprechen eine Kreolsprache namens Bende. Sie ist eng mit der Sprache der anglophonen Bevölkerungsgruppen der Karibik und Zentralamerikas verwandt, von Belize bis nach Bocas del Toro in Panama. Obwohl sie auf dem Englischen basiert – Englisch ist neben dem Spanischen Amtssprache des Archipels – ist sie für andere Englischsprachige kaum zu verstehen. Bende hat seine eigene Grammatik, Phonetik und Syntax und enthält viele spanische Wörter und Ausdrücke sowie Elemente westafrikanischer Sprachen.

Providencia

Die kleine Vulkaninsel, die bei den Einheimischen Old Providence heißt, liegt 90 Kilometer

Lecker: frisch geköpfte Kokosnüsse am Begue's Beach auf San Andrés

Providencia

Nebenkarte S. 223

Besucher-information

ECOASTUR (Ecological & Touristic Association of Old Providence & St. Catalina), Santa Isabel

57/8-514-8283

und 20 Flugminuten südlich von San Andrés. Mit einem Motorroller kann man sie in zwei Stunden umfahren. Sie ist ein friedliches Relikt einer Ära ohne Massentourismus und große All-inclusive-Resorts. Ihre Bevölkerung von knapp 5000 Menschen besteht hauptsächlich aus Raizal, die ihre eigene Sprache pflegen (siehe Kasten gegenüber).

Providencia hat herrliche Korallenformationen und ein Barriereriff, aber nur wenige Strände. Bislang verirren sich kaum Touristen hierher, was sich ändern könnte, wenn die Pläne für einen Botanischen Garten und ein Wellnesszentrum an der Bahía Suroeste verwirklicht werden.

Im Juni findet an der Bahía Suroeste das **Folkloric, Cultural & Sport Festival, Horse Race & Regatta** statt, mit Pferderennen am Strand, Segelregatta, Schönheitskonkurrenz, diversen Festivitäten und großem Krabbenschlemmen.

Rund um die Bahía Suroeste: Die meisten Besucher wohnen in kleinen Hotels an der Bahía Suroeste, die ruhiges Wasser und ein Korallenriff mit besten Schnorchelmöglichkeiten bietet. Samstagnachmittags veranstalten die Einheimischen Pferderennen am schmalen Strand. Ein stets lächelnder Rastafari betreibt die bunte Strandbar **Richard's Place**. Echte und Unechte Karettschildkröten sowie Suppenschildkröten nisten am Strand.

Das gebirgige Inselinnere ist auf einem Wanderweg zu erkunden, der in **Casabaja**, zwei Kilometer östlich der Bahía Suroeste, beginnt. Er führt in drei Stunden auf **The Peak** mit herrlichem Rundumblick.

INSIDERTIPP

Am Ende des Regenbogens liegen San Andrés und Providencia, wo die sieben Farben im Ozean zerfließen und man köstlichsten Hummer für fünf Dollar verspeisen kann.

OLIVER EHMIG VELEZ
NATIONAL GEOGRAPHIC-Fotograf

Rund um Santa Isabel: Das Hafenstädtchen **Santa Isabel** liegt vor einer malerischen Bergkulisse im Nordosten der Insel. Den besten Blick hat man von **Santa Catalina**, einem Inselchen jenseits des Aury-Kanals, das über die 100 Meter lange **Lovers Bridge** zu erreichen ist. Ein Weg verläuft am Ufer entlang und hoch zum **Fort Warwick**, von dem nur ein Steinwall mit zwei Kanonen übrig ist. Stufen führen zur **Cabeza de Morgan** hinab, einem kopfförmigen Küstenfelsen, der nach Henry Morgan getauft wurde.

In **Freshwater Bay** lohnt das Restaurant **Miss Elma** *(Tel. 57-8/514-8229, www.hotelmisselma.com)* einen Besuch; hier kann man direkt am Meer leckeren Fisch genießen.

Tauchen & Schnorcheln: Zu den prächtigen Korallenriffen rund um die Insel gehört ein

Das afrokaribische Volk der Raizal ist stolz auf seine jamaikanischen Wurzeln

ERLEBNIS: Posadas Nativas – Gästehäuser

Kolumbiens Version des Bed & Breakfast sind die *posadas nativas* (Gästehäuser der Einheimischen), eine Initiative des Tourismusministeriums, das dazu eine Website betreibt: *www.posadasturisticasdecolombia.gov.co.* Die meisten der urigen, rustikalen Pensionen werden von Raizal geführt und bieten Gelegenheit, die örtliche Kultur, Lebensweise und Gastfreundschaft zu erleben.

Die Familienbetriebe sind äußerst preiswert, aber auch recht schlicht. Sie sind meist klimatisiert, haben aber nicht immer warmes Wasser. Die Gäste sollten sich vorab informieren, ob Mahlzeiten inklusive sind oder auf Wunsch zubereitet werden.

Hier drei der besten:

Coconut Paradise Lodge *(Calle Claymount 50-05, La Loma, San Andrés, Tel. 57-8/513-2926, $$)* Dieses typische Beispiel der Inselarchitektur thront oberhalb des verschlafenen Dorfs La Loma und verwöhnt mit reichlich Komfort.

Posada Betito's Place *(Santa Isabel, Providencia, Tel. 57/314-471-5574, E-Mail: betitosplace@gmail.com, $$)* ist mit Wrackteilen dekoriert und bietet schönen Blick auf Crab Cay. Boots- und Angelausflüge.

Posada Coco Bay *(Maracaibo, Providencia, Tel. 57/311-804-0373, $$)* steht auf einem Korallensims am türkisblauen Wasser gegenüber von Crab Cay und hat vier schlichte, geräumige Zimmer.

32 Kilometer langes Barriereriff, eines der beliebtesten Taucherziele der Karibik.

Östlich der Insel liegen im Schutz des Barriereriffs seichte Lagunen für Schnorchler. An der Westseite gibt es über 50 Tauchplätze, die meisten nur zehn Bootsminuten vom Ufer entfernt. Zu den beliebtesten gehört **„El Planchon"**, ein von Korallen überwuchertes deutsches U-Boot aus dem Zweiten Weltkrieg. **Felipe's Place** ist ein Korallengarten mit Säulenkorallen und Schwämmen. Etwas für erfahrene Taucher ist die **Stairway to Heaven**, die in 24 Meter Tiefe beginnt und eine Schlucht sowie eine Grotte mit riesigen Röhrenschwämmen umfasst.

Die Touristeninformation verkauft den „Old Providence & Santa Catalina Island Diving Guide". **Providence Reef Diving** *(Tel. 57-4/512-6283 oder 444-7700, www.providencereefdiving.com)* bietet Tauchtouren an. **Sonny Dive Shop** *(Tel. 57-8/514-8231, www.bueceoprovidencia.com)* ist auf Nitrox- und Nachttauchgänge spezialisiert.

Parque Nacional Natural Old Providence & McBean Lagoon: Der Park mit 995 Hektar Flachwasser, Korallenriffen und Mangroven in zwei ruhigen Buchten, **Hooker** und **Haine**, ist von San Andrés mit dem Flieger in 20 Minuten, per Boot in acht Stunden erreichbar. Von **Maracaibo** führt ein Lehrpfad in die Mangrovenwelt. Sie sollten den Park am besten mit einem Kajak von Paradise Tour *(Tel. 57-8/514-8283)* in Aguadulce oder auf einer Schnorchel- oder Tauchtour erkunden. ■

Parque Nacional Natural Old Providence & McBean Lagoon

Nebenkarte S. 223

Km 26 Vía San Luis, Bight

57-8/512-0080

www.coralina.gov.co

Von den weiten Grasflächen des Cowboylands zum ungezähmten, wilden Regenwald des Amazonasbeckens

Los Llanos & Amazonas

Pfeilgiftfrösche leben in den feuchten kolumbianischen Regenwäldern

Los Llanos & Amazonas

Das Tiefland östlich der Ostkordillere nimmt die Hälfte Kolumbiens ein. Die tiefgrünen tropischen Ebenen erstrecken sich, so weit das Auge reicht. Das hügelige Grasland der Llanos und das Orinocobecken gehen in den üppigen Regenwald des Amazonas über. Eine faszinierende Cowboy-Kultur, indigene Amazonasstämme und eine fantastische Tierwelt sind die größten Attraktionen.

Am Ufer des Amazonas bei Leticia, dem Tor zum Regenwald des Amazonasgebiets

Diese Region fällt vom Andenhochland sanft Richtung Osten ab und wird entwässert von den unzähligen Flüssen, die Richtung Orinoco und Amazonas fließen. Im Norden und Westen liegen die Llanos (Ebenen), ein Mosaik aus Grasland, Wald und Sumpf, das sich bis nach Venezuela zieht. Hier lassen sich wunderbar größere und kleinere Tiere wie Ameisenbären, Langnasengürteltiere und Süßwasserschildkröten beobachten.

Die *llaneros* (Llanos-Cowboys) sind Sinnbild der Llanos und verleihen ihnen etwas Melancholisches. *Joropo*, ein traditioneller Tanz- und Musikstil, drückt den Stolz auf den Mut und die Zähigkeit aus, die den Lebensstil der *vaqueros* auszeichnen.

Eine gute, sichere Straße führt von Bogotá nach Villavicencio, Puerto López und Puerto Gaitán, den wichtigsten Städten des Departamento Meta. Eine weitere sichere Straße verläuft parallel zum Fuß der Kordillere zwischen den Departamentos Meta und Casanare. Ansonsten sind die Straßen in dieser riesigen Region nur bruchstückhaft asphaltiert. Bewaffnete Banditen und die allgemeine Gesetzlosigkeit machen Reisen ins Herz der Llanos zu einem fragwürdigen Unterfangen. Die Departamentos Arauca und Vichada im hohen Norden sowie Caquetá und

Putumayo im Südwesten meidet man am besten ganz, da hier die Hauptfronten zwischen der Armee und den FARC verlaufen. Immer noch kontrollieren die FARC einen Großteil von Arauca und Caquetá.

Im Südosten, im Departamento Amazonas, erstreckt sich der Regenwald des Amazonasbeckens. Nur wenige Besucher fliegen nach Leticia im Südostzipfel des Landes an der Grenze zu Brasilien und Peru. Hier leben zahlreiche indianische Stämme: In der Region gibt es 120 *resguardos indígenas*. Noch reicher ist das Gebiet, das sich nach Norden ins dünn besiedelte und kaum je besuchte Departamento Vaupés erstreckt, an Tierarten. Die Amazonaswälder sind die üppigsten Habitate der Welt. Von den geschätzten fünf Millionen Tier- und Pflanzenarten auf der Erde kommen zwei Drittel in dieser „grünen Hölle" vor. In den Flüssen sieht man Süßwasserdelfine und in den Nationalparks wie dem Amacayacu und den privaten Naturreservaten zahlreiche andere exotische Tiere. ■

NICHT VERSÄUMEN

Einen *coleo* (Rodeo) im Parque Temático las Malocas 248

Vogelbeobachtung und Wandern an den Lagos de Menegua 249–250

Den farbenprächtigen Caño Cristales im Parque Nacional Natural La Macarena 250

Den Lebensstil der Yucuna-Indianer in der Maloka Yucuna 253

Eine Dschungelwanderung in der Reserva Natural Tanimboca 253, 256

Eine Bootsfahrt auf dem Amazonas auf der Suche nach Delfinen 258

Meta

Im Herzen Kolumbiens liegt das riesige Departamento Meta, das nur wenige Besucher ansteuern. Zu Unrecht, erstrecken sich hier doch die weiten Ebenen mit einer einzigartigen Musik- und Tanztradition *(joropo)* sowie der Rodeokultur *(coleo)*.

Ein Cowboy prüft das Wetter bei den Lagos de Menegua. Die *llanuras* (Flachland) sind Cowboy-Land, und auf mehreren Ranches kann man den Lebensstil der *vaqueros* erleben

Meta

Karte S. 245 A2–B2

Besucher-information

Instituto de Turismo del Meta, Km 3 Vía Camino Ganadero, Parque Las Malocas

57/310-207-8660

www.turismometa.gov.co

Meta ist das Kernland der *música llanera* (siehe Kasten S. 248) und der Viehzucht, die die Cowboy-Kultur begründet. Die Region ist gut zu erreichen über die Straße von Bogotá nach Villavicencio (Ruta Nacional 40), die von der Ostkordillere über 2200 Höhenmeter hinunterführt nach Villavicencio, der Hauptstadt des Departamento auf 467 Meter Höhe. Die Straße folgt dem Verlauf des Río Negro, der sich auf dem Weg zu den Ebenen tief in die Berge eingeschnitten hat. Sie ist streng bewacht, und an wichtigen Brücken sind Panzerfahrzeuge platziert. Benzintransporte fahren in langen Konvois, sodass der Verkehr an den steilsten und kurvenreichsten Abschnitten nur im Kriechtempo vorwärtskommt.

Die hübsche Kolonialstadt **Chipaque** (27 km vom Zentrum Bogotás) lohnt einen Stopp wegen des reizenden Hauptplatzes samt

Große Anakonda

In den Llanos ist die größte Schlange der Welt zu Hause. Die Große Anakonda kann bis zu neun Meter lang werden und über 200 Kilogramm wiegen. Sie lebt in Sümpfen, Marschen und an Flüssen. Durch Nasenlöcher auf der Schnauze kann die Jägerin atmen, während sie fast vollständig unter Wasser liegt und auf Beute lauert, darunter auch Krokodile und Jaguare. Sie greift ihr Opfer mit den Zähnen, windet sich um es herum und würgt es, bis es aufhört zu atmen.

neugotischer Kirche. Von hier geht es durch eine tiefe Schlucht hinunter, wo einen ein schwüleres Klima erwartet. Aufgelockert wird die Strecke durch den **Viaducto de Chirajara**, eine 290 Meter lange gebogene Brücke, und den 2,5 Kilometer langen **Tunel de Buenavista**, den zweitlängsten Tunnel Lateinamerikas. Am anderen Ende empfängt einen ein Ausblick auf die weitläufige Stadt Villavicencio und die endlosen *llanuras* (Flachland) im Osten.

Villavicencio

Diese Stadt mit 421 000 Einwohnern, 86 Kilometer östlich von Bogotá, ist La Puerta del Llano, das „Tor zur Ebene". Sie wurde offiziell 1840 gegründet und ist nach dem Unabhängigkeitshelden Antonio Villavicencio y Verástegui benannt, ihre Ursprünge gehen jedoch auf eine Rinderranch am Ufer des Río Guatiquía zurück. Einen Boom erlebte Villavicencio am Ende des 19. Jahrhunderts, als der Staat die Ansiedlung in den Ebenen förderte.

Das wichtige Versorgungszentrum für die Rinderranches und die Reis- und Palmölplantagen in der Umgebung ist nicht gerade ein Touristenmagnet. Zumal die Stadt ein Zentrum der Erdöl- und Biokraftstoffindustrie ist: Östlich der Stadt wird Öl gefördert.

INSIDERTIPP

Villavicencio ist das Tor zu den Ebenen und der beste Startpunkt für eine Abenteuertour per Boot, Pferd oder zu Fuß.

AARON RETTIG
Co-Autor „Colombia Whitewater"

Jeden Juli verwandeln sich die Straßen von Villavicencio beim fünftägigen **Torneo Internacional de Joropo** in einen riesigen *joropódromo*. Dann tragen die Einheimischen ihre traditionellen Trachten, die Männer kragenlose bunte Hemden, breitkrempige Filzhüte und schmale Pantinen, die Frauen ärmellose Rüschenblusen und weite knielange geblümte Röcke.

Villavicencio

Karte S. 245 A3

Besucherinformation

Instituto de Turismo de Villavicencio, Calle 37 # 29-57, Piso 6 Centro

57-8/670-3975

Sa & So geschl.

www.turismovillavicencio.gov.co

Parque Temático las Malocas

✉ Camino Ganadero, 9 km östl. von Villavicencio

☎ 57-8/661-4444

🕒 Mo geschl.

$ $$

Bioparque Los Ocarros

✉ 3 km nordöstl. von Villavicencio–Restrepo

☎ 57-8/670-3808

$ $

Einen Eindruck von der Cowboy-Kultur vermittelt die **Feria Exposición Pecuaria y Agroindustrial de Catama** jedes Jahr im Januar, eine Landwirtschaftsmesse mit Rodeo und *manga de coleo* (Kälberfangen). *Llaneros* sind das ganze Jahr über im **Parque Temático las Malocas** im Südosten der Stadt im Einsatz. Die Cowboys demonstrieren ihre beeindruckenden Fähigkeiten im Bullenreiten und Lassowerfen. Informiert wird außerdem anhand einer nachgebauten Rinderranch über die *cultura llanera* (Kultur der Ebene).

Die Musik der Llanos

Schwermütige Refrains erklingen in den Ebenen, die Töne der *música llanera,* eines bäuerlichen Musik- und Tanzstils, der typisch ist für die von Rinder- und Pferdezucht geprägten Ebenen. Die einzigartige Volksmusik entstand zu Beginn des 19. Jahrhunderts und vermählt spanische und indianische Musiktraditionen. In den Kneipen erklingen Lieder über die Liebe und gebrochene Herzen, über Verrat und das harte Leben auf dem Land. *Música llanera* wird gewöhnlich gespielt mit *arpa* (Harfe), *bandola* (Mandoline), *cuatro* (viersaitiger Gitarre) und *capachos* (Rumbarasseln).

In der Stadt: Im Zentrum von Villavicencio sind einige Kolonialgebäude mit *bahareque-* (Lehmziegel-) Wänden erhalten, bekannt ist die Stadt jedoch eher für ihre vielen Denkmäler. Auf dem Hauptplatz, der **Plaza Los Libertadores**, steht das **Monumento a los Libertadores** mit Büsten von Francisco de Paula Santander und Simón Bolívar. Außerdem erhebt sich hier die neugotische **Catedral de Nuestra Señora del Carmen** von 1894.

Der **Parque de los Fundadores** (Gründerpark) im Westen der Stadt umfasst mehrere *plazuelas* (Plätze) mit Spielen und lockt am Wochenende Familien an. Das 22 Meter hohe **Monumento a los Fundadores**, die letzte Arbeit des kolumbianischen Bildhauers Rodrigo Arenas Betancourt (1919–95), zeigt den Gründer der Stadt mit zwei Pferden. Zwei weitere interessante Denkmäler sind das **Monumento Folclórico Llanero** *(Av. Llano & Av. Catama),* das ein Musikertrio mit Harfe, Rasseln und *cuatro*-Gitarre zeigt, und das **Monumento al Coleo** *(Av. Llano & RN 65 nach Restrepo),* das einen *vaquero* (Cowboy) darstellt, der einen Bullen am Schwanz zieht.

Der 5,7 Hektar große **Bioparque Los Ocarros** präsentiert fast 1200 Tiere, darunter Jaguare, Tapire, Anakondas, Riesengürteltiere und Ameisenbären.

Außerhalb der Stadt

Abkühlung findet man hoch über Villavicencio an der Antigua Vía (Alten Straße) nach Bogotá; vom Restaurant beim **Monumento Piedra del Amor** *(Km 7 Antigua Vía a Bogotá, Tel. 57-8/670-9684)* bieten

Die Harfe ist ein wichtiges Instrument beim traditionellen Musik- und Tanzstil *joropo*

sich sensationelle Ausblicke auf Villavicencio und die Ebenen, die sich bis zum Horizont erstrecken.

Rund acht Kilometer östlich der Stadt ehrt das **Monumento a los Caidos en Acción** (Denkmal für die im Kampf Gefallenen) getötete kolumbianische Soldaten. Das Denkmal besteht unter anderem aus einer Büste von General Julio Gil Coronado, der hier am 19. Juli 1994 von den FARC ermordet wurde.

Puerto López & Umgebung

Die Straße von Villavicencio nach Puerto Gaitán ist so flach wie ein Billardtisch und gesäumt von smaragdgrünen, mit Termitenhügeln gespickten Weiden. Mehrere *fincas* (Bauernhöfe) sind zu Ökotourismusprojekten mutiert, so etwa der familienfreundliche **Parque Agroecológico Merecure** *(Km 47 Vía Villavicencio–Puerto López, Tel. 57/311-696-4442, www.merecure.co)*, ein Freizeitpark mit einer indianischen *maloca* (Langhaus), Quads, Wassersport und einem Zoo mit mehr als 1700 Tieren.

Hinter dem Apiay-Ölfeld erreicht man das heiße und staubige Puerto López am Río Meta, 85 Kilometer östlich von Villavicencio. Sechs Kilometer östlich von Puerto López klettert die Straße hinauf zum **Alto de Menegua**, wo ein 21 Meter hoher Obelisk das exakte Zentrum Kolumbiens markiert.

Das spannendste Ziel der Region sind die **Lagos de Menegua**, 17 Kilometer östlich von Puerto López. Dieser agrotouristische Komplex ist

Puerto López

Karte S. 245 A3

Lagos de Menegua

Karte S. 245 A3

Km 17 Vía Puerto López–Puerto Gaitán

57/315-326-6068

www.lagosdemenegua.com

Puerto Gaitán
Karte S. 245 B3

Parque Nacional Natural La Macarena
Karte S. 245 A2

ein Paradies mit fantastischem Vogelreichtum, z. B. Amazonas-Motmots, Eisvögeln, Parastimvögeln, Schreieulen und Kobaltflügelsittichen. In den Palmen am Lago de las Palmas tummeln sich Bechsteinaras. Riesengürteltiere und Ameisenbären stapfen über das Grasland, und in den Bäumen vergnügen sich vier Affenarten. Hier kann man Kajak fahren, angeln, wandern oder mit den Cowboys ausreiten.

Bis nach **Puerto Gaitán** sind es noch etwa 95 Kilometer; dort endet am breiten Río Manacacías die geteerte Straße. Hier starten Bootstrips zu den Amazonasflussdelfinen (siehe Kasten S. 258), die man am besten in der Trockenzeit (Nov.–März) zu sehen bekommt.

Ökologisches Experiment

Die Llanos sind Schauplatz eines unglaublichen Experiments in Autarkie und ökologischer Nachhaltigkeit. Das 15 Fahrstunden von Bogotá entfernte Gaviotas ist eine 1971 von dem kolumbianischen Visionär Paolo Lugari und dem belgischen Millionär und Ökounternehmer Gunter Pauli gegründete Gemeinschaft. Sie pflanzten Honduras-Palmen, schufen ein Ökosystem mit mehr als 200 weiteren Pflanzenarten und produzieren Harze, Biodiesel und Mineralwasser. Die freie Gemeinschaft aus 200 Flüchtlingen, Wissenschaftlern und Tüftlern hat schon Dutzende Patente hervorgebracht. Das Projekt wird schließlich eine Größe von 60 000 Quadratkilometern erreichen und in der Region eine Cleantech-Wirtschaft schaffen, die fünf Millionen Menschen ernähren kann.

Parque Nacional Natural La Macarena

Der Park war bis vor Kurzem fest im Griff der FARC. Bei einem Angriff kolumbianischer Streitkräfte auf das Hauptquartier der FARC wurde 2010 der FARC-Kommandant Jorge Briceño Suárez getötet.

Hauptattraktion des Parks, der nur zum Teil für Touristen zugänglich ist, ist der **Caño Cristales** mit seinem klaren kalten Bergwasser, das sich in brillanten Blau-, Grün-, Gelb- und Violetttönen über ein Flussbett aus Granit ergießt. Die Färbungen verdanken sich Pflanzen und Mineralien. Am besten kommt man im Winter hierher, wenn der Wasserstand ansteigt und die Farben ganz besonders schön leuchten.

Dank der vielfältigen Ökosysteme gibt es hier viele endemische Tierarten wie den Roten Springaffen. Außerdem findet man präkolumbische Piktogramme, geritzt vielleicht von den Vorfahren der Guayabero, die in der Gegend leben.

Der Park ist offiziell nicht für Besucher geöffnet. Ein Teil des Reservats ist jedoch für Teilnehmer an Touren zugänglich, die von **Ecoturismo Sierra de la Macarena** *(Tel. 57-8/664-3364, www.ecoturismomacarena.com)* organisiert werden. Auf keinen Fall den Park auf eigene Faust erkunden! ■

Amazonas

Schon das Wort Amazonas beschwört das Geschrei des Aras und das Brüllen des Jaguars herauf, und allein die Ausdehnung des Amazonas-Regenwaldes – er bedeckt eine Fläche von der Größe Deutschlands – ist überwältigend. Vom Hauptort Leticia aus kann man indigene Völker besuchen und wilde Tiere entdecken.

Die Yucuna in der Maloka Yucuna bemalen ihre Gesichter, um den Geist des Jaguars zu beschwören

Das gigantische Departamento Amazonas ist von kaum 67 000 Menschen bewohnt, von denen die meisten in einem Zipfel ganz im Südosten Kolumbiens leben. Geprägt wird die Region von den gewaltigen Flusssystemen des Amazonas, Putumayo und Caquetá.

Von Leticia können Besucher mit schnellen *lanchas* oder langsameren *peque-peques* (Einbäumen) über die braunen Flüsse in die „grüne Hölle" vordringen. Hinter Leticia ist der Regenwald von 17 verschiedenen Indianerstämmen bewohnt, von denen viele noch genauso leben wie ihre Vorfahren. Einige heißen Besucher mit Tanzvorführungen und anderen Einblicken in ihre Kultur willkommen.

Nirgends sonst gedeiht das Leben in einer solchen Üppigkeit. Auf den Ästen balancieren Faultiere, Jaguare schleichen geschmeidig umher,

Amazonas

Karte S. 245 C1–C3

Leticia
Karte S. 245 C1

Königsgeier kreisen in der Luft. Einen großen Teil der Tiere sieht man nur als Schatten – wie etwa die Wildkatzen. Mit Geduld (und einem guten Führer) bekommt man jedoch jede Menge Affen sowie Leguane, Nasenbären, Ameisenbären und unzählige Vögel zu Gesicht. Hier sind 580 Vogel- und noch mehr Schmetterlingsarten beheimatet.

Die Tagesdurchschnittstemperaturen liegen das ganze Jahr über bei 28 Grad Celsius, und bei der Luftfeuchtigkeit von über 90 Prozent gerät man bei jeder Bewegung sofort ins Schwitzen. Die feuchtesten Monate sind Februar bis April. Die Trockenzeit ist Juli und August; dann sinken die Wasserstände der Flüsse um bis zu 15 Meter. Das ganze Jahr über kann es spätnachmittags sintflutartig regnen. Der Einbruch der Dunkelheit ist überfallartig.

Leticia & Umgebung

Leticia, die Hauptstadt des Departamento Amazonas am Nordufer des großen Flusses, liegt genau am Dreiländereck mit Brasilien und Peru. Tabatinga (Brasilien) und Santa Rosa (Peru) sind ohne Beschränkungen zu erreichen.

Ursprünglich gehörte Leticia zu Peru, es wurde jedoch 1922 an Kolumbien abgetreten. Streitigkeiten um die Zugehörigkeit der Stadt

Das Ufer des Amazonas in Leticia ist ein geschäftiger Umschlagplatz

führten 1932 zu offenen Kampfhandlungen. Der Völkerbund vermittelte ein Friedensabkommen, mit dem 1934 die Zugehörigkeit zu Kolumbien bestätigt wurde. In den 1980er Jahren war Leticia ein Zentrum des Kokainhandels. Dann kam die kolumbianische Armee, räumte auf und richtete einen Stützpunkt ein, mit dem das Vordringen linker Guerillas ins Amazonasgebiet verhindert werden sollte. Eine starke Militärpräsenz sorgt auch heute noch für die Sicherheit von Stadt und Umgebung.

Die Grenzstadt mit 40 000 Einwohnern besitzt die Atmosphäre einer wilden Siedlung am Rand der Zivilisation und lebt von Schmuggel und Tourismus. Vom schlammigen Ufer weht das Aroma von Kaffee, Kakao und Bananen herauf.

Die wenigen Sehenswürdigkeiten der Stadt kann man an einem halben Tag besichtigen. Auf dem Hauptplatz, dem **Parque Santander**, schwimmen auf einem kleinen See Riesenseerosen. Das **Museo Etnográfico del Hombre Amazónico** *(Cra. 11 #9-43, Tel. 57-8/592-7729, Sa & So geschl.)* in der Biblioteca del Banco de la República an der Südwestecke des Platzes befasst sich mit den indigenen Stämmen der Umgebung.

Maloka Yucuna: Einen Eindruck vom Leben der Ureinwohner gewinnt man auf einer geführten Wanderung zur Maloka Yucuna, 13 Kilometer nördlich der Stadt. Dort jagen die Yucuna noch immer mit Blasrohren und Giftpfeilen. Außerdem wird Besuchern die Zubereitung von Kokablättern gezeigt. Schon die Wanderung ist ein großes Vergnügen: Der Guide bahnt mit einer Machete den Weg und sorgt so für echtes Dschungelfeeling. Besuche können über die **Albergue Tacana** (siehe Reiseinformationen S. 302) arrangiert werden, eine einfache Ökolodge des Engländers Steve McAlear, der auch Regenwaldexkursionen leitet *(Amazon Holidays, Tel. 57-8/592-6692 oder 311-535-8508, www.amazon-holidays.com)*.

Reserva Natural Tanimboca: In diesem privaten Reservat lässt sich viel über

(Fortsetzung auf S. 256)

Wildnisführer

Wer wilde Tiere sehen und etwas über die Flora und Fauna Kolumbiens lernen möchte, braucht einen Wildnisführer. Die besten Guides verfügen über die eindrucksvolle Fähigkeit, mit ihren Adleraugen Tiere zu entdecken – und dann zu benennen –, die ein untrainiertes Auge nie sehen würde. Sie haben jede Menge Erfahrung auf dem Gebiet und haben sich einen soliden Ruf erworben. Viele sind auf Vögel, Pflanzen oder Kriechtiere spezialisiert, wie etwa Daniel Uribe *(Tel. 57/315-585 7937, www.danieluribe.com)*, vielleicht der beste Vogelguide in Kolumbien.

Reserva Natural Tanimboca

Karte S. 245 C1

Km 11 Vía Tarapacá, Cra. 10 #11-69

57/310-791-7470 oder 321-207-9909

www.tanimboca.org

Pfeilgiftfrösche

Die atemberaubend farbenfrohen Pfeilgiftfrösche (oder Baumsteigerfrösche) bewohnen die warmfeuchten Wälder der Neotropis in Zentral- und Südamerika. Die meisten sind nicht größer als ein Daumennagel, einige werden bis fünf Zentimeter lang. Diese winzigen Wesen erzeugen mit die tödlichsten Gifte überhaupt.

Ein Gelbbebänderter Baumsteiger auf einer Orchidee

Die bunten Frösche gehören zur Familie der *Dendrobatidae*. Noch immer werden neue Arten entdeckt, wie etwa der schwarz-rote *Ranitomeya dorisswansonae*, der 2006 in der kolumbianischen Ostkordillere gefunden wurde. Von den rund 170 registrierten Arten ist nur ein Drittel giftig. Pfeilgiftfrösche produzieren bittere Alkaloidverbindungen, die in mikroskopischen Schleimdrüsen unter der Haut gespeichert werden. Das stärkste Gift von allen ist Batrachotoxin, das von den drei besonders tödlichen Arten der Gattung *Phyllobates* produziert wird. Diese nur im kolumbianischen Pazifiktiefland und im Darién in Panama vorkommenden Frösche sind die echten Pfeilgiftfrösche.

Die Chocó-Emberá-Indianer haben mit den Sekreten der *Phyllobates* traditionell die Spitzen ihrer Blaspfeile versehen, mit denen sie Affen und andere Tiere jagen. Die Frösche sondern ihr tödliches Sekret dann ab, wenn sie sich bedroht fühlen. Jedoch ist eine Berührung des fünf Zentimeter langen *Phyllobates terribilis* für Menschen auch dann tödlich, wenn der Frosch nicht erregt ist. Das Nervengift dieses Frosches ist 250 Mal giftiger als Strychnin, und ein mit dem Toxin präparierter Pfeil kann mehr als ein Jahr lang giftig bleiben.

Giftig bei Berührung

Die Frösche verdanken ihre Giftigkeit ihrer Nahrung. Das Batrachotoxin der *Phyllobates* z. B. wird von winzigen Käfern der Gattung *Choresine* aufgenommen, die über hohe Konzentrationen des Nervengifts verfügen. Erhalten die Frösche nicht ihre natürliche Nahrung, verlieren sie ihre Giftigkeit langsam.

Durch bunte Farben, die Räubern als Warnung dienen, verkünden die Frösche ihre Giftigkeit. Zwar sind einige einfarbig, doch haben die meisten oben eine vorherrschende knallige Farbe wie Rot, Gelb, Orange, Grün oder Blau und eine zweite Bauchfarbe. Einzelne Arten sind endemisch, so der grün-schwarze *Dendrobates auratus* aus Capurganá, der schwarz und orange bebänderte *Dendrobates lehmanni* aus dem Valle de Cauca und der schwarz und schillernd grün gestreifte *Dendrobates fulguritus* des Chocó.

INSIDERTIPP

Am Länderdreieck von Kolumbien, Peru und Brasilien locken Amazonasdelfine und kleine Orte mitten im Dschungel.

ERIC KRACHT
National Geographic Channel

Die meisten Pfeilgiftfrösche sind Bodenbewohner. Die Männchen verteidigen ihr Territorium durch Ringkämpfe. Ihr einziger natürlicher Feind ist die gegen das Froschgift immune Goldbauchnatter *(Leimadophis epinephelus)*.

Pfeilgiftfrösche legen ihre Eier unter verfaulenden Blättern ab. Nach dem Schlüpfen trägt ein Elternteil (je nach Art Weibchen oder Männchen) die Kaulquappen einzeln auf dem Rücken auf die Bäume, wo er sie in mit Wasser gefüllten Blattachseln von Bromelien ablegt. Weibliche Pfeilgiftfrösche besuchen ihren Nachwuchs alle paar Tage und füttern ihn mit nicht befruchteten Eiern.

ERLEBNIS: Per Schiff nach Brasilien und Peru

Von Leticia können abenteuerlustige Reisende flussabwärts nach Manaus in Brasilien *(5 Tage)* und flussaufwärts nach Iquitos in Peru *(12 Stunden)* fahren. Die meisten dieser Schiffe sind jedoch sehr beengt, und man nächtigt in Mehr-Personen-Kabinen und Hängematten. Im Fahrpreis sind Mahlzeiten gewöhnlich inbegriffen. Fähren *(Tel. 55/92 3412-2219, http://portaltabatinga.com.br/calendarios-barcos-2, $$$$$)* fahren alle ein bis drei Tage ab Tabatinga, der Schwesterstadt von Leticia, nach Manaus. Schnellboote fahren von Tabatinga mittwochs, freitags und sonntags nach Iquitos. Buchen kann man im Hotel Brasil *(www.transportegolfinho.com, Marechal Mallet 306, Tabatinga, Tel. 55-97/3412-3186 oder in Leticia Tel. 57/313-202-6779, $$$$$)* in der Nähe des Hafens. Tickets können auch einen oder zwei Tage vor der Abfahrt am Schiffsanleger in Tabatinga gekauft werden.

Isla de Los Micos
Karte S. 245 C1

Puerto Nariño
Karte S. 245 C1

den Regenwald lernen, und es gibt Tiere wie den Pfeilgiftfrosch zu sehen. Bei einem Wipfelweg kann man sich auf eine Baumkronenplattform hinaufziehen lassen und dann an einem Drahtseil von Baum zu Baum rauschen. In einem Serpentarium sind heimische Schlangen zu sehen. Örtliche Guides erklären den Gebrauch von Pflanzen als Heilmittel. Übernachten kann man in Hängematten unter Strohdächern oder hoch oben in Baumhäusern.

Isla de Los Micos: Das nach den hier vorkommenden Totenkopfäffchen benannte, 450 Hektar große Inselreservat Isla de Los Micos nordwestlich von Leticia kann im Rahmen eines Tagesausflugs besucht werden. Die Affen, unter anderem Weißgesicht-Kapuzineraffen und Zwergseidenäffchen, sind an Menschen gewöhnt. Ansonsten kann man hier wandern, Kanu fahren und über Hängebrücken in die Baumkronen steigen. Exkursionen können über **Decameron Explorer** *(Cra. 11 #94A-25, Bogotá, Tel. 57-1/219-3030; $$$$$)* arrangiert werden.

Río Yavari: Dieser Fluss windet sich bei Leticia vom Amazonas nach Westen und bildet die Grenze zwischen Peru (Norden) und Brasilien (Süden). Für Bootsexkursionen innerhalb von 100 Kilometern von Leticia benötigt man kein Visum; wer nach Palmari fahren möchte, muss sich in Tabatinga oder Leticia ein brasilianisches Visum besorgen. Am besten plant man eine Übernachtung in einem der Naturreservate am Fluss ein. Das nächste ist die **Reserva Natural Zacambú**, 70 Kilometer westlich von Leticia, verwaltet von **Amazon Jungle Trips** *(Cra. 6 #6-25, Leticia, Tel. 57-8/592-7377, www.amazonjungletrips.com.co, E-Mail: amazonjungletrips@yahoo.com)*.

Piranhas & Candirus

Die Geschichten von Piranhas, die in Sekundenschnelle Menschenknochen abnagen, sind meist erfunden. Jedoch gibt es ein paar dokumentierte Fälle, in denen der gefürchtete Candiru die Harnröhre von Menschen hinaufgeschwommen ist. Diese schlanken, 3,5 Zentimeter langen parasitären Süßwasserwelse setzen sich gewöhnlich in den Kiemen von größeren Fischen fest und bringen dann ihre Sägezähne zum Einsatz. Badende sollten in Amazonasgewässern nicht urinieren – die Einheimischen sagen, die Fische werden vom Urinstrahl angelockt und können dann nur chirurgisch entfernt werden.

Puerto Nariño & Umgebung

Das Flussdorf Puerto Nariño, 85 Kilometer flussaufwärts, westlich von Leticia, ist mit nur 5400 Einwohnern, zumeist Indianern verschiedener Ethnien, die zweitgrößte Siedlung im Departamento Amazonas. Hierher fahren Wassertaxis von **Transportes Amazonicos** *(Calle 8 #11,*

ERLEBNIS: Die Kultur der indigenen Völker

Die spanische Kolonialherrschaft hatte für die indigenen Kulturen in ganz Lateinamerika verheerende Folgen. Heute existieren in Kolumbien noch Dutzende von indianischen Stämmen. Einigen geht es vergleichsweise gut, andere kämpfen aufgrund verschiedenster Probleme ums Überleben. Viele Dörfer sind stark verwestlicht, andere wiederum halten streng an ihren alten Traditionen fest. Der Tourismus soll nun in indigenen Gemeinschaften den Stolz auf die Glaubensauffassungen, das Kunsthandwerk und die überlieferten Gebräuche neu beleben.

Wer etwas über die Kultur der indigenen Völker lernen möchte, kann eine der folgenden Gemeinschaften besuchen. Dabei sollte immer Respekt vor dem fremden Lebensstil gezeigt werden.

Amena Monilla *(Absalón Arango, Tel. 57/314-202-7735, E-Mail: agomez092009@hotmail.com, www.posadasturisticasdecolombia.gov.co)* ist leicht zu erreichen und auf Touristen eingestellt. Das Huitotos-Dorf zehn Kilometer nördlich von Leticia kultiviert die traditionellen Lebensformen.

La Guajira *(http://guajiralindayturistica.jimdo.com)* ist Heimat der Wayúu, der größten indigenen Gruppe Kolumbiens. Viele Wayúu-*rancherías* nehmen in Holz- und Kaktushäusern Übernachtungsgäste auf. **Kaishi Travel** *(La Guajira, Tel. 57-5/717-7306, http://kaishitravel.com)* ist auf Ethno-, Öko- und Abenteuertouren auf der Guajira-Halbinsel spezialisiert.

Pueblo Bello *(Tel. 57-5/579-3217, www.pueblobello-cesar.gov.co)* in der Sierra Nevada de Santa Marta ist das Tor zum Land der Arhuaco, die weiße *serapes* und konische Hüte tragen. Gäste werden von einem Guide für eine rituelle Reinigung zu einem Zeremonienzentrum gebracht.

Eine traditionelle Tanzdarbietung in Macedonia am Amazonas

Die **Reserva Nacional Natural Nukak** *(Secretaría de Cultura y Turismo del Guaviare, Tel. 57-98/584-1041, www.guaviare.gov.co)* schützt die tierreichen Gebiete der Puinave- und Curripaco-Amazonas-Indios. Der Zugang ist schwierig, und der Tourismus unterliegt strengen Kontrollen.

Einige Hinweise für einen Besuch:

- Einige Gruppen meiden den direkten Augenkontakt mit Fremden, und direkte Blicke können als unhöflich und bedrohlich interpretiert werden. Ein Lächeln kann das Eis brechen.
- Viele indigene Kulturen haben einen Dorfältesten oder Anführer. Wer ihn um Rat oder Erlaubnis bittet, demonstriert Respekt.
- Dem Dorfältesten überreicht man ein kleines Paket mit Medikamenten, Stiften oder Ähnlichem.
- Völker wie die Arhuaco und Guambiano lassen sich ohne Erlaubnis ungern fotografieren.
- Wer einheimisches Kunsthandwerk kauft oder örtliche Führer anheuert, zeigt, dass er etwas in die indigenen Gemeinschaften investieren möchte.

Süßwasserdelfine

Der Amazonasdelfin *(Inia geoffrensis)* oder *boto* ist ein rosa Flussdelfin, den es nur im Amazonas und Orinoco gibt. Der *boto* wird rund 2,5 Meter lang und ist damit größer als sein grauer Meeresvetter. Er hat eine dicke, wulstige Stirn und perlenartige Augen sowie einen buckeligen Rücken mit einer kleinen Rückenflosse und großen Schwanzflossen. Der längliche bezahnte Schnabel ist genau richtig zum Herumstöbern nach Krustentieren im Schlamm und zum Schnappen nach Fischen. Die Halswirbel sind nicht verwachsen, sodass er sehr beweglich ist. 2011 wurde sein Gefährdungsgrad von der IUCN wegen „nicht ausreichender Daten" nicht festgelegt.

Centro de Interpretación Natütama

- 50 m östl. des Schiffsanlegers
- 57/ 312-410-1925
- Di geschl.
- $

http://natutama.org

Parque Nacional Natural Amacayacu

- Karte S. 245 C1–C2

Hinweis: Wegen Überflutungen war der Parque Nacional Natural Amacayacu im Jahr 2014 für Besucher geschlossen.

Leticia, Tel. 57-8/592-5999), und es gibt mehrere einfache Unterkünfte. Die Siedlung liegt am Nordufer einer mit dem Amazonas verbundenen *madrevieja* (Altwassersee), der Quebrada Menoe.

Puerto Nariño gilt als ökologisches Vorzeigedorf und ist eine gute Basis für die Erkundung dieses Amazonas-Abschnitts. Von der Touristeninformation beim *muelle* (Quai) kann man hinauf zum Aussichtsturm **Mirador Naipata II** gehen *(Calle 4, 12–14 Uhr geschl., $)*. Mit Ausstellungen über die Kultur der Cocama, Ticuna und Yagua wartet die **Casa Museo Cultural Ya Ipata Ünchi** *(Cra. 7 & Calle 5, Sa & So geschl.)* auf; in der **Casa Artesanal Tachiwagü** *(Cra. 6 zw. Calle 5 & 6, Sa & So geschl., $)* informieren Dorfälteste über das Leben der Indios.

Das **Centro de Interpretación Natütama** informiert anhand von lebensgroßen Nachbildungen von Seekühen, Flussdelfinen und anderen Amazonas-Bewohnern über den Naturschutz. Es befindet sich auf der Nordseite der Quebrada Menoe beim *muelle*. Die **Fundación Omacha** *(Calle 84 #21-64, Bogotá, Tel. 57-1/256-4682, www.omacha.org)* nebenan dient demselben Zweck und bietet Freiwilligen die Gelegenheit zur Mitarbeit beim Schutz der gefährdeten Amazonasdelfine und Seekühe.

Lago Tarapoto: Wer *botos* und vielleicht sogar Seekühe in freier Wildbahn erleben möchte, kann sich von einem Fischer in einem *peque-peque* (motorisierten Einbaum) auf diesen See zwei Kilometer westlich von Puerto Nariño fahren lassen. Wenn der Amazonas Niedrigwasser hat, ist der See vielleicht nicht erreichbar. Dann kann man zum **Lago San Juan del Socó** oder **Río Cacao** ausweichen. Scharlachibisse und Reiher patrouillieren an den Ufern auf der Suche nach Leckereien.

Parque Nacional Natural Amacayacu

Dieser 293 500 Hektar umfassende Nationalpark schützt ein großes Gebiet Amazonas-Schwemmland mit Regen- und Sumpfwäldern sowie die Kultur der indigenen Ticuna, indem sie sie in den Ökotourismus einbindet. Hier kann man eine ursprüngliche Amazonas-Landschaft mit zahlreichen Tieren erleben. Unter den 470 Vogelarten sind allein sechs Ara-Arten, dazu kommen zwölf Affenarten, darunter der kleinste Primat der Welt, das Zwergseidenäffchen.

Das **Yewaé-Besucherzentrum** am Fluss zwölf Kilometer östlich von Puerto Nariño bietet eine Ökolodge, Concesión Amacayacu (siehe Reiseinformationen S. 302), die von Aviatur *(Tel. 57-1/587-5181, www.aviaturecoturismo.com)* betrieben wird. Täglich fahren Boote von Leticia nach Amacayacu *(8, 10 & 12 Uhr)*; zurück nach Leticia geht's um 7.30, 11 und 16 Uhr.

In **Yawaé** führt der **Sendero de la Selva** (Waldweg, 1 km) durch dichten Dschungel. Besonders in der Abenddämmerung sollte man den Plankenweg nicht verlassen: Dann sind die giftigen Lanzenottern aktiv. In der Regenzeit überschwemmt der Fluss einen großen Teil der Region; dann kann man Touren per *peque-peque* unternehmen und Seekühe, Fischotter und Krokodile sehen.

Der sieben Kilometer lange **Sendero Nainekumawa** führt von Yawaé nach **San Martín de Amacayacu**, einem Indianerdorf, in dem Besucher an Korbflecht-, Web- und Schnitzworkshops teilnehmen können. Die Indiosiedlung **Macedonia** 15 Bootsminuten östlich von Yawaé bietet ebenfalls einen Einblick in den autarken Dorfalltag. ■

Ein Amazonasflussdelfin *(boto)* im Río Cacao

REISEINFORMATIONEN

Chivas **sind in vielen abgeschiedenen Bergregionen die einzigen öffentlichen Verkehrsmittel**

REISEPLANUNG

Reisezeit

Das Klima des Landes variiert regional stark – man unterscheidet zwischen *tierra caliente* (heißes Land), *tierra templada* (gemäßigtes Land), *tierra fría* (kaltes Land) und *tierra helada* (gefrorenes Land). Daher ist die beste Reisezeit abhängig vom Ziel.

Mehr als drei Viertel Kolumbiens, darunter das Amazonasgebiet und das pazifische und karibische Tiefland, liegen in der heißen Zone unterhalb von 900 Meter Höhe; hier schwanken die Temperaturen zwischen 24 und 38 Grad. An der Karibikküste fällt die Hochsaison meist mit dem trockeneren Winterwetter zusammen, aber auch in den feuchteren Sommermonaten herrscht angenehmes Reisewetter vor: Der Regen fällt meist nachmittags in einem Guss, und die Passatwinde bringen etwas Abkühlung. Eine Ausnahme bildet La Guajira: Hier regnet es nur selten. Ansonsten muss man auf feuchte Schwüle eingestellt sein sowie ganzjährig auf Regen am Amazonas und im Chocó, einer der feuchtesten Regionen der Welt, wo es am Ende des Winters sintflutartig regnet.

Das Andenhochland (900–2000 m) genießt das ganze Jahr über ein frühlingshaftes Klima. In Bogotá z. B. herrscht ganzjährig eine Tagesdurchschnittstemperatur von etwa 20 Grad, mit nur geringen Abweichungen von Monat zu Monat. Bedeutender sind die Schwankungen im Verlauf eines Tages: 20 Grad tagsüber, bis zu drei Grad nachts. In Medellín und Cali ist es etwas wärmer, mit Tagesdurchschnittstemperaturen von 19 bis 24 Grad das ganze Jahr über. In normalen Jahren gibt es zwei Trockenzeiten *(Jan.–März & Juli–Sept.)* und zwei Regenzeiten *(April–Juni & Okt.–Dez.)*. In den Regenzeiten fallen nach klaren Vormittagen gewöhnlich nachmittags Schauer, es kann aber auch anhaltender und stärker regnen; dabei treten starke Temperaturschwankungen auf.

In den Bergtälern gibt es eigene Mikroklimata. Auf 2000 bis 3500 Meter Höhe *(tierra fría)* herrscht ein Bergklima, oft mit Nebel und starken Winden. Die obere Grenze der kalten Zone fällt meist mit der Baumgrenze zusammen und mit den letzten

Siedlungen. Die *tierra helada* darüber ist oft verschneit oder in den Nächten frostig.

Bei so starken Schwankungen gibt es keine „beste" Reisezeit für das gesamte Land. Auch Feste werden das ganze Jahr über veranstaltet und gefeiert. Die meisten wichtigen kolumbianischen Feste finden allerdings von Dezember bis März und Juni bis August statt. Außerhalb von Cartagena ist der Tourismus auf inländische Besucher ausgerichtet. Die wichtigste Reisesaison für sie ist Dezember bis Februar: Dann machen massenhaft Kolumbianer Urlaub, vor allem in den Badeorten am Meer, und die Preise steigen stark an. Viel los ist außerdem um Ostern herum.

Nicht vergessen

Was in den Koffer kommt, richtet sich nach dem anvisierten Ziel. Im Allgemeinen sind leichte, locker sitzende Baumwoll- und Synthetikstoffe am besten. Lockere Shorts und T-Shirts sind bequem und überall akzeptiert, auch in Cali, Cartagena und Medellín. Für die Abende und insbesondere schickere Restaurants und Clubs benötigt man elegantere Kleidung. Für Bogotá sollte man für kühlere Tage und die Abende Jeans und einen Pullover oder eine dünne Jacke einpacken.

Im heißen, feuchten Tiefland ist enge Kleidung zu meiden, da diese unbequem ist und den Pilzbefall fördert. Gegen Regengüsse hilft ein Poncho, in den Städten ein Regenschirm. Für die Strände braucht man Badekleidung. Die Kolumbianer legen großen Wert auf ordentliches und sauberes Aussehen, sowohl was die Körperhygiene als auch was die Kleidung betrifft.

Für das Hochland benötigt man entsprechend wärmere Kleidung, z. B. eine winddichte Jacke.

Für Bergpfade und Wildnisgebiete sind wasserfeste Wanderschuhe notwendig. In der Stadt leisten bequeme Freizeit- oder Turnschuhe gute Dienste. In Restaurants und Clubs ist schickeres Schuhwerk nicht fehl am Platz.

Wer Vogelbeobachtungs- oder Naturkundetouren unternehmen möchte, sollte auf knallige Farben verzichten – sie könnten die Tiere verschrecken.

Insektenschutzmittel benötigt man besonders in den Küsten- und feuchten Regionen und während der Regenzeit auch in Städten des Tieflands. Die Moskitos können eine wahre Plage sein; in den Wäldern gibt es außerdem zahlreiche andere stechende und beißende Insekten. Im Hochland und in windigen Gegenden sind Moskitos selten ein Problem.

Sonnenbrille, Sonnenhut oder Baseballkappe sowie Sonnenschutzcreme gehören auf jeden Fall ins Reisegepäck. Die Kraft der tropischen Sonne ist nicht zu unterschätzen!

Medikamente sind weithin erhältlich. Jedoch sollte eine kleine Reiseapotheke mit Kopfschmerz-, Durchfall- und Desinfektionsmittel, Pflaster und anderen grundlegenden Medikamenten nicht fehlen. Eine Ersatzbrille und Ersatzkontaktlinsen sind ebenfalls zu empfehlen.

Es bietet sich an, auch alles an Fotobedarf mitzunehmen, da dieser außerhalb der großen Städte schlecht erhältlich ist. Vogelfreunde sollten ein Fernglas einpacken.

Versicherung

Eine Auslandsreisekrankenversicherung ist eine gute Investition. Die eigene Versicherung kann vor der Abreise darüber Auskunft geben, was im Krankheitsfall alles abgedeckt ist. Besonders wichtig ist die Zusage eines Rücktransports. Eventuell ist eine Zusatzversicherung sinnvoll.

Wer eine organisierte Tour gebucht hat, kann sich durch eine Reiserücktrittsversicherung absichern.

Einreisebestimmungen

Pass & Visum

Die Bürger der meisten europäischen Länder benötigen für die Einreise lediglich einen gültigen Reisepass. Touristen dürfen 60 Tage im Land bleiben; der Aufenthalt kann bis zu einer Gesamtzeit von sechs Monaten mehrmals um je 30 Tage verlängert werden und zwar bei der Immigrationsbehörde **Migración Colombia** *(Calle 100 #11B-27, Bogotá, Tel. 57-1/605-5454)*. Auch in den meisten anderen Städten gibt es Büros der Einwanderungsbehörde. Zur Verlängerung benötigt man einen gültigen Pass mit Einreisestempel, das Rückflugticket (samt Kopie), vier farbige Passfotos vor weißem Hintergrund und zwei Kopien der Passseite mit den persönlichen Daten sowie der Seite mit dem Einreisestempel. Die Gebühr muss bei bestimmten, von Stadt zu Stadt unterschiedlichen Banken bezahlt werden.

Zur Ausreise aus Kolumbien muss man den kolumbianischen Einreisestempel im Pass vorzeigen. Von der entsprechenden Seite sollte man eine Kopie für den Fall haben, dass der Pass in Kolumbien gestohlen wird.

Für Reisen ins Amazonasgebiet und in die Nachbarländer Kolumbiens wird ein Nachweis über eine Gelbfieberimpfung benötigt.

Zoll

Das kolumbianische Zollamt DIAN (Dirección de Impuestos y Aduana Nacional) gestattet Besuchern das Mitbringen persönlicher Gegenstände wie Kameras und Sportausrüstung. Verboten ist die Ausfuhr von Tieren und Tierprodukten sowie von bedeutenden Kunstwerken und historischen Gegenständen, darunter alle präkolumbischen Objekte – diese gelten als

Nationalschätze. Bei der Ausreise kann man bei Aufenthalten von bis zu 60 Tagen eine Befreiung von der Ausreisesteuer (sonst ca. 150 000 Pesos) beantragen sowie eine Rückerstattung der Mehrwertsteuer (IVA) auf im Land gekaufte Artikel.

ANREISE

Mit dem Flugzeug

Kolumbien wird direkt von Europa (Frankreich, Deutschland, Spanien) aus angeflogen. Es ist jedoch gewöhnlich günstiger, über Miami zu fliegen. Die meisten Flüge gehen zum 2014 fertiggestellten Internationalen Flughafen El Dorado *(Tel. 57-1/266-2000)* in Bogotá. Andere internationale Flüge steuern Barranquilla, Cali, Cartagena und Medellín an.

Offizielle Taxischalter befinden sich an den Ausgängen der nationalen und internationalen Ankunftshallen des Flughafens El Dorado; hier erhält man eine Quittung mit dem Fahrpreis, den man an den Taxifahrer zahlt. Der offizielle Fahrpreis für ein Touristentaxi vom Flughafen in die Innenstadt beträgt ca. zehn Euro. An den Flughäfen sollte man nie ein privates Taxi nehmen; Fahrgäste werden oft ausgeraubt oder zahlen zu viel.

Die wichtigste Fluglinie Kolumbiens, **Avianca** *(Tel. 01 8000 953434, www.avianca.com)*, fliegt von Barranquilla, Bogotá, Cali und Medellín mehr als 40 Ziele in Südamerika an, außerdem Destinationen in Mittelamerika sowie wichtige Flughäfen in Europa, z. B. Madrid.

Die folgenden europäischen Linien bieten regelmäßige Flüge nach Kolumbien: **Air France** *(Tel. 01806/830 830, www.airfrance.com)*, **British Airways** *(Tel. 0421/557 5758, www.britishairways.com)*, **Iberia** *(Tel. 069/5007 3874, www.iberia.com)* und **Lufthansa** *(Tel. 069/8679 9799 805, www.lufthansa.com)*.

Mit dem Schiff

Mehr als ein Dutzend Kreuzfahrtgesellschaften steuern Cartagena an. Informationen bietet die **Cruise Lines International Association** *(USA Tel. 754/224-2200, www.cruising.org)*.

Private Segelboote und Frachtschiffe lassen sich auf den panamaischen San-Blas-Inseln chartern (280–530 €). Die Fahrt von Portobelo oder Puerto Olbadía in Panama nach Cartagena, Carpurgana oder Turbo dauert gewöhnlich fünf Tage. Das größte Schiff auf diesen Strecken ist die deutsche **„Stahlratte"** *(Tel. 507/6031-1707, www.stahlratte.de)*.

Organisierte Reisen

Viele Reisende entscheiden sich wegen der größeren Sicherheit für eine Gruppenreise.

Die meisten Touren führen zu kulturellen Highlights wie Villa de Leyva, Catedral de Sal und Santa Fé de Antioquia. Andere setzen den Schwerpunkt auf die Natur, besonders Vogelbeobachtung.

UNTERWEGS IN KOLUMBIEN

Mit dem Bus

Busse von Bogotá zu Zielen im ganzen Land fahren vom Terminal de Transporte ab *(Diagonal 23 #69-55, Tel. 57-1/423-3600, www.bogota-dc.com/trans/terminal.htm)*, fünf Kilometer westlich des Stadtzentrums.

Der Busbahnhof ist nach Fahrzielen in fünf Bereiche eingeteilt und farbkodiert (blau/Osten und Westen, rot/Norden, gelb/Süden, grün und lila/Taxis).

Mehr als 50 private Busunternehmen bieten schnelle *(directo)* und/oder langsamere *(regular)* inländische Verbindungen. Eines der größten Unternehmen, **Bolivariano** *(Tel. 57-1/424-9090, www.bolivariano.com.co)*, verbindet Bogotá mit 24 Städten im Land.

Fernbusse sind in Bogotá gewöhnlich große moderne, klimatisierte Busse mit Liegesitzen. Ähnliche Busse werden auch zwischen anderen größeren Städten eingesetzt. Bei Regionalbussen kann es sich um alte US-Schulbusse, *chivas* (Lkw mit offenen Sitzbänken) oder Willys-Jeeps handeln.

Innerhalb der Städte verkehren neben Bussen auch *busetas* und *colectivos;* die meisten sind langsam, überfüllt und kosten einen festgesetzten Fahrpreis, zu zahlen an den Fahrer oder seinen Assistenten. In den vergangenen Jahren haben kriminelle Banden besonders in Bogotá viele Linien unterwandert. Am besten meidet man Busfahrten am Wochenende; grundsätzlich gewarnt sei vor Taschendieben und Gepäckdiebstahl.

Mit dem Flugzeug

Mehrere Inlandsgesellschaften fliegen Flughäfen im ganzen Land an. Durch den Wettbewerb sind die Preise niedrig.

Avianca, Tel. 57-01/401-3434, www.avianca.com. Die wichtigste kolumbianische Fluglinie fliegt 26 Ziele im Land an.

Copa Airlines, Tel. 57-1/320-9090, www.copaair.com. Die Schwester der panamaischen Copa Airlines bedient elf Ziele in Kolumbien.

Easyfly, Tel. 57-1/414-8111, www.easyfly.com.co. Die Billigfluglinie bietet günstige Flüge zu 15 Destinationen im Land.

Lan, Tel. 800/094-9490, www.lan.com. Diese Fluglinie fliegt 22 Ziele in Kolumbien an.

Satena, Tel. 01-8000-920-034, www.satena.com. Die staatliche Fluglinie verfügt über das größte Streckennetz mit 39 Zielen.

Mit dem Mietwagen

Mit einem Mietwagen das Land zu erkunden gewährt größtmögliche Flexibilität. Jedoch sind Mietwagen extrem teuer und nicht ohne Risiko. Der Stadtverkehr ist dicht und chaotisch, und nur wenige kolumbianische Fahrer halten sich an die Verkehrsregeln: Es gilt das Recht des Stärkeren. Ein großes Problem sind auch Autodiebstahl sowie der Diebstahl von Gegenständen aus aufgebrochenen Autos; der Mieter haftet bei Diebstahl und Beschädigung für bis zu 20 Prozent des Fahrzeugwertes.

Um ein Auto zu mieten, muss man über 25 Jahre alt sein (teilweise werden auch Autos an jüngere Personen mit Kreditkarte vermietet) und braucht einen Pass und einen gültigen Führerschein (der nationale reicht). Außerdem benötigt man eine Kreditkarte und muss eine deftige Kaution hinterlegen (etwa 400 €). Ein Auto zu mieten ist teuer und kostet mindestens 55 € am Tag plus Versicherung. Vor dem Unterschreiben sollte man sich die Versicherungs- und Haftungsbedingungen genau durchlesen, besonders die Regelungen hinsichtlich Diebstahl.

Avis, Tel. 57-1/629-1722, www.avis.com.

Dollar, Tel. 57/318-707-9397, www.dollar.com. Verleiht Toyota Prados und ist zuverlässig.

Elephant, Tel. 0845 44 44444, www.elephant-rentacar.com.

Hertz, Tel. 57-1/756-0600, www.hertzcolombia.com.co.

Milano Rent-a-Car, Tel. 57-1/745-2996, http://milanocar.com.

Auf der Straße unterwegs

Ein Teil des 110 000 Kilometer langen Straßennetzes ist in gutem Zustand, einige größere Straßen sind jedoch noch ziemlich desolat. Fast alle großen Straßen können mittlerweile tags und nachts sicher befahren werden; in regelmäßigen Abständen gibt es Polizei- oder Militärposten. Erdrutsche und Absackungen sind jedoch häufig, und viele Nebenstraßen sind nicht geteert. Für abgelegene Gebiete und viele Nationalparks empfiehlt sich ein Allradfahrzeug.

Die Straßen werden durch Maut finanziert (gewöhnlich 3000–12 000 COP/1,15–4,60 €); Mautstellen gibt es teils sogar auf ländlichen Nebenstraßen. Stets eine ausreichende Anzahl kleiner Geldscheine dabeihaben!

Wann immer möglich hält man sich am besten an die Hauptstraßen. Besonders in abgelegenen Gebieten sollte man es vermeiden, bei Dunkelheit zu fahren, da hier Guerillas, Paramilitärs oder Banditen aktiv sein können. Die Autotüren immer verriegeln und den Tank immer mindestens halb voll haben.

An den wenigsten Tankstellen werden Kreditkarten akzeptiert. In den Gebieten nahe Venezuela wie um Cúcuta und in Guajira gibt es Tankstellen wie Sand am Meer, und am Straßenrand verkaufen Händler Benzin (nicht immer reines) zu einem Bruchteil des üblichen Preises.

In Bogotá und anderen größeren Städten gilt für alle nichtkommerziellen Fahrzeuge die Fahrverbotsregel *pico y placa* – je nach letzter Ziffer des Nummernschilds dürfen diese Fahrzeuge an bestimmten Wochentagen nicht fahren (mehr dazu siehe Kasten S. 171).

Mit dem Taxi

In den Innenstädten sind kleine Hyundai-Astro-Taxis das Hauptverkehrsmittel. Es gelten dieselben Regeln wie für Taxis in Bogotá (siehe S. 264). Die Hotels können Funktaxis bestellen oder zuverlässige Taxifirmen empfehlen. In Cartagena haben die Taxis Aufkleber mit den auf einem Zonensystem basierenden Fahrpreisen.

Organisierte Reisen

Organisierte Gruppentouren sind eine sichere und einfache Art, das Land zu erkunden. Es gibt mehrere Dutzend verlässliche Tourenanbieter.

Aventure Colombia, Calle de Santisimo #8-55, Cartagena, Tel. 57/314-588-2378, www.aventurecolombia.com. Spezialisiert auf Touren in kleinen Gruppen um Cartagena und im ganzen Land.

Aviatur.travel, Tel. 57-1/382-1616, www.aviatur.travel. Spezialisiert auf Touren zu den Nationalparks des Landes. Niederlassungen in den meisten Städten.

Colombia 57, Tel. 57-6/886-8050, www.colombia57.com. Spezialisiert auf Touren durch die Zona Cafetera, Luxusreisen und maßgeschneiderte Rundreisen durchs ganze Land. Kenntnisreich, zuverlässig und effizient, dazu mit Blick fürs Detail und tollem Service.

Colombia Journeys, Calle 81 #11-68, Bogotá, Tel. 57-1/618-0027, www.colombianjourneys.com. Mit Schwerpunkt Abenteuer und Wandern.

Kaishi Travel, Tel. 57-5/717-7306, www.kaishitravel.com. Einer der führenden Anbieter für die Halbinsel Guajira.

Turismo Receptivo, Tel. 57-4/321-4442, www.turicol.com. In Medellín; spezialisiert auf ausländische Gruppen.

In Bogotá

Mit dem Bus

Bogotá verfügt über ein ausgedehntes Busnetz. Mehrere Privatunternehmen betreiben Busse und *colectivos* (Minibusse), die überall entlang ihrer Strecke angehalten werden können. Der Fahrpreis liegt bei rund 1450 Pesos (0,55 €). Die Gelenkbusse des TransMilenio-Netzes (1700 COP/0,65 €) verkehren auf acht Hauptstrecken mit eigener Busspur; kleinere Busse sorgen für die Anbindung dieser Strecken an Wohngebiete. Das TransMilenio-Netz führt bis zum Flughafen und ist kürzlich um Nachtlinien ergänzt worden.

Mit dem Taxi

Es herrscht kein Mangel an günstigen gelben Hyundai-Taxis. Zumeist richtet sich der Fahrpreis nach dem Taxameter. Bei Taxis, die auf der Straße angehalten werden, kommt es immer wieder zu Diebstählen und Übergriffen.

Wann immer möglich – besonders abends – sollte man telefonisch ein Taxi bestellen, z. B. von **Coop Teletaxi** *(Tel. 57-1/225-6666)*, **Radio Taxi** *(Tel. 57-1/210-0000)* oder **Taxi Express** *(Tel. 57-1/411-1111)*. Man erhält das Kennzeichen des Taxis und sollte sich vergewissern, dass man in das richtige Fahrzeug einsteigt.

Es fahren auch weiße Hoteltaxis, die aber mehr als gelbe Taxis kosten.

Für jede größere Stadt gibt das Tourismusministerium eine Broschüre für Besucher heraus.

LITERATUR

Bei einer Reise nach Kolumbien gehört auf jeden Fall ein Roman von Gabriel García Márquez ins Gepäck. Hier fünf empfehlenswerte Bücher:

„A Guide to the Birds of Colombia" von Steven L. Hilty & William L. Brown (1986). Schön illustrierter Führer zur kolumbianischen Vogelwelt inklusive guter Beobachtungsorte.

„Die Liebe in den Zeiten der Cholera" von Gabriel García Márquez (1989). Florentino wird von der pubertierenden Fermina zurückgewiesen und gönnt sich, um sein gebrochenes Herz zu heilen, ein Leben voller Affären. Spielt in Cartagena.

„Hundert Jahre Einsamkeit" von Gabriel García Márquez (1967). Márquez' berühmtester Roman, für den er mit dem Nobelpreis geehrt wurde, erzählt vom Aufstieg und Fall des fiktiven Dorfes Macondo. Magischer Realismus vom Feinsten.

„Out of Captivity: Surviving 1,967 Days in the Colombian Jungle" von Marc Gonsalves, Keith Stansell, Gary Brozek & Tom Howes (2009). Ein anschaulicher und bewegender Erfahrungsbericht über fünfeinhalb Jahre als Geiseln der FARC, erzählt von US-Amerikanern, die 2003 nach einem Flugzeugabsturz im kolumbianischen Dschungel als Geiseln gefangengehalten wurden.

PRAKTISCHE TIPPS

Alkohol & Rauchen

Das Fahren unter Alkoholeinfluss ist verboten; eine Verurteilung wegen Alkohols am Steuer bringt jeden Versicherungsschutz für Mietfahrzeuge zum Erlöschen und zieht wahrscheinlich eine Haftstrafe nach sich.

2008 erließ Kolumbien weitreichende Antirauchergesetze: Das Rauchen ist jetzt in allen öffentlichen Gebäuden wie Krankenhäusern, Hotels, Restaurants und Bars verboten. Jedoch raucht ein großer Teil der Kolumbianer, und das Rauchen auf öffentlichen Plätzen ist weder verpönt noch verboten.

Besucherinformation

Proexport Colombia *(Tel. 069/1302 3832 in Deutschland)* bietet eine nutzerfreundliche Website: www.colombia.travel. Proexport hat seinen Hauptsitz in der Calle 28A #13A-15, Bogotá, Tel. 57/01 900 33 10021 und verfügt außerdem über 15 regionale Tourismus-Informationspunkte (PIT) im ganzen Land, alle mit zweisprachigem Personal. Lage und Öffnungszeiten jedes PIT stehen auf der Proexport-Website.

Das **Instituto Distrital de Turismo** *(Cra. 24 #40-66, Tel. 57-1/217-0711, www.bogotaturismo.gov.co)*, das Tourismusamt von Bogotá, hat seinen Hauptsitz in Chapinero. Es gibt eine ausgezeichnete touristische Karte von Bogotá sowie Themenbroschüren heraus und unterhält 16 Touristeninformationen in der Stadt, z. B. am Flughafen El Dorado.

Das **Ministerio de Cultura** *(Cra. 8 #8-55, Bogotá, Tel. 57-1/342-4100, www.mincultura.gov.co/?idcategoria=1160)* wirbt für vier Kulturrouten. Zu jeder veröffentlicht es spanischsprachige Faltbroschüren.

Das **Instituto Geográfico Agustín Codazzi** *(Cra. 30 #48-51, Bogotá, Tel. 57-1/368-3443, Fax 57-1/369-4000, www.igac.gov.co, E-Mail: idgomez@igac.gov.co)* verkauft topografische Karten.

Einrichtungen für Behinderte

Mit Ausnahme gehobenerer Hotels und jüngerer Neubauten haben nur wenige Gebäude rollstuhlgerechte Zugänge oder behindertengerechte Toiletten und Zimmer. Nur wenige Busse sind auf Rollstühle eingestellt, außer den neueren TransMilenio- und Metro-Bussen, und nur wenige Bordsteine sind an Straßenecken abgesenkt. In den Städten sollen zwar irgendwann alle Busse rollstuhlgerecht sein, aber die Umstellung geht nur langsam voran. Besonders schwierig ist das Reisen im Amazonasgebiet, in La Guajira und auf dem Wasser.

Die folgenden Agenturen informieren über Reisen mit Behinderungen:

Gimp on the Go, www.gimponthego.com. Internet-Newsletter und Forum für Reisende mit Behinderung.

Royal Association for Disability & Rehabilitation, Ground Floor, CAN Mezzanine, 49-51 East Rd., London N1 6AH, Tel. 44-020/7250-8181, http://disabilityrightsuk.org.

Nationale Koordinationsstelle Tourismus für Alle e.V., Fleher Str. 317A, 40223 Düsseldorf, Tel. 0211-3368-001, www.natko.de.

Elektrizität

Die Stromspannung beträgt 110 Volt (Netzfrequenz 60 Hz), in einigen abgelegenen Gebieten 220 Volt. Die meisten Steckdosen nehmen zwei- oder dreipolige US-amerikanische Flachstecker auf. Für europäische Elektrogeräte ist ein Adapter notwendig. In vielen sehr abgeschiedenen Gebieten des Landes wie La Guajira gibt es gar keine Stromversorgung; hier sind Restaurants und Hotels auf Generatoren oder Sonnenenergie angewiesen; zu bestimmten Tageszeiten gibt es nur eingeschränkt Strom.

Etikette

Die kolumbianische Gesellschaft ist sehr vielfältig. Bogotá und andere große Städte sind weltoffen und recht liberal, kleinere Städte und Dörfer konservativer. Kolumbianer sind nach wie vor extrem klassenbewusst: *Campesinos* (Bauern), Arbeiter in den Städten und viele Angehörige indigener Völker ordnen sich Menschen mit höherem sozialem Status unter. Die Kolumbianer respektieren Titel und benutzen sie bei der Anrede z. B. von Ingenieuren (*Ingeniero* Arosamena) und Architekten (*Arquitecto* García).

Erwachsene werden mit *Señor, Señora* oder *Señorita* angesprochen. Die Ausdrücke *Don* (für Männer) und *Doña* (für Frauen) werden für hochgestellte oder sehr angesehene Personen und Ältere benutzt.

Im Mittelpunkt des Alltags steht die Familie. Persönliche Kontakte sind der Schlüssel zum Erfolg, besonders im Geschäftsleben und in der Politik.

Das Verhalten wird oft von dem Wunsch diktiert, einen guten Eindruck zu hinterlassen. Kolumbianer sind sehr höflich. Mündliche Aussagen sollten jedoch nicht immer für bare Münze genommen werden, und ein Kolumbianer sagt vielleicht ja, wenn er nein meint, nur um die Harmonie zu wahren. Man benutzt gemeinhin das förmliche *usted* (Sie); das *tu* (du) ist für Freunde reserviert. Frauen begrüßen sich mit Wangenküssen; daneben gibt es gewöhnlich außer zwischen Familienmitgliedern und engen Freunden keinen Körperkontakt. Auch *abrazos* (Umarmungen) gibt es in der Regel nur zwischen guten Freunden und in der Familie. Die normale Begrüßung ist *buenos días* (guten Morgen), *buenas tardes* (guten Tag) oder *buenas noches* (guten Abend). Informeller ist *hola* (hallo).

Die Kolumbianer sind besonders stolz auf ihr Land und reagieren sehr empfindlich auf Kritik von außen. Ebenso reagieren viele indigene Gemeinschaften extrem empfindlich auf das Eindringen in ihre Kultur oder negative Bemerkungen. Viele Landbewohner und Indigene sind außerdem sehr schüchtern und möchten nicht fotografiert werden.

Außerhalb der wichtigsten Touristengebiete und Geschäftszentren kommt man mit Englisch oft nicht weiter; es lohnt sich also, ein paar Ausdrücke auf Spanisch zu lernen. In den Städten haben viele Restaurants auch englische Speisekarten, unter Umständen muss man jedoch danach fragen.

Badekleidung wird abseits der Strände nicht gern gesehen.

Feiertage

Zusätzlich zu Weihnachten, Neujahr und Ostern gibt es in Kolumbien folgende Feiertage (einige Daten ändern sich jährlich, hier die Termine für 2013):

7. Januar, Día de Los Reyes Magos (Heilige Drei Könige)

25. März, Día de San José (Josefstag)

1. Mai, Día del Trabajo (Tag der Arbeit)

Ascensión (Christi Himmelfahrt) Montag, sechs Wochen und einen Tag nach Ostersonntag

Corpus Christi (Fronleichnam) Montag, neun Wochen und einen Tag nach Ostersonntag

Sagrado Corazón (Pfingsten) Montag, zehn Wochen und einen Tag nach Ostersonntag

1. Juli, Día de San Pedro y San Pablo (Peter und Paul)

20. Juli, Día de la Independencia (Unabhängigkeitstag)

7. August, Batalla de Boyacá (Schlacht von Boyacá)

19. August, La Ascunción de Nuestra Señora (Mariä Himmelfahrt)

14. Oktober, Día de la Raza (Kolumbustag)

4. November, Todos los Santos (Allerheiligen)

11. November, Independencia de Cartagena (Unabhängigkeit von Cartagena)

8. Dezember, Inmaculada Concepción (Unbefleckte Empfängnis)

Die meisten touristischen Sehenswürdigkeiten und Einrichtungen sind an diesen Feiertagen geöffnet, Banken und Behörden jedoch geschlossen.

Geld

Die kolumbianische Währung ist der Peso (C$ oder COP). Es gibt Münzen zu 50, 100, 200 und 500 Pesos, Banknoten zu 1000, 2000, 5000, 10 000, 20 000 und 50 000 Pesos.

US-Dollar oder Euro werden außer in großen Touristenhotels, wo man außerdem Dollar in Pesos wechseln kann (gewöhnlich gegen eine beträchtliche Gebühr), nur selten angenommen. In den meisten Städten gibt es private Wechselstuben.

US-Dollar werden nicht überall in Banken angenommen, da immer wieder unechte US-Banknoten im Umlauf sind.

Wegen weitverbreiteter Betrügereien kann es in Banken Probleme geben, Reiseschecks einzulösen. Auch viele Geschäfte weigern sich, Reiseschecks als Bezahlung anzunehmen.

Für Aufenthalte auf der Halbinsel Guajira und in anderen abgelegenen Gebieten wie dem Chocó und Amazonas sollte man unbedingt ausreichend Pesos für die gesamte Dauer des Aufenthalts mitnehmen, und zwar am besten in kleinen Scheinen.

Geldautomaten

Die meisten Banken verfügen über Geldautomaten, die außerhalb Kolumbiens ausgegebene Debit- und Kreditkarten annehmen; gewöhnlich wird für die Abhebung eine Gebühr fällig. Bei den meisten Geldautomaten liegt der Höchstbetrag, den man abheben kann, bei 300 000 Pesos (117 €), bei einigen bei 500 000 Pesos. Meistens kann man an derselben Bank pro Tag zwei oder drei Abhebungen tätigen.

Bei Barabhebungen an Geldautomaten sollte man Umsicht walten lassen und stets im Auge haben, was um einen herum passiert.

Nie Geldautomaten an der Straße benutzen, sondern nur sichere Automaten in Banken, Supermärkten oder Einkaufszentren. Das Geld vor dem Verlassen der Geldautomatkabine verstauen. Und man sollte sich immer vergewissern, dass man nicht verfolgt wird, wenn man zurück auf die Straße geht.

Die heimische Bank sollte man darüber informieren, dass man nach Kolumbien reist. Es kommt vor, dass Banken annehmen, die Karte sei gestohlen worden. Dann wird eventuell das Konto sicherheitshalber gesperrt.

Kreditkarten

Kreditkarten *(tarjetas de crédito)* werden in allen größeren Hotels, Restaurants und Geschäften und an vielen Tankstellen angenommen. Am verbreitetsten ist Visa, gefolgt von MasterCard und American Express. Auf jeden Fall sollte man sich die Telefonnummer notieren, unter der man die Karte nach Diebstahl oder Verlust – möglichst sofort – sperren lassen kann.

Kommunikation

E-Mail & Internet

In den meisten Orten gibt es Internetcafés (gewöhnlich 2500–5000 Pesos pro Stunde), auch die meisten Touristenhotels bieten Internetzugang. In vielen Hotels im ganzen Land gibt es kostenloses WLAN, andere verlangen 10 000 Pesos oder mehr pro Tag.

Postämter

Die kolumbianische Post funktioniert schlecht und ist teuer. Die staatliche 4-72 *(www.4-72.com.co)*, früher Administración Postal Nacional (ADPOSTAL), hat zahlreiche private Konkurrenten und Filialen im ganzen Land. Die Öffnungszeiten der Postämter sind Montag–Freitag 8–17 und Samstag 8–12 Uhr. Eine Postkarte oder ein Brief nach Europa kostet ab 6600 Pesos (2,60 €), per Einschreiben ist es teurer. Nach Europa ist die Post mindestens zehn Tage unterwegs.

Post kann man nicht einfach in einen Briefkasten werfen, denn es gibt keine! Man muss auf der Post Briefmarken kaufen, den Brief registrieren und sich einen Fingerabdruck nehmen lassen.

Die staatliche Post ist unzuverlässig, viele Kolumbianer nutzen daher private Post- und Kurierdienste. **DHL** *(Tel. 57-1/747-7777, www.dhl.com.co)* und **FedEx** *(Tel. 57-1/291-0100, www.fedex.com/co_english)* haben in ganz Kolumbien Niederlassungen und bieten einen verlässlichen Express-Auslands- und Inlandsservice.

Nie etwas Wertvolles verschicken – Diebstahl ist weit verbreitet.

Telefon

Kolumbien hat ein relativ modernes und effizientes Telefonsystem. Die **Telecom** *(www.telecom.com.co)* ist eines der Unternehmen, die Festnetzdienste betreiben, einschließlich Telefonzellen. Es gibt jedoch nur wenige öffentliche Telefone. Drei Firmen bieten Handydienste an: **Comcel** *(www.comcel.com)*, der größte Provider, **Movistar** *(www.movistar.co)* und **Tigo** *(www.tigo.co)*.

Die Telefonnummern haben erst eine einstellige Gebietsvorwahl (Festnetz) oder eine dreistellige Vorwahl des Netzanbieters (Mobiltelefone) und dann sieben Ziffern. Bei Inlandsgesprächen muss man eine „0" plus eine je nach Anbieter unterschiedliche Zugangsnummer – z. B. 5, 7 oder 9 – wählen, dann die Gebietsvorwahl und die eigentliche Rufnummer. Anrufe zwischen den Netzen sind teuer, sodass viele Kolumbianer mehrere Telefone haben, eins für jeden Anbieter. Andere nehmen Anrufe kostenlos per Handy entgegen und tätigen eigene Anrufe mit einem der zahllosen Handys, die Straßenhändler minutenweise zu sehr günstigen Preisen vermieten – nach Schildern mit der Aufschrift *„llamadas"* oder *„minutos"* Ausschau halten!

Wer vom Festnetz aus eine Handynummer anruft, wählt 03 plus Vorwahl und Telefonnummer. Wer vom Handy ins Festnetz telefoniert, wählt 03 plus die Gebietsvorwahl plus die Nummer des Anschlusses.

Nicht jedes Handy, das man von zu Hause mitbringt, funktioniert in Kolumbien. Ein billiges Mobiltelefon plus Guthaben kann man vor Ort in jeder Comcel-, Movistar- oder

Tigo-Filiale sowie in einigen anderen Geschäften erwerben.

Für Auslandsgespräche wählt man 009, dann Ländervorwahl, Ortsvorwahl und Rufnummer. Wer von Europa aus in Kolumbien anruft, wählt 0057 (für Kolumbien), dann die Ortsvorwahl und die Rufnummer. Wer eine Handynummer anruft, wählt statt der Ortsvorwahl die Anbieter-Kennziffer.

Die Telefonauskunft ist unter 113 zu erreichen.

Telefongespräche vom Hotelapparat aus sind teuer. Einige Internetcafés dienen gleichzeitig als Telefonläden und bieten günstige Tarife an. Die günstigste Möglichkeit, ins Ausland zu telefonieren, ist das internetbasierte **Skype** *(www.skype.com)*.

Maße und Gewichte

Kolumbien nutzt das metrische System.

Medien

Fernsehen & Radio

Es gibt mehr als zwei Dutzend Fernsehsender in Kolumbien. Die meisten Hotels bieten Kabel- oder Satellitenempfang, auch von US-Sendern. Dazu gibt es Dutzende Radiosender; fast alle senden nationale Nachrichten und spielen Latinomusik. Nachrichten auf Englisch senden BBC World Service und Voice of America; auf Deutsch sendet die Deutsche Welle über Internet und Satellit.

Internetressourcen

Colombia Reports *(www.colombiareports.com)* und **Colombia News** *(www.ntn24.com/news)* veröffentlichen Tagesnachrichten online auf Englisch. Poorbuthappy.com/colombia ist nicht mehr aktiv, aber das Archiv ist eine Goldgrube für praktische Informationen über Kolumbien.

Zeitungen & Zeitschriften

Kolumbien hat drei überregionale spanischsprachige Zeitungen, die überall im Land an Kiosken erhältlich sind. Die ausgezeichnete Tageszeitung *El Tiempo* überzeugt mit Qualitätsjournalismus und deckt alle Sparten von Politik bis Mode ab; *El Colombiano* und *El Espectador* sind ebenfalls gut. Dazu kommen zahlreiche Regionalblätter, darunter *The City Paper*, eine englischsprachige Monatszeitung.

Die Kolumbianer lesen sehr viel, und es gibt reihenweise Zeitungs- und Zeitschriftenläden. In großen Hotels sind zum Teil auch ausländische Presseerzeugnisse erhältlich.

In Kolumbien erscheinen mehrere gute Nachrichten- und Lifestyle-Magazine, darunter *Semana* und *SoHo*.

Öffnungszeiten

Die Öffnungszeiten von Geschäften variieren stark. Gewöhnlich sind die Geschäfte Montag bis Samstag von 9 bis 17 Uhr geöffnet, jedoch haben Einkaufszentren, Supermärkte und viele Andenkenläden längere Öffnungszeiten und auch sonntags geöffnet. Museen sind in der Regel montags geschlossen.

Banken sind gewöhnlich Montag bis Donnerstag 8 bis 11.30 und 14 bis 16 Uhr sowie Freitag bis 16.30 Uhr geöffnet. Dienstleister haben normalerweise Montag bis Freitag von 9 bis 17, vielleicht auch bis 19 Uhr geöffnet. Reisebüros und Tourismusbetriebe haben samstags von 8 bis 12 Uhr geöffnet; sie schließen selten über Mittag. Die meisten Behörden sind wochentags von 8 bis 17 Uhr geöffnet.

Toiletten

Es gibt nur sehr wenige öffentliche Toiletten *(baños)*. Die meisten Busbahnhöfe und Restaurants haben aber welche. In vielen Einrichtungen, auch in Budget-Unterkünften, wird darum gebeten, Toilettenpapier in ein spezielles Behältnis statt in die Toilette zu werfen, weil die Gefahr einer Verstopfung groß ist.

Im Amazonasgebiet und in La Guajira haben einige Unterkünfte in abgeschiedeneren Gebieten Toiletten über einem Fluss, sodass die Ausscheidungen direkt im Gewässer landen. In solchen Einrichtungen ist nur selten Toilettenpapier vorhanden – selbst welches mitbringen!

Trinkgeld

Trinkgeld ist in Kolumbien meist nur in Touristengebieten üblich, wo auch viele Menschen von den zusätzlichen Einnahmen abhängig sind. Auf Restaurantrechnungen wird eine Servicegebühr von 10 Prozent aufgeschlagen, ein Extra-Trinkgeld sollte es für guten Service geben. Hotelträger sollten pro Gepäckstück rund 2500 Pesos erhalten (Träger am Flughafen ebenso viel), Zimmermädchen bis 5000 Pesos pro Tag. Taxifahrer erwarten kein Trinkgeld.

Auf dem Land ist bei Nationalparkangestellten, Bootsführern und anderen Dienstleistern ein Trinkgeld angebracht, es wird jedoch nicht erwartet. Reiseleiter sollten ein Trinkgeld erhalten; bei Gruppentouren wird das Trinkgeld oft eingesammelt und für die gesamte Gruppe überreicht.

Zeit

Kolumbien liegt sechs Stunden hinter der Mitteleuropäischen Zeit (MEZ). Es gibt keine Sommerzeit, also beträgt die Zeitverschiebung im europäischen Sommer minus sieben Stunden.

IM NOTFALL

Botschaften & Konsulate

Deutschland, Calle 110 #9-25, 11. Stock, Bogotá, Tel. 57-1/423-2600, www.bogota.diplo.de

Österreich
Es gibt mehrere Honorarkonsulate, z. B. in Barranquilla, Cali und Cartagena, jedoch keine Botschaft.

Schweiz, Cra. 9 #74-08, 11. Stock, Bogotá, Tel. 57-1/349-7230, www.eda.admin.ch/bogota

Kriminalität & Polizei

In großen Städten kann die Kriminalität ein erhebliches Problem darstellen; Touristen sind besonders gefährdet. Man sollte jederzeit vorsichtig sein, besonders in der Candelaria in Bogotá, in verarmten Stadtvierteln und bei Dunkelheit überall in den Innenstädten, denn hier ist die Gefahr von Raubüberfällen hoch. Wer Opfer eines Überfalls wird, sollte sich nicht wehren (immer wieder werden Opfer getötet, die sich bei Raubüberfällen widersetzt haben). In den Städten sollte man abends und nachts nicht allein zu Fuß unterwegs sein, sondern ein per Telefon herbeigerufenes Taxi nehmen, auch wenn das Ziel nur ein paar Straßen weiter liegt. Taxis sollten außerdem nie an der Straße herangewunken werden; viele Reisende sind dann ausgeraubt worden.

Secuestro express ist ein großes Problem in den Städten: Die Opfer werden oft von illegalen Taxis, die an der Straße herangewunken wurden, so lange gefangengehalten, bis ihr Bank- oder Kreditkartenkonto an verschiedenen Geldautomaten leergeräumt ist; manchmal müssen das auch Reisebegleiter oder Familienangehörige für die Kidnapper erledigen.

Überall lauert die Gefahr von Taschendiebstahl oder Taschenraub, besonders in Menschenmengen wie in Bussen oder auf Märkten.

Ein weiteres Problem sind Autoeinbrüche, auch auf angeblich „sicheren" Parkplätzen. Nie sollte man Gegenstände unbeaufsichtigt irgendwo liegen lassen, auch nicht am Strand. Nur wenig Bargeld mit sich tragen (jedoch für den Fall eines Überfalls mindestens 100 000 Pesos, die man herausgeben kann), keine Uhr und keinen Schmuck tragen und Pässe und Kreditkarten nicht sichtbar herumtragen.

Betrügereien sind häufig, besonders bei Geschäften auf der Straße. Bei einer weit verbreiteten Betrugsmasche verlangen falsche Polizisten mit gefälschten Ausweisen, die Papiere der Touristen zu sehen, um dann Geld zu fordern.

Fürs Sightseeing sollte man einen guten Führer anheuern.

Von einem Kolumbianer nie Getränke, Essen oder eine Zigarette annehmen, es sei denn, die Person ist als vertrauenswürdig bekannt. Viele Menschen werden Opfer von Raub und/oder Vergewaltigung, nachdem ihnen *burundanga* (Scopolamin) verabreicht wurde und sie mit dieser Droge außer Gefecht gesetzt wurden. In einer Bar oder einem Restaurant Speisen und Getränke nicht unbeaufsichtigt stehen lassen.

Nie allein wandern, besonders nicht in den Nationalparks, wo es schon zu Überfällen gekommen ist.

Falls etwas gestohlen worden ist, sollte es sofort der Polizei und/oder der Botschaft gemeldet werden. Die kleine Policía de Turismo *(Calle 28 #13-15, Bogotá, Tel. 091/606-7676 App. 1371)* ist nur beschränkt präsent.

Eine Professionalisierung der kolumbianischen Polizei *(www.policia.gov.co)* soll neuerdings den durch die Korruption ramponierten Ruf wiederherstellen. Jedoch gibt es immer noch unehrliche Beamte; diese kann man melden: Tel. 1/587-0555 oder 01/8000-913040, E-Mail: buzon1@presidencia.gov.co.

Notrufnummern

Notruf 123 für Feuerwehr *(bomberos)*, Polizei *(policia)* und Krankenwagen *(ambulancia)*.

Sicherheit

Obwohl sich die Sicherheitslage in den letzten Jahren eindeutig verbessert hat, sind bestimmte Teile des Landes wegen Guerillas, Narcoterroristen und Banditen nach wie vor für Touristen zu gefährlich. Abgelegene Gebiete des Chocó und von Nariño sowie die Departamentos Meta und Caquetá sowie die Grenzgebiete zu Venezuela sind besonders kritisch. Schwer bewaffnete Polizei- und Militäreinheiten unterhalten an den großen Straßen im ganzen Land Checkpoints und sind auch in den Städten überall anzutreffen, können jedoch die Sicherheit von Reisenden nicht garantieren. Wann immer möglich sollte man sich an die Hauptstraßen halten und nie nach Einbruch der Dunkelheit auf Landstraßen unterwegs sein.

Ein Problem sind auch Entführungen, jedoch sind nur selten Touristen betroffen.

Für Wanderungen in den Bergen heuert man am besten einen ausgebildeten, lizenzierten Guide an. In den letzten zehn Jahren sind mehr als 7000 Menschen durch Landminen getötet oder verletzt worden, die von Guerillas oder Paramilitärs auf abgeschiedenen Pfaden gelegt wurden.

Reisehinweise und -warnungen:

Deutsches Auswärtiges Amt, www.auswaertiges-amt.de

Eidgenössisches Departement für auswärtige Angelegenheiten, www.eda.admin.ch

Österreichisches Außenministerium, www.bmeia.gv.at

Was tun bei einem Autounfall?

Bei einem Verkehrsunfall müssen die beteiligten Parteien am

Unfallort bleiben und dürfen ihre Fahrzeuge nicht bewegen, bis die Polizei kommt. Das Bewegen des Fahrzeugs oder Verlassen des Unfallorts kann als Schuldeingeständnis gewertet werden. Auf jeden Fall sollte man sich die Autokennzeichen und *cédulas* (persönliche Daten) von Zeugen aufschreiben. Die Verkehrspolizei *(tránsitos)* nimmt einen Bericht auf, den man für die Versicherung benötigt. Bei dem Verdacht, dass der andere Fahrer Alkohol getrunken hat, verlangt man eine *alcolemia* (Alkoholtest). Wenn jemand ernsthaft verletzt wurde oder gar ums Leben gekommen ist, sollte man sich unbedingt an seine Botschaft wenden. Die Verkehrspolizei ist unter der Telefonnummer 123 erreichbar.

GESUNDHEIT

In den meisten Orten gibt es private Arztpraxen und Kliniken. In den großen Städten hat die medizinische Versorgung westliches Niveau. Ansonsten sind die Standards sehr unterschiedlich, und in ländlichen Gebieten existieren nur minimale medizinische Einrichtungen. In Bogotá sind zwei der besten Einrichtungen die **Clínica del Country** *(Cra. 16 #82-57, Bogotá, Tel. 57-1/530 0470, www.clinicadelcountry.com)* und die **Fundación Santa Fé de Bogota** *(Calle 119 #7-75, Bogotá, Tel. 57-1/603-0303, www.fsfb.org.co)*. Staatliche *centros de salud* (Gesundheitszentren) gibt es in so gut wie jedem Ort des Landes, hier erfolgt eine Behandlung zu normalen Gebühren. Jedoch ist das Niveau eher gering, daher sind private Einrichtungen vorzuziehen.

Eine Reisekrankenversicherung sollte alle medizinischen Kosten abdecken – Krankenhausaufenthalt, Pflege, Arztgebühren sowie einen eventuell notwendigen Rücktransport in die Heimat.

Wer medizinische Hilfe benötigt, kann sich zunächst an seine Unterkunft wenden. Die meisten haben Verzeichnisse von Ärzten und Kliniken. Ansonsten schaut man in die Gelben Seiten des Telefonbuchs. Alle Arztquittungen für die Abrechnung mit der Krankenversicherung zu Hause aufbewahren! Außerdem sollte man sich vor der Abreise die Namen und Wirkstoffe der Medikamente aufschreiben, die man regelmäßig benötigt.

Gesundheitsrisiken

Die größten Gesundheitsrisiken in Kolumbien – abgesehen vom Straßenverkehr – resultieren aus dem tropischen Klima, in dem Bakterien und Keime wunderbar gedeihen. Alle Schnitte und Kratzer mit warmem Wasser abwaschen und desinfizieren. Das Leitungswasser kann man in den meisten Städten trinken, jedoch nicht auf dem Land, an der Karibikküste und in allen armen Siedlungen: Hier sollte man gekauftes Wasser aus der Flasche trinken (und sich auch die Zähne damit putzen). Beim Zelten Wasser abkochen! Außerdem ungekochte Meeresfrüchte, Gemüse, ungewaschene Salate und ungeschälte Früchte meiden.

Reichlich Sonnenschutzcreme auftragen, da die tropische Sonne stark ist und ein schwerer Sonnenbrand oder Sonnenstich den Urlaub ruinieren kann. Viel Wasser trinken!

Vor allem im feuchten Tiefland gibt es jede Menge stechende und beißende Insekten. Besonders das Karibische Tiefland und der Darién sind Malariagebiete. Den Hausarzt nach einer geeigneten Malariaprophylaxe fragen! Auch Denguefieber wird durch Moskitos verbreitet, Ausbrüche sind schon aus Meta, Antioquia und Santander gemeldet worden. Es gibt keine Prophylaxe, das beste ist daher, sich gar nicht erst stechen zu lassen: Also Insektenschutzmittel benutzen und erdfarbene Kleidung mit langen Ärmeln und langer Hose tragen. Das schützt beim Wandern über Grasland auch gut gegen Sandflöhe; diese winzigen Insekten bohren sich in die Haut und verursachen einen wochenlangen Juckreiz. An Stränden gibt es *chitras* (winzige Sandfliegen); sie sind bei Sonnenauf- und -untergang aktiv. Ihr Stich und der damit verbundene Juckreiz sind erstaunlich groß im Vergleich zu ihrer geringen Körpergröße. Dagegen hilft z. B. Avon Skin-so-Soft, ein Mittel, auf das auch die US-Marine schwört!

Giftige Schlangen sind in Wildnisgebieten, besonders im Tiefland, verbreitet. Geschlossene, auch die Knöchel bedeckende Schuhe tragen! Niemals irgendwohin greifen, ohne alles eindeutig erkennen zu können! Wer gebissen wird, sollte so schnell wie möglich medizinische Hilfe in Anspruch nehmen!

Tollwut ist zwar in Kolumbien selten, jedoch sollte man vorsichtig sein und Tiere, auch Haustiere, grundsätzlich nicht berühren.

Stachelrochen sind in seichten Küstengewässern anzutreffen, daher schlurfend durchs Wasser waten!

Brandungsrückströme sind fast an der gesamten Küste extrem gefährlich, vor allem wo es eine hohe Brandung gibt. Die Strände des Parque Natural Nacional Tayrona und der Pazifikküste sind besonders tückisch.

Oberhalb von 2500 Metern kann die Höhenkrankheit auftreten – je höher man ist, desto größer ist das Risiko. Zu den Symptomen zählen Kopfschmerzen, Schwindel, Übelkeit und Appetitlosigkeit. In extremen Fällen kann der Tod eintreten. Langsam auf größere Höhen aufsteigen! Wer Symptome an sich feststellt, sollte nicht weiter aufsteigen, sondern mehrere Stunden pausieren; halten die Symptome an, sich wieder auf geringere Höhen zurück begeben.

Hotels & Restaurants

Unterkünfte und Restaurants in Kolumbien decken eine große Bandbreite ab und sind insgesamt günstig. Weite Teile des Landes liegen abgeschieden, das Angebot an Unterkünften und Restaurants ist dort recht eingeschränkt. In Hochzeiten, wie zum Karneval, sind beliebte Unterkünfte schnell ausgebucht. In Bogotá, Cartagena und anderen größeren Städten kann Essengehen ein großes Vergnügen sein; hier gibt es ein abwechslungsreiches Angebot und mitunter erstklassige Restaurants. Anderswo stehen vor allem traditionelle Speisen und Meeresfrüchte auf der Karte.

Zwischen den einzelnen Unterkünften und Restaurants herrschen große Unterschiede. In abgelegenen Gebieten wie La Guajira ist das Speisenangebot oft eintönig und die Auswahl extrem begrenzt.

Auf Hotel- und Restaurantrechnungen wird eine Mehrwertsteuer von 16 Prozent aufgeschlagen. In allen Hotels und Restaurants gilt absolutes Rauchverbot.

Die Hotels und Restaurants sind für die einzelnen Regionalkapitel alphabetisch nach dem Ort sortiert, dann absteigend nach dem Preis.

Unterkünfte

In Bogotá und anderen großen Städten gibt es erstklassige Hotels nach internationalem Standard. Es gibt dort sowohl familiengeführte Boutiquehotels wie auch internationale Ketten, gewöhnlich mit Business- und Konferenzeinrichtungen; mehrere verfügen über Kasinos. Einige sind unter kostenfreien Telefonnummern zu erreichen, z. B.:

Radisson, Tel. 0800-1/814-442, www.radisson.com

Sheraton, Tel. 800/325-5555, www.starwoodhotels.com

Die Kolonialstädte Villa de Leyva, Barichara und Santa Fé de Antioquia bieten stimmungsvolle Unterkünfte, darunter kleine Landgasthäuser. Über das gesamte Hochland verteilt findet man charmante kleine Hotels. In Cartagena gibt es besonders hübsche Boutiquehotels, und auch in Bogotá sind in den letzten Jahren immer mehr solcher Unterkünfte entstanden.

Eine gute Informationsquelle für Anhänger dieser Hotels ist **Pequeños Hoteles con Encanto** *(http://loshotelesconencanto.com)*.

In den Badeorten wie Santa Marta, San Andrés und Providencia stößt man auf die unterschiedlichsten Unterkünfte, von einfachen Surfcamps am Strand bis zu großen All-inclusive-Ferienanlagen vorwiegend für Kolumbianer. Auch Mittelklassehotels sind in ausreichender Zahl vorhanden, jedoch von unterschiedlicher Qualität.

In einigen Teilen des Landes wie in den Llanos gibt es relativ wenige Hotels. Während großer Feste, wie z. B. dem Karneval in Barranquilla, sind freie Unterkünfte unter Umständen nur schwer zu finden.

Es existieren fast keine Wildnislodges in Kolumbien, einzige Ausnahme ist das Amazonasgebiet: Hier gibt es Zeltcamps, gemütliche Holzlodges oder auch edlere Unterkünfte mit Spa und Sauna. Campingplätze sind an den Stränden und in den meisten Nationalparks vorhanden. Stark vertreten sind Backpackerhostels. Kolumbien ist in fast allen Teilen des Landes mit mehreren Dutzend erstklassigen Unterkünften dieser Art gesegnet. Mehr als ein Dutzend bietet **HoLa** *(www.holahostels.com)*.

In Guajira gibt es nur wenige Hotels, außerhalb von Ríohacha sind diese einfach bis spartanisch (selbst gezimmerte *cabañas* aus Kaktusstämmen und Bambusrohr mit Stroh- oder Blechdach).

PREISE

HOTELS

Die Preisangaben beziehen sich auf ein Doppelzimmer in der Hochsaison.

$$$$$	Über 160 €
$$$$	80–160 €
$$$	40–80 €
$$	20–40 €
$	Unter 20 €

RESTAURANTS

Die Preisangaben beziehen sich auf ein 3-Gänge-Menü ohne Getränke.

$$$$$	Über 28 €
$$$$	16–28 €
$$$	8–16 €
$$	4–8 €
$	Unter 4 €

Nur wenige haben Strom (von Generatoren), und noch weniger verfügen über Spültoiletten.

In den Budget-Unterkünften kann es vorkommen, dass der Waschbeckenstöpsel fehlt, die Duschen kalt und die Matratzen dünn und abgenutzt sind. Eventuell gibt es (lau-)warmes Wasser aus einem Elektroheizer über der Dusche. Fenster und Türen sollten sicher verschließbar sein!

Die „Motels" am Rand der meisten Orte und Städte sollte man meiden – die Zimmer werden stundenweise vermietet. Falls nicht anders vermerkt, sind alle hier aufgeführten Hotels ganzjährig geöffnet. Sie verfügen über Restaurants, und die Zimmer haben eigene Bäder. Außerhalb der Hochsaison fallen die Preise um etwa 15 bis 30 Prozent.

Restaurants

Die Öffnungszeiten der Restaurants sind sehr individuell. Viele haben montags geschlossen. In teuren Restaurants muss man besonders am Wochenende reservieren. In Bogotá und anderen großen Städten ist der Service gewöhnlich schnell, ansonsten oft langsam.

Landestypische Gerichte gibt es schon für weniger als vier Euro. Ein Klassiker ist die *comida corriente*, ein Mittagsgericht mit Fleisch, Reis, Bohnen und Gemüse oder Salat.

Die Kette Café Oma *(www.cafeoma.com)*, die Kaffee, Kuchen, Sandwiches und mehr führt, hat Filialen im ganzen Land.

Im Amazonasgebiet und auf der Halbinsel Guajira lassen sich die Restaurants an einer Hand abzählen; die meisten sind extrem einfach. Auch im Hotel isst man hier recht eintönig.

Im Folgenden aufgeführt ist eine Auswahl der besten Restaurants in den jeweiligen Regionen. Es handelt sich dabei um besondere oder typische Restaurants, wenn möglich mit lokalem Bezug.

F = Frühstück
M = Mittagessen
A = Abendessen

Kreditkarten

In gehobenen Hotels ist die Zimmerreservierung oft nur mit Kreditkarte möglich. Einige Hotels erheben bei Kreditkartenzahlung einen Zuschlag, in den gehobenen Restaurants ist das meist nicht der Fall.

Diese Abkürzungen werden im Folgenden verwendet: AE (American Express), DC (Diner's Club), MC (MasterCard), V (Visa). Manche Hotels und Restaurants nutzen PayPal.

Reservierungen

Zwar verfügen fast alle Hotels in Kolumbien über Websites, für die Kommunikation nutzen sie jedoch das Telefon. Einige Hotels beantworten Anfragen oder Buchungen per E-Mail nur sporadisch. Auf per Post, Fax oder E-Mail getätigte Buchungen ist kein Verlass; am besten ruft man in den Hotels an. Oder man nimmt für die Buchung die Dienste eines zuverlässigen kolumbianischen Reiseveranstalters in Anspruch wie etwa **Colombia 57** *(Tel. 57-6/886-8050, www.colombia57.com)*. Buchungsbestätigungen wie E-Mails oder Faxe mitnehmen!

Wenn man die Mitteilung bekommt, dass das gewünschte Hotel ausgebucht sei, erkundigt man sich am besten direkt dort; selbst die Veranstalter mit dem besten Ruf vermitteln mitunter Kunden bewusst an Hotels, von denen sie eine Provision erhalten.

Zwar haben wir uns um detaillierte Angaben bemüht, dennoch sollte man vor der Buchung die Informationen überprüfen. Das bezieht sich besonders auf die Einrichtungen für Gäste mit Behinderungen, die Annahme von Kreditkarten und die Preise.

BOGOTÁ

HOTELS

HOTEL BOGOTÁ REGENCY
$$$$$
CRA. 7 #127-21,
USAQUÉN
TEL. 57-1/592-1777
www.hotelregency.com.co

Luxuriöses Businesshotel in zylinderförmigem Bau mit Glasfront. Die geräumigen Zimmer sind avantgardistisch eingerichtet, mit Safe, LCD-TV, WLAN und luxuriöser Bettwäsche. Fünf Bars plus das edle **Restaurante Phoenicia**. In der Nähe des Einkaufs- und Geschäftsviertels im Norden der Innenstadt und nicht weit vom trendigen Nachtleben.

92 Alle gängigen Kreditkarten

HOTEL PORTON BOGOTÁ
$$$$$
CALLE 84 #7-55,
EL RETIRO
TEL. 57-1/616-6611
FAX 57-1/616-3939
www.hotelportonbogota.com.co

Das elegante georgianische Interieur des Boutiquehotels in einer ruhigen Sackgasse im Bezirk El Retiro verströmt Behaglichkeit und Charme. Die Zimmer sind moderner eingerichtet, mit Flachbild-TVs, Holzböden und WLAN.

38 Alle gängigen Kreditkarten

SOFITEL BOGOTÁ VICTORIA REGIA
$$$$$
CRA. 13 #85-80,
LA CABRERA
TEL. 57-1/646-6390
FAX 57-1/622-0692
www.sofitel.com

Das nach einer Runderneuerung stilvoll moderne Hotel im Norden der Stadt, nicht weit vom munteren Nachtleben und einem edlen Shoppingviertel, bietet trendige Zimmer mit angenehmer Farbgestaltung. Chefkoch Melle Yenny Chacón zaubert im Gourmetrestaurant **Basilic** Fusionsgerichte.

102 Alle gängigen Kreditkarten

HOTEL HABITEL
$$$$–$$$$$
AV. EL DORADO #100-97
USAQUÉN
TEL. 57-1/419-9999
www.hotelhabitel.com
Das Backsteingebäude liegt nur fünf Autominuten vom Flughafen entfernt. Die schicken, schallisolierten Suiten mit breiten Doppelbetten, Flachbild-TVs und hypermoderner Einrichtung bieten viel Komfort. Neben einem Steakhaus gibt es noch das **Manduka** mit Fusionsküche. Kostenloser Flughafentransfer rund um die Uhr.
92
Alle gängigen Kreditkarten

SHERATON BOGOTÁ HOTEL
$$$$–$$$$$
AV. EL DORADO #69C-80,
SALITRE
TEL. 57-1/210-5000
www.starwoodhotels.com
Das Hotel liegt in einem modernen Businessviertel im Westen der Stadt, nicht weit vom Flughafen entfernt. Es ist in erster Linie auf Geschäftsreisende ausgerichtet. Die modernen Zimmer sind makellos sauber, gemütlich und funktional eingerichtet, mit breiten Betten und WLAN. Zahlreiche zusätzliche Annehmlichkeiten und Extras, z. B. Friseur und beheiztes Hallenbad.
246
Alle gängigen Kreditkarten

GHL HOTEL HAMILTON
$$$$
CRA. 14 #81-20,
ZONA ROSA
TEL. 57-1/621-5455 ODER
57-1/622-0404
FAX 57-1/218-8890
www.hotelghlhamilton.com
Das ansprechende Hotel im Herzen der Zona Rosa ist perfekt für Shoppingfreaks und Nachteulen: Es liegt einen Katzensprung entfernt vom Epizentrum des Nachtlebens von Bogotá. Die Zimmer sind klein, aber stilvoll eingerichtet und bieten WLAN, Kabel-TV und bequeme Betten. Begrenzte Parkmöglichkeiten.
41 wenige
Alle gängigen Kreditkarten

HOTEL CASA DANN CARLTON
$$$$
CALLE 94 #19-71,
CHICÓ
TEL. 57-1/633-8777
www.casadann.com.co
Das Hotel mit dem Charme der Alten Welt, aber moderner Ausstattung im schicken Bezirk Chicó hat gemütliche Zimmer mit WLAN und Betten unterschiedlicher Größe. In dem netten Restaurant mit flinkem Service wird Nouvelle Cuisine serviert. Ruhige Bar, Business Center und Vergünstigungen im Golf Club Pueblo Viejo.
208
Alle gängigen Kreditkarten

HOTEL DE LA ÓPERA
$$$$
CALLE 10 #5-72,
LA CANDELARIA
TEL. 57-1/336-2066
www.hotelopera.com.co
Hinter der apricotfarbenen Kolonialfassade des gehobenen Hotels in einer Fußgängerstraße beim Teatro Colón verbirgt sich ein moderniertes Juwel. Die Zimmer im Kolonialflügel um zwei Innenhöfe herum sind gediegener, mit eleganter Einrichtung und Teppichen auf Holzböden. Die Zimmer im neueren Flügel sind urban-schick. Das **Restaurante Mirador** im obersten Stock, eines von zweien im Hotel, gewährt einen Panoramablick auf die Stadt. Das noble Thermae Spa verwöhnt mit Anwendungen von Akupunktur bis Massage und Schlammbad.
42
Alle gängigen Kreditkarten

HOTEL DE LA VILLE
$$$$
CALLE 100 #13-55,
CHICÓ NORTE
TEL. 57-1/650-0700
www.hotelesdelaville.com.co
Das gemütliche Boutiquehotel im Stil des französischen Historimus kombiniert Jugendstil-Details und Mobiliar mit moderner technischer Ausstattung. In den Bädern leuchtet grüner Marmor. Schöne Lage im schicken Bezirk Chicó Norte; ein Problem ist manchmal der Lärm von der Calle 100. Loungebar. Flughafentransfers.
32 MC, V

PREISE

HOTELS
Die Preisangaben beziehen sich auf ein Doppelzimmer in der Hochsaison.

$$$$$	Über 160 €
$$$$	80–160 €
$$$	40–80 €
$$	20–40 €
$	Unter 20 €

RESTAURANTS
Die Preisangaben beziehen sich auf ein 3-Gänge-Menü ohne Getränke.

$$$$$	Über 28 €
$$$$	16–28 €
$$$	8–16 €
$$	4–8 €
$	Unter 4 €

MORRISON HOTEL
$$$$
CALLE 84 BIS #13-54,
CHICÓ NORTE
TEL. 57-1/622-3111
FAX 57-1/622-4388
E-MAIL **reservas@morrison hotel.com**
www.morrisonhotel.com
Der sechsstöckige Backsteinbau ist modern eingerichtet, unter anderem mit einem rund um die Uhr geöffneten Business Center. Die Zimmer bieten WLAN, Minibar und Kabel-TV. Von der Restaurantterrasse blickt man auf den schattigen Parque León de Grieff, einen Katzensprung von den trendigen Bars und Restaurants der Zona T entfernt. Zugang zu einem Fitnesscenter.
62 Alle gängigen Kreditkarten

PAVILLON ROYAL
$$$$
CALLE 94 #11-45,
CHICÓ
TEL. 57-1/650-2550
FAX 57-1/257-4966
www.pavillonroyal.com.co
Das Luxushotel der Royal-Kette mit Suiten im Loftstil erhebt sich über dem Viertel Parque 93, Zentrum der Restaurant- und Ausgehszene von Bogotá. Safes, WLAN und Flachbild-TVs in den Zimmern. Das Restaurant **Lemaitre Terrace** ist für seine ausgezeichnete Meeresfrüchte-Fusionsküche bekannt.
42 Alle gängigen Kreditkarten

104 ART SUITES
$$$$
CRA. 18A #104-77
TEL. 57-1/602-8588
E-MAIL **reservas@ 104artsuites.com**
http://104artsuites.com
Avantgarde-Einrichtung und Kunst in dem Boutiquehotel an einem kleinen Park im schicken Norden der Stadt fallen sofort ins Auge. Die individuell eingerichteten Zimmer verfügen über Flachbild-TVs, DVD-Player und weitere moderne Ausstattung. Die Wände schmücken Werke kolumbianischer Nachwuchstalente. Durch große Panoramafenster fällt viel Licht.
9 Alle gängigen Kreditkarten

CROWNE PLAZA TEQUANDAMA
$$$–$$$$
CRA. 10 #26-21,
TEQUANDAMA
TEL. 57-1/382-0300
FAX 57-1/282-2860
E-MAIL **info@sht.com.co**
www.sht.com.co
www.crownplaza.com
Der riesige Hotelturm im typischen Crowne-Plaza-Stil blickt auf eine lange Geschichte als VIP-Herberge zurück. Hier stiegen schon die US-Präsidenten Kennedy und Clinton, Papst Johannes Paul II. und Fidel Castro ab. Das Tequendama bietet viel Komfort und noble Räumlichkeiten, darunter eine mit Antiquitäten bestückte Lobby. Die Zimmer sind zeitgenössisch eingerichtet und modernst ausgestattet (WLAN). Das Hotel, von dem aus sich die Gegend um den Parque de la Independencia bequem erkunden lässt, liegt 20 Gehminuten von der Candelaria entfernt – perfekt für einen Aufenthalt im Zentrum Bogotás, bei dem auch das Preis-Leistungs-Verhältnis stimmt.
571 Alle gängigen Kreditkarten

DER BESONDERE TIPP

HOTEL CASA DECO
$$$–$$$$
CALLE 12C #2-36,
LA CANDELARIA
TEL. 57-1/283-7262
FAX 57-1/283-8166
E-MAIL **reservas@hotelcasa deco.com**
www.hotelcasadeco.com
Das Boutiquehotel unter italienisch-kolumbianischer Führung zählt zu den spannendsten Neueröffnungen der letzten Jahre in Bogotá. Ruhe, Erholung und aufmerksamer Service machen den Erfolg dieser Art-déco-Oase in der Candelaria aus. Die Lobby zieren hübsche Mosaike, das restliche Hotel zahlreiche geschmackvolle Kunstwerke. Alle Zimmer sind indivduell gestaltet und verfügen über Flachbild-TVs, WLAN, Safes und Minibars. Das Restaurant ist angenehm luftig, und die Dachbar mit Terrasse bietet schöne Blicke auf die Stadt sowie Livemusik und *peñas.*
21 AE, MC, V

CASA QUINTA
$$$
CRA. 4 #17-59,
LA CANDELARIA
TEL. 57-1/337-6500
FAX 57-1/337-5721 EXT. 111
E-MAIL **info@casa quintahotel.com**
www.casaquintahotel.com
Das kleine Hotel, eine Boutique-Unterkunft mit Flair nicht weit vom Parque de los Periodistas, hat überraschend angenehme Zimmer, die mit auf mittelalterlich getrimmten Möbeln und Botero-Drucken eingerichtet sind. Keramikböden, Kühlschränke, Deckenventilatoren, außerdem Bar, Whirlpool und kostenloses Internet. Allerdings kann es manchmal recht laut sein.
20 MC, V

ANANDAMAYI HOSTEL & HOTEL
$$
CALLE 9 #2-81,
LA CANDELARIA

TEL. 57-1/341-7208
www.anandamayihostel.com
Das Hotel in einem der schönsten Kolonialgebäude La Candelarias bietet luftige Zimmer mit schlichter Ausstattung. Hohe Balkendecken, Backsteinwände und große Fenster schaffen viel Atmosphäre. Die Zimmer gruppieren sich um drei Innenhöfe mit Brunnen, wo man morgens gemütlich frühstücken und abends romantisch sitzen kann. Das Haus liegt einen Katzensprung von der Plaza de Bolívar entfernt. Frühstück, WLAN und Ortsgespräche sind im Preis inbegriffen.
10 Alle gängigen Kreditkarten

ABADIA COLONIAL
$$
CALLE 11 #2-32,
LA CANDELARIA
TEL. 57-1/341-1884
FAX 57-1/341-2672
www.abadiacolonial.com
Seine Lage am Hang und das historische Ambiente zeichnen das Boutiquehotel unter italienischer Leitung aus. Die Zimmer, die im hinteren Bereich des restaurierten, rustikalen Kolonialhauses liegen, sind geräumig und sauber, hübsch möbliert und haben Kabel-TV, Telefon, Safe und kleine Bäder. Im sonnigen Innenhof gibt es ein einfaches Restaurant. Perfekt für die Erkundung der Candelaria.
12 Alle gängigen Kreditkarten

CASA PLATYPUS
$–$$
CRA. 3 #12F-28,
LA CANDELARIA
TEL. 57-1/281-1801
E-MAIL **casaplatypus@yahoo.com**
http://casaplatypus.wix.com/hotel
Das Hotel in einem restaurierten Kolonialhaus am Parque de los Periodistas in der Nordwestecke der Candelaria ist noch relativ neu. Es bietet Zimmer mit Holzböden und auf Antik gemachten Möbeln. WLAN, Internetlounge, Gemeinschaftsküche und Dachterrasse. Das ältere Platypus-Hostel eine Straße weiter mit seinen günstigen Schlafsälen ist bei Backpackern sehr beliebt. Es kann etwas lauter werden.
17 AE, MC, V

RESTAURANTS

CRITERIÓN
$$$$$
CALLE 69A #5-75
ZONA G
TEL. 57-1/310-1377
http://criterion.com.co
Das Criterión in der Zona G, einem Viertel, das für seine Gourmetrestaurants bekannt ist, hebt sich durch ausgezeichnete französisch beeinflusste Fusionsküche *(francesa moderna)* hervor, die in einem kultivierten Ambiente serviert wird. Küchenchef Mark Rausch und sein Bruder Jorge führen ihr Restaurant mit viel Begeisterung. Empfehlenswert ist beispielsweise das Probiermenü mit sieben Gängen. In diesem Lokal trifft sich die Elite von Bogotá.
80 So A geschl. Alle gängigen Kreditkarten

DER BESONDERE TIPP

LEO COCINA Y CAVA
$$$$$
CALLE 27B #6-75,
PASAJE SANTA CRUZ DE MOMPOX
TEL. 57-1/286-7091
www.leonorespinosa.com
In dem minimalistischen Restaurant in einer Gasse beim Museo Nacional und nahe des Crowne Plaza Tequendama speisen Politiker, Wirtschaftsbosse und Promis. Die Chefköchin und Eigentümerin Leonor Espinosa stammt aus Cartagena, und in ihren Meeresfrüchtegerichten verschmelzen afrikanische, indische und spanische Einflüsse. Als Hauptgerichte werden z. B. Hummerschwanz mit süßer roter Pfeffersauce und mit *rhum agricole* flambierte Garnelen auf Risotto serviert. Legendär sind die leckeren Martinis des Hauses. Ein besonders sinnliches Vergnügen ist auch die Einrichtung: überall moderne erotische Kunst.
60 So geschl. Alle gängigen Kreditkarten

PREISE

HOTELS
Die Preisangaben beziehen sich auf ein Doppelzimmer in der Hochsaison.

$$$$$	Über 160 €
$$$$	80–160 €
$$$	40–80 €
$$	20–40 €
$	Unter 20 €

RESTAURANTS
Die Preisangaben beziehen sich auf ein 3-Gänge-Menü ohne Getränke.

$$$$$	Über 28 €
$$$$	16–28 €
$$$	8–16 €
$$	4–8 €
$	Unter 4 €

DER BESONDERE TIPP

ANDRÉS DC
$$$
CALLE 82 #11A-57
ZONA ROSA
TEL. 57-1/863-7880
www.andrescarnederes.com

Einfach alles an dem riesigen, 2009 im Herzen der Zona Rosa eröffneten Restaurant ist einzigartig, vom Lagerhausambiente, der Einteilung in die vier Ebenen Hölle, Erde, Fegefeuer und Himmel und der bizarr-kitschigen Einrichtung bis zu den engagierten Schauspielern, die für Stimmung sorgen. Kolumbien-Neulinge werden mit der Nationalhymne, einem Cocktail und einer Schärpe in den Farben des Landes empfangen. Obwohl das Andrés DC (Abkürzung für *de corazón* – von Herzen) auf Grillfleisch spezialisiert ist (gegrillt wird direkt am Tisch), stehen auf der 32-seitigen Karte auch jede Menge köstliche andere, vor allem kleine Speisen. Kein Wunder, dass die Bogotaños im Andrés DC gern Geburtstage und andere festliche Anlässe feiern. Später verwandelt sich das Geschehen in eine wilde Party. Ein Muss!

700 Alle gängigen Kreditkarten

CASAS SANTA CLARA

$$$

CERRO DE MONSERRATE

TEL. 57-1/243-8952

www.restaurantecasasantaclara.com

Von diesem Belle-Époque-Haus am Hang bei der Straßenbahnstation am Cerro de Monserrate eröffnen sich herrliche Ausblicke über die Stadt. Hier gibt es kolumbianische Gourmetgerichte, von traditionellen Vorspeisen wie *patacones* (Kochbananenchips) bis zu Hühnchen-Medaillons in Maracujasauce. Wer mag, genehmigt sich vor dem Essen einen *canelazo* (heißes alkoholisches Getränk).

150 Mo geschl. Alle gängigen Kreditkarten

SUNA

$$–$$$

CALLE 71 #4-47, CHAPINERO

TEL. 57-1/212-3721

www.sunacolombia.com

Wem der Sinn nach gesundem Essen steht, findet es im Suna mit seiner schicken modernen Einrichtung. Serviert werden z. B. Pfannengemüse, gerösteter Tofu mit Pilzen, Seebarsch-Ceviche mit Passionsfrucht oder Tagliatelle napolitana. Auf der großen Karte stehen auch köstliche Desserts. Außerdem gibt es einen Laden mit gesunder Feinkost.

102 So & Mo A geschl. Alle gängigen Kreditkarten

ANTIGUA SANTAFE

$$

CALLE 10 #6-20, LA CANDELARIA

TEL. 57-1/566-6948

In dem kleinen Lokal nur eine Straße von der Plaza de Bolívar entfernt kann man in einfachem Ambiente mit rustikalen Tischen und Sitzbänken herzhaftes *paisan*-Essen genießen. Empfehlenswert sind z. B. ein traditioneller *ajiaco santafereño* (Kartoffelsuppe mit Huhn) oder die *cazuela de frijoles* (Bohneneintopf). Mittags wird es voll; eine Alternative ist dann La Puerta Falsa nebenan, wo es tolle Kleinigkeiten gibt.

82 Keine

LA ROSCONERÍA

$$

CARRERA 6A #117-32, USAQUÉN

TEL. 57/320-231-0465

Das bunte kleine Café ist auf *roscones* spezialisiert (große Krapfen, z. B. mit Lachs und Sauerrahm oder Pilzen und Mozzarella gefüllt). Außerdem gibt es Desserts wie etwa flambierte Bananen.

50 Keine

CHÍA

DER BESONDERE TIPP

ANDRES CARNE DE RES

$$$

VARIANTE A COTA

TEL. 57-1/863-7880

www.andrescarnederes.com

Das ursprüngliche Andres-Restaurant ist eine Pilgerstätte der Bogotaños. Das über 100 Meter lange, meistens gut gefüllte, einzigartige Lokal steht voller alter Möbel, Kommoden, Glocken, Lampen, Leuchtsterne, Aktskulpturen, Puppen und allem möglichen anderen Krimskrams. Auf der großen Karte, die an eine Zeitschrift erinnert, stehen nicht nur traditionelle kolumbianische Gerichte, sondern auch andere, wie z. B. Lende vom Holzkohlengrill, Rumpsteak mit Salat und neuen Kartoffeln und chilenischer Lachs mit Kokosreis und Salat. Das Essen ist erstklassig. Musiker und Schauspieler in Kostümen sorgen für Unterhaltung. Ein separater Kinderbereich auf der anderen Straßenseite unterhält die Kleinen mit Gesichtsbemalung, Puppenspiel und Lernprogrammen. Selbstverständlich gibt es auch eine eigene Kinderkarte.

2000 Alle gängigen Kreditkarten

GUASCA

HACIENDA BETANIA

$$

VEREDA TRINIDAD, CUNDIMARCA

TEL. 57/315-358-9877

E-MAIL gerencia@hotelhaciendabetania.com

www.hotelhaciendabetania.com

Das auf dem Land an einem Hang gelegene Hotel bietet tolle Ausblicke. Die Atmosphäre wird geprägt von der quirligen Besitzerin, die gern

den Kochlöffel schwingt. Das Haus ist mit urigem Krimskrams geschmückt; vieles davon zieren Kuhmotive. Die Zimmer sind einfach, besonders gemütlich sind die dicken Bettdecken. Im Angebot sind unter anderem Ausritte. Das gemütliche Restaurant ist auf Forellen und Hühnchengerichte spezialisiert. Nicht weit von Guatavita.
5 AE, MC, V

SANTANDERCITO

ALTO DE LA PALMA CASA HOTEL & RESTAURANTE
$$$
KM 1 VÍA BELLAVISTA
TEL. 57-1/847-3807
www.altodelapalma.com
Das prachtvolle, fachkundig restaurierte Herrenhaus von 1943 beherbergt heute ein Boutiquehotel mit individuell gestalteten Zimmern, Hartholzböden und vielen Fenstern, die die Sonne hereinlassen. Auf der Terrasse mit gusseisernem Ofen lässt es sich mit einem guten Buch wunderbar entspannen. Sauna, Whirlpool, Wanderwege, Ausritte. Nicht weit vom Zoo.
11 DC, MC, V

SASAIMA

EL REFUGIO HOTEL SPA
$$$$
KM 80 CRA. BOGOTÁ, SASAIMA
TEL. 57-1/805-4521
E-MAIL **comercial2@elrefugiohotelspa.com.co**
www.elrefugiohotelspa.com.co
Das umgeben von üppigen Gärten inmitten der Berge gelegene ehemalige Landhaus eines reichen Industriellen verfügt noch immer über die Original-Einrichtung aus den 1930er Jahren, zu der auch Mahagoni-Betten, tropische Farben und glänzende Holzböden gehören. An Bambushainen vorbei führen Pfade zu einem Tennisplatz und zu einem Fischteich. An einem kleinen Wasserfall werden Wellnessanwendungen angeboten.
14 DC, MC, V

UBATÉ

CASA YUNQUE
$$$$$
KM 1 VEREDA SAN LUÍS, VIA CARMEN DE CARUPA, UBATÉ
TEL. 57-1/486-3398
E-MAIL **contacto@casayunque.com**
www.casayunque.com
Äußerst stilvolles kleines Boutiquehotel an einem See vor herrlicher Waldkulisse. Die konsequent moderne Architektur des Hauses bildet einen tollen Rahmen für geräumige Zimmer mit großen Fenstern und trendiger Ausstattung. Es werden außerdem Ausritte und geführte Wanderungen angeboten.
6 Hütten, 1 Suite MC, V

ZIPAQUIRÁ

HOTEL CACIQUE REAL
$$
CRA. 6 #2-36
CENTRO ZIPAQUIRÁ
TEL. 57-1/851-0209
www.hotelcaciquereal.com
Das zwei Straßen vom Hauptplatz und nicht weit von der Catedral de Sal entfernte Hotel verfügt über einen Gebäudeteil von 1729 und einen modernen Anbau. Die urigen Kolonialzimmer sind einfach eingerichtet; wenn möglich, wählt man ein Zimmer, das nicht zur Straße hinausgeht.
23 MC, V

PREISE

HOTELS
Die Preisangaben beziehen sich auf ein Doppelzimmer in der Hochsaison.

$$$$$	Über 160 €
$$$$	80–160 €
$$$	40–80 €
$$	20–40 €
$	Unter 20 €

RESTAURANTS
Die Preisangaben beziehen sich auf ein 3-Gänge-Menü ohne Getränke.

$$$$$	Über 28 €
$$$$	16–28 €
$$$	8–16 €
$$	4–8 €
$	Unter 4 €

ÖSTLICHES HOCHLAND

BARICHARA

DER BESONDERE TIPP

LA NUBE POSADA
$$$$
CALLE 7 #7-39
TEL./FAX 57-7/726-7161
www.lanubeposada.com
Die Eigentümer, drei kolumbianische Geschwister, haben in dem schicken Juwel in Zentrumsnähe minimalistische Einrichtung und koloniale Architektur gekonnt miteinander verbunden. Drei Zimmer haben Fenster zur Straße hinaus; fünf fensterlose Zimmer gehen auf einen begrünten Innenhof mit Hängematten und Liegestühlen. Die weiß gehaltenen Zimmer haben in ihrer schlichten Strenge beinahe etwas Klösterliches, dazu kommen kreative Akzente. Das schattige Open-Air-

Restaurant serviert köstliche Fusionsgerichte und sogar *hormigas culonas* (Ameisen). In einem Spa werden ganzheitliche Behandlungen angeboten.

12 Alle gängigen Kreditkarten

HOSTAL MISIÓN SANTA BARBARA

$$

CALLE 5 #9-08

TEL./FAX 57-7/726-7163

E-MAIL **reservas@hostalmisionsantabarbara.info**

www.hostalmisionsantabarbara.info

Das charmante Hotel aus der Kolonialzeit zwei Straßen vom Hauptplatz bietet geräumige, bescheiden ausgestattete, aber gemütliche und farbenfrohe Zimmer um einen blumengeschmückten Brunnenhof herum. Die Terrakottaböden halten die Zimmer kühl.

31 MC, V

BUCARAMANGA

HOTEL DANN CARLTON BUCARAMANGA

$$$$

CALLE 47 #28-83

TEL. 57-7/697-3266

FAX 57-7/643-1133

E-MAIL **reservas@dannbucaramanga.com.co**

www.dannbucaramanga.com.co

Die eleganteste Unterkunft der Stadt lockt mit einer Menge Marmor, maurischer Architektur und zeitgenössischer Kunst. Die Zimmereinrichtung variiert, Mahagoni wird gemixt mit Backstein und einer nüchternen oder bunten Farbgebung. Das Steakhaus **Restaurante Brazza** neben der Lobby offeriert in warmem, kultiviertem Ambiente neben Steaks auch einen perfekt zubereiteten Schweinebraten.

133 Alle gängigen Kreditkarten

CLUB CAMPSTRE DE BUCARAMANGA

$$$–$$$$

CRA. 21 #30-02,

BARRIO CAÑAVERAL

TEL. 57-7/680-3030

www.campestrebucaramanga.com

Das Country-Club-Hotel in Florblanca, im noblen Süden von Bucaramanga, liegt in der Nähe von Einkaufzentren und Bars und bietet zahlreiche Einrichtungen, von Tennisplätzen und großem Pool bis zu einer ganzen Palette von Wellnessangeboten. Die Zimmer wurden 2011 renoviert und mit allerlei topmodernen Ausstattungsdetails sowie mit großen Glasfronten mit Blick auf den Golfplatz versehen. Das Open-Air-Restaurant enttäuscht allerdings mit fantasielosem Essen.

59 Alle gängigen Kreditkarten

HOTEL LA TRIADA BUCARAMANGA

$$$–$$$$

CRA. 20 #34-22

TEL. 57-7/642-2410

FAX 57-7/642-2895

E-MAIL **reservas@hotellatriada.com**

www.hotellatriada.com

Die Zimmer des stilvollen modernen Hotels sind in unterschiedlicher Art komfortabel eingerichtet. Zur Innenaustattung gehören viele Annehmlichkeiten. Es dominieren die Farben Türkis, Schokoladenbraun und Weiß. In dem großen, eleganten Restaurant kommen vor allem mediterrane Gerichte auf den Tisch; freitags ist Paella-Tag. Terrassenbar mit schmiedeeisernem Mobiliar.

59 AE, MC, V

CÚCUTA

HOTEL BOLÍVAR

$$$–$$$$

AV. DEMETRIO MENDOZA,

BARRIO SAN MATEO

TEL. 57-7/582-8666

FAX 57-7/576-3349

E-MAIL **reservas@hotel-bolivar.com**

www.hotel-bolivar.com

Das etwas gehobene Resorthotel im Südosten der Stadt bietet gemütliche und geräumige Zimmer und Hütten, die um zwei Pools herum gruppiert sind. Alle haben WLAN. Die Juniorsuiten und Suiten sind alle sehr gut eingerichtet, einige verfügen über extrabreite Doppelbetten. Das Haus ist besonders beliebt für Geschäfts- und gesellschaftliche Veranstaltungen.

127 AE, MC, V

ATLANTIS PLAZA HOTEL

$$$

CALLE 8 #7-55,

CENTRO

TEL. 57-7/582-1777

E-MAIL **reservas@atlantisplazahotel.com**

www.atlantisplazahotel.com

Das avantgardistische Hotel im Miami-Schick, zu dem Edelstahlgeländer und viel blaugetöntes Glas gehören, zieht vor allem ein junges Publikum an. In den Zimmern sind einige Unstimmigkeiten zu bemängeln, doch Flachbild-TVs, moderne Kunst und blitzsaubere Wäsche machen das wieder wett. Spa mit Behandlungsangebot, Sauna und Dampfraum. Das Restaurant versucht sich an Gourmetküche.

61 MC, V

GIRÓN

CHILL OUT

$$

CRA. 25 #32-06, GIRÓN

TEL. 57-7/646-1119

E-MAIL **info@gironchillout.com**

www.gironchillout.com

Das pensionsähnliche Boutiquehotel in einem restaurierten Kolonialhaus bietet vor allem Komfort. Das Mobiliar ist teils antik, teils modern.

7 MC, V

LA CROISSANTINA

$

CRA. 26 #31-03

TEL. 57-7/646-1419

E-MAIL **croissantina@hotmail.com**

Die günstige Bäckerei samt Café schräg gegenüber vom Hauptplatz bietet *platos ejecutivos* zum Festpreis, köstliche belegte Croissants und eine Auswahl frisch zubereiteter Süßspeisen.

34 AE, MC, V

MESA DE LOS SANTOS

HOTEL HACIENDA EL ROBLE

$$$$

VEREDA EL CARIZAL, MESADE LOS SANTOS, 30 KM SÜDL. VON BUCARAMANGA

TEL. 57/310-273-3495

E-MAIL **reservas@cafemesadelossantos.com**

www.cafemesa.com

Das luxuriöse Boutiquehotel im Kolonialstil auf einer zertifizierten Bio-Kaffeeplantage bietet Ruhe und spricht mit verschiedenen Touren besonders Naturfreunde an. Die modern eingerichteten Zimmer haben Flachbild-TVs und WLAN.

6 Alle gängigen Kreditkarten

PAIPA

DER BESONDERE TIPP

D'ACOSTA HOTEL HACIENDA DEL SALITRE

$$$$

KM 3 VÍA TOCA-PAIPA

TEL. 57-1/623-4992

E-MAIL **info@haciendadelsalitre.com**

www.haciendadelsalitre.com

Die wunderbare koloniale Hacienda von 1736, auch bekannt als Casona de Salitre, spielte eine wichtige Rolle in den Unabhängigkeitskriegen: Hier stieg Simón Bolívar ab. Möbel aus dieser Zeit machen den Charme der Zimmer aus, die alle über attraktive moderne Bäder und Satelliten-TV verfügen. Das **Restaurante El Mesón del Hidalgo** serviert unter Kronleuchtern einheimische und internationale Gerichte wie Kaninchenbraten mit Kräutern oder Lammauflauf. Die gemütliche Lounge ist der ideale Ort für einen Cocktail am Kamin. Dazu gibt es einen Thermalpool sowie ein Spa, das Massagen, Peelings usw. anbietet. Das Personal trägt historische Kostüme. Mountainbikes stehen kostenlos zur Verfügung.

23 Alle gängigen Kreditkarten

HOTEL SOCHAGOTA

$$$$

VÍA LAS PISCINAS

TEL. 57-1/623-4992

E-MAIL **info@hotelsochagota.com**

www.hotelsochagota.com

Das moderne Resorthotel in schöner Lage am Lago Sochagota bietet weite Ausblicke und eine Gartenanlage voller Bougainvilleen. Die Zimmer sind mit modernem und auf antik getrimmtem Mobiliar eingerichtet und gewähren ebenfalls schöne Ausblicke. In den Bungalows gibt es Kamine. Thermalpool, Spa, Ausritte.

43 Zimmer, 19 Bungalows Alle gängigen Kreditkarten

PREISE

HOTELS

Die Preisangaben beziehen sich auf ein Doppelzimmer in der Hochsaison.

$$$$$	Über 160 €
$$$$	80–160 €
$$$	40–80 €
$$	20–40 €
$	Unter 20 €

RESTAURANTS

Die Preisangaben beziehen sich auf ein 3-Gänge-Menü ohne Getränke.

$$$$$	Über 28 €
$$$$	16–28 €
$$$	8–16 €
$$	4–8 €
$	Unter 4 €

PARQUE NACIONAL NATURAL EL COCUY

CABAÑAS PEÑA BLANCA

$–$$

5 KM NORDÖSTL. VON GÜICÁN

TEL. 57/310-232-4839

E-MAIL **sierranevadacocuy@gmail.com**

www.sierranevadacocuy.com

Das einfache Hotel ist eine gute Basis für Erkundungen im Park. Es ist auf Pauschalpakete mit zwei oder vier Übernachtungen mit Tageswanderungen und Ausritten spezialisiert. Die in 5-Zimmer-Häuschen gelegenen Räume verfügen über eigene Bäder mit warmem Wasser. Im zweckmäßig eingerichteten Speiseraum gibt es einen Kamin.

15 P Keine

HOTEL CASA MUÑOZ

$–$$

CRA. 5 #7-28, EL COCUY
TEL. 57/313-829-1073 oder 57-098/789-0328
E-MAIL hotelcasamunoz@gmail.com
www.hotelcasamunoz.com

Das günstige Hotel in einem zweistöckigen Kolonialhaus am Hauptplatz von El Cocuy ist die schönste der einfachen Unterkünfte in der Gegend. Alle Zimmer verfügen über eigene Bäder mit warmem Wasser. Das Bettenangebot reicht vom Doppelbett bis zu Etagenbetten für acht Personen.

10 Keine

CABAÑAS KANWARA

$

7 KM NORDÖSTL. VON GÜICÁN
TEL. 57/311-231-6004
E-MAIL infokanwara@gmail.com

Das für Wanderer geeignete Hostel ist über einen steilen, unbefestigten Weg nordöstlich von Güicán zu erreichen. Jede der vier *cabañas* verfügt über einen Kamin sowie fünf Zimmer mit Etagenbetten und gemeinschaftlich genutzter Dusche mit Warmwasser. Zeltmöglichkeiten, tolle Bergblicke, einfache Mahlzeiten, Pferde und Wanderführer.

4 Häuschen P Keine

HOTEL & RESTAURANTE LOS MOLINOS

$

CRA 3A #7-51, EL COCUY
TEL. 57/310-494-5076
E-MAIL laposadadelmolinoelcocuy@yahoo.es
www.elcocuylaposadadelmolino.com

Das Hotel in einem Kolonialgebäude um einen Innenhof mit Bach herum ist eine Alternative zur Casa Muñoz. In den Zimmern stehen Antiquitäten aus der Kolonialzeit. Das einfache dazugehörige Restaurant ist das größte der Stadt und bietet drei Tagesgerichte mit kolumbianischen Essen an. Auch Forelle wird serviert.

11 Keine

TIBANÁ

DER BESONDERE TIPP

HACIENDA BAZA 1638

$$$

3 KM SÜDWESTL. VON TIBANÁ
TEL. 57-4/733-8033
E-MAIL haciendabaza@hotmail.com
www.haciendabaza.com

Das ruhige Hotel auf kühlen 2100 Metern Höhe ist in einem hübschen ehemaligen Dominikanerkloster, Baujahr 1638, untergebracht. Die Eigentümerin, Doña Lucía Ospina Ordóñez, wuchs hier auf und hat das klassische Gebäude mit viel Geschmack eingerichtet. Es gibt schmiedeeiserne Kronleuchter, offene Kamine, antike Möbel, eine geräumige Lounge, gemütliche Innenhöfe mit Wasserläufen – das angenehme leise Plätschern des Wassers ist überall zu hören – und gepflegte Gärten; zum Anwesen gehört auch ein Teich mit Gänsen und Enten. Sämtliche Zimmer sind individuell gestaltet und verfügen über einen eigenen Kamin. Im abends kerzenbeschienenen Restaurant kann man in romantischem Ambiente erstklassige kolumbianische Speisen genießen.

14 AE, MC, V

TUNJA

HOTEL BOYACÁ PLAZA

$$$

CALLE 18 #11-22
TEL. 57-8/740-1116
FAX 57-8/742-7635
E-MAIL hotelboyacaplaza@hotmail.com
www.hotelboyacaplaza.co

Um einen üppig bewachsenen Innenhof herum herrscht ein wilder Stilmix aus schick und zeitgenössisch einerseits und leicht schäbig und funktional andererseits. Der Gesamteindruck ist durchaus ansprechend. Die großen Zimmer (alle mit WLAN) haben teils Holz-, teils Teppichboden. Zentrale Lage, einen Block von der Plaza de Bolívar.

38 P Alle gängigen Kreditkarten

HOTEL PLAZA MUISCA

$$$

CRA. 10 #24-96
TEL. 57-8/743-4552
FAX 57-8/743-4552
E-MAIL hotelplazamuisca@gmail.com
www.hotelplazamuisca.com

Das Plaza Muisca liegt in einem unscheinbaren vierstöckigen Gebäude von 2008. Mit seiner modernen Einrichtung in Schokoladenbraun und Weiß sowie schnellem WLAN, Kabel-TV und Whirlpoolwannen zieht es vor allem Geschäftsreisende an. Es befindet sich an der Plazoleta Muisca im Herzen der Altstadt.

20 P Alle gängigen Kreditkarten

VILLA DE LEYVA

LA POSADA DE SAN ANTONIO

$$$$$

CRA. 8 #11-80
TEL. 57-8/732-0538
E-MAIL reservas@hotellaposadadesanantonio.com

www.hotellaposadadesanantonio.com
Die Posada im Herzen von Villa de Leyva wurde 1845 erbaut, sieht aber gut zwei Jahrhunderte älter aus. Das unter Denkmalschutz stehende Gebäude liegt um einen steinernen Innenhof mit Brunnen herum. Terrakottaboden, Deckenbalken, alte Ledersofas und verschiedene Kunstobjekte sorgen für ein koloniales Ambiente. In den individuell gestalteten Zimmern ist antikes Mobiliar mit modernster Technik wie Kabel-TV und WLAN kombiniert. Die Zimmer sind sehr unterschiedlich, deshalb, wenn möglich, mehrere anschauen. Das Restaurant ist vielbesucht; auf der abwechslungsreichen Karte steht alles Mögliche von Paella und Gulasch bis zu gegrillter Forelle und Hamburgern. Es werden Ausritte organisiert, und es gibt traditionelle Livemusik.
26 Alle gängigen Kreditkarten

HOSTERÍA DEL MOLINO MESOPOTAMIA
$$$
CRA. 8 #15A
TEL. 57-8/732-0235
www.lamesopotamia.com
Die weitläufige alte Hacienda am Rand von Villa Leyva ist eine Oase der Ruhe. Die ehemalige Mühle ist älter als die Stadt selbst und bis unters Dach mit Antiquitäten gefüllt, darunter auch Sakralkunst. Die geräumigen Zimmer gruppieren sich um einen Innenhof, sind einfach eingerichtet und haben kleine Bäder. Auf einer offenen Terrasse gibt es WLAN, und im Restaurant mit seinen knarzenden Kuhfellstühlen sind die alten Mühlsteine, die *molinos,* zu sehen. Zu essen gibt es kolumbianische Standardgerichte. Ein Highlight ist das steingesäumte Thermalbecken auf dem waldigen Gelände.
33 Alle gängigen Kreditkarten

HOTEL BOUTIQUE IGUAQUE CAMPESTRE
$$$
VÍA AL HIPÓDROMO
TEL. 57-8/732-0889
www.ecospaluxuryhotels.com
Die Ökolodge mit Spa ist die ideale Adresse für einen entspannenden Aufenthalt auf dem Land. Das elegante koloniale Ambiente und die schattigen Außenanlagen samt großem Pool prägen die Stimmung. Die orange-rot gestrichenen Zimmer sind mit traditionellen Holzmöbeln eingerichtet und reichen von großen Standardzimmern bis zu Spa-Bungalows mit Kamin und romantischem Himmelbett. Modernste Ausstattung wie WLAN. Umfangreiches Wellnessangebot.
13 Zimmer, 7 Suiten, 10 Bungalows Alle gängigen Kreditkarten

HOTEL PLAZA MAYOR
$$$
CRA. 10 # 2– 31
TEL. 57-8/732-0425
E-MAIL **info@hotelplazamayor.com.co**
www.hotelplazamayor.com.co
Das einzige Hotel am Hauptplatz hält nicht ganz, was es verspricht. Hinter der alten Fassade verbirgt sich ein moderner Umbau, der in vielerlei Hinsicht am Ziel vorbeischießt: Die meisten Zimmer sind dunkel, die Einrichtung ist spartanisch und die Bettwäsche zu dünn für die kühlen Nächte. Die Bäder sind jedoch modern und groß, und vom Dachrestaurant eröffnen sich fantastische Ausblicke auf die sich allabendlich belebende Plaza. Am empfehlenswertesten sind die Suiten, die von der Dachterrasse abgehen.
28 AE, MC, V

PREISE

HOTELS
Die Preisangaben beziehen sich auf ein Doppelzimmer in der Hochsaison.

$$$$$	Über 160 €
$$$$	80–160 €
$$$	40–80 €
$$	20–40 €
$	Unter 20 €

RESTAURANTS
Die Preisangaben beziehen sich auf ein 3-Gänge-Menü ohne Getränke.

$$$$$	Über 28 €
$$$$	16–28 €
$$$	8–16 €
$$	4–8 €
$	Unter 4 €

EL CAMELEÓN
$$
CALLE 12, PLAZA MAYOR,
TEL. 57-8/732 -1712
Das reizende Restaurant in einem 300 Jahre alten Haus am Hauptplatz lockt in künstlerisch angehauchtem Ambiente mit kreativer Fusionsküche. Auf die Knoblauchpilze oder die *crema de auyama* (Kürbiscremesuppe) könnte z. B. Forelle auf Thai-Art oder Huhn in Wein-, Senf- oder Roquefortsauce folgen.
24 MC, V

RESTAURANT ALBAHACA
$$
CRA. 8 #13-46
TEL. 57/320-840-8673
Der Familienbetrieb bietet, nicht zuletzt dank Kaminfeuer, ein reizendes ländliches Ambiente. Neben amerikanischem Frühstück gibt es auch

Einheimisches wie *cazuela boyacense,* einen typischen Auflauf, oder *ajiaco* und Rinderzunge mit Tomaten-Zwiebel-Sauce. Zu allen Gerichten werden Spaghetti oder Pommes frites serviert.
80 MC, V

KARIBISCHES TIEFLAND

ARACATACA

THE GYPSY RESIDENCE
$
CALLE 9 #1-74,
BARRIO CATAQUITA
TEL. 57/321-251-7420
www.thegypsyresidence.com
Das Ende 2010 von einem Niederländer eröffnete Hostel ist die einzige Unterkunft am Ort und befindet sich in einem reizvollen alten Haus mit Ziegeldach. Zur Verfügung stehen ein gemischter Schlafsaal mit Etagenbetten und zwei geräumige, bescheiden eingerichtete Gästezimmer. Es gibt hier einen Innenhof sowie einen schattigen Garten mit Hängematten. Auch eine Gästeküche ist zur freien Verfügung vorhanden.
3 Keine

GABO
$$$
CRA. 4 #7-04
TEL. 57-5/427-1521
E-MAIL **gaborestaurant@yahoo.es**
Das stimmungsvolle Restaurant ist Gabriel García Márquez gewidmet. Unter den zahlreichen Erinnerungsstücken befinden sich Geschenke des Schriftstellers sowie signierte Bücher. Serviert werden einfache Gerichte wie z. B. Brathuhn mit Suppe und *platanos* sowie Fischeintopf mit Kokosreis.
60 Keine

BARRANCABERMEJA

HOTEL SAN SILVESTRE
$$$$
CENTRO COMERCIAL
SAN SILVESTRE
CRA. 19 #58A-13
TEL. 57-7/611-0009
www.hotelsansilvestre.com
Das Luxushotel, das sich in einem fünfstöckigen Einkaufszentrum (mit Kino) verbirgt, ist modern und erstklassig ausgestattet (große Flachbild-TVs, riesige Bäder). Eine Gastrohalle und ein Gourmetrestaurant liegen nur einen Katzensprung entfernt ebenfalls im Einkaufszentrum.
48 Alle gängigen Kreditkarten

BARRANQUILLA

HOTEL DANN CARLTON BARRANQUILLA
$$$$$
CALLE 98 #52B-10
TEL. 57-5/373-7777
FAX 57-1/367-7716
E-MAIL **reservas@danncarltonbaq.co**
www.danncarltonbaq.co
Das Backsteinhochhaus ganz im Norden der Stadt wird bekrönt von einem diskusförmigen Drehrestaurant, das über das Dach hinausragt wie der Bug von Captain Kirks Raumschiff *Enterprise.* Die riesigen Zimmer sind in Herbstfarben nüchtern gestaltet und haben breite Betten, WLAN (kostet extra), Kabel-TV und viele weitere Extras. Vom **Restaurante Bar El Giratorio** im obersten Stockwerk (ein Tony Roma's) bieten sich weite Ausblicke.
142 Alle gängigen Kreditkarten

HOTEL EL PRADO
$$$$
CRA. 54 #70-10
TEL. 57-5/330-1530
E-MAIL **gerencia@hotelelpradosa.com**
www.hotelelpradosa.com
Das elegante Hotel liegt im Herz von El Prado. Die kürzlich renovierten Zimmer verfügen alle über WLAN und modernste Ausstattung, wenngleich sie historisch möbliert sind. Tennis, Tagungs- und Business-Einrichtungen sowie mehrere Restaurants. Das **Restaurante Pivijay** unter freiem Himmel zieht mit internationalen Gerichten den örtlichen Geldadel an.
200 Alle gängigen Kreditkarten

HOTEL SONESTA BARRANQUILLA
$$$$
CALLE 106 #50-11
TEL. 57-5/385-6060
E-MAIL **reservas.sonestabarranquilla@ghlhoteles.com**
www.sonesta.com/Barranquilla
Das in einem Einkaufszentrum am nördlichen Stadtrand gelegene moderne Hotel bietet geräumige Zimmer mit Travertinböden und breiten Betten und feiner Bettwäsche. Im Restaurant im Atrium kann der von der Bar herüberhallende Lärm störend sein.
126 Alle gängigen Kreditkarten

HOTEL BARRANQUILLA PLAZA
$$$
CRA. 51B #79-246
TEL. 57-5/361-1000
FAX 57-5/361-0003
E-MAIL **reservas@hbp.com.co**
www.hbp.com.co
Das moderne Hochhaus bietet in geräumigen Zimmern im Ikea-Stil und weiß-oranger Farbgebung bescheidene Eleganz und Telefone in den Bädern. Im exklusiven äußersten Norden der Stadt.
176 Alle gängigen Kreditkarten

CABO DE LA VELA

RANCHERÍA UTTA
$
2 KM WESTL. VON CABO DE LA VELA
TEL. 57/313-817-8076
E-MAIL restauranteutta@hotmail.com
www.rancheriautta.com
Die Wayúu-geführte *ranchería* ist vielleicht die schönste unter den zahlreichen Unterkünfte in der Gegend. Es gibt einen Windsurferladen auf dem Gelände, und es werden auch Kajaks vermietet. Nächtigen kann man entweder in Hängematten unter freiem Himmel oder in einfachen Zimmern mit bunten Batikdecken. Das helle, luftige Restaurant serviert amerikanisches Frühstück und traditionelle Gerichte wie Knoblauchgarnelen oder Ziegeneintopf.
96 Keine

RESTAURANTE & HOSPEDAJE APARANCHI
$
CABO DE LA VELA
TEL. 57/313-543-7043 oder 312-630-6637
Das von Wayúu geführte Strandhostel ist eines von rund zwei Dutzend nahezu identischen Unterkünften, die im traditionellen Wayúu-Stil gestaltet sind. Die einfacheren Holzhütten verfügen über Betonböden, Duschen mit kaltem Wasser und Hängematten in angenehm schattigen Patios. Das hauseigene Restaurant serviert zum Frühstück Omeletts und ansonsten einfache, aber sättigende Mahlzeiten.
96 Keine

CARTAGENA

HOTELS

DELIRIO HOTEL
$$$$$
CALLE DE LA IGLESIA #35-273, CENTRO HISTÓRICO
TEL. 57-5/660-2404
FAX 57-5/664-9244
E-MAIL info@deliriohotel.com
www.deliriohotel.com
Von den zahlreichen erstklassigen Boutiquehotels der Stadt hebt sich das Delirio durch Urbanität und einen trendigen Stil ab. Kühle weiße Marmorböden, weiße Balkendecken und rein weiße Wände drinnen und draußen geben den Ton an. Pinienfarbene Hölzer und orange-rote Kissen setzen Farbakzente in dem dreistöckigen minimalistischen umgebauten Kolonialgebäude. Erstklassige Textilien, Bäder mit geräumigen Duschen und Balkone bereichern die Zimmer. Über den Betten hängen riesige Drucke mit alten Cartagena-Motiven. Dachterrasse mit Liegestühlen und einem Sofa.
17 Alle gängigen Kreditkarten

DER BESONDERE TIPP

HOTEL LM
$$$$$
CALLE DE LA MANTILLA #3-56, CENTRO HISTÓRICO
TEL. 57-5/664-9100
FAX 57-5/664-9553
E-MAIL reservas@hotel-lm.com
www.hotel-lm.com
Noch ein Luxus-Boutiquehotel: Das LM hat einen ganz eigenen Stil und legt besonderen Wert auf den Service. Schokoladen-, Grün- und Malventöne sind effektvoll eingesetzt. Die minimalistische Gestaltung akzentuieren Stücke aus der ganzen Welt, wie Orientteppiche und bestickte Textilien. Die travertinverkleideten Bäder verfügen über große freistehende Badewannen, die Beleuchtung reagiert auf Bewegung. Auf dem Sonnendeck werden Massagen angeboten. Die Küche und ein eleganter Speisesaal bieten einen Rund-um-die-Uhr-Service, die Speisen werden nach Gästewunsch zubereitet.
7 Alle gängigen Kreditkarten

DER BESONDERE TIPP

SOFITEL LEGEND SANTA CLARA
$$$$$
CRA. 8 #39-29
TEL. 57-5/664-4700
E-MAIL reservation.santaclara@sofitel.com
www.sofitel.com
Das noble Hotel unter französischer Leitung residiert in dem im 16. Jahrhundert errichteten Convento Santa Clara, Schauplatz von

PREISE

HOTELS
Die Preisangaben beziehen sich auf ein Doppelzimmer in der Hochsaison.

$$$$$	Über 160 €
$$$$	80–160 €
$$$	40–80 €
$$	20–40 €
$	Unter 20 €

RESTAURANTS
Die Preisangaben beziehen sich auf ein 3-Gänge-Menü ohne Getränke.

$$$$$	Über 28 €
$$$$	16–28 €
$$$	8–16 €
$$	4–8 €
$	Unter 4 €

Gabriel García Márquez' „Von der Liebe und anderen Dämonen" (das Privathaus des Autors befindet sich übrigens direkt nebenan). Heute verbirgt sich hinter der Kolonialfassade der Luxus des 21. Jahrhunderts. Aus den auf zwei Geschossen um einen üppig blühenden Innenhof mit Sitzgelegenheiten in den Arkadengängen gelegenen asketischen Nonnenquartieren wurden Suiten mit allem nur erdenklichen Komfort. Ein moderner Anbau oberhalb eines riesigen Poolkomplexes umfasst weitere 115 Zimmer, viele davon mit Meerblick. Das 2011 umgebaute Restaurant serviert Gourmetküche im ehemaligen Refektorium (von 1621). Zum Hotel gehören außerdem ein Bistro, in dem es hausgemachte Pasta, Pizza, Brot und Croissants gibt, eine stimmungsvolle Bar – mit Krypta – sowie ein Wellnesscenter.

122 Alle gängigen Kreditkarten

ANANDÁ HOTEL BOUTIQUE

$$$$

CALLE DEL CUARTEL #36-77, BARRIO SAN DIEGO
TEL. 57-5/664-4452
www.anandacartagena.com

Die Suiten in dem geschmackvoll umgebauten Kolonialhaus im Herzen der Altstadt sind herrlich. Hinter der dicken Holztür und der historischen Fassade aus dem 18. Jahrhundert empfängt das reizende Boutiquehotel seine Gäste mit Backsteinwänden, Balkendecken, Korallensteinböden sowie sanften Korallen- und Schokoladentönen. Die Zimmer sind auf drei Stockwerken um einen Innenhof mit Loungedeck und Pool angeordnet. Stilvolle dunkle Korbmöbel, göttlich bequeme Matratzen sowie jede Menge Kissen machen die Zimmer mit modernster Ausstattung (große Flachbild-TVs) zum perfekten Rückzugsort. Das rund um die Uhr geöffnete Restaurant serviert ein vitales Frühstück mit frisch gebackenen Vollkorn-Minibroten sowie Tapas und Hauptgerichte wie chilenischen Lachs mit Ingwer-Kartoffelbrei und Orangensauce.

23 Alle gängigen Kreditkarten

HOTEL BÓVEDAS DE SANTA CLARA

$$$$

CALLE DEL TORNO #39-29, BARRIO SAN DIEGO
TEL./FAX 57-5/650-4469
E-MAIL **reservas@bovedasdesantaclara.com**
www.bovedasdesantaclara.com

In dem Boutiquehotel in einem dreistöckigen historischen Haus an der Stadtmauer wurden Luxuszimmer und Loftsuiten im minimalistischen Stil mit modernem Komfort und Balkonen eingerichtet. Die Gäste erhalten Ermäßigungen im Hotel Sofitel Santa Clara eine Straße weiter. Sonnenterasse und Whirlpool.

18 Alle gängigen Kreditkarten

DER BESONDERE TIPP

HOTEL CASA QUERO

$$$$

CALLE DEL QUERO #9-53, BARRIO SAN DIEGO
TEL. 57-5/664-4493
E-MAIL **reservas@hotelcasaquero.com**
www.hotelcasaquero.com

Das vierstöckige Hotel Casa Quero im französischen Landhausstil ist eines der hübschesten Boutiquehotels der Stadt. Hier wurde an alles gedacht, von flauschigen Bademänteln und Designer-Toilettenartikeln bis zu großen Plasma-TVs, DVDs, WLAN und iPod-Mediaplayern. Die Casa Quero beeindruckt außerdem mit einer Bibliothek, einem türkischen Bad und einem Sonnendeck auf dem Dach mit Pool.

6 AE, MC, V

HOTEL HILTON CARTAGENA

$$$$

AV. ALMIRANTE BRION, EL LAGUITO
TEL. 57-5/694-8000
E-MAIL **sales.cartagena@hilton.com**
www.hilton.com

Für einen Strandurlaub in Altstadtnähe sticht das hübsche Hilton-Hochhaus seine vielen Konkurrenten trotz der ungünstigen Lage an der Spitze von El Laguito (zehn Fußminuten vom Strand) glatt aus. Sportbewusste Gäste finden Tennisplätze und ein gut ausgestattetes Fitnesscenter vor. Außerdem gibt es ein Tagungs- sowie ein Wassersportzentrum. Absolutes Rauchverbot.

341 AE, MC, V

DER BESONDERE TIPP

TCHERASSI HOTEL & SPA

$$$$

CALLE DEL SARGENTO MAYOR #6-21
TEL. 57-5/664-4445
www.tcherassihotels.com

Hinter dem stilvollen, souverän geführten Hotel steht die in Kolumbien geborene Mode-schöpferin Silvia Tcherassi. Das historische Ambiente des komplett restaurierten Hauses aus dem 17. Jahrhundert ergänzen eine hypermoderne Ausstattung und viel Komfort. Die sieben geräumigen Suiten, jede mit

Balkon, wurden individuell von Tcherassi persönlich gestaltet. Das luftige und ultraschicke Restaurant **Vera** öffnet sich zu einem Pool hin. Auf der italienisch geahltenen Karte stehen himmlische Gerichte wie *risotto al funghi* und das sündige Dessert *giardino di chocolate*.

7 Alle gängigen Kreditkarten

BANTÚ HOTEL
$$$–$$$$

CALLE DE LA TABLADA #7-62, CENTRO HISTÓRICO
TEL. 57-5/664-3362
E-MAIL **info@bantuhotel.com**
www.bantuhotel.com

Das wunderschöne stilvolle Boutiquehotel nutzt die alte Bausubstanz auf kreative Weise. Die Zimmer sind sehr unterschiedlich, das Angebot reicht von Einzelzimmern bis zu einer Luxussuite. In den Juniorsuiten schaffen nackte Back- und Kalksteinwände, Terrakottaböden und von unten beleuchtete Glasbausteine viel Atmosphäre. Alle haben Kabel-TV, Safe, Minibar. Die Lounge mit Rattansofas öffnet sich auf einen schattigen Patio, von denen es insgesamt drei gibt. Sonnendeck mit Whirlpool und Sauna.

11 AE, MC, V

HOTEL CASA LA FÉ
$$$

CALLE 2DA DE BADILLO #36-125
TEL. 57-5/664-0306
E-MAIL **hotelcasalafe@gmail.com**
www.casalafe.com

Das von blühenden tropischen Pflanzen umrankte Kolonialhaus beherbergt ein gepflegtes Nichtraucher-Boutiquehotel mit einem schmalen Innenhof mit originalem Fliesenboden und Brunnen. Die meisten der auf drei Etagen verteilten Zimmer gehen zum Innenhof hinaus, einige haben Balkon mit Blick auf die Plaza Fernández de Madrid. Das englisch-kolumbianische Eigentümerpaar hat das Haus mit alten Möbeln schön eingerichtet. Auf der Dachterrasse gibt es einen kleinen Pool.

14 AE, MC, V

HOTEL PORTAL DE SAN DIEGO
$$$

CALLE 2DA DE BADILLO #36-17
TEL. 57-5/660-1083
E-MAIL **portaldesandiego@gmail.com**
www.portaldesandiego.com

Das intime Boutiquehotel liegt im Herzen der Altstadt, eine Straße von der Plaza Fernández de Madrid. Die Zimmer sind einfach, aber stilvoll ausgestattet. Die Farben tropischer Früchte setzen Akzente zu dem strahlenden Weiß der Bettwäsche. In einigen Zimmern liegt noch Original-Fliesenboden aus der Kolonialzeit, alle haben Telefon, WLAN, Safe und Kabel-TV. Ein gutes Mittelklassehotel.

11 AE, MC, V

RESTAURANTS

CLUB DE PESCA
$$$$

FUERTE SAN SEBASTIÁN DEL PASTELILLO, MANGA
TEL. 57-5/660-4594
www.clubdepesca.com

Das 1956 eröffnete und seither renommierte Fischrestaurant residiert in einer Festung aus dem 18. Jahrhundert. Die Gäste können drinnen oder draußen sitzen, z. B. in einer Kanonenschießscharte über dem Wasser. Eine Spezialität des Hauses ist Austern-*gratinado* mit Blauschimmelkäse und karamellisierten Zwiebeln.

200 Alle gängigen Kreditkarten

PREISE

HOTELS

Die Preisangaben beziehen sich auf ein Doppelzimmer in der Hochsaison.

$$$$$	Über 160 €
$$$$	80–160 €
$$$	40–80 €
$$	20–40 €
$	Unter 20 €

RESTAURANTS

Die Preisangaben beziehen sich auf ein 3-Gänge-Menü ohne Getränke.

$$$$$	Über 28 €
$$$$	16–28 €
$$$	8–16 €
$$	4–8 €
$	Unter 4 €

JUAN DEL MAR RESTAURANT
$$$

PLAZA DE SAN DIEGO #8-12
TEL. 57-5/664-2782
www.juandelmar.com

Das peruanische Fischrestaurant ist schon seit Langem ein Renner bei der örtlichen Bohème, und es kann sehr voll werden. Manchmal spielt in dem umrankten Brunnenhof eine Salsaband. Die Gäste können in die offene Küche schauen und sehen, wie Gerichte wie *ceviche, mofongo caribeño, langostino* in Maracujasauce oder Schnecken mit Kokoscreme, Ingwer, Zitronengras und Chili zubereitet werden.

80 F geschl. Alle gängigen Kreditkarten

DER BESONDERE TIPP

RESTAURANTE EL SANTÍSIMO
$$$
CALLE DEL TORNO #39-62
TEL. 57-5/660-1531
www.elsantisimo.com
Ein superschickes Restaurant mit modernem Interieur in Creme und Orange, Lederstühlen und ausgefallener Karte. Den durch Glaswände einsehbaren Innenhof umgeben mehrere Speiseräume. Unser Menüvorschlag: Lachs-*ceviche* mit Honig, Senf, Koriander und Limette, danach *la santísima Trinidad* – ein traditionelles karibisches Gericht mit sautierten Garnelen und frischem Weißfisch, gedünsteten Tomaten, Zwiebeln, Koblauch, Koriander und Limette, serviert mit Kokosreis, und zum Dessert Kaffeepudding mit Baileys-Schlagsahne.
100 Alle gängigen Kreditkarten

PACO'S RESTAURANT & TABERNA
$$
CALLE 35 #5, PLAZA DE SANTO DOMINGO
TEL. 57-5/660-1638
Beim Speisen unter roten Sonnenschirmen kann man das Leben auf der Plaza vorbeiziehen sehen. Angeboten werden zumeist Sandwiches, Suppen und gefüllte Crêpes (z. B. mit Mozzarella und Spinat) und Knoblauchkrabben.
180 Alle gängigen Kreditkarten

RESTAURANTE CAFÉ SAN PEDRO
$$
PLAZA SAN PEDRO CLAVER #30-11
TEL. 57-5/664-5121
Das große, luftige Restaurant, das auch einen Innenhof hat, zeichnet sich durch große Fenster und sichtbare industrielle Belüftungsrohre aus. Auf der Karte steht Fusionsküche, darunter Köstlichkeiten wie mit schwarzen Bohnen und Currypaste gefüllte karibische Klöße, Zitronenkrabben und Wantans mit Schweinefleisch auf Kürbisgemüse und Thai-Fisch mit Kokosnuss und Zitrusfrüchten auf Kokosreis.
200 AE, MC, V

GOLFO DE MORROSQUILLO

HOTEL PUNTA FARO
$$$
ISLA MÚCURA
TEL. 57-1/616-3136
E-MAIL reservaciones@puntafaro.com
www.puntafaro.com
Das Strandhotel liegt eine zweistündige Bootsfahrt von Cartagena entfernt auf einer Insel nordöstlich des Golfo de Morrosquillo. Es fahren täglich Boote von Cartagena zur insel. Das von Palmen umgebene Haus ist nach indianischem Vorbild gänzlich aus Holz erbaut. Die geräumigen und gemütlichen Zimmer sind elegant im Stil der Tropen eingerichtet. Große Türen führen auf ebenso große Balkone. Das Hotel bietet Wassersport und zahlreiche andere Aktivitäten sowie Abendunterhaltung und ist bei kolumbianischen Familien sehr beliebt. (Der Transfer zur Insel kostet ca. 70 Euro, zahlbar direkt am Bootsanleger.)
45 AE, MC, V

ISLAS DEL ROSARIO

HOTEL SAN PEDRO DE MAJAGUA
$$$$
ISLA GRANDE
TEL./FAX 57-5/650-4460
E-MAIL reservas@hotelmajagua.com
www.hotelmajagua.com
Das friedliche und kultivierte Inselrefugium bietet stilvoll-rustikale Unterkünfte und hat schon so publikumsscheue Gäste wie Pierce Brosnan und Mick Jagger beherbergt. In den romantisch eingerichteten Luxuszimmern und -suiten stehen bewusst keine Telefone, jedoch seit Kurzem Flachbild-TVs. Gegen die Hitze helfen Ventilatoren und kühle Kalksteinböden. Die Suiten verfügen über Freiluft-Lounges mit Betonsofas. Zum Hotel gehört ein Tauchzentrum; Kajaks, Segelboote und Fahrräder stehen zur Verfügung. Das Restaurant liegt im Schatten riesiger Würgefeigen.
10 Zimmer, 7 Suiten
AE, MC, V

HOTEL AGUA BARÚ
$$$
ISLA BARÚ, ENSENADA DE CHOLÓN
TEL. 57-5/664-9479
E-MAIL info@hotelagua.com.co
www.hotelagua.com.co
Das auf unprätentiöse Weise schicke Schwesterhotel des Hotel Agua in Cartagena wartet mit trendigen Bungalowsuiten mit Balkonen auf, von denen der Blick Richtung Isla Rosario schweift. Die Gäste schlummern in Himmelbetten unter hohen Nadelpalmendächern; Glastüren führen auf große Veranden mit Meerblick. An der frischen Luft, aber unter einem imposanten Holzdach wird Gourmetessen serviert. Am kleinen mangrovengesäumten Hotelstrand gibt es eine bekieste Sonnenterasse und einen Pool sowie einen Anleger für Boote. Zu einigen Bungalows geht es vom Haupthaus recht steil bergan.
3 MC, V

MINCA

HOTEL MINCA

$$

MINCA

TEL. 57/317-437-3078

www.hotelminca.com

Das hübsche kleine Hotel mit üppigem Garten residiert in einem ehemaligen Kloster der Kolonialzeit, früher bekannt als La Casona. Die Einrichtung ist farbenfroh, aber einfach, mit WLAN in allen Zimmern. Vom Restaurantbalkon fällt der Blick auf die bewaldeten Berge. Serviert wird kolumbianische Küche.

13 AE, MC, V, PayPal

MOMPOX

BIOMA MOMPOX HOTEL BOUTIQUE

$$$

CALLE REAL DEL MEDIO #18-59

TEL. 53-5/685-6733

E-MAIL info@bioma.co

www.bioma.co

Das 2011 eröffnete Hotel zeichnet sich durch den gelungenen Mix aus hipper Inneneinrichtung und kolonialer Architektur aus. In den Zimmern gibt es Flachbild-TVs, WLAN und iPod-Docks sowie elegante Bäder. Whirlpool und Sonnendeck auf dem Dach.

12 MC, V

LA CASA AMARILLA

$–$$$

CALLE 13 #1-05

TEL. 53-5/685-6326

E-MAIL lacasaamarillamompos@gmail.com

www.lacasaamarillamompos.com

Die beste Budget-Unterkunft der Stadt ist ein intimes, charmantes Hotel im historischen Herzen von Mompox. Was als Hostel mit zwei Schlafsälen, betrieben vom britischen Reiseschriftsteller Richard McColl und seiner kolumbianischen Freundin Alba Torres, begann, ist gewachsen und bietet jetzt drei einfach eingerichtete Zimmer mit Balkendecken und Wandbemalung sowie acht geräumige Suiten mit Flachbild-TV und Bad. Es werden außerdem Touren angeboten. Manchmal tummeln sich Brüllaffen auf dem Dach.

3 Zimmer, 8 Suiten

AE, MC, V, PayPal

PUEBLO BELLO

WRAKU HOTEL

$

CRA. 11 #18-38, 0,5 KM NÖRDL. VON PUEBLO BELLO

TEL. 57/580-9090

Das Hostel am Eingang zum Arhuaco-Indioreservat bietet sechs saubere, einfach ausgestattete Hütten mit Ventilator und Kabel-TV. Auf gepflegten Rasenflächen mit tollem Bergblick kann gezeltet werden. Gegessen wird im Freien unter einem Strohdach.

6 Keine

PUNTA GALLINAS

HOSPEDAJE ALEXANDRA

$

PUNTA GALLINAS

TEL. 57/316-644-4050 oder 315-538-2718

E-MAIL hospedajealexandra@hotmail.com

In der stets von einer frischen Brise umwehten Wayúu-*ranchería* kann man draußen in luftigen Hängematten nächtigen. Wer etwas mehr Privatsphäre bevorzugt, wählt ein bequemes Bett in einer Kaktushütte mit eigenem Bad (zum Duschen schöpft man Wasser aus einem Eimer). Der äußerst freundliche Gastgeber, Ignacio „Chander" Alexander Arends, nimmt Gäste in seinem SUV mit auf Touren, während seine Frau Leonida köstlichen Knoblauchhummer und andere frische Fischgerichte zaubert.

10 Keine

PREISE

HOTELS

Die Preisangaben beziehen sich auf ein Doppelzimmer in der Hochsaison.

$$$$$	Über 160 €
$$$$	80–160 €
$$$	40–80 €
$$	20–40 €
$	Unter 20 €

RESTAURANTS

Die Preisangaben beziehen sich auf ein 3-Gänge-Menü ohne Getränke.

$$$$$	Über 28 €
$$$$	16–28 €
$$$	8–16 €
$$	4–8 €
$	Unter 4 €

RÍOHACHA

HOTEL GIMAURA

$$

CALLE 1A AV. LA MARINA

TEL. 57-5/728-2505

Die etwas ältliche, einfache, schnörkellose Unterkunft am mittelprächtigen Strand ist doch das beste der wenigen Hotels der Stadt. Das Restaurant serviert einfache, aber sättigende Mahlzeiten, und das Personal ist freundlich und hilfsbereit. Die Zimmer (mit Kabel-TV und schnellem WLAN) haben nur kalte Duschen und hätten eine Auffrischung dringend nötig.

42 Alle gängigen Kreditkarten

SANTA MARTA

HOTEL BE LA SIERRA

$$$$

CRA 1#9-47,
RODADERO
TEL. 57-5/422-7960
E-MAIL reservas@hotelbelasierra.com
www.hotelbelasierra.com

Ein Strandhotel mit bequemen Unterkünften in dezenten Herbstfarben. Im Terrassenrestaurant mit Bambusmöbeln stehen ein Buffet sowie À-la-carte-Gerichte zur Auswahl.
63 Zimmer, 11 Suiten Alle gängigen Kreditkarten

IROTAMA RESORT

$$$

KM 14 VÍA A CIÉNAGA, 14 KM WESTL. VON SANTA MARTA
TEL. 57-5/438-0600
www.irotama.com

Für Familien mit Kindern ist die große Ferienanlage am Strand westlich von Rodadero genau das Richtige: Es gibt jede Menge Einrichtungen für Kinder und Erwachsene wie Tennisplätze, Abendunterhaltung, Wassersport, Driving Range und Übungsgrün, Kinderclub und Tagungseinrichtungen. Gäste haben die Wahl zwischen schattigen Suiten, Bungalows und Häuschen sowie Apartments in einem Hochhausblock.
322 Alle gängigen Kreditkarten

LA CASA DEL FAROL

$$$

CALLE 18 #3-115
TEL. 57-5/423-1572
www.lacasadelfarol.com

Das einzige echte Boutiquehotel in Santa Marta ist ein hübsches Anwesen aus dem 18. Jahrhundert, das renoviert und modern ausstaffiert wurde. Die sechs individuell gestylten Zimmer sind liebevoll eingerichtet und haben Deckenventilatoren. Einige Zimmer geben sich historisch, andere retro-modern, wie das Nueva-York-Zimmer mit schwarz-weißen Möbeln von Philippe Starck. Die Dachterrasse hat einen kleinen Pool und ein Sonnendeck. Gratis-WLAN und Laptopnutzung.
6 MC, V

TAMACÁ BEACH RESORT HOTEL

$$$

CRA. 2A #11A-98,
RODADERO
TEL. 57-5/422-7015
FAX 57-5/422-7028
E-MAIL reserva@tamaca.com.co
www.tamaca.com.co

Das strahlend weiße, fünfstöckige moderne Resorthotel am Strand von Rodadero bietet farbenfrohe Unterkünfte, darunter auch Juniorsuiten, mit WLAN und jeder Menge Ausstattung. Die geräumige Lobby führt zu einem Poolkomplex. Ein Ergänzungsbau, die Torre Norte, liegt einen Block entfernt eine Straße landeinwärts vom Strand.
141 Alle gängigen Kreditkarten

LA CASA DEL AGUA

$$–$$$

CALLE 18 #4-09,
CENTRO HISTÓRICO
TEL. 57-5/423-1572
E-MAIL reserva@lacasadelfarol.com
www.lacasadelagua.com.co

Die charmante und gut geführte Unterkunft in einem umgebauten Stadthaus im Kolonialstil liegt im historischen Zentrum, nur zwei Straßen vom Strand entfernt. Die Zimmer in dem atmosphärischen Boutiquehotel sind je einem Element wie Feuer, Wasser und Luft gewidmet. Die Gäste können die offene Küche mitbenutzen, ein köstliches Frühstück ist im Preis inbegriffen. Schnelles WLAN plus Pool in einem kleinen abgeschirmten Innenhof.
3 MC, V

ALUNA CASA & CAFÉ

$$

CALLE DE POZO,
CENTRO HISTÓRICO
TEL. 57-5/432-4916 oder 311-390-4091
E-MAIL info@alunahotel.com
http://alunahotel.com

Die kleine Budget-Unterkunft wird vom Iren Patrick Fleming mustergültig geführt. Das fünf Gehminuten vom Wasser entfernte umgebaute Stadthaus aus den 1920er Jahren in einem Arbeiterwohnviertel wurde 2009 eröffnet und sofort mit begeisterten Kritiken überhäuft. Im Café gibt es Buchtausch, Kabel-TV und kostenloses WLAN. Mit Dachterrasse. Genächtigt wird in Schlafsälen, Einzel- oder Doppelzimmern. Buchung erforderlich.
14 Keine

THE DREAMER HOSTEL

$$

CRA 51 #26D-161,
LOS TRUPILLOS DE MAMATOCO
TEL. 57-5/433-3264
www.thedreamerhostel.com

Das Backpacker-Hostel liegt zwar nicht sehr zentral, ist aber zu Recht 2014 zum besten Hostel Kolumbiens gewählt worden. Es gibt einen Garten mit Pool, der als geselliger Treff dient. Kostenloses WLAN im gesamten Haus, dazu Schließfächer, Waschmaschinen und Bar.
4 Zimmer, 5 Schlafsäle Keine

DONDE CHUCHO

$$$$

CALLE 6 #2-61,
RODADERO
TEL. 57-5/422-1752
www.dondechuchorodadero.com

Eines der edelsten Restaurants der Stadt: Das elegante Esslokal im kolonialen Look mit schmiedeeisernen Kronleuchtern hat einen klimatisierten Speisesaal und eine Terrasse am Parque de los Novios. Der Schwerpunkt liegt auf Meeresfrüchten wie Knoblauch-Tintenfisch, Seebarsch in Tamarindensauce oder Meeresfrüchte-Eintopf. Außerdem gibt es Pasta und Risotto.
60 So geschl. Keine

RESTAURANTE BAR MUELLE 8
$$$$
CRA. 1RA #10A-12, MUELLE DE CRUCEROS
TEL. 57-316-385-7476
E-MAIL **muelle8sp@hotmail.com**
Das noble Restaurant gehört Koch Pincho Padilla, dem ehemaligen Bürgermeister von El Rodadero, und lockt mit tollen Fischgerichten die Prominenz der Stadt an.
60 F geschl. Keine

CRÊPES EXPRESSO
$$$
CRA. 2 #16-33
E-MAIL **crepes_expresso@hotmail.com**
In dem Restaurant unter französischer Leitung mit Backsteinwänden und Balkendecke dreht sich, man ahnt es, alles um Crêpes mit 13 verschiedenen Füllungen (z. B. Rindfleisch, Pilze oder Roquefort-Käse), auch süß z. B. als Suzette. Zum Nachtisch gibt es Eiscreme und Kaffee.
60 Sa, So & M geschl. Keine

BEN & JOSEP'S
$$
CRA. 1A #18-53
TEL. 57/317-280-5039
E-MAIL **benschut@yahoo.com**
Das lockere Restaurant am Wasser zieht die hier lebenden Ausländer mit den angeblich besten Steak- und Baby-Beef-Gerichten der ganzen Stadt an. Das Fleisch wird nach Wunsch zubereitet, z. B. mit Blauschimmelkäse oder schwarzem Pfeffer. Die Tische draußen am Malecón sind die besten.
60 Di geschl.
AE, MC, V

LAMART
$$
CRA. 3 #16-36
TEL. 57-5/431-0797
http://lamart.com.co
Das kleine Bohème-Restaurant in einer verkehrsberuhigten Straße serviert inmitten nackter Backsteinwände hervorragende peruanische *ceviche,* Pesto-Quesadilla und das leckere Spezialgericht des Hauses: frische Venusmuscheln in Weißweinsauce mit Zwiebeln, Knoblauch und Paprika.
20 AE, MC, V

SINCELEJO

HOTEL BOSTON
$$$
CALLE 25B #31-14
TEL. 53-5/280-4022
FAX 53-5/280-0699
E-MAIL **info@hotelbostonltda.com**
www.hotelbostonltda.com
Das moderne Innenstadthotel gewinnt sicher keine Auszeichnungen, erfüllt aber mit geräumigen und gemütlichen Zimmern mit WLAN und Kabel-TV durchaus seinen Zweck. Wer möchte, kann sich eine Juniorsuite oder die Präsidentensuite gönnen. Ein kleiner Pool, der versteckt in einem Innenhof liegt, verschafft Abkühlung. Im dazugehörigen Restaurant wird asiatisches Essen serviert, auch Sushi.
50 P AE, MC, V

PREISE

HOTELS
Die Preisangaben beziehen sich auf ein Doppelzimmer in der Hochsaison.

$$$$$	Über 160 €
$$$$	80–160 €
$$$	40–80 €
$$	20–40 €
$	Unter 20 €

RESTAURANTS
Die Preisangaben beziehen sich auf ein 3-Gänge-Menü ohne Getränke.

$$$$$	Über 28 €
$$$$	16–28 €
$$$	8–16 €
$$	4–8 €
$	Unter 4 €

TAGANGA

HOTEL LA BALLENA AZUL
$$$–$$$$
CRA. 1 & CALLE 18, PLAYA TAGANGA
TEL. 57-5/421-9009
www.hotelballenaazul.com
Das beste Hotel der Stadt liegt am schönsten Teil des Strands, wo es keine Fischerboote gibt. Das kürzlich im zeitgenössischen Stil umgebaute Haus erstrahlt in Weiß, ebenso die Möbel (einige Zimmer sind in tropischen Pastelltönen gehalten). Den Zimmern angeschlossene schüsselförmige Whirlpools geben ihnen einen romantischen Touch. Deckenventilatoren sind ein weiteres Plus. Auch das blau-weiß gehaltene, am Strand gelegene **Restaurante Blue** ist ist konkurrenzlos in der Umgebung, wenn es um Essen unter freiem Himmel geht; der Schwerpunkt auf der Karte

liegt auf Meeresfrüchten und Crêpes.
30 P Keine

CASA HOLANDA
$$
CALLE 14 #1B-75
TEL. 57-5/421-9390
E-MAIL **info@hotelcasaholanda.com**
Das zweistöckige Hostel am winzigen Hauptplatz der Stadt, nur einen halben Häuserblock vom Strand, erstreckt sich an einem Innenhof entlang. Die Zimmer sind bescheiden, aber stilvoll eingerichtet in trendigen Schoko- und Weißtönen und mit Vorhängen und Kissen in den Farben der Tropenfrüchte. Auf den Veranden gibt es Hängematten, dazu kommt eine Dachterrasse. WLAN.
12 AE, MC, V

MOJITO
$$
CALLE 14 #1B-61
TEL. 57-5/421-9187
Trotz des Namens gibt es hier kein kubanisches Essen. Das Mojito ist auf Mittelmeerküche spezialisiert, mit griechischem Salat und verschiedenen Pastagerichten. Bekannt ist es für seine *ceviches*, von Räucherfisch bis Thai. Das Tagesmenü umfasst Vorspeise, Hauptgericht und Getränk. Nebenan ist ein Internetcafé.
30 Di geschl. Keine

TAGANGA EXTREME
$$
CRA. 1 #14-05
TEL. 57-5/421-9350
E-MAIL **tagangaextreme@gmail.com**
Das Sportgeschäft am Wasser ist zugleich auch ein reizendes Café mit frischen Obstsäften, Croissants, Wraps, Panini und amerikanischem Frühstück. Von der schattigen Terrasse aus lassen sich die Aktivitäten am Wasser bestens beobachten.
24 Keine

TAYRONA

DER BESONDERE TIPP

ECOHABS
$$$$$
ARRECIFES,
PARQUE NACIONAL NATURAL TAYRONA
TEL. 57-1/311-600-1614
www.ecohabsantamarta.com
Das Luxus-Resorthotel am östlichen Eingang zum Tayrona-Nationalpark liegt exklusiv mitten in einer bewaldeten Felsenlandschaft. Die kleinen strohgedeckten Rundhütten ziehen sich den Hang hinauf (für behinderte Personen ist das Hotel nicht geeignet); von den Balkonen und offenen Lounges bieten sich spektakuläre Meerblicke. Breite Loungebetten sowie Spa-Whirlpools am Strand gehören zu den Annehmlichkeiten. Das runde, offene Restaurant mit hohem Strohdach serviert Gourmetgerichte wie köstliche Krabben-*ceviche*, *sancocho* mit Kokoswasser und in Bananenblätter gewickelte Fischfilets mit Kokosreis und Avocadosalat. Das Personal trägt eine Hoteluniform, die traditionellen Kogi-Trachten nachempfunden sind.
20 P Alle gängigen Kreditkarten

DER BESONDERE TIPP

HOTEL PLAYA KORALIA
$$$–$$$$
PLAYA KORALIA, 47 KM ÖSTL. VON SANTA MARTA
TEL. 57/310-642-2574
E-MAIL **hola@koralia.com**
www.koralia.com
Das entspannende Strandresort im Ethnostil bietet die perfekte Kombination aus Luxus, Schlichtheit und Umweltbewusstsein. Da es als eine Hommage an Gottheiten aus aller Welt konzipiert ist, übernachtet man in Hütten mit Namen wie Ganesh oder Nirvana. Diese Hütten liegen in guter Entfernung voneinander auf einem bewaldeten Gelände und garantieren so Privatsphäre – ein Grund, weshalb Shakira und andere Promis, die den Paparazzi entkommen wollen, das Hotel schätzen. Die strohgedeckten, weiß getünchten Hütten mit Bambuswänden, bunten Mosaikbildern und Betonsofas in Wellenform auf den Veranden sind sehr romantisch; die Himmelbetten sind durch Moskitonetze geschützt. Nach oben offene „Regenwald-Duschen". Auch Zelten ist möglich. Mahlzeiten sind in den Preisen inbegriffen und werden direkt am Strand serviert. Massagestudio.
18 P Alle gängigen Kreditkarten

TAIRONAKA
$$–$$$
RÍO DON DIEGO, 58 KM ÖSTL. VON SANTA MARTA
TEL. 57/317-666-8836
E-MAIL **reservas@taironaka.com**
www.taironaka.com
Das Ökoresort am Fluss befindet sich in einem alten Indígenadorf mit Steinterrassen und bietet eine hübsche Mittelklasse-Alternative zu den Campingplätzen im Tayrona-Nationalpark und dem Luxus des Hotel Playa Koralia und von EcoHabs. Die rustikalen Hütten sind einfach, aber charmant und stehen auf üppig bewachsenem Gelände. Im offenen Restaurant mit Strohdach werden einheimische Gerichte serviert. Kajaks.
11 P Alle gängigen Kreditkarten

RESERVA NATURAL EL MATUY
$
PALOMINO
TEL. 57/315-751-8456
www.elmatuy.com
Die friedvolle Strandunterkunft ist bei Backpackern und Vogelfreunden beliebt. Sie bietet einfach ausgestattete Hütten auf Stelzen mit Hängematten auf breiten Veranden. Strom ist nur begrenzt verfügbar, die Hütten werden mit Kerzenlicht beleuchtet.
10 Hütten, 24 Zimmer
Keine

VALLEDUPAR

CASA ROSALÍA
$$$–$$$$
CALLE 16 #10-10
TEL. 57-5/574-4129
www.lacasarosalia.com
Das Boutiquehotel an der Hauptstraße im Herzen der Altstadt residiert in einem umgebauten 1950er-Jahre-Haus mit schattigen Gartenveranden. Es ist geschmackvoll und komfortabel mit zeitgenössischen Möbeln und einigen Antiquitäten eingerichtet. Flachbild-TVs und WLAN.
5 Alle gängigen Kreditkarten

HOTEL SONESTA VALLEDUPAR
$$$–$$$$
DIAGONAL 10 #6N-15
TEL. 57-5/574-8686
E-MAIL **info@lacasadefelipe.com**
www.sonesta.com/Valledupar
Das an der Guatapuri Plaza im Norden der Stadt gelegene Hotel überzeugt durch modernes stilvolles Design und urbanen Schick. Das Haus möchte sich einen Namen als kultiviertes Hotel für Geschäftsleute machen, mit WLAN, vollem Concierge-Service und Executive-Etage. Die Zimmer sind in trendigen Schoko- und Weißtönen gehalten. Das **Manumkana Restaurant** zählt zu den edelsten der Stadt und serviert Fusionsküche.
108 Alle gängigen Kreditkarten

HOSTAL PROVINCIA
$–$$
CALLE 16A #5-25
TEL. 57-5/580-0558
E-MAIL **info@provinciavalledupar.com**
www.provinciavalledupar.com
Das saubere, gut geführte Hostel in kolumbianischem Besitz einen Häuserblock von der Plaza Alfonso López entfernt bietet Schlafsäle und Zimmer, beides entweder mit Ventilator oder Klimaanlage ausgestattet. Zur guten Ausstattung zählen Waschmaschinen, Fernsehzimmer, kostenlose Gepäckaufbewahrung, Küchennutzung sowie Hängematten auf einer Terrakottaveranda. Gratis-WLAN.
10 Keine

WESTLICHES HOCHLAND

ALCALÁ

FINCA HOTEL EL BOSQUE DEL SAMAN
$$$$
KM 5 VÍA ALCALA VEREDA LA CAA
TEL. 57-6/336-5589
www.bosquesdelsaman.com
Die rustikale, einladende Hacienda bietet ein ländliches Ambiente in toller Lage, historische Atmosphäre, viel Komfort und zahlreiche Aktivitäten wie Waldwanderungen und eine Ziplining-Tour. Das Hotel liegt auf einer Kaffeeplantage und Rinderfarm, man kann Kühe melken und die handwerklich betriebene Kaffeeproduktion kennenlernen. Die Zimmer sind farbenfroh im Landhausstil ausgestattet.
32 MC, V

PREISE

HOTELS
Die Preisangaben beziehen sich auf ein Doppelzimmer in der Hochsaison.

$$$$$	Über 160 €
$$$$	80–160 €
$$$	40–80 €
$$	20–40 €
$	Unter 20 €

RESTAURANTS
Die Preisangaben beziehen sich auf ein 3-Gänge-Menü ohne Getränke.

$$$$$	Über 28 €
$$$$	16–28 €
$$$	8–16 €
$$	4–8 €
$	Unter 4 €

ARMENIA

HACIENDA FINCA EL BALSO
$$–$$$
KM 5 VÍA ARMENIA AL AEROPUERTO EL EDÉN
TEL. 57-6/749-4280
http://fincaelbalso.com
Die Hacienda auf einer hundert Jahre alten Kaffeeplantage ist angefüllt mit Antiquitäten. Durch die glaslosen, mit Fensterläden geschützten Fenster zirkulieren sanfte Brisen. Die weiten schattigen Veranden auf zwei Etagen sind mit Schaukelstühlen bestückt. Der Eigentümer, Julián Morales de la Pava, bietet Führungen durch die Kaffeefelder an.
5 Keine

HOTEL CAFÉ REAL

$$–$$$

CRA. 18 #21-32
TEL. 57-6/744-3055
E-MAIL **comercial@hotelcafereal.com**
www.hotelcafereal.com

Das muntere und bunte Hotel Café Real preist sich selbst als „Kunst- und Businesshotel" an und ist dementsprechend mit moderner Kunst geschmückt. Die moderne Architektur und die Ausstattung sprechen besonders ein anspruchsvolles jüngeres Publikum an, dem eine Dampfsauna, Massageangebote sowie ein Internetcafé zur Verfügung stehen. Dank Innenstadtlage praktisch fürs Sightseeing.

40 Alle gängigen Kreditkarten

IBAGUÉ

HOTEL DANN COMBEIMA

$$$$

CRA. 2 #12-37
TEL. 57-8/261-8888
FAX 53-8/261-8890
E-MAIL **reservas@danncombeima.com**
www.hotelesdann.com

Die vornehmste Unterkunft der Stadt ist ein stilvolles modernes Hotel mit Marmorlobby und auffallender zeitgenössischer Kunst. Die großen Zimmer bieten herrliche Ausblicke und sehr elegante Einrichtungsgegenstände, darunter lederne Clubsessel. Sämtliche Zimmer bieten WLAN.

62 Alle gängigen Kreditkarten

HOTEL EL EDÉN BOUTIQUE SPA

$$$$

CRA. 45 SUR #161-180,
10 KM SÜDL. VON IBAGUÉ
TEL. 57-8/269-5538
www.eledenhotelboutiquespa.com

Der erste Eindruck kann täuschen, wie das gehobene Boutiquehotel in einem Gewerbegebiet am südwestlichen Stadtrand zeigt. Hinter den bewachten Toren versteckt, liegt das in bunten Farben erstrahlende zweistöckige Hotel weiter unten am Hang. Die geräumigen, eleganten Zimmer sind modern eingerichtet. Das Freiluft-Restaurant und die Loungebar liegen an einem großen Pool und einem Tennisplatz.

9 Keine

HOTEL INTERNACIONAL CASA MORALES

$$$$

CRA. 3RA #3-47,
BARRIO LA POLA
TEL. 57-8/261-9404
E-MAIL **reservas@hotelcasamorales.com**
www.hotelcasamorales.com

Das Hotel in einem Backsteinturm in Zentrumsnähe richtet sich sowohl an Geschäftsreisende als auch an Familien. Die Juniorsuiten und Suiten bieten WLAN, Flachbild-TVs, geflieste Böden und Möbel im edwardianischen Stil. Zur Ausstattung gehören eine Sauna, ein Spielzimmer und ein kleines Kino. Im großen Restaurant mit Bambuseinrichtung klimpert ein Pianist.

131 Alle gängigen Kreditkarten

MANIZALES

HACIENDA VENECIA

$$$

8 KM WESTL. VON MANIZALES
TEL. 57/320-636-5719
E-MAIL **posada@haciendavenecia.com**
www.haciendavenecia.com

Das Boutiquehotel auf einer Kaffeeplantage erinnert mit seiner ländlichen Schlichtheit an eine ruhigere Zeit. Sein Zimmer muss man vielleicht mit handtellergroßen Motten teilen. Zu essen gibt es einfache, aber gute Landküche wie Kartoffelsuppe und gebratene Hühnerbrust mit *papas* und Salat. Abends kann man in Retro-Clubsesseln auf der breiten Veranda sitzen und das Konzert der Insekten und Frösche genießen.

8 Keine

HOTEL CARRETERO

$$$

CRA. 23 #35A-31
TEL. 57-6/887-9190
www.hotelcarretero.com

Das glanzlose Äußere des fünfstöckigen Hotels an der Hauptstraße im Zentrum verbirgt ein superschickes Interieur in Schoko-, Weiß- und Rottönen. Die Suiten weisen eine Büroeinrichtung und neueste Technologie auf. Riesige Duschen aus Glas und Marmor. Rund um die Uhr geöffnetes Business Center, freundliches und hilfsbereites Personal.

100 Alle gängigen Kreditkarten

ALTO PASTI TRATTORIA

$$$

CRA. 24A #58A-03,
LA ESTRELLA
TEL. 57-6/881-2068

Das gut geführte italienische Restaurant bei der Zona Rosa kombiniert schickes Design, Musik und diverse Essplätze drinnen und draußen. Umfassendes Angebot an köstlichen Pasta-, Risotto-, Lasagne- und Ravioligerichten, außerdem Pfeffersteak und Meeresfrüchte.

70 F & A geschl.
Alle gängigen Kreditkarten

MEDELLÍN

ART HOTEL

$$$$

CRA. 41 #9-31,
ZONA ROSA

TEL. 57-4/369-7900
E-MAIL **info@arthotel.com.co**
www.arthotel.com.co
Das loftähnliche Boutiquehotel genießt eine tolle Lage eine Straße vom Parque Lleras entfernt, im Herzen des Ausgehviertels der Stadt. Die Zimmer und Suiten haben glasierte Betonböden, Balkendecken und opulente Bäder mit großen Duschen. Die hippe Einrichtung spricht besonders eine jüngere, anspruchsvolle Klientel an. Zur Ausstattung gehören Flachbild-TVs und WLAN. An den nackten Backsteinwänden hängen Kunstwerke.
54
Alle gängigen Kreditkarten

HOTEL DANN CARLTON MEDELLÍN

$$$$
CRA. 43A #7-50 & AVENIDA EL POBLADO
TEL. 57-5/444-5151
FAX 57-1/312-7323
www.hoteldanncarlton medellin.com
Der Eingangsbereich des mitten im Finanz-, Hotel- und Unterhaltungsbezirks gelegene Dann Carlton mit seiner Marmorlobby und der großen Treppe wirkt majestätisch. Die geräumigen Zimmer mit edwardianischem Mobiliar und einer Farbskala von Gold, Braungrau und Meeresblau sind nicht nur für Geschäftsreisende ansprechend eingerichtet. Dazu kommen alle modernen Annehmlichkeiten wie WLAN (kostet extra). Das über den Dachrand hinausragende Drehrestaurant mit Rundumverglasung und spektakulärem Ausblick ist eine Tony Roma's-Filiale. Im Swimmingpool sprudelt eine Fontäne, außerdem gibt es eine Sauna und ein türkisches Bad.
200
Alle gängigen Kreditkarten

HOTEL PORTON MEDELLÍN

$$$$
CRA. 43A #9-51
TEL. 57-4/313-2020
FAX 57-4/313-1047
E-MAIL **reservasol@hotelportonmedellin.com**
www.hotelportonmedellin.com
Das Hotel liegt in einem avantgardistischen Hochhaus mit spektakulärer Architektur. WLAN, Kabel-TV und Haartrockner sind Standard in den elegant möblierten Zimmern. Speisen kann man in einem vornehmen Restaurant im Clubstil und in einem traditionell eingerichteten Freiluft-Restaurant. Der Wellnessbereich umfasst auch ein Pilatesstudio. An der noblen Goldenen Meile, ganz in der Nähe von Cafés, Boutiquen und vielen anderen Geschäften.
70
Alle gängigen Kreditkarten

BASILICA

$$$
CRA. 38 #8A-4,
TEL. 57-4/311-7366
www.restaurantebasilica.com
Das luftige peruanische Fischrestaurant auf der Südseite des Parque Lleras beeindruckt mit einer sehr guten Küche, die auch Sushi einschließt (Tipp: Lleras-Rollen mit Unagi). Am Wochenende wird es voll, deswegen sollte man früh da sein. Dank der zwei offenen Seiten hat man einen tollen Blick auf das Treiben in der Zona Rosa.
250 F geschl.
Alle gängigen Kreditkarten

BONUAR

$$$
CRA. 44 #19A-100
TEL. 57-4/235-3577
www.bonuar.com
Das stilvolle Café-Restaurant neben dem Museo de Arte Moderno vermag mit seiner gepflegten Ausstattung mit Lederbänken und viel Holz durchaus auch anspruchsvollere Geister zufriedenzustellen. Es gibt außerdem eine Cocktailbar sowie Blues- und Jazzkonzerte und einen Sonntagsbrunch. Auf der Karte stehen neben Suppen und *ceviche* Hauptgerichte wie kreolischer Hummer und Krabben-*gumbo*.
60 Alle gängigen Kreditkarten

PREISE

HOTELS
Die Preisangaben beziehen sich auf ein Doppelzimmer in der Hochsaison.

$$$$$	Über 160 €
$$$$	80–160 €
$$$	40–80 €
$$	20–40 €
$	Unter 20 €

RESTAURANTS
Die Preisangaben beziehen sich auf ein 3-Gänge-Menü ohne Getränke.

$$$$$	Über 28 €
$$$$	16–28 €
$$$	8–16 €
$$	4–8 €
$	Unter 4 €

RESTAURANTE HACIENDA REAL

$$$
CRA. 49 #52-98, CENTRO
TEL. 57-4/511-5330
E-MAIL **cliente@haciendareal.com**
Das in der Innenstadt gelegene Restaurant ist für seine auf einem offenen Grill zubereitete *bandeja paisa*, das

kolumbianische Nationalgericht, bekannt. Daneben gibt es in ungezwungener Atmosphäre weitere Fleisch- wie auch Fischgerichte. Das Lokal liegt etwas versteckt oben im ersten Stock und verfügt über eine luftige Terrasse mit Blick auf das lebhafte Treiben auf der Straße unterhalb.
132 So A geschl.
Alle gängigen Kreditkarten

MONTENEGRO

DER BESONDERE TIPP

CASA DE CAMPO EL DELIRIO

$$$

KM 1 VÍA MONTENEGRO–PARQUE DE CAFÉ
TEL. 57-310-438-9005
E-MAIL casadelirio@hotmail.com

Die Einrichtung der reizenden Quinta auf dem Land entführt die Gäste in die Zeit vor hundert Jahren. Das ganze Haus ist mit Antiquitäten eingerichtet, in der Lounge stehen Porzellan, Puppen und schmiedeeiserne Lampen. Einen echten Kontrast bilden dazu die Zimmer mit zeitgenössischer Deko und Luxustextilien, dazu holzgetäfelte Decken und Terrakottaböden. Zum Parque del Café ist es nur ein Katzensprung, man kann aber auch in der zum Hotel gehörenden Kaffeeplantage umherspazieren.
8 P AE, MC, V

FINCA LOS GIRASOLES

$$$–$$$$

KM 5 VÍA ARMENIA–MONTENEGRO
TEL. 57-6/749-8528
FAX 57-6/749-8528
E-MAIL fincalosgirasoles@hotmail.com
www.fincalosgirasoles.com

Die rustikale Hacienda in Weiß und Blau aus der Kolonialzeit gehört zur Kette Haciendas del Café und verströmt den ländlichen Charme vergangener Zeiten. Zur antiken Einrichtung gehören Messingbetten. Das Restaurant mit Kamin hat viel Flair und bietet hübsche Blicke auf den Garten, in dem Bougainvilleen blühen. Es gibt sogar eine kleine Kapelle.
20 P MC, V

PEREIRA

DER BESONDERE TIPP

SAZAGUA

$$$$$

KM 8 VÍA CERRITOS, ENTRADA 4, URBANIZACIÓN QUIMBAYITA
TEL. 57-6/337-9895
E-MAIL info@sazagua.com
www.sazagua.com

Die moderne, auf einem Hügel gelegene zweistöckige Lodge mit wunderbarem Garten erinnert an eine alte *casona* (Landhaus), ist aber ein mustergültiges Boutiquehotel. Die geräumigen und luftigen Lounges und Zimmer haben Holzbalken und Terrakottaböden. Antiquitäten und asiatische Artefakte sind mit modernen Einrichtungsstücken, Kunst und tollen Teppichen kombiniert. Der Pool mit Sonnenterrasse ist von hohen Palmen gesäumt, zwischen denen Hängematten gespannt sind. Dazu kommen WLAN und ein Business Center sowie ein Spa. Im Restaurant auf einer offenen Terrasse mit Gartenblick gibt es internationale Küche, zubereitet aus regionalen Zutaten. Auf der häufig wechselnden Karte stehen z. B. gegrillter Lachs auf Gemüse mit Zitrussauce und Kroketten oder Riesengarnelen mit weißem Reis und Kochbananen in Bohnensauce. Göttlich!
24 P Alle gängigen Kreditkarten

HACIENDA SAN JOSÉ

$$$

KM 4 VÍA DE PEREIRA–CERRITOS, ENTRADA 16, CADENA EL TIGRE
TEL. 57-6/313-2612
www.haciendahotelsanjose.com

Die 1888 erbaute klassische *casona* im Besitz der Familie Mejía Jaramillo versetzt ihre Gäste mit seiner Inneneinrichtung ins viktorianische England und in seinen schönen Außenanlagen mit dem Pool auf der Steinterrasse in die Toskana. Bougainvilleen klettern die Außenmauern hoch, über denen ein schön gealtertes Dach aus roten Ziegeln thront. Komplett mit Antiquitäten eingerichtet. Auf der oberen Etage gibt es eine große Veranda.
10 P Alle gängigen Kreditkarten

HOTEL CASTILLA REAL

$$$

CALLE 15 #12B-15
TEL. 57-6/333-2192
FAX 57-6/324-4950
www.hotelcastillareal.com

Zur historisierenden Inneneinrichtung des modernen dreistöckigen Backsteinbaus gehören ein gewundener Treppenaufgang mit schmiedeeisernem Geländer und edwardianische Möbel in den öffentlichen Bereichen. Die Zimmer sind mit Teppich ausgelegt und modern eingerichtet, unter anderem mit Safe, Minibar und Internetmodem. Zauberhaftes Restaurant im englischen Stil mit Deckenmalerei und Caféterrasse mit Blick auf die Kathedrale.
24 P Alle gängigen Kreditkarten

SALENTO

THE PLANTATION HOUSE
$–$$$
ALTO DE CORONEL, CALLE 7 1-04, SALENTO
TEL. 57/316-285-2603
E-MAIL **theplantationhousesalento@yahoo.uk**
www.theplantationhousesalento.com
Das entzückende hundert Jahre alte mit Blumentöpfen und Terrakottafliesen geschmückte Bauernhaus beherbergt ein Hostel, das von einem Engländer betrieben wird. Man kann zwischen Schlafsälen und heimeligen Zimmern (einige mit Gemeinschaftsbad) wählen. Im Garten sind Hängematten gespannt, und die Gäste können zwei Küchen benutzen. Ausgezeichnete Informationsquelle. Große Bibliothek mit englischsprachiger Literatur.
15 Keine

CAFÉ GOURMET ALEGRA
$$
CALLE 4 & CRA. 7
TEL. 57/300-601-0913
E-MAIL **alegracol@yahoo.es**
Das schöne Kolonialgebäude bietet ein nettes Ambiente für Pizza, Salate, Fruchtjoghurt-*batidos* und Kaffee. Nur eine Straße vom Hauptplatz entfernt.
40 Keine

SANTA FÉ DE ANTIOQUIA

HOTEL MARISCAL ROBLEDO
$$$–$$$$
CRA. 12 #9-70
TEL. 57-4/853-1563
E-MAIL **comercial@hotelmariscalrobledo.com**
www.hotelmariscalrobledo.com
Das Hotel Mariscal Robledo an der Plazoleta de la Chinca ist die vornehmste Unterkunft der Stadt. Die Betreiber haben in dem Haus aus dem 18. Jahrhundert mit Antiquitäten und liebevollen Architektur- und Einrichtungsdetails wie freiliegendem Mauerwerk, Balkendecken und breiten Veranden ein stimmungsvolles Hotel mit historischem Flair geschaffen. Die zurückhaltend eingerichteten Zimmer sind unterschiedlich; einige haben alte Himmelbetten, andere Jugendstil-Möbel. Kostenloses WLAN im gesamten Haus, großer Pool, türkisches Bad, Spielzimmer mit Tischtennis und Billard, Fahrräder. Billigtarife.
37
Alle gängigen Kreditkarten

LA COMEDIA
$$–$$$
CALLE 11 #8-03, PARQUE SANTA BARBARA
TEL. 57/301-596-3032
www.lacomediacafe.blogspot.com
Hier kann man kreolische Gerichte wie Knoblauchforelle und Krabbencrêpes in einer netten Atmosphäre genießen. Das Lokal ist mit bunter Kunst geschmückt, und es wird auch Livemusik geboten, unter anderem Jazz, und manchmal Filmvorführungen auf der Plaza.
40 In der Nebensaison Di geschl. Keine

SÜDLICHES HOCHLAND

BUGA

HOTEL GUADALAJARA BUGA
$$$$
CALLE 1 #13-33, BUGA
TEL. 57-2/236-2611
FAX 57-2/228-2468
E-MAIL **reservas@hotelguadalajara.com.co**
www.hotelguadalajara.com.co
Das Hotel im Kolonialstil beschwört Bilder von spanischen Missionsstationen herauf: Der hübsche Gartenhof mit Brunnen ist von Arkaden umgeben. Die geräumigen Zimmer mit ihrer geschmackvollen Einrichtung und modernen Ausstattung sind jedoch alles andere als mönchisch. Die Juniorsuiten verfügen über schnellen Internetzugang; WLAN gibt es in den öffentlichen Lounges. Das holzvertäfelte Restaurant mit Terrasse serviert regionale Spezialitäten wie Hühnereintopf und Empanadas. Am Wochenende lockt eine Disko Besucher an. Drei Häuserblocks von der Kathedrale entfernt.
67
Alle gängigen Kreditkarten

PREISE

HOTELS
Die Preisangaben beziehen sich auf ein Doppelzimmer in der Hochsaison.

$$$$$	Über 160 €
$$$$	80–160 €
$$$	40–80 €
$$	20–40 €
$	Unter 20 €

RESTAURANTS
Die Preisangaben beziehen sich auf ein 3-Gänge-Menü ohne Getränke.

$$$$$	Über 28 €
$$$$	16–28 €
$$$	8–16 €
$$	4–8 €
$	Unter 4 €

CALI

RADISSON ROYAL CALI
$$$$
CRA. 100B #11A-99
TEL. 57-2/330-7777
FAX 57-2/331-5128
E-MAIL **reservas@radissoncali.com**
www.radisson.com
Die bekannte internationale Kette bietet verlässlichen Service und zeitgenössische Eleganz. Das kultivierte Ambiente der geschwungenen Atriumlobby setzt sich in den Zimmern in Weiß und Schokoladenbraun, mit Flachbild-TVs und mehr moderner Ausstattung (WLAN) fort. Es gibt mehrere Restaurants und zahlreiche Angebote, mit denen man sich an einem Regentag die Zeit vertreiben kann.
145 P Alle gängigen Kreditkarten

HOTEL CASONA LA MERCED
$$$
CALLE 7 #1-65
TEL. 57-2/485-1446
www.hotelcasonalamerced.com.co
Das charmante historische Hotel in perfekter Lage für die Erkundung des Zentrums ist vielleicht die intimste Unterkunft der Stadt und stellt eine gemütliche Alternative zu den großen Kettenhotels in der Gegend dar. Die ansprechende Einrichtung kombiniert koloniale und zeitgenössische Elemente. Alle Zimmer mit Kabel-TV, einige mit WLAN. Spielzimmer für regnerische Tage.
60 MC, V

CASA BLANCA
$$
AV. SEXTA BIS, CALLE 26N, #57, SANTA MONICA RESIDENCIAL
TEL. 57-2/396-3849
FAX 57-2/668-9986
http://casablancahostel.com
Das innenstadtnahe Hostel wird von einem dänisch-kolumbianischen Paar betrieben und ist besonders bei Motorradfahrern aus dem Ausland beliebt. Einfache Einrichtung, Fernsehzimmer und kostenloses schnelles WLAN. Schlafsäle oder Zimmer, einige mit Ventilator und TV. Außerdem bescheiden eingerichtete Apartments mit Gemeinschaftsbad über einer Bar. Motorrad- und Kajaktouren, außerdem Motorradverleih.
5 Zimmer, 3 Schlafsäle
P Alle gängigen Kreditkarten

POSADA DE SAN ANTONIO
$$
CRA. 5 #3-37, SAN ANTONIO
TEL. 57-2/893-7413
E-MAIL **reservas@posadadesanantonio.com**
www.posadadesanantonio.com
Das angenehm ruhige Hotel im Kolonialstil mit Brunnenhof und Schaukelstühlen erfreut sich einer großartigen Lage im Herzen des historischen Zentrums. Eingerichtet mit stabilen pseudoantiken Möbeln und zeitgenössischer Kunst. Frühstück und Steuern inbegriffen. Eine nette Budget-Unterkunft.
12 P AE, MC, V

DER BESONDERE TIPP

RESTAURANTE PATIO SANTO
$$$$
CALLE 18 #105-52, CIUDAD JARDÍN
TEL. 57-2/333-1456
www.patiosanto.com.co
Das offene Restaurant im Zentrum des vornehmen Bezirks Ciudad Jardín umgibt eine Zeltterrasse mit angestrahlten Palmen. Der Laden ist ein bei der Jugend beliebtes Esslokal und darüberhinaus eine angesagte Partylocation. Aus der offenen Küche kommen Leckereien wie Pilze in Gruyère, Tilsiter und Blauschimmelkäse oder in Folie gedämpfter Seebarsch auf Wokgemüse mit Kokossauce. Es gibt auch Livemusik: dienstags Jazz und samstags *salsa espectáculo*.
320 P So A geschl.
Alle gängigen Kreditkarten

CARAMBOLO
$$$–$$$$
CALLE 14 NORTE #9N-18
TEL. 57-2/667-5656
http://carambolocali.com.co
Der Geldadel der Stadt tummelt sich in dem edlen kleinen Restaurant von Lona Serna, das auf mediterrane Nouvelle Cuisine spezialisiert ist. Den Absacker gibt's in der Martini-Bar.
80 P F & So geschl.
Alle gängigen Kreditkarten

EL ESCUDO DEL QUIJOTE
$$
CALLE 4 OESTE #3-46
TEL. 57-2/893-2917
E-MAIL **elescudodelquijote@hotmail.com**
Das stimmungsvolle Restaurant hinter dem Colegio La Sagrada Familia ist auf Tapas und andere spanische Speisen spezialisiert wie Kanincheneintopf mit Brot und Pilzen.
65 P So geschl.
AE, MC, V

GIRARDOT

HOTEL TOCAREMA
$$$
CRA. 5A #19-41
TEL. 57-1/835-0808
www.hoteltocaremagirardot.com
Das Resorthotel im Magdalena-Tal rund 60 Kilometer

östlich von Ibagué erhebt sich stufenweise über einem großen Pool mit Fontänen und Kaskaden. Gemütliche Zimmer, Tennisplätze, Business Center und WLAN in den öffentlichen Bereichen.
150 Alle gängigen Kreditkarten

LAGUNA DE LA COCHA

HOTEL SINDAMANOY
$$
3 KM SÜDWESTL. VON EL ENCANO
TEL. 57-2/721-8222
www.hotelsindamanoy.com
Das Seehotel im Schweizer Stil mit Blick auf die Isla La Corota ist nur über eine ungeteerte Straße zu erreichen. Es liegt spektakulär auf einem Felsen oberhalb des Sees. Die Zimmer sind gemütlich eingerichtet. Zur Einrichtung des sonnendurchfluteten Restaurants gehören eine rustikale Holz-Wandverkleidung, tiefrote Lederstühle und limettengrüne Sofas. Auf der Karte stehen Forelle und andere herzhafte Gerichte.
23 Zimmer, 1 Hütte mit 3 Schlafzimmern AE, MC, V

NEIVA

HOSTERÍA MATAMUNDO
$$$–$$$$
CRA. 5 #3-51 SUR
TEL. 57-8/873-0202
FAX 57-8/873-0216
E-MAIL **informacion@hosteriamatamundo.com**
www.hosteriamatamundo.com
Das mit Abstand schönste Hotel der Stadt beschwört mit neokolonialer Architektur der 1940er Jahre den Glanz vergangener Tage herauf. Die gemütlichen Zimmer haben Internetmodems, die öffentlichen Bereiche WLAN. Breite schattige Veranden. Liegt auf dem Gelände einer ehemals bedeutenden Hacienda abseits der *circunvalar* (Umgehungsstraße) am Río del Oro.
22 AE, MC, V

HOTEL CASA PABLO
$$$
CALLE 5 #12-45, SECTOR EL ALTICO
TEL. 57-8/872-3100
FAX 57-8/871-2807
E-MAIL **hotelcasapablo@gmail.com**
http://hotelcasapablo.com
Das bescheidene dreistöckige Hotel liegt auf einem Hügel oberhalb der Stadt. Die günstigeren Zimmer im Erdgeschoss haben nur Ventilatoren, die Zimmer oben Kabel-TV und Bad. Alle Zimmer sind frisch und sauber. Gratis-WLAN.
36 Alle gängigen Kreditkarten

RESTAURANTE LA CASA DEL FOLCLOR
$$
CALLE 33 #5P-59
TEL. 57-8/875-3040
www.lacasadelfolclor.com
Das ländliche, charmante Freiluftrestaurant ist auf *comida típica huilense* spezialisiert, typische Gerichte der Gegend wie Huhn mit Wein oder *róbalo* (Seebarsch) mit Krabben. Der Eigentümer ist ein berühmter Komponist, Volksmusiker und -tänzer.
180 Alle gängigen Kreditkarten

PASTO

LOFT HOTEL
$$$
CALLE 18 #22-2
TEL. 57-2/722-6737
FAX 57-2/722-6746
E-MAIL **reservas@lofthotelpasto.com**
www.lofthotelpasto.com
Das Avantgardehotel der Mittelklasse bildet einen starken Kontrast zum historischen Kern von Pasto und könnte mit seiner weißen Fassade und den bläulichen Glasbalkonen auch in New York stehen. Die riesigen Zimmer sind um ein Atrium über dem Restaurant gruppiert. Sie haben Kiefernböden und flauschige Textilien. Kostenloses WLAN, Business Center und Sauna. Im Restaurant gibt es regionale und internationale Küche. Einen Häuserblock vom Hauptplatz und vom Museo del Oro.
24 Alle gängigen Kreditkarten

PITALITO

HOTEL TIMANCO
$$$
AV. PASTRANA
TEL. 57-8/836-6500
www.hoteltimanco.com
Das helle, luftige, moderne Hotel, 30 Autominuten von

PREISE

HOTELS
Die Preisangaben beziehen sich auf ein Doppelzimmer in der Hochsaison.

$$$$$	Über 160 €
$$$$	80–160 €
$$$	40–80 €
$$	20–40 €
$	Unter 20 €

RESTAURANTS
Die Preisangaben beziehen sich auf ein 3-Gänge-Menü ohne Getränke.

$$$$$	Über 28 €
$$$$	16–28 €
$$$	8–16 €
$$	4–8 €
$	Unter 4 €

den archäologischen Stätten von San Agustín, ist besonders auf Geschäftsreisende eingestellt und hat einen Club. Die geräumigen Zimmer sind modern ausgestattet inklusive WLAN. Vom eleganten Restaurant hat man schöne Ausblicke. Am Wochenende wird am Pool gegrillt.
20 P MC, V

POPAYÁN

HOTEL DANN MONASTERIO POPAYÁN
$$$–$$$$
CALLE 4 #10-14
TEL. 57-2/824-2191
E-MAIL **hotelmonasterio@hotelesdann.com**
www.hotelesdann.com
Das beste Hotel in Popayán residiert in einem ehemaligen Franziskanerkloster. 1570 erbaut, ist das atemberaubende Gebäude gut vier Jahrhunderte später die perfekte Luxusbleibe. Die Zimmer sind beileibe nicht asketisch, sondern wunderbar eingerichtet mit Antiquitäten und kleinen orientalischen Teppichen. Der Kreuzgang umgibt einen gepflegten Garten mit Pool. Die Gäste erhalten Ermäßigungen beim Golf und Tennis im Popayán Country Club. Das Restaurant ist wohl ebenfalls das beste der Stadt und serviert heimische wie internationale Küche.
47 P Alle gängigen Kreditkarten

HOTEL CAMINO REAL
$$$
CALLE 5 #5-59
TEL. 57-2/824-1254
E-MAIL **reservas@hotelcaminoreal.com.co**
www.hotelcaminoreal.com.co
Die attraktive Mittelklasse-Alternative zum edlen Dann Monasterio hat sich in einer Klosterschule aus dem 16. Jahrhundert einen Katzensprung vom Hauptplatz niedergelassen. Die Zimmer verfügen über WLAN, die Dielen knarzen. Das an einem friedvollen Innenhof gelegene Restaurant zeichnet sich durch eine abwechslungsreiche Karte aus und ist auf französische Nouvelle Cuisine spezialisiert.
28 P Alle gängigen Kreditkarten

RESTAURANTE ITALIANO
$
CALLE 4 #8-83
TEL. 57-2/824-0607

Das einfache Restaurant mit knarzenden Lederstühlen ist als eines von wenigen in der Stadt sonntags geöffnet. Es serviert sättigende, köstliche kolumbianische Gerichte wie Knoblauchforelle, Brathähnchen und Zunge in Tomatensauce. Besonders günstig ist unter der Woche der *almuerzo ejecutivo,* der mittägliche Tagesteller.
60 P F geschl.
Keine

SAN AGUSTÍN

HOTEL YALCONIA
$$$
VÍA AL PARQUE ARQUEOLÓGICO
TEL. 57/310-754-8144
E-MAIL **hyalconia@gmail.com**
www.inturcol.com/yalconia.htm
Es ist wirklich nicht luxuriös, aber das motelähnliche Hotel Yalconia ist in San Agustín die einzige moderne Bleibe mit internationalem Standard. Es bietet saubere, geräumige Zimmer und ein nettes Restaurant.
32 P MC, V

SAN AGUSTÍN INTERNACIONAL HOTEL
$$$
VÍA VEREDA LA ESTRELLA
TEL. 57/311-445-2615
E-MAIL **inturcol@gmail.com**
www.inturcol.com
Mal etwas anderes: Die Zimmer des gehobenen Hotels liegen in einzelnen Gebäuden, die im Baustil unterschiedlicher geografischer Räume errichtet sind: Nordamerika, Kolumbien, Mittelmeer, Skandinavien und die indigenen Völker. Alle Zimmer sind sehr geschmackvoll eingerichtet, bei einigen handelt es sich jedoch lediglich um recht einfache Familienzimmer mit mehreren Betten. In der dreistöckigen runden Maloka Estílo Indígena mit modernen Zimmern mit indianischen Motiven befindet sich auch das offene Restaurant des Hotels. Auch Live-Volksmusik wird geboten.
20 P MC, V

HACIENDA ANACAONA
$$–$$$
KM 2 VÍA EL ESTRECHO, VEREDA LA CUCHILLA
TEL. 57-8/837-9390 oder 311-231-7128
E-MAIL **hectorsanagustin@anacaonagmail.com**
www.anacaona-colombia.com
Die auf einem Berg gelegene Hacienda aus der Kolonialzeit ist heute eine rustikale Herberge mit hübschem Garten. Die auf zwei Etagen verteilten geräumigen Zimmer haben Balkendecken und traditionelles kolumbianisches Mobiliar. Breite Veranden mit Hängematten und Schaukelstühlen. Einfache Mahlzeiten werden in einer offenen Küchenlounge mit Kamin serviert. Ausritte und Verkauf von hausgemachter Marmelade, Schokolade und Bio-Kaffee.
10 P MC, V

HOSPEDAJE EL JARDÍN
$

CRA. 11 #4-10
TEL. 57-8/837-3455
E-MAIL eljardincasacolonial@hotmail.com
www.hosteltrail.com/eljardin

Vielleicht die schönste einfache Unterkunft in einem Kolonialgebäude in der Stadt: Das saubere Hostel bietet Schlafsäle sowie Zimmer ohne und mit Bad mit Warmwasser. Die Mahlzeiten werden in einem Innenhof voller Topfpflanzen serviert. Hängematten und Voliere.

10 Keine

RESTAURANTE DONDE RICHARD
$$

CALLE 5 #23-45, VIA PARQUE ARQUEOLÓGICO
TEL. 57/312-432-6399

Die Einheimischen schätzen das einfach eingerichtete offene Restaurant wegen des *asado huilense* (langsam geröstetes Schweinefleisch). Ein Mittagessen gibt es für weniger als zehn Euro: Schwein, Huhn oder frischer *bagre* (ein großer Fisch mit zartem Fleisch) mit Pommes frites, Kochbananen, Tomaten und Kopfsalat.

100 Keine

SAN ANDRÉS DE PISIMBALÁ

LA PORTADA
$$

SAN ANDRÉS DE PISIMBALÁ
TEL. 57/311-601-7884
E-MAIL laportada@earthlink.net
http://laportadahotel.com

Das aus Bambus und Beton errichtete Hotel in einem Bergweiler nahe der archäologischen Stätte von Tierradentro ist die beste Budget-Unterkunft in der Gegend. Die geräumigen Zimmer haben Warmwasserduschen. Im einzigen Restaurant am Ort werden köstliche und sättigende kreolische Speisen serviert.

11 Keine

PAZIFIKKÜSTE & SAN ANDRÉS

BAHÍA SOLANO

MAPARA CRAB ECOLODGE
$$$

PLAYA PARIDERA, 20 BOOTSMIN. NÖRDL. VON BAHÍA SOLANO
TEL. 57-2/331-9464 oder 314-700-4824
http://ecoturismo-colombia.com

Die Ökolodge ist die beste Unterkunft in der Gegend; sie liegt an einem Berg vor einer Waldkulisse, 20 Minuten mit dem Boot von Bahía Solano entfernt. Die einfachen, gemütlichen und geräumigen Hütten stehen auf Stelzen und haben große Balkone mit Hängematten und Sesseln. Man kann Kajak fahren, angeln und an geführten Wanderungen teilnehmen. Das dazugehörige luftige Restaurant bietet vor allem Meeresfrüchte.

5 Keine

EL REFUGIO DE MR. JERRY
$$

PLAYA HUINA
TEL. 57/311-340-1923
E-MAIL mrjerrychoco@hotmail.com
www.mrjerrychoco.jimdo.com

Die zweistöckige aus Holz gebaute Ökolodge wird von einem charismatischen Niederländer geleitet, der sich hier vor 20 Jahren niederließ. Sie liegt, von Kokospalmen umgeben, am Strand. Die Zimmer sind einfach, die Regale voller vergilbter Taschenbücher – perfekt für einen Regentag in den Hängematten des Restaurants. 20 Bootsminuten von Bahía Solano.

40 Keine

PREISE

HOTELS

Die Preisangaben beziehen sich auf ein Doppelzimmer in der Hochsaison.

$$$$$	Über 160 €
$$$$	80–160 €
$$$	40–80 €
$$	20–40 €
$	Unter 20 €

RESTAURANTS

Die Preisangaben beziehen sich auf ein 3-Gänge-Menü ohne Getränke.

$$$$$	Über 28 €
$$$$	16–28 €
$$$	8–16 €
$$	4–8 €
$	Unter 4 €

BUENAVENTURÁ

HOTEL BALCONES DE LA BAHÍA
$$$

CALLE 1 #6-53
TEL. 57-2/241-9991
www.balconesdelabahia.com

Modernes Hotel mit überraschend coolem Design. Dank acht Stockwerken, die sich über den Ozean erheben, kommen auf den Balkonen kühle Brisen auf. Nur Schritte entfernt vom Bootsanleger. Flachbild-TVs, Minibars und WLAN.

24 Alle gängigen Kreditkarten

HOTEL TEQUENDAMA ESTACIÓN INN
$$$
CALLE 2 #1A-08
TEL. 57-2/241-9512
www.sht.com.co
Die Grande Dame weist zurück in ein Goldenes Zeitalter und ist ein Wahrzeichen der Stadt. Das Hotel wurde kürzlich von der Tequendama-Kette übernommen und bietet nostalgischen Komfort und moderne Annehmlichkeiten. Das Restaurant verwöhnt die Gäste mit Meerblick und internationaler und heimischer Küche mit Schwerpunkt auf Fisch.
79 Alle gängigen Kreditkarten

CAPURGANÁ

HOTEL NAUTILOS
$$$
PLAYA CALETA
TEL. 57-4/436-6262
www.almar.com.co
Das direkt am Strand gelegene Hotel Almar mit gemütlichen klimatisierten Zimmern mit Keramikböden ist besonders bei Familien beliebt. Zwar ist es nicht besonders luxuriös, doch es bietet Massagen, Tauchgänge sowie geführte Wanderungen und Vogelbeobachtungstrips.
48 Keine

CASA BLANCA
$$–$$$
CAPURGANÁ
TEL. 57-4/413-7926
E-MAIL **turismo@lodgecasablanca.com**
www.lodgecasablanca.com
Das einfache zweistöckige Strandhotel ist vielleicht die schönste Unterkunft in Capurganá. Die bescheiden ausgestatteten Zimmer haben alle Fernseher, einen kleinen Kühlschrank und Bäder mit Kaltwasser. Auf einem umlaufenden Balkon gibt es Hängematten. Spezialisiert auf Pauschalangebote mit drei bis sechs Übernachtungen.
11 Keine

EL VALLE

EL ALMEJAL RESERVE & LODGE
$$$–$$$$
PLAYA EL ALMEJAL, EL VALLE
TEL. 57-4/412-5050
E-MAIL **info@almejal.com.co**
www.almejal.com.co
Die Strand-Ökolodge unter schattenspendenden Palmen und vor bewaldeten Bergen bietet die besten Unterkünfte in der Region. Die geräumigen Hütten mit zwei Schlafzimmern und Terrassentüren auf zwei Seiten (gut zum Durchlüften) sind einfach eingerichtet. Auf den Terrassen befinden sich Liegestühle und Hängematten. Das offene Restaurant verarbeitet Gemüse aus eigenem biologischem Anbau zu sättigenden kreolischen Gerichten. Geführte Wanderungen, Kajakfahrten, Abseilen und andere Aktivitäten. Schmetterlingsgarten und Schildkrötenschutzprogramm. Nur per Boot erreichbar.
11 Alle gängigen Kreditkarten

NUQUÍ

EL CANTIL ECOLODGE
$$
35 BOOTSMIN. SÜDL. VON NUQUÍ
TEL. 57-4/448-0767
E-MAIL **elcantil@elcantil.com**
www.elcantil.com
Eine tolle Basis für Erkundungen des Regenwalds und Wassersportaktivitäten. Die gut geführte Lodge bietet Mehrtages-Pauschalpakete. Die einfachen, aber reizenden Hütten liegen an einem Hang und bieten Meerblick und Betten mit Moskitonetzen. Strom liefert ein Generator. Kajaks, Tauchen und Surfen. Anfahrt per Schiff.
7 AE, MC, V

PALO DE AGUA
$$
COQUÍ, 30 BOOTSMIN. VON NUQUÍ
TEL. 57-1/248-7470
www.nuquipacifico.com
Die einfache Lodge mit Strohdächern im indigenen Stil ist eine von etwa sechs ähnlichen Lodges in der Gegend, die sich am *posadas-nativas*-Programm beteiligen. Die einfachen Zimmer haben Etagenbetten und/oder zwei Einzelbetten mit Schaumstoffmatratzen. Auf den schattigen Veranden können sich die Gäste in Hängematten entspannen. Kein Strom. Mehrtages-Pakete.
5 Keine

PROVIDENCIA

CABAÑAS MISS MARY
$$$
SOUTHWEST BAY
TEL. 57-8/514-8454
http://hotelmissmary.blogspot.de
Die kleine Strandunterkunft wird als Decameron-Filiale vermarktet und bietet auch die All-inclusive-Option dieser Kette. Die Zimmer sind zwar klein und haben nur kalte Duschen, liegen aber direkt am palmengesäumten Strand und haben Hängematten auf den Veranden. Am besten sind die Hütten mit Meerblick; die drei hinteren sind nicht so schön. Freundliches und zuverlässiges Personal.
7 P Alle gängigen Kreditkarten

SIRIUS HOTEL & DIVE CENTER
$$$
SOUTHWEST BAY

ISLA DE PROVIDENCIA
TEL. 57/098-514-8213
E-MAIL **info@siriushotel.net**
www.siriushotel.net
Das stimmungsvolle weitläufige Strandhotel wird vom freundlichen und kundigen Paulino Gamboa und seiner Frau Carolina geführt, einer professionellen Unterwasserfotografin. Mit seinem Tauchzentrum ist das Hotel auf Pauschalarrangements für Taucher spezialisiert. Die Zimmer sind sehr unterschiedlich, aber die meisten sind geräumig; einige haben extrabreite Betten und Flachbild-TVs, alle verfügen über Ventilatoren.
9 V

SOL CARIBE PROVIDENCIA
$$$
BAHÍA AGUADULCE
TEL. 57-8/514-8036
www.solarhoteles.com
Das in knalligen tropischen Farben gestaltete Mittelklasse-Strandresort gilt als das vornehmste der Insel, obwohl es seine Tücken hat, z. B. unzuverlässige Stromversorgung und zweifelhafte Abwasseranlagen. Trotzdem bietet es einiges an karibischem Flair. Spezialisiert auf All-inclusive-Pakete; Tauchzentrum.
35 Alle gängigen Kreditkarten

HOTEL RESTAURANTE MISS ELMA
$$
TEL. 57-8/514-8229,
www.hotelmisselma.com
Das entzückende Hotel verfügt nur über vier luftige, große Zimmer, die alle auf das Meer direkt am Haus blicken. Eine große Veranda mit einer Bar lädt zum gemütlichen Entspannen ein. Angeschlossen ist ein Restaurant, das köstlichen Fisch und lokale Gerichte serviert.
4 Keine

SAN ANDRÉS

DER BESONDERE TIPP

CASA HARB
$$$$$
CALLE 11 #10-83, 1,6 KM SÜDWESTL. VOM ORT SAN ANDRÉS
TEL. 57-8/512-6348
E-MAIL **casaharb@hotmail.com**
www.casaharb.com
Das exklusive Boutiquehotel begeistert mit hervorragender Architektur und Einrichtung. Die Gesamtgestaltung ist eine famose Mischung aus Bali und New York. Die schicken Räumlichkeiten sind der Inbegriff von Privatheit, mit nur fünf loftähnlichen Suiten, alle ganz unterschiedlich und mit modernen handgefertigten Möbeln ausgestattet. Dieses Ambiente setzt sich auch im Restaurant fort, in dem Fusionsküche serviert wird.
5 Alle gängigen Kreditkarten

DECAMERON BOUTIQUE LOS DELFINES
$$$$
AV. COLOMBIA #16-86
TEL. 57-8/512-7816
E-MAIL **contactus@decameron.com**
www.decameron.com
Das motelähnliche Hotel der Decameron-Kette verströmt mit seiner trendigen Einrichtung eine hippe, jugendliche Atmosphäre und liegt nur wenige Schritte von Bars, Clubs und Geschäften entfernt. Die Zimmer reihen sich auf zwei Etagen um einen Pool herum. Sie sind klein, aber gut eingerichtet. Die Matratzen sind weniger gut, die Zimmer außerdem recht hellhörig. Das Restaurant **El Muelle** thront über dem Wasser und serviert ausgezeichnete Fusionsgerichte. WLAN kostet extra.
36 Alle gängigen Kreditkarten

PREISE

HOTELS
Die Preisangaben beziehen sich auf ein Doppelzimmer in der Hochsaison.

$$$$$	Über 160 €
$$$$	80–160 €
$$$	40–80 €
$$	20–40 €
$	Unter 20 €

RESTAURANTS
Die Preisangaben beziehen sich auf ein 3-Gänge-Menü ohne Getränke.

$$$$$	Über 28 €
$$$$	16–28 €
$$$	8–16 €
$$	4–8 €
$	Unter 4 €

COCOPLUM
$$$
VÍA A SAN LUÍS #43-39, SAN LUÍS
TEL. 57-8/513-2121
FAX 57-8/513-2421
E-MAIL **informes@cocoplumhotel.com**
www.cocoplumhotel.com
Hübsches Strandhotel außerhalb der Stadt gefällig? Das in den Farben tropischer Früchte erstrahlende Resort im karibischen Stil liegt versteckt inmitten von Palmen am schneeweißen Strand. Die sonnendurchfluteten Zimmer haben Deckenventilatoren und sind ansprechend, wenn auch bescheiden möbliert;

es gibt Familiensuiten. Auch ein Pool befindet sich auf dem Areal. Das Strandrestaurant ist auf Meeresfrüchte und karibische Gerichte spezialisiert.
42 Alle gängigen Kreditkarten

HOTEL CASABLANCA
$$$
AV. COLOMBIA #3-59
TEL. 57-8/512-4115
FAX 57-8/512-6127
www.hotelcasablancasanandres.com
In Sachen schicker Boutiquestil konkurriert das Hotel mit dem Los Delfines, es hat aber den Vorteil, am Strand zu liegen, und ist stimmungsvoller. Die geräumigen und geschmackvoll eingerichteten Zimmer liegen um einen nierenförmigen Pool. Schön sind auch die Travertinböden. Kostenloses WLAN in allen Zimmern. Hippes Café und zwei Restaurants.
57 Alle gängigen Kreditkarten

SAN LUÍS VILLAGE HOTEL
$$$
CIRCUNVALAR
SOUND BAY N°71-27
SAN LUÍS
TEL. 57-8/513-0500
FAX 57-8/513-2667
E-MAIL **reservas@hotelsanluisvillage.com**
www.hotelsanluisvillage.com
Das 2009 eröffnete unprätentiöse Mittelklasse-Strandhotel mit Suiten wartet mit mediterranem Ambiente auf. Neben Juniorsuiten gibt es in fünf Gebäuden (davon drei direkt am Meer) noch zwei weitere Varianten von Suiten. Extrabreite Betten, Glasfronten, Terrassen.
16 AE, MC, V

CARSON'S PLACE
$$
EL COVE KM 10
TEL. 57-8/513-0352
E-MAIL **yakiho@gmail.com**
www.posadasturisticasdecolombia.gov.co
Das Carson's ist perfekt für Urlauber, die der überlaufenen Strandszene am Nordende von San Andrés nichts abgewinnen können: Die winzige Unterkunft auf der stillen, weniger erschlossenen Südwestseite ist eine *posada nativa* (siehe Kasten S. 241) mit zwei Holzhäuschen in Familiengröße. Breite Veranden mit Hängematten.
3 Keine

POSADA CLI'S PLACE
$$
AV. 20 DE JULIO
TEL. 57-8/512-0591
E-MAIL **luciamhj@hotmail.com**
Das Cli, so benannt nach der freundlichen Eigentümerin Cleotilde Henry, einer Raizal, ist die beste Budget-Unterkunft der Stadt. Die heimelige *posada nativa* eine Straße vom Strand bietet praktische Zimmer mit Miniküchen und ist oft ausgebucht. Nebenan vermietet Clis Bruder ebenfalls Zimmer.
8 Alle gängigen Kreditkarten

POSADA NATIVA LICY
$$
FLOWERS HILL #39-19, LA LOMA
TEL. 57-8/513-3972
E-MAIL **posada.licy@live.com**
www.posadasturisticasdecolombia.gov.co
Die einfache, entzückende *posada nativa* bietet eine Gelegenheit, mit der Eigentümerin Reolicia Duke Santana in die Lebenswelt der Raizal einzutauchen. Das zweistöckige Holzhaus grenzt an einen hübschen Garten. Reolicia bereitet auf Wunsch *rondón* und andere leckere karibische Mahlzeiten zu.
16 Keine

LOS LLANOS & AMAZONAS

LETICIA

DECAMERON DECALODGE TICUNA
$$$$
CRA. 11 #6-11
TEL. 57/098-592-6600
www.decameron.com
Das Decameron ist ein All-inclusive-Hotel, das den größten Komfort in der Region anbietet. Es liegt nur fünf Gehminuten vom Parque Santander. Die geräumigen Zimmer säumen einen Pool und erweisen sich mit zeitgenössischem Design, kühlen Waschbetonböden und bequemen extrabreiten Betten als nicht nur optischer Genuss. Das Essen im großen *palenque*-Restaurant ist nur durchschnittlich, und die Auswahl ist begrenzt, aber durchaus sättigend.
28 Alle gängigen Kreditkarten

HOTEL MALOKAMAZONAS
$$$
CALLE 8 #5-49
TEL. 57-8/592-6642
www.hotelmalokamazonas.es.tl
Das kleine Hotel liegt zwar mitten in Leticia, greift jedoch mit Strohdächern, rauen Holzmöbeln und schattigen Außenanlagen das Thema Dschungel auf. Die äußerst gemütlichen Hütten haben alle eigene Bäder und

Hängematten und sind mit zahlreichen Objekten aus der Amazonasregion dekoriert. TV-Zimmer und Whirlpool unter freiem Himmel. Rollstuhlgerecht.
8 MC, V

HOTEL YURUPARY
$$$
CALLE 8 #7-26
TEL. 57-8/592-4743 oder 57-8/529-4741
E-MAIL **hotelyurupary@hotmail.com**
www.hotelyurupary.com
Hier finden Amazonasreisende WLAN, Satelliten-TV und eine überraschende, städtisch-schicke Ausstattung wie z. B. Ledersofas auf glänzenden Bodenkacheln. Im dazugehörigen Restaurant werden neben einem Buffet auch À-la-carte-Gerichte angeboten.
42 AE, MC, V

ALBERGUE TACANA
$$
14 KM NÖRDL. VON LETICIA
TEL. 57/313-872-3207
www.alberguetacana.com
Die einfache Lodge 20 Taximinuten nördlich von Leticia gehört dem Briten Steve McAlear, der Wanderungen durch den Regenwald und zu nahen *molokasi* (indigene Siedlungen) führt. Auf dem Gelände sind Aras zu Hause. Für Backpacker gibt es einen 8-Bett-Schlafsaal im Haus. Zwei der drei Hütten haben eigene Kaltwasserduschen und Spülklos sowie eine Veranda mit Moskitonetz und Hängematte.
3 Keine

DER BESONDERE TIPP

RESERVA NATURAL TANIMBOCA
$$
KM 11 VÍA LETICIA TARAPACÁ, ZONA RURAL DE LETICIA
TEL. 57/8-592-7679
E-MAIL **tanimboca@yahoo.com**
www.tanimboca.com
Man kann hier zwar auch in der Hängematte unter einer hohen *maloka* nächtigen, etwas Besonderes sind aber die beiden Baumkronenhütten, wo man, etwa einen Kilometer von der Lodge, mitten im Regenwald wunderbar allein ist. Die robusten Hütten (eine für drei, die andere für fünf Personen) verfügen über einfache Matratzenbetten mit Moskitonetz sowie Duschen und Spülklos. Frösche und Insekten singen einem das Nachtlied. Sehr einfaches Essen.
2 Baumhäuser, 4 Hütten, Hängematten Keine

RESTAURANTE A.ME.K.TIAR
$
CRA. 9 #8-15
TEL. 57-8/592-6094
E-MAIL **amektiar@yahoo.es**
Beliebtes und sauberes Restaurant im Zentrum von Leticia. Hier kann man unter Ventilatoren auf der Veranda sitzen und sich das gemächliche Leben auf der Straße anschauen. Vielfältiges Angebot von Burritos, Burgern und Sandwiches bis zu mit Krabben gefüllten Crêpes und Fischgerichten.
60 MC, V

PARQUE NACIONAL NATURAL AMACAYACU

CONCESIÓN AMACAYACU
$$$$$
PARQUE NACIONAL NATURAL AMACAYACU
TEL. 57-1/517-5181
www.aviaturecoturismo.com
Die strohgedeckte Ökolodge auf Stelzen am Amazonas ist die einzige Unterkunft innerhalb des Parks. Die geräumigen, einfach eingerichteten Zimmer verfügen über Moskitonetze und Ventilatoren. Die leckeren Mahlzeiten nach „Familienart" werden in einem luftigen Restaurant serviert. Im Angebot sind außerdem geführte Wanderungen und Delfintrips.
18 Alle gängigen Kreditkarten

DECAMERON AMACAYACU
$$$$
PARQUE NACIONAL NATURAL AMACAYACU
TEL. 57/098-522-2890
www.decameron.com
Diese schöne Ökolodge besteht aus strohgedeckten Hütten auf Stelzen am Flussufer. Geweckt wird

PREISE

HOTELS
Die Preisangaben beziehen sich auf ein Doppelzimmer in der Hochsaison.

$$$$$	Über 160 €
$$$$	80–160 €
$$$	40–80 €
$$	20–40 €
$	Unter 20 €

RESTAURANTS
Die Preisangaben beziehen sich auf ein 3-Gänge-Menü ohne Getränke.

$$$$$	Über 28 €
$$$$	16–28 €
$$$	8–16 €
$$	4–8 €
$	Unter 4 €

man durch einen Chor von Loris und anderen Vögeln. Es gibt Schlafsaalbetten und geräumige Hütten mit breiten Betten mit Moskitonetzen; durch praktische Schiebetüren geht es auf eine hübsche Veranda mit Hängematten. Der Service ist äußerst engagiert und freundlich, aber das Essen ist leider ein wenig fade. Achtung: Aufgrund starker Überschwemmungen war das Decameron Amacayacu in der Saison 2013/2014 geschlossen.
7 Alle gängigen Kreditkarten

PUERTO LÓPEZ

DER BESONDERE TIPP

LAGOS DE MENEGUA COMLEJO AGROTURÍSTICO
$$$
KM 17 VÍA PUERTO LÓPEZ–PUERTO GAITÁN
TEL. 57/315-326-6068
E-MAIL **informacion@menegua.com**
www.lagosdemenegua.com
Das moderne Resorthotel in Seelage bietet zwar nur bescheidene Unterkünfte, aber das Gesamterlebnis eines Aufenthalts auf der Hacienda ist dennoch eindrucksvoll. Familien aus Bogotá kommen hierher, um im Pool zu baden, zu angeln, zu reiten oder einen Ausflug mit dem Mountainbike zu unternehmen – auch für die abendlichen Krokodiltouren und weitere Aktivitäten. Die Gastzimmer auf zwei Etagen sind mit wenigen, aber bequemen Möbeln eingerichtet plus TV. Sonntags gibt es *joropo*-Musik, dazu wird getanzt.
24 MC, V

PUERTO NARIÑO

HOTEL CASA SELVA
$$
CRA. 2 #6-78
TEL. 57/311-201-2153
E-MAIL **casaselvahotel@yahoo.es**
www.casaselvahotel.com
Die schönste Unterkunft im Dorf ist ein zweistöckiges Hotel mit großen Zimmern mit bemalten Betonböden, Deckenventilatoren und eigenen Bädern mit Kaltwasser. Einfach, aber es erfüllt vollkommen seinen Zweck und ist gemütlich.
12 Keine

VILLAVICENCIO

HOTEL DON LOLO
$$$
CRA. 39 #20-32
TEL. 57/078 670-6020
E-MAIL **eventos@donlolohotel.com**
www.donlolohotel.com
Das zehnstöckige Hotel ist vielleicht das beste der Stadt. Die Zimmer sind teils elegant, teils sehr funktional eingerichtet; alle haben Kabel-TV und WLAN. Für Familien gibt es Suiten mit zwei Schlafzimmern. Sauna und Tagungsraum.
57 Alle gängigen Kreditkarten

HOTEL PALOVERDE
$$$
10 KM VÍA PUERTO LÓPEZ–VEREDA APIAY VILLAVICENCIO
TEL. 57-8/310-609-3729
www.hotelpaloverde.com
Das kleine Resorthotel gehört zu einem Wohnkomplex abseits des Stadtrummels. Die bescheiden eingerichteten Zimmer gehen auf einen Pool hinaus und haben große Duschen sowie Satelliten-TV. Dazu kommen 4-Personen-Häuser mit Privatpool. Am Wochenende kann es laut werden, wenn für die einfallende Partymeute die Musik aufgedreht wird.
80 MC, V

HOTEL VILLAVICENCIO PLAZA
$$$
CRA. 30 #35-22
TEL. 57-8/661-6000
www.hotel-villavicencio.plaza.com
Das Villavicencio Plaza liegt gleich beim Parque del Hacha und ist eine zweckmäßige Unterkunft mit ordentlich eingerichteten Zimmern. Ungeachtet des vielversprechenden Namens wird es keine Schönheitspreise gewinnen, ist aber gut genug für einen Aufenthalt von ein oder zwei Nächten. Whirlpool-Spa auf dem Dach.
68 Alle gängigen Kreditkarten

Einkaufen

Kolumbien ist ein tolles Reiseziel für alle, die gern shoppen gehen: Es gibt jede Menge toller Schnäppchen. Zu den landestypischen Angeboten zählen geschliffene Smaragde und Schmuck, Designermode und indigenes Kunsthandwerk, das man am besten direkt bei den Herstellern kauft. In den großen Städten gibt es trendige Boutiquen und Galerien mit moderner Kunst.

Smaragde

Smaragde und Smaragdschmuck sind typisch für Kolumbien. In jeder größeren Stadt gibt es zahlreiche vornehme Juweliergeschäfte, die sich auf schöne Smaragde spezialisiert haben. Sie werden ungefasst oder in Gold- oder Silberfassung als Ringe, Broschen, Ohrringe und Halsketten verkauft.

Die kolumbianischen Edelsteinschleifer und Golddesigner gehören zu den besten der Welt. Aufgrund der relativ niedrigen Löhne sind die Preise für den fertigen Schmuck auch recht niedrig. Außerdem herrscht ein harter Konkurrenzkampf; überall in den Städten werden Kärtchen verteilt, die Touristen in bestimmte Läden locken sollen.

Rabatte gibt es zusätzlich in der sommerlichen Nachsaison. Am besten macht man sich vor der Reise über die Preise im Heimatland schlau, um besser vergleichen zu können. Liegen die Preise in einem Geschäft in Kolumbien allzu niedrig, ist mit geringerer Qualität zu rechnen.

Das Zentrum des Smaragdhandels ist die Kreuzung von Carrera 7 und Calle 15 in Bogotá; hier gibt es mehrere Dutzend Juweliergeschäfte. An der Südwestecke der Kreuzung tummeln sich Straßenhändler, die ungefasste Steine verkaufen. Wer sich nicht auskennt, sollte hier nichts erwerben, da man so gut wie sicher über den Tisch gezogen wird. Am besten hält man sich an die renommierten Geschäfte.

Alle Geschäfte, die Smaragde verkaufen, müssen eine staatliche Lizenz besitzen; so soll das Image des Landes sichergestellt werden, Herkunftsort der weltbesten Edelsteine zu sein.

Kreuzfahrtpassagiere, die in Cartagena Halt machen, kaufen besser in der Stadt als auf dem Schiff ein. Firmen wie Colombian Emeralds haben zwar meist Filialen an Bord, aber die hohen Kosten für die Verkaufsflächen an Bord und die Werbung in den Schiffsbroschüren werden natürlich an die Kunden weitergegeben.

Indigene Produkte

Die zweite wichtige Produktgruppe ist indigenes Kunsthandwerk. Die meisten gehobenen Hotels haben Souvenirgeschäfte, in denen hochwertiges Kunsthandwerk verkauft wird; die größte Auswahl bieten jedoch Kunstgewerbemärkte. Schöner ist es, bei den Kunsthandwerkern selbst zu kaufen; außerdem unterstützt man die Künstler auf diese Weise direkt.

In fast jedem Ort gibt es einen Kunstgewerbemarkt, auf dem geflochtene Körbe, bunte Perlenketten oder ***mochilas*** – die gewebten Umhängetaschen, die von vielen Indio-Völkern in Kolumbien benutzt werden – verkauft werden. Die bunten Taschen weisen fantasievolle abstrakte Muster auf.

Hängematten gibt es in allen möglichen Farben. Sie kosten ab 25 Euro; festere, gute Hängematten können bis zu etwa 200 000 Pesos kosten. Man sollte nachfragen, ob zum Färben natürliche Färbemittel verwendet wurden; die bunteren Exemplare werden gewöhnlich mit Industriefarben behandelt.

In La Guajira kann man sehr gut wunderschöne Hängematten, *mochilas* und bunte Broschen kaufen, eine Spezialität der Wayúu.

Im Chocó sollte man nach **Taguanuss-Schnitzereien** mit Tiermotiven Ausschau halten, die von den Emberá angefertigt werden. Die elfenbeinähnlichen Schnitzereien von der Größe eines Golfballs sind oft fein gearbeitet und bemalt. In den besseren Kunstgewerbeläden des Landes findet man diese Schnitzereien genauso wie schöne Schnitzereien aus Guajak-, Rosen-, Mahagoni- oder anderem tropischen Hartholz.

Eines der kolumbianischsten Souvenirs überhaupt ist der ***sombrero vueltiao,*** der typische breitkrempige Strohhut. Er ist sehr praktisch, und es gibt ihn in allen möglichen Farben und Größen für Männer und Frauen. Platz im Gepäck sollte man außerdem lassen für kolumbianischen Kaffee.

Die allermeisten Möbelstücke sind natürlich zu groß zum Mitnehmen, aber wer bereit ist, sich etwas schicken zu lassen, kann sich auch in einen schönen Stuhl aus Holz und Leder oder einen Korbschaukelstuhl verlieben, wie sie von Kunsthandwerkern in Mompox hergestellt werden. Typische Türen, Fenster und metallene Fenstergitter aus Antioquia sind ebenfalls toll.

Kolumbien hat eine lebendige Kunstszene, und vielleicht kommt man in Versuchung, sich nach einem Werk eines jungen Künstlers oder einer aufstrebenden Künstlerin wie Adriana Vargas Ferero umzuschauen.

Überall werden raubkopierte CDs und DVDs angeboten, deren Qualität allerdings oft bedenklich ist (und deren Kauf sowieso).

Kolumbien ist ein modebewusstes Land, und Medellín gehört zu den Modezentren der Welt. In den großen Städten gibt es zahlreiche noble Boutiquen, oft in den großen Einkaufszentren gelegen; neben den Läden internationaler Ketten findet man hier auch Geschäfte, in denen Mode von kolumbianischen Modedesignern und -designerinnen wie Pepa Pombo und Francesca Miranda verkauft wird. Oder man entscheidet sich für eine ***ruana,*** einen traditionellen Wollponcho.

Vorsichtsmaßnahmen

Vorsicht vor allen Betrügereien wie etwa dem Verkauf von Massenware als Kunsthandwerk oder von geschickt gefälschten „historischen" Gegenständen! Der Verkauf von präkolumbischen Artikeln ist ohnehin illegal, und wenn solche Stücke irgendwo angeboten werden, sind sie gestohlen oder gefälscht. Den Handel mit historischen Gegenständen sollte man nicht unterstützen! Dasselbe gilt für den Handel mit Produkten geschützter Tiere wie Arafedern oder Vogelfeder-Kopfschmuck, mit ausgestopften Fröschen oder Kaimanen und Ähnlichem. In abgeschiedenen Gebieten trifft man manchmal auf verarmte Landbevölkerung, die Sittiche, Singvögel und sogar kleine Affen verkaufen. Dadurch wird die Lage bedrohter Arten nur noch verschlimmert.

Wer auf Freiluftmärkten oder bei Straßenhändlern kauft, sollte sein Wechselgeld sorgfältig nachzählen. Bei Straßenhändlern gilt es, besonders wachsam zu sein, wenn ausländische Währungen den Besitzer wechseln. Am besten hat man immer genügend kolumbianisches Geld dabei. Wer Geld wechseln muss, tut das am besten nur in Banken oder offiziellen Wechselstuben.

Handeln

Das Feilschen hat in Kolumbien außer auf Kunstgewerbemärkten und in indigenen Siedlungen keine Tradition. In den meisten Geschäften, auch denen für Kunsthandwerk, gelten die angegebenen festen Preise. Aber auf der Straße und auf Märkten wird das lockerer gehandhabt. Superschnäppchen kann man in Kolumbien nur selten machen. Manchmal lässt sich ein Nachlass von 20 Prozent herausholen. In Indio-Siedlungen ist der geforderte Preis oft sowieso schon äußerst günstig, sodass es eher unschicklich ist, noch weiter zu handeln. Schließlich müssen sich die Menschen ihren Lebensunterhalt damit verdienen.

Bezahlung

Kolumbien ist ein modernes Land, und die meisten Kaufhäuser nehmen Kreditkarten (vorzugsweise Visa). Viele Kunsthandwerksläden akzeptieren ebenfalls Kreditkarten. Auf den meisten Kunstgewerbemärkten wird jedoch nur Bargeld angenommen, genauso wie in allen indigenen Siedlungen. Auf den Märkten ist es oft voll, Taschendiebe sind hier unterwegs! Man sollte also besonders auf sein Geld achten.

Mehrwertsteuer

In Kolumbien wird auf alle Verkäufe eine Mehrwertsteuer (IVA) aufgeschlagen, die zwischen 16 und 35 Prozent liegt. Wer weniger als 60 Tage im Land bleibt, kann am Flughafen bei der Ausreise die Rückerstattung der Mehrwertsteuer beantragen.

Geschäfte

Alle Städte verfügen über große Einkaufszentren und Einkaufsviertel mit gehobenen Geschäften. Die folgenden Adressen zeigen nur eine kleine Auswahl der Einkaufsmöglichkeiten. Für viele Besucher ist allerdings das Herumstöbern auf Kunstgewerbemärkten, in abgelegenen Kolonialdörfern oder Indio-Siedlungen meist viel spannender.

Bücher

Die Kolumbianer lieben Bücher, und in jeder Stadt gibt es mindestens eine große Buchhandlung. Auch das kolumbianische Verlagswesen ist gut entwickelt. Interessant sind z. B. schöne Bildbände über das Land.

Authors Bookstore Café
Calle 70 #5-23,
Chapinero, Bogotá
Tel. 57-1/217-7788
Der auf englischsprachige Titel spezialisierte, von außen knallgrün angestrichene Buchladen in der trendigen Zona G führt ein sehr vielfältiges Sortiment. Mit Sesseln und einem hübschem Café draußen.

Librería del Fondo de Cultura
Calle de la Enseñanza 11 #5-60,
Bogotá
Tel. 57-1/283-2200 App. 122
Im Centro Cultural Gabriel García Márquez. Gute Auswahl an Bildbänden über Kolumbien.

Librería Lerner
Av. Jiménez #4-35,
Bogotá
Tel. 57-1/334-7826
www.librerialerner.com.co
Ausgezeichnetes Geschäft für Reiseliteratur über Kolumbien.

Panamericana
Cra. 43A #6S-150,
Medellín
Tel. 57-4/448-0999
Die große Buch- und Papierwarenhandlung verkauft Karten sowie englischsprachige Bücher.

Kunst & Antiquitäten

Die kolumbianische Kunstszene ist sehr lebendig, und überall gibt es Galerien mit den Werken nationaler und regionaler Künstler. Kolonialstädte wie Villa de Leyva und Barichara sind gute Adressen für Antiquitäten.

El Ángel Azul
Calle 13 #7-97,
Villa de Leyva
Tel. 57-8/736-1640
Interessantes Angebot an zeitgenössischer Kunst und Kunsthandwerk.

Antigüedades
Cra. 10 #10-21,
Santa Fé de Antioquia
Tel. 57-4/853-1503
Dieses Geschäft im Hotel Mariscal Robledo (siehe S. 294) verkauft alle möglichen Antiquitäten, darunter auch die, die im Hotel zu sehen sind. Auf der Suche nach einer spanischen Rüstung? Kein Problem!

Salón de Antigüedades Lucía Soto de Collins
Calle 79 #7-46,
Bogotá
Tel. 57-1/217-5994
Empfehlenswert für kolumbianische Antiquitäten und Kolonialkunst.

Mode & Accessoires

Die Bezirke Chicó und Chapinero in Bogotá sind das Zentrum für hypermoderne Designerläden. Cartagena, Cali und Medellín warten ebenfalls mit jeder Menge noblen Modeläden auf. Die großen Ketten sind in den großen Einkaufszentren vertreten, die vielen aufstrebenden Modedesigner eher in den Seitenstraßen.

Bettina Spitz
Cra. 122 #25-04,
Usaquén, Bogotá
Tel. 57-1/213-7699
Das Geschäft bietet glamouröse Damenmode von einer der wichtigsten Designerinnen des Landes.

Mario Hernández
Cra. 68D #13-54,
Bogotá
Tel. 57-1/294-8181
Einzigartige handgefertigte Artikel wie Straußenleder-Portemonnaies sowie auffallender Schmuck.

Miguel Caballero
Calle 71 #15-28,
Bogotá
Tel. 57-1/347-8199
www.miguelcaballero.com
Der selbsternannte „Armani der kugelsicheren Bekleidung" kreiert stilvolle Kleidungsstücke, die auch gegen Schüsse aus nächster Nähe schützen – Näheres siehe Kasten S. 76.

Pepa Pombo
Cra. 14 #83-46,
Bogotá
Tel. 57-1/236-5958
www.pepapombo.com
Modeschöpferin Pepa Pombo wird für ihre avantgardistische Haute Couture gefeiert; zwei Geschäfte in Bogotá.

San Miguel
Calle 11 #8-88,
Bogotá
Tel. 57-1/243-6273
Der beste Hutladen der Stadt; der ausgewählte Hut wird dann in Form gepresst.

Taller Manuel del Cuero
Cra. 5 #26A-18,
Macarena, Bogotá
Tel. 57-1/342-8964
www.tallermanualdelcuero.blogspot.com
Seit 1988 fertigt und verkauft César Giraldo hochwertige handgenähte Ledertaschen, Aktentaschen und Gürtel in vielen Farben.

Outdoor-Bekleidung & -Ausrüstung

Amarelo
Calle 57 #9-29,
Bogotá
Tel. 57-1/211-8082
E-Mail campingamarelo@hotmail.com
www.campingamarelo.com
Ein gutes Geschäft für Campingausrüstung für eine Wanderung durch die Anden.

Monodedo
Cra. 16 #82-22,
Bogotá
Tel. 57-1/616-3467
E-Mail bogota@monodedo.com
www.monodedo.com
Das beste Geschäft für Alpinisten, Camper und Wanderer. Filiale in Suesca.

Schmuck

Die beiden Schmuckzentren des Landes sind Bogotá und Cartagena; hier wird der schönste Schmuck verkauft. Mompox ist bekannt für seine kunstvollen Silberwaren.

Galería de Cano
Plaza de Bolívar #33-20,
Local 679,
Cartagena
Tel. 57-5/664-9854
www.galeriacano.com.co
Die Kunsthandwerker in diesem Familienbetrieb reproduzieren mit dem uralten Wachsausschmelzverfahren präkolumbische Goldfigurinen. Verkauft wird auch anderes hochwertiges Kunsthandwerk. Die Galería de Cano hat auch Filialen in Bogotá.

Joyería Caribe
Calle 5 #2-51,
Cartagena
Tel. 57-5/665-4625
www.jcemeralds.com/en
Museum und Geschäft für Smaragde und schönen Schmuck.

Joyería Las Verdes
Emerald Trade Center,
Av. Jiménez #5-43,
Local 104,
Bogotá
Tel. 57-1/342-8124
Eines von acht Smaragdgeschäften im Hochhaus des Emerald Trade Center.

Lucy Jewelry
Calle Santo Domingo #3-19,
Cartagena
Tel. 57-5/664-4255
www.lucyjewelrycartagena.com
Gutes Geschäft für Smaragde im historischen Zentrum von Cartagena.

Museo Internacional de la Esmeralda
Calle 16 #6-66,
Edificio Avianda 23. Stock,
Bogotá
Tel. 57-1/286-4259
www.museodelaesmeralda.com.co
Das große Geschäft verfügt auch über ein kleines Museum plus eine Ausstellung mit schönen Smaragden.

Taller Artesanal de Esmeraldas
Plaza Mayor,
Chivor
Die kleine Werkstatt am Hauptplatz von Chivor verkauft exquisites Kunsthandwerk, gefertigt aus in der Umgebung abgebauten Smaragden und Gold. Lässt sich gut mit einer Tour durch die Smaragdminen verbinden.

Taller y Joyería Orvilla Hermanos
Calle Real del Medio #17A-76,
Mompox
Kunsthandwerkstudio für Ohrringe und anderes aus Silber.

Traditionelles Kunsthandwerk

In Kolumbien ist man nie weit von einer Quelle für traditionelles Kunsthandwerk entfernt. Typisch sind Keramikminiaturen von *chivas*, bunte *chinchorros* (Hängematten) oder eine handgemachte Trommel aus Guapí. Die Guambiano aus Silvia, Wayúu aus La Guajira, Ticuna aus dem Amazonasgebiet und Kuna vom Golfo de Urabá produzieren alle hochwertiges Kunsthandwerk. Einige Kolonialstädte sind für bestimmtes Kunsthandwerk bekannt: Pasto z. B. für dekorative Holzpaneele und El Cocuy für wollene *ruanas*.

Artesanías de Colombia
Cra. 2 #18A-58,
Bogotá
Tel. 57-1/286-1766
www.artesaniasdecolombia.com.co
Das staatlich geförderte Geschäft, eines der besten für erstklassiges indigenes und anderes Kunsthandwerk in Bogotá, verkauft Töpferwaren, Masken und vieles mehr. Neben dem Geschäft in Bogotá gibt es fünf weitere in anderen Landesteilen.

Feria de San Alejo
Parque Bolívar,
Medellín
Der Flohmarkt findet jeden ersten Samstag im Monat statt; hier kann man nach allem Möglichen von Antiquitäten bis zu modernem Kunsthandwerk stöbern.

Las Bóvedas
Plaza de las Bóvedas,
Cartagena
Diese Reihe von Kunstgewerbeläden bietet eine tolle Auswahl, allerdings sind die Preise hoch. Schnäppchen sind hier nicht zu erwarten.

Mercado de Pulgas Los Toldos de San Pelayo
Cras. 6 & 119,
Usaquén,
Bogotá
Der Flohmarkt einen Häuserblock von der Plaza in Usaquén entfernt eignet sich gut zum Stöbern; es gibt handgemachten Schmuck ebenso wie Schnitzarbeiten.

Unterhaltung

Die Kolumbianer feiern gern und lieben Musik und Tanz, den kratzigen Klang des *vallenato* ebenso wie heiße Salsarhythmen. In jeder Stadt gibt es zwanglose Kneipen und trendige Clubs. Bogotá, Medellín und Cali bieten eine große Palette, von Theater und Kino bis zu Kasinos und Diskos. Im ganzen Land finden Volksmusik- und andere Musikfestivals statt, und jedes Departamento hat sein eigenes Kulturfest – etwa das Blumenfest in Medellín oder der wilde Karneval in Barranquilla. Schönheitswettbewerbe werden sehr ernst genommen und finden ihren Höhepunkt mit der Krönung der Señorita Colombia – der Miss Kolumbien – in Cartagena.

Die Kolumbianer sind stolz auf ihr reiches und vielfältiges kulturelles Erbe. Trotz moderner Ausprägungen stehen traditionelle Formen der Unterhaltung immer noch hoch im Kurs. Die kolumbianische Musikkultur zeichnet sich durch ihre vielfältigen Ursprünge und Wurzeln (Spanien, Afrika und innerhalb Kolumbiens) aus. Wer die traditionelle wie auch die zeitgenössische Kultur Kolumbiens näher erkundet, taucht tiefer in den Charakter des Landes ein – und wird daran außerdem noch ein großes Vergnügen finden.

Der Stierkampf (siehe Kasten S. 181) ist ein wichtiges Element. Zwar ist das blutige Spektakel nicht nach jedermanns Geschmack, doch viele Kolumbianer verfolgen die Kämpfe mit großer Leidenschaft, und die besten Matadore werden wie Nationalhelden verehrt.

Bars

Jede größere Stadt Kolumbiens verfügt über eine Zona Rosa, wo sich die angesagtesten Bars konzentrieren. Die Zona Rosa von Bogotá liegt um Calle 82 und Carrera 13 herum. Die Zona Rosa von Medellín befindet sich im Umkreis des Parque Lleras. In Cartagena liegen viele der trendigsten Bars und Clubs in Getsemaní. Abends sollte man nicht zu Fuß unterwegs sein, sondern unabhängig von der Entfernung und vom Ziel ein Taxi nehmen.

Andre Carne de Res
Variante de la Luna,
Chía
Tel. 57-1/620-6585
www.andrescarnederes.com
Die abgefahrene Bar ist eine tolle Adresse für Gruppen und wirklich einzigartig. Hier wird oft auf den Tischen getanzt.

Bogota Beer Company
Cra. 12 #83-33,
Zona Rosa, Bogotá
Tel. 57-1/802-6737
www.bogotabeercompany.com
Der Laden kommt einem englischen Pub schon recht nahe. Das Unternehmen – auch liebevoll BBC genannt – hat zwölf Filialen, der Pub in der Zona Rosa ist jedoch besonders lebendig. Bierkenner erfreuen sich an acht handwerklich gebrauten Biersorten, darunter verschiedene herzhafte Stout- und Porter-Biere.

Café Del Mar
Baluarte de Santo Domingo,
Centro Histórico,
Cartagena
Tel. 57-5/664-6513
E-mail: info@cafedelmar cartagena.com
https://es-es.facebook.com/ cafedelmarcartagena
Die tolle Bar residiert auf den alten Stadtmauern und ist ein nettes Plätzchen für einen entspannten Drink zum Sonnenuntergang an einem schönen Abend mit angenehmer Meeresbrise.

Café Havana
Calle Media Luna & Calle del Guerrero,
Getsemaní,
Cartagena
Tel. 57/310-610-2324
www.cafehavanacartagena.com
Die kubanische Bar ist eine der coolsten Kneipen der Stadt; gefeiert wird auch draußen auf der Straße.

Melodie Lounge
Cra. 37 #10-29,
Medellín
Tel. 57-4//268-1190
Die bekannte zwanglose Bar lockt ein anspruchsvolles Publikum an.

Chivas

Eine abendliche Rundfahrt durch die Stadt in einem Partybus, einer *chiva rumbera*, ist etwas Besonderes. Dieses kolumbianische Vergnügen ist einzigartig. Die meisten Touren enden an einer Disko, wo weitergefeiert werden kann. Näheres im Kasten auf S. 78.

Chivas Tours de Colombia
Calle 100 #49-07,
Bogotá
Tel. 57-1/481-4444
www.chivastours.com

Excursiones Rafael Pérez
Av. 1ra #6-130,
Cartagena
Tel. 57-5/665-1697
www.excursionesrafaelperez.com

Kulturfeste

FEBRUAR

Karneval

Barranquilla
www.carnavaldebarranquilla.org
Dies ist eindeutig das wildeste und bunteste Fest in Kolumbien. Nur der brasilianische Karneval ist besser.

APRIL

Festival de la Leyenda Vallenata

Valledupar
www.festivalvallenato.com
Das beliebte „Fest der Vallenato-Legende" hält die Tradition der *vallenato*-Musik der Nordküste am Leben.

JUNI

Festival Folclórico

Ibagué
www.festivalfolclorico.com
Auf den Plätzen der Stadt erklingen traditionelle kolumbianische Rhythmen.

Festival Nacional del Joropo

Villavicencio
Bei diesem fünftägigen Event gibt es jede Menge traditionelle *joropo*-Musik sowie den dazugehörigen Tanz.

Rock al Parque

Parque Metropolitano Simón Bolívar,
Bogotá
www.rockalparque.gov.co
Jeden Juni kommen zahlreiche Rockgruppen und -fans aus aller Welt zu dem einwöchigen Festival nach Bogotá.

Wayúu-Kulturfestival

Uribia, La Guajira
Vorführungen von Musik, Tanz, Kunsthandwerk und Legenden der Wayúu.

AUGUST

Feria de las Flores

Medellín
www.feriadelasfloresmedellin.gov.co
Mit dem Blumenfest wird Kolumbien als einer der wichtigsten Blumenexporteure der Welt gefeiert. Es gibt Blumen-, Oldtimer- und Reiterumzüge.

NOVEMBER

Concurso Nacional de Belleza

Cartagena
www.srtacolombia.org
Anlässlich des Schönheitswettbewerbs zur Krönung der Miss Colombia kommt das Leben in Cartagena zum Erliegen. Näheres im Kasten auf S. 135.

Livemusik

Viele Bars und Restaurants in Bogotá, Medellín und Cali bieten Livemusik, und in allen drei Städten gibt es große Veranstaltungsorte für Konzerte. Der Parque Metropolitano Simón Bolívar in Bogotá ist eine wichtige Freiluftarena für Auftritte von Megastars, genauso wie die großen Sportstadien der Stadt.

Nachtclubs

In den kolumbianischen Clubs ist erst nach Mitternacht richtig was los, und in vielen wird noch ordentlich gefeiert, wenn die Sonne aufgeht. Am besten gönnt man sich daher vor einem langen Abend in den Clubs eine nachmittägliche Siesta.

Discoteca Exstasis
Calle 9 #4-50,
Cali
Tel. 57-2/882-1867
Eine klassische Salsadisko im Stil der 1970er Jahre im Weltzentrum des Salsa. Ein Taxi nehmen (und Ohrstöpsel einpacken)!

Kukarakamara
Cra. 43G #25A-58,
Itagüi, Medellín
Tel. 57-4/312-2527
www.kukaramakara.com
Einer der coolsten Tanzclubs in Kolumbien mit Livemusik und den heißesten Tanzpartys der Stadt.

Theater & andere Aufführungen

In den Städten gibt es zahlreiche Theater, denn das Land blickt auf eine ausgeprägte Theatertradition zurück. Auch Ballett, klassische Musik und Oper stehen auf dem Programm. Die großen Orchester des Landes sind in der jeweiligen Konzertsaison zu hören.

Orquestra Filarmónica de Bogotá
www.filarmonicabogota.gov.co

Orquestra Sinfónica Nacional
Tel. 57-1/350-5325
www.sinfonica.com.co

Teatro Heredia
Plaza de la Merced #38-10,
Cartagena
Tel. 57-5/664-9631

Teatro Jorge Eliécer Gaitán
Cra. 7 #22-47,
Bogotá
Tel. 57-1/379-5750
www.idartes.gov.co

Teatro Metropolitano de Medellín
Calle 41 #57-30,
Medellín
Tel. 57-4/232-2858
www.teatrometropolitano.com

Teatro Municipal
Cra. 5A #6-64,
Cali
Tel. 57-2/883-9106
www.cali.gov.co/teatromunicipal

Outdoor-Aktivitäten

Abseits der Strände und Städte ist Kolumbien eine besonders spannende Abenteuer-Destination. Zu den sensationellen Wandermöglichkeiten in den Anden und dem anspruchsvollen Wildwasser-Rafting kommen noch Reiten, Paragliden, Abseilen, Felsklettern und vieles mehr.

Die vielfältigen Landschaften Kolumbiens ermöglichen eine Vielzahl sportlicher Aktivitäten. An der Karibikküste gibt es jede Menge Gelegenheiten zum Schnorcheln, Windsurfen und Kiteboarden; erstklassige Tauchspots bieten die Bahía Solano und Isla de Malpelo am Pazifik sowie die Karibikinseln San Andrés und Providencia. Die schneebedeckten Berge und *páramo*-Täler der Zentral- und Ostkordillere sind ideal für Bergwanderungen und Mehrtagestrecks, vor allem die Nationalparks El Cocuy und Los Nevados. San Gil ist mit einem umfassenden Angebot von Rafting bis Paragliding das kolumbianische Zentrum des Abenteuersports.

Nicht weit von den Touristenorten entfaltet sich eine unberührte Wildnis. Jedoch sollte man sich immer vor Erkundungstouren abseits der Touristenpfade über die örtliche Sicherheitslage informieren.

Zusätzlich zu den unten aufgeführten Anbietern organisieren zahlreiche Hotels Exkursionen für ihre Gäste. Nähere Informationen zum Gerätetauchen siehe Kasten S. 235.

Golf

In Kolumbien gibt es mehr als 50 Golfplätze, viele von legendären Profis wie Robert Trent Jones, Jack Nicklaus und Gary Player entworfen. Etwa die Hälfte liegt in und um Bogotá. In den Anden stellen die steilen Hänge eine Herausforderung dar. Allerdings gehören fast alle Plätze privaten Clubs oder Resorts.

Federación Colombiano de Golf
Cra. 7 #72-64,
Bogotá
Tel. 57-1/310-7664
E-Mail fedegolf@federacion colombianadegolf.com
www.federacioncolombiana degolf.com
Auf der Website des kolumbianischen Golfverbandes werden 48 Plätze im Land vorgestellt.

Club Campestre Bucaramanga
Km 2,5 Anillo/Vial, Bucaramanga
Tel. 57-7/680-3030 App. 600
www.campestrebucaramanga.com
Der Platz Casa de Campo ist ein 9-Loch-Platz mit einer Länge von 3,3 Kilometern. Der Club hat auch eine Driving Range.

Club Campestre Medellín
Calle 16A Sur #34-950,
Medellín
Tel. 57-4/325-9000
www.clubcampestre.com.co

Club de Golf La Cima
Km 13 Vía Bogotá–La Calera,
Bogotá
Tel. 57-1/860-9857
www.clubdegolflacima.com

Quad & Motorrad

ATV Rentals Van Den Enden
Santa Marta
Tel. 57/317-436-6930
E-Mail atvrentals@hotmail.com
www.atvrentals.blogspot.com
Quadtouren durch die Ausläufer der Sierra Nevada.

Club Aventura 4x4
Santa Fé de Antioquia
Tel. 57-4/265-7804

Motolombia
Av. 6 bis, Calle 26N,
Cali
Tel. 57-2/396-3849
http://motolombia.com
Ein- und mehrtägige geführte Motorradtouren.

Spaziergänge & Radtouren

Candelaria
Cra. 8 #11-39,
Bogotá
Tel. 57-1/281-5569
www.lacandelaria.info
E-Mail info@lacandelaria.info
Interessante geführte Spaziergänge und romantische Oldtimerfahrten.

Cuadrante Cultural
Tel. 57/316-239-9927
www.cuadrantecultural.com
Historische Stadtführungen in Bogotá.

Empresa Turística y Cultural La Bogotá Bike Tours
Cra. 3 #12-72,
Bogotá
Tel. 57-1/281-9924
www.bogotabiketours.com

La Chiva de Jaime
Tel. 57/312-450-5856
Bietet in La Chiva im Östlichen Hochland vier verschiedene Touren an.

Tierra Magna Tours
Tel. 57-5/655-1916
www.tierramagna.com
Veranstaltet in Cartagena eine Audiotour zu Gabriel García Márquez.

Tim Buendias Aracataca-Touren
Calle 9 #1-74,
Santa Marta
Tel. 57/321-251-7420
www.thegypsyresidence.com/
tours-in-aracataca
Radtouren zu den Gabriel-García-Márquez-Schauplätzen.

Zebra Trips Adventure Travel
Tel. 57/311-870-1749
Abenteuertrips mit dem Land Rover oder Fahrrad durch das Östliche Hochland.

Wandern & Trekking

Caminata Nevados
Puerto Caldas Pereira Risaralda
Tel. 57/311-743-4701
www.caminatasnnevados.org
Tagesausflüge ab Manizales zum Nationalpark Los Nevados.

El Cocuy Boyaca
El Cocuy
Tel. 57/318-299-0747 oder
318-300-3999664
E-Mail elcocuyboyaca@gmail.com
www.elcocuyboyaca.com
Geführte ein- bis mehrtägige Wanderungen und Trekkingtouren durch den Nationalpark El Cocuy.

Guaicani
Cra. 27 #70-76,
Alcazares, Bogotá
Tel. 57/314 336-3099
www.guaicani.com
Geführte Wanderungen im Nationalpark El Cocuy.

Turcol: Turismo Colombiano
Cra. 13 # 313, Centro Comercial
San Francisco Local 115,
Santa Marta
Tel. 57-5/421-2256 oder
310-640-1875
E-Mail reservassantamarta@
hotmail.com
www.buritaca2000com
http://laciudadperdida.com
Spezialisiert auf sechstägige Trekkingtouren zur Ciudad Perdida; siehe Kasten S. 152.

Wassersport

Dank hoher Niederschlagsmengen ist Kolumbien ein echtes Wildwasserparadies. Aus den Bergen ergießen sich Dutzende Flüsse, entlang einiger haben sich feste Wildwasserrouten entwickelt. Hauptzentren sind San Gil, San Agustín und Santa Fé de Antioquia. Wassersportmöglichkeiten gibt es außerdem an der Karibikküste.

Colombia Rafting Expediciones
Cra. 10 #7-83,
San Gil
Tel. 57/311-291-2870 oder
311-283-8647
E-Mail info@colombiarafting.com
www.colombiarafting.com

Day Tour Majagua
Tel. 57-5/664-6070 App. 4008
www.hotelmajagua.com/
en/packages
Tagestouren in der Karibik.

Dive & Green
Tel. 57/316-781-6255 oder
311-578-4021
www.diveandgreen.com
Tauchen vor Cartagena.

Magadalena Rafting
Calle 5 #16-04,
San Agustín
Tel. 57/311-271-5333
E-Mail info@magdalenarafting.
com
www.magdalenarafting.com

Maxicat
Tel. 57/300-659-4510 oder
301-329-1567
www.maxicatcatamaran.com
Karibik-Tagestouren und dreistündige Abendtörns mit dem Luxuskatamaran.

Naturaventura
Oficina N° 2 Hotel Mariscal
Robledo
Santa Fé de Antioquia
Tel. 57-4/853-1946
E-Mail naturaventura1@hotmail.com
www.santafedeantioquia.net/
naturaventura.html
Spezialiert auf Wildwasser-Rafting.

Octopus Dive Center
Calle 15 ,1B-14
Taganga
Tel. 57-5/421-9332
www.divecenteroctopus.com
Tauchzentrum in Tayrona.

Tayrona Dive Center
Tel. 57/315-638-3307
www.tayronadivecenter.com
Tauchen in der Karibik.

Windsurfen & Kiteboarden

Die beiden Windsurf- und Kiteboardzentren sind der windige Lago Calima bei Cali und Cabo de la Vela auf der Halbinsel Guajira.

Calima Kitesurf School
Lago Calima, Cali
Tel. 57/317-821-4889
E-Mail robert@kitesurfcolombia.com
www.calimakitesurf.com

Escuela Pescao
Lago Calima, Darien, Valle del Cauca
Tel. 57/311-352-3293
E-Mail pescaowindsurfing@yahoo.
com
www.pescaowindsurfing.com

Kite School Aquanaútica
Cra. 9 #22-802, Anillo Vial,
Cartagena
Tel. 57/311-410-8883
www.kitesurfcolombia.com

Kiyakite
Calle 2 #22-2 Prado Mar,
Puerto Colombia
Tel. 57/310-727-1110
E-Mail kiyakite@hotmail.es
http://kiyakiteboarding.blogspot.com
Kitelehrer David Ibern unterrichtet in dieser Schule außerhalb von Barranquilla.

REGISTER

Fett gedruckte Seitenzahlen verweisen auf Abbildungen. Sammelbegriffe sind in GROSSBUCHSTABEN gesetzt.

DANKSAGUNG

NATIONAL GEOGRAPHIC bedankt sich bei allen Organisationen und Einzelpersonen, die dieses Buch ermöglicht haben, darunter: Proexport Colombia und das Ministerio de Comercio, Industria y Turismo, Colombia; Parques Nacionales Naturales de Colombia; Margarita Gaitan, MarViva; Nate Skinner, ProAves; Andrés Delgado, Kaishi Travel; Tim Buendia, Buendia Tours und Gypsy Residence; Diego Montañez, Pamplona Cultural; Richard McColl, La Casa Amarilla; Maria Motta, Tourismusverband Boyacá; Juliana Niño Pilonieta, Tourismusverband Bucaramanga; Marcela Madrid, Reserva Natural El Almejal; und alle anderen Tourismusverbände der Departamentos und Municipios landesweit.

BILDNACHWEIS

Umschlagvorderseite: Plaza Santa Teresa, Cartagena, Jane Sweeney/JAI/Corbis

Vordere Umschlagklappe: Isla de Providencia (o), Diego Cardini/Shutterstock; Tukan (m), Danny Alvarez/Shutterstock; auf dem Guayabero (u), b201735/fotolia

Alle Fotos im Innenteil von Christopher P. Baker mit folgenden Ausnahmen:
4, mit freundlicher Genehmigung von PROEXPORT COLOMBIA, 11, Jane Sweeney/JAI/Aurora Photos; 23, Cesar Carrion, Presidencia Colom; 26, Library of Congress, LC-USZ62-104354; 63, Stephen Ferry/Redux; 92, Veronique DURRUTY/Gamma-Rapho/Getty; 126, mit freundlicher Genehmigung von PROEXPORT COLOMBIA; 138, „Action off Cartagena, 28 May 1708" (Ausschnitt), Samuel Scott, 18. Jahrhundert, Öl auf Leinwand, National Maritime Museum, Greenwich, London; 207, Dennis Drenner/Getty/Aurora; 210, Carlos Angel/Getty; 211, Steve Raymer/NGS; 231, Tomas Kotouc/National Geographic My Shot; 254, Mariya Bibikova/iStockphoto

In der Reihe NATIONAL GEOGRAPHIC TRAVELER sind bisher folgende Titel erschienen:

ÄGYPTEN
ALASKA
ANGKOR
ARGENTINIEN
AUSTRALIEN
BARCELONA
BERLIN
BOSTON UND UMGEBUNG
BRASILIEN
CHINA
COSTA RICA
DEUTSCHE NATIONALPARKS
FLORENZ UND TOSKANA
FLORIDA
FRANKREICH
GRIECHENLAND
GROSSBRITANNIEN
HAWAII
HONGKONG
INDIEN
IRLAND
ISTANBUL MIT TÜRKISCHER RIVIERA UND KAPPADOKIEN
ITALIEN
JAPAN
KALIFORNIEN
KAMBODSCHA
KANADA
KANADA-NATIONALPARKS
KARIBIK
KOLUMBIEN
KROATIEN
KUBA
LONDON
MADRID
MAROKKO
MEXIKO
MIAMI UND DIE FLORIDA KEYS
NEUSEELAND
NEW YORK
PANAMA
PARIS
PERU
PORTUGAL
PRAG UND TSCHECHIEN
PROVENCE UND CÔTE D'AZUR
RIO DE JANEIRO
ROM
RUMÄNIEN
SAN FRANCISCO
SCHOTTLAND
SCHWEIZ
SPANIEN
SÜDAFRIKA
SYDNEY
TAIWAN
THAILAND
USA-NATIONALPARKS
VENEDIG
VIETNAM
WASHINGTON, D.C.
WIEN

Weitere Titel in Vorbereitung

Deutsche Ausgabe veröffentlicht von NATIONAL GEOGRAPHIC DEUTSCHLAND (NG Malik Buchgesellschaft mbH)
2. Auflage, Hamburg 2014

Deutsche Übersetzung: Katharina Grimm, Gunter Mühl, Inga-Brita Thiele
Aktualisierung 2014: Oliver Fülling
Redaktion: Oliver Kiesow
Gesamtproducing: Bintang Buchservice GmbH, www.bintang-berlin.de
Druck und Verarbeitung: Firmengruppe APPL, aprinta druck GmbH, Wemding

Printed in Germany
ISBN 978-3-95559-054-3

Titel der amerikanischen Originalausgabe:
National Geographic Traveler Colombia

Alle Angaben in diesem Buch wurden zum Zeitpunkt der Erarbeitung sorgfältig geprüft. Dennoch können sich natürlich Details ändern, und der Verlag kann für solche Änderungen, eventuelle Fehler oder Auslassungen keine Verantwortung oder Haftung übernehmen. Bewertungen von Hotels, Restaurants oder Sehenswürdigkeiten geben die Sicht der Autoren wieder.

Die National Geographic Society, eine der größten gemeinnützigen wissenschaftlichen Vereinigungen der Welt, wurde 1888 gegründet, um «die geographischen Kenntnisse zu mehren und zu verbreiten». Sie unterstützt die Erforschung und Erhaltung von Lebensräumen sowie Forschungs- und Bildungsprogramme. Ihre weltweit mehr als neun Millionen Mitglieder erhalten monatlich das NATIONAL GEOGRAPHIC-Magazin, in dem die besten Fotografen der Welt berichten. Ihr Ziel: *inspiring people to care about the planet,* Menschen zu inspirieren, sich für ihren Planeten einzusetzen.

Die National Geographic Society informiert nicht nur durch das Magazin, sondern auch durch Bücher, Fernsehprogramme und DVDs.

Falls Sie mehr über NATIONAL GEOGRAPHIC wissen wollen, besuchen Sie unsere Website unter www.nationalgeographic.de